Strafzumessung bei verbaler Gewalt

Matteo Schreinert

Strafzumessung bei verbaler Gewalt

Eine empirische Untersuchung zur Strafzumessungspraxis bei Beleidigungsdelikten

Springer

Matteo Schreinert
Leibniz Universität Hannover
Hannover, Deutschland

ISBN 978-3-658-49490-2 ISBN 978-3-658-49491-9 (eBook)
https://doi.org/10.1007/978-3-658-49491-9

Die Deutsche Nationalbibliothek verzeichnet diese Publikation in der Deutschen Nationalbibliografie; detaillierte bibliografische Daten sind im Internet über https://portal.dnb.de abrufbar.

Springer ist ein Imprint der eingetragenen Gesellschaft Springer Fachmedien Wiesbaden GmbH und ist ein Teil von Springer Nature.
Die Anschrift der Gesellschaft ist: Abraham-Lincoln-Str. 46, 65189 Wiesbaden, Germany

Vorwort

Die vorliegende Arbeit wurde im Sommersemester 2025 von der Juristischen Fakultät der Gottfried Wilhelm Leibniz Universität Hannover als Dissertation angenommen. Literatur und Rechtsprechung wurden bis zu diesem Zeitpunkt berücksichtigt. Sie entstand im Rahmen meiner Tätigkeit als wissenschaftlicher Mitarbeiter am Lehrstuhl für Strafrecht, Strafprozessrecht und Kriminologie.

Mein besonderer Dank gilt meinem Doktorvater, Prof. Dr. Bernd-Dieter Meier, der mir während der gesamten Promotionszeit ein Höchstmaß an wissenschaftlicher Freiheit eingeräumt und mich zugleich stets unterstützend und beratend begleitet hat. Die am Lehrstuhl gelebte freundschaftlich-kollegiale Arbeitsatmosphäre habe ich in besonderer Weise geschätzt und als äußerst förderlich für meine Arbeit empfunden.

Mein Dank gilt darüber hinaus allen Kolleginnen und Kollegen, die ich in meiner Zeit am Lehrstuhl kennenlernen durfte. Besonders hervorheben möchte ich Anna Katharina Weiterer und Mira Behnsen, die mir insbesondere zu Beginn meiner Promotion mit ihren Ratschlägen zur Seite standen, sowie Megan Gehre, mit der ich zahlreiche strafrechtliche und empirische Fragestellungen diskutieren konnte. Janet Asobo sei als die gute Seele des Kriminalwissenschaftlichen Instituts ausdrücklich gedankt.

Prof. Dr. Susanne Beck danke ich herzlich für die zügige Erstellung des Zweitgutachtens.

Tiefen Dank schulde ich auch den Menschen aus meinem persönlichen Umfeld. Ich danke meinem Freundeskreis, der mich während der Promotionszeit begleitet, an mich geglaubt und mich mit Zuversicht und Ablenkung immer wieder gestärkt hat. Jens Schulz danke ich für seine liebevolle Unterstützung, sein stets offenes Ohr und seine große Hilfe in herausfordernden Phasen. Darüber hinaus hat er die gesamte Arbeit in kurzer Zeit Korrektur gelesen – auch dafür gebührt ihm mein besonderer Dank.

Mein größter Dank gilt meinen Eltern, die meinen gesamten Bildungsweg ermöglicht und stets gefördert haben. Sie haben immer an mich geglaubt – dafür danke ich ihnen von ganzem Herzen. Ihnen widme ich daher diese Arbeit.

Inhaltsverzeichnis

Abkürzungsverzeichnis

a.A.	andere Ansicht
Abb.	Abbildung
Abs.	Absatz
a.F.	alte Fassung
AG	Amtsgericht
ALG II	Arbeitslosengeld II
allgm.	allgemeine
a.M.	arithmetisches Mittel
ANOVA	Analysis of Variance (Varianzanalyse)
Art.	Artikel
AT	Allgemeiner Teil
Aufl.	Auflage
BAK	Blutalkoholkonzentration
BayObLG	Bayerisches Oberstes Landesgericht
Bd.	Band
Beck-OK-GG	Beck'sche Online-Kommentare Grundgesetz
Beck-OK-StGB	Beck'sche Online Kommentare Strafgesetzbuch
BeckRS	Beck-Rechtsprechung
Beschl. v.	Beschluss von
Beta (β)	Beta-Koeffizient
Bff	Bundesverband der Frauenberatungsstellen und Frauennotrufe
BfJ	Bundesamt für Justiz

BGBl.	Bundesgesetzblatt
BGH	Bundesgerichtshof
BGHSt	Entscheidungen des Bundesgerichtshofs in Strafsachen
BKA	Bundeskriminalamt
BMI	Bundesministerium des Inneren, für Bau und Heimat
BMJ	Bundesministerium der Justiz und für Verbraucherschutz
bspw.	beispielsweise
BT	Besonderer Teil
BT-Drs.	Bundestagsdrucksache
BtMG	Gesetz über den Verkehr mit Betäubungsmitteln (Betäubungsmittelgesetz)
BVerfG	Bundesverfassungsgericht
bzgl.	bezüglich
BZR	Bundeszentralregister
bzw.	beziehungsweise
c.a.	circa
DGfE	Schriften der Deutschen Gesellschaft für Erziehungswissenschaften
d. h.	das heißt
Diff.	Differenz
djbZ	Zeitschrift des Deutschen Juristinnenbundes
dpa	Deutsche Presse-Agentur
DSA	Digital Services Act
DStGB	Deutscher Städte- und Gemeindebund
ehem.	ehemals
einschl.	einschlägig
et al.	et alii (und andere)
etc.	et cetera
Exp(B)	Effektkoeffizient
f., ff.	folgende, fortfolgende
FAZ	Frankfurter Allgemeine Zeitung
Fn.	Fußnote
Forens Psychiatr Psychol Kriminol	Forensische Psychiatrie, Psychologie, Kriminologie (Zeitschrift)
FS	Festschrift
GA	Goltdammer's Archiv für Strafrecht (Zeitschrift)
gem.	gemäß

GewSchG	Gesetz zum zivilrechtlichen Schutz vor Gewalttaten und Nachstellungen (Gewaltschutzgesetz)
GG	Grundgesetz
gg.	gegen
ggf.	gegebenenfalls
ggü.	gegenüber
GINA	Gewalt in der Notaufnahme
grds.	grundsätzlich
GRUR	Gewerblicher Rechtsschutz und Urheberrecht (Zeitschrift)
GVG	Gerichtsverfassungsgesetz
HK-GS-StGB	Handkommentar Gesamtes Strafrecht
HRRS	Höchstrichterliche Rechtsprechung im Strafrecht (Online-Zeitschrift)
Hrsg.	Herausgeber
Hs.	Halbsatz
ICD-Code	International Statistical Classification of Diseases and Related Health Problems
i.d.R.	in der Regel
i.d.S.	in dem Sinne
IDZ	Institut für Demokratie und Zivilgesellschaft
inkl.	inklusive
i.S.d.	im Sinne des
i.V.m.	in Verbindung mit
JA	Juristische Arbeitsblätter (Zeitschrift)
JGG	Jugendgerichtsgesetz
JR	Juristische Rundschau (Zeitschrift)
Jura	Juristische Ausbildung (Zeitschrift)
JuS	Juristische Schulung (Zeitschrift)
JZ	Juristenzeitung (Zeitschrift)
k.A.	keine Angabe
KFN	Kriminologisches Forschungsinstitut Niedersachsen
KJ	Kritische Justiz (Zeitschrift)
KoMo	Kommunales Monitoring zu Hass, Hetze und Gewalt gegenüber Amtsträgerinnen und Amtsträgern
KrimOJ	Kriminologie – Das Online-Journal
KriPoZ	Kriminalpolitische Zeitschrift
Law and Philos	Law and Philosophy (Journal)

LG	Landgericht
LK-StGB	Leipziger Kommentar Strafgesetzbuch
MAR	Missing at random
max.	maximal
MCAR	Missing completely at random
MDR	Monatsschrift für Deutsches Recht (Zeitschrift)
Med.	Median; medizinisch
MFA	Medizinische Fachangestellte
MI	Multiple Imputation
MMR	Multimedia und Recht (Zeitschrift)
MNAR	Missing not at random
MschrKrim	Monatsschrift für Kriminologie und Strafrechtsreform (Zeitschrift)
m.w.N.	mit weiteren Nachweisen
MüKo	Münchener Kommentar
n	absolute Häufigkeit/Fallzahl
nachträgl.	nachträglich
Nds.	Niedersachsen
NetzDG	Netzwerkdurchsetzungsgesetz
n.F.	neue Fassung
NGO	Nichtregierungsorganisation
NJW	Neue Juristische Wochenschrift (Zeitschrift)
NJW-RR	Neue Juristische Wochenschrift – Rechtsprechungsreport (Zeitschrift)
NK	Neue Kriminalpolitik (Zeitschrift)
NK-StGB	Nomos Kommentar Strafgesetzbuch
Nr.	Nummer
NRW	Nordrhein-Westfalen
NStZ	Neue Zeitschrift für Strafrecht
NStZ-RR	Neue Zeitschrift für Strafrecht – Rechtsprechungsreport
OLG	Oberlandesgericht
o. ä.	oder ähnliches
p	Signifikanzniveau
persönl.	persönlich
PKS	Polizeiliche Kriminalstatistik für die Bundesrepublik Deutschland
P.o.C.	People of Color
r	Pearsons Produkt-Moment-Korrelationskoeffizient

RGSt	Entscheidungen des Reichsgerichts in Strafsachen
RiStBV	Richtlinien für das Strafverfahren und das Bußgeldverfahren
Rn.	Randnotiz
RND	Redaktionsnetzwerk Deutschland
Rspr.	Rechtsprechung
RStGB	Reichsstrafgesetzbuch
S.	Seite; Satz
S.D.	Standardabweichung
Sign.	Signifikanz
SKiD	Befragung Sicherheit und Kriminalität in Deutschland
SK-StGB	Systematischer Kommentar zum Strafgesetzbuch
s.o.	siehe oben
sog.	sogenannt
SPSS	Statistical Package for the Social Sciences (Marke der Softwarefirma IBM)
StA	Staatsanwaltschaft
Std.-Abw.	Standardabweichung
StGB	Strafgesetzbuch
StPO	Strafprozessordnung
st. Rspr.	Ständige Rechtsprechung
StraFo	Strafverteidiger Forum (Zeitschrift)
StV	Strafverteidiger (Zeitschrift)
StVollzG	Strafvollzugsgesetz
SWS-Rundschau	Sozialwissenschaftliche Rundschau
Tab.	Tabelle
TKG	Telekommunikationsgesetz
TMG	Telemediengesetz
Urt. v.	Urteil von
Var.	Variante
verfassungsw.	verfassungswidrig
vgl.	vergleiche
VIF	Variance Influation Factor
Vor. §	Vorbemerkung zu §
WHO	World Health Organization/Weltgesundheitsorganisation
z. B.	zum Beispiel
ZHIN	Zentralstelle zur Bekämpfung von Hasskriminalität und Internet (Göttingen)

ZIS	Zeitschrift für Internationale Strafrechtsdogmatik
ZIT	Zentralstelle zur Bekämpfung von Hasskriminalität im Internet (Hessen)
zit.	zitiert
ZJJ	Zeitschrift für Jugendkriminalrecht und Jugendhilfe
ZMK	Zeitschrift für Medien- und Kulturforschung
ZRP	Zeitschrift für Rechtspolitik
ZRph	Zeitschrift für Rechtsphilosophie
ZStW	Zeitschrift für die gesamte Strafrechtswissenschaft
ZUM-RD	Zeitschrift für Urheber- und Medienrecht – Rechtsprechungsdienst

Abbildungsverzeichnis

Tabellenverzeichnis

1 Einleitung

In Thailand wurde ein Aktivist im Januar 2024 aufgrund von 27 die Monarchie diffamierenden Beiträgen auf der Social-Media-Plattform Facebook zu 50 Jahren Haft verurteilt.[1] Bei der Majestätsbeleidigung nach thailändischem Recht handelt es sich um ein Extrembeispiel, das zu den härtesten Gesetzen für Beleidigungen weltweit zählt. Art. 112 des thailändischen Strafgesetzbuches sieht für die Beleidigung oder Bedrohung der Königsfamilie eine Freiheitsstrafe von drei bis 15 Jahren vor. Richtet man seinen Blick weiter Richtung Europa, so fällt aus deutscher Perspektive die türkische Rechtslage auf. Nach türkischem Strafrecht steht die Präsidentenbeleidigung[2] unter Strafe. So wurde die türkische Journalistin Sedef Kabaş zu einer Haftstrafe von zwei Jahren und vier Monaten verurteilt, weil sie „öffentlich ein Sprichwort über einen Ochsen in einem Palast zitiert hat".[3] Das türkische Strafgesetzbuch sieht in Art. 229 für die Beleidigung des Präsidenten eine Freiheitsstrafe von einem Jahr bis vier Jahren vor. Verglichen zur thailändischen Majestätsbeleidigung erscheint die Strafandrohung milder, verglichen zur deutschen Rechtslage jedoch immer noch exorbitant hoch. Im deutschen Strafrecht nimmt die Beleidigung, einer der ältesten Straftatbestände des Strafgesetzbuchs, die Rolle eines Bagatelldelikts ein.[4] So sieht § 185 StGB für die

---

[1] *Fähnders*, FAZ vom 19.01.2024.

[2] Zur besseren Lesbarkeit wird in der vorliegenden Untersuchung auf die gleichzeitige Verwendung der Sprachformen weiblich, männlich und divers (w/m/d) verzichtet und stattdessen das generische Maskulinum verwendet. Sämtliche Personenbezeichnungen gelten gleichermaßen für alle Geschlechter.

[3] *RND/dpa*, RND vom 12.03.2022.

[4] Die heutige Fassung des Beleidigungstatbestandes gem. § 185 StGB entspricht der des § 185 RStGB aus dem Jahr 1871. Ausführlich und m.w.N. zur Gesetzesgeschichte siehe HK-GS-*H. Schneider*, § 185 Rn. 6.

M. Schreinert, *Strafzumessung bei verbaler Gewalt*,
https://doi.org/10.1007/978-3-658-49491-9_1

einfache Beleidigung einen Strafrahmen von bis zu einem Jahr Freiheitsstrafe oder Geldstrafe vor. Die angedrohte Strafe ist in Deutschland somit um einiges geringer. Änderungen im deutschen Beleidigungsstrafrecht erfolgten bis dato nur wenige. Eine Änderung in jüngster Zeit stand im Zusammenhang mit der sog. „Böhmermann-Affäre" um das Schmähgedicht bzgl. des türkischen Präsidenten Recep Tayyip Erdoğan. Durch das Gesetz zur Reform der Straftaten gegen ausländische Staaten vom 17.07.2017 wurde die Beleidigung von Organen und Vertretern ausländischer Staaten gem. § 103 StGB (a.F.) entkriminalisiert. Die Unterschiede zur türkischen Rechtslage werden dadurch nochmals verdeutlicht. 2021 reformierte der Gesetzgeber das Beleidigungsstrafrecht erneut. Mit Gesetz zur Bekämpfung von Hasskriminalität und Rechtsextremismus vom 30. März 2021 wurde der Qualifikationstatbestand des § 185 StGB um die öffentliche Begehungsweise erweitert.[5] Vorher war dies eine Verhaltensweise, die im Rahmen des Beleidigungsstrafrecht nur im Kontext der üblen Nachrede § 186 und der Verleumdung gem. § 187 StGB eine Qualifikation darstellte. Darüber hinaus wurde § 188 StGB angepasst. § 185 StGB ist nun ein taugliches Grunddelikt und der Anwendungsbereich des § 188 StGB wurde auf Kommunalpolitiker erweitert. Während man angesichts der Reform aus dem Jahr 2017 noch von einer Lockerung sprechen konnte, ist bei den Änderungen aus dem Jahr 2021 von Verschärfungen zu sprechen.

In der Strafrechtsliteratur fanden die Reformen sowohl Zuspruch als auch Kritik. Neben der öffentlichen Beleidigung werden in der Literatur noch weitere Verhaltensweisen gesehen, die härter bestraft werden müssen. Vielfach wird vertreten, dass mit der Verlagerung eines Großteils der Kommunikation ins Internet bei beleidigendem Verhalten unrechtsgehaltserhöhende Umstände einhergehen. Neue technologische Entwicklungen ermöglichen neue Kommunikationsformen, die zwangsläufig Auswirkungen auf die Rechtsetzung[6] und auch die Rechtsprechung[7] haben. Durch soziale Medien ist es einfacher als je zuvor, öffentliche Beleidigungen zu begehen. Vorab sollen an dieser Stelle nur auf ein paar Phänomene bzw. Verhaltensweise hingewiesen werden. Während im Bereich des (Cyber-)Mobbings bereits seit längerer Zeit Strafschärfungen diskutiert werden,

---

[5] BGBl. I 2021 S. 441 ff.

[6] So z. B. der DSA der Europäischen Union, der seit dem 17.02.2024 vollumfänglich gilt und auf einen Grundrechtsschutz im Internet abzielt. Für einen Überblick über die grundlegenden Strukturen und Regelungen siehe *Gerdemann/Spindler*, GRUR 125 (2023), 3 ff.; *Gerdemann/Spindler*, GRUR 125 (2023), 115 ff.

[7] So z. B. die Rspr. des BGH zur Sperrung eines Nutzerkontos auf Facebook, siehe *BGH*, ZUM-RD 2021, 612 ff.

widmen sich neuerdings einige Stimmen in der Literatur der menschenverachtenden Beleidigung. Verbale Angriffe dieser Art diskriminieren, sie grenzen aus, sie tangieren die Menschenwürde der Geschädigten. Es wird vertreten, dass der bisherige Strafrahmen der Beleidigung gem. § 185 StGB nicht ausreiche, um den erhöhten Unrechtsgehalt dieser Konstellationen zu erfassen. Ebenso verhalte es sich mit der Beleidigung, in der der geschädigten Person in ungewollter Weise die Sexualität des Täters aufgedrängt wird. Im Laufe der Untersuchung wird ausführlich auf die einzelnen Argumente dieser Ansichten eingegangen.

Die Strafverschärfungen sind grds. dann angebracht, wenn der Unrechtsgehalt der Verhaltensweisen derart hoch ist, dass er von dem zur Verfügung stehenden Strafrahmen der Beleidigung gem. § 185 StGB nicht angemessen erfasst werden kann. Man könnte dazu tendieren, dass dies bei den in Frage stehenden Verhaltensweisen ohnehin der Fall sei, da die Beleidigung als reine Bagatelle von Natur aus einen geringen Strafrahmen aufweist. Dabei muss jedoch immer noch im Blick behalten werden, dass der Straftatbestand der Beleidigung gem. § 185 StGB die Meinungsäußerungsfreiheit aus Art. 5 Abs. 1 GG einschränkt, wobei es sich um ein für die Demokratie kostbares Rechtsgut handelt.[8] Das Strafrecht ist und bleibt das „schärfste Schwert" des Staates. Zu leichtfertig ist die Frage somit nicht zu entscheiden. Sofern der Unrechtsgehalt nicht oder nur in Einzelfällen erhöht ist, sind Strafverschärfungen nicht angebracht. Lösungen auf Ebene der Strafzumessung erscheinen dann sinnvoller, da so flexibel mit den Sachverhaltskonstellationen umgegangen werden kann, die vom üblichen Unrechtsgehalt abweichen. Es lässt sich darüber hinaus der Vorwurf erheben, dass es sich dann bei den Reformen und Reformvorschlägen um eine Art symbolisches Strafrecht handele, wodurch lediglich die staatliche Handlungsfähigkeit zum Ausdruck gebracht wird oder werden sollte.[9] Die Frage, ob und inwieweit die verschiedenen Verhaltensweisen bereits von den Gerichten in Form in ausreichender Form strafschärfend berücksichtigt werden, ist mit Mitteln der empirischen Sozialforschung der Untersuchung zugänglich.

Um einen evidenzbasierten Beitrag zu diesem Meinungsstand zu leisten, wird sich der Frage nach Strafverschärfungen im Beleidigungsstrafrecht aus einem empirischen Blickwinkel angenähert. Hierfür wurden 158 rechtskräftige Strafverfahren aus dem Jahr 2020 aus den Landgerichtsbezirken Hannover, Göttingen

[8] Sachs-GG-*Bethge*, Art. 5 Rn. 17.

[9] Ausführlich und m.w.N. zur Entstehung und zum Konzept des symbolischen Strafrechts siehe *Hassemer*, FS Roxin, 1001, 1002 ff.; mit der Kritik an diesem Konzept wurde sich auseinandergesetzt, siehe dazu *Peters*, JR 2020, 414. In der vorliegenden Untersuchung wird das Argument des symbolischen Strafrechts jedoch nicht inhaltsleer verwendet, sondern es dient vielmehr als Schlussfolgerung und wird ausführlich begründet.

und Frankfurt am Main erhoben und ausgewertet. Diese Strafverfahren haben Verurteilungen gem. §§ 185–188, 130 StGB zum Gegenstand. Die Volksverhetzung gem. § 130 StGB sollte deswegen erhoben werden, weil es sich neben der Beleidigung um das „klassische" Delikt handelt, dass insbesondere im Zusammenhang mit „Hass und Hetze im Netz" thematisiert wird. Eine ursprünglich angedachte Gegenüberstellung der Strafzumessung war jedoch nicht möglich, da in der Stichprobe schlussendlich sehr wenige Volksverhetzungsfälle vorhanden waren. Zur Beantwortung der Frage, ob und inwieweit die Gerichte bestimmte Beleidigungsformen im Rahmen der Strafzumessung strafschärfend oder strafmildernd berücksichtigen, werden einerseits die geschriebenen und andererseits die ungeschriebenen Strafzumessungstatsachen ausgewertet. Der Vorteil der empirischen Forschung liegt mit anderen Worten darin, dass nicht nur untersucht wird, welche Faktoren die Gerichte explizit im Rahmen ihrer Urteilsbegründungen anführen. Es kann mittels statistischer Verfahren darüber hinaus eine Aussage darüber getroffen werden, welche der Merkmale ohne ausdrückliche Erwähnung Einfluss auf die Strafzumessung haben. Ein Argument gegen Strafverschärfungen wird dann bekräftigt, wenn sich herausstellt, dass die Verhaltensweisen bereits aus strafrechtsdogmatischer Sicht keinen bzw. nur im Einzelfall einen erhöhten Unrechtsgehalt aufweisen oder bereits eine ausreichende strafzumessungsrechtliche Berücksichtigung erfolgt

2 Gang der Untersuchung

Die Schwerpunkte des Gangs der Untersuchung lassen sich wie folgt beschreiben: Es wird mit einer begrifflichen Einordnung von verletzendem Kommunikationsverhalten begonnen. Hierbei fällt auf, dass in etwaigen Reformvorschlägen oder Aufsätzen mit kriminalpolitischen Forderungen in der Strafrechtsliteratur keine einheitliche Begriffsverwendung stattfindet. Sofern nicht explizite Phänomene, wie z. B. Cybermobbing, beim Namen genannt werden, wird i. d. R. auf drei Oberbegriffe, namentlich „Gewalt", „Aggression" und/oder „Hass" rekurriert. Es ist somit Gegenstand des ersten Schwerpunkts dieser Untersuchung zu ermitteln, ob und inwieweit diese Begriffe dazu geeignet sind, verletzendes Kommunikationsverhalten und verschiedene Kommunikationsphänomene, z. B. Hate Speech oder Cybermobbing, zu umschreiben. Am Begriff „Hass im Netz" lässt sich aufzeigen, dass die Streitigkeit um die Begrifflichkeit nicht nur abstrakter Natur ist, sondern Auswirkungen auf die Vergleichbarkeit von Forschungsergebnissen hat. Legt man den Begriff weit aus, fällt jede Beleidigung darunter. Fordert man hingegen parallel zum oftmals synonym verwendeten Begriff „Hate Speech" ein Anknüpfen an ein (Minderheits-) Gruppenmerkmal, verengt sich der Begriff. Für diesen ersten Forschungsschwerpunkt werden verletzende Äußerungen vorab in den Kontext der Kommunikation eingeordnet. Hierbei werden auch die Unterschiede zwischen realweltlicher und Online-Kommunikation herausgearbeitet. Es wird ebenfalls aus theoretischer Perspektive dargelegt, dass Kommunikation auf unterschiedliche Weise verletzen kann, bevor nach Darstellung der einzelnen verletzenden Phänomene auf empirische Erkenntnisse zur Prävalenz und den Folgen dieser eingegangen wird. Inhaltlich werden all diese grundlegenden Aspekte vom dritten Kapitel umfasst.

Daran schließt der zweite Schwerpunkt der Untersuchung an, der sich mit dem Meinungsstand zu den vielfach diskutierten Strafverschärfungen rund um die Beleidigung gem. § 185 StGB befasst (Kapitel 4). Thematisch liegt der

M. Schreinert, *Strafzumessung bei verbaler Gewalt*,
https://doi.org/10.1007/978-3-658-49491-9_2

Schwerunkt sowohl auf der öffentlichen als auch auf der menschenverachtenden Beleidigung. Zudem werden die Forderungen zu Strafverschärfungen im Bereich des Cybermobbings, der Hate Storms und der sexualbezogenen Beleidigung dargestellt und kritisch erörtert. Dafür wird, soweit erforderlich, vorab eine materiell-rechtliche Einordnung vorgenommen, die zu einem besseren Verständnis der Argumente beiträgt.

Bei der kritischen Auseinandersetzung mit den Forderungen nach Strafverschärfungen fällt auf, dass es bisher keine empirischen Erkenntnisse zur Strafzumessungspraxis bei den Beleidigungsdelikten (und der Volksverhetzung) gibt. An diesen Forschungsbedarf soll diese Untersuchung anknüpfen. Es soll ein empirischer Beitrag zum Meinungsstand bzgl. etwaiger Strafverschärfungen für bestimmte Beleidigungsverhaltensweisen geleistet werden. Dafür soll die Strafzumessungspraxis mit statistischen Verfahren untersucht werden, um zu analysieren, inwieweit sich bestimmte Verhaltensweisen bereits strafschärfend im Rahmen der Strafzumessung auswirken. Die empirische Strafzumessungsforschung leistet gerade deswegen einen wichtigen Beitrag zur Diskussion um Strafverschärfungen im Bereich der Beleidigungsdelikte, weil sie aufzeigen kann, welche Faktoren tatsächlich einen Einfluss auf die Strafzumessung haben. So können durch die statistische Analyse neben den Strafzumessungstatsachen, die die Gerichte explizit in ihren Urteilsbegründungen anführen, auch die sog. „ungeschriebenen" Strafzumessungstatsachen hinsichtlich ihres Einflusses untersucht werden. Dadurch soll die Frage beantwortet werden, ob wirklich ein Bedarf für Strafverschärfungen besteht oder ob es sich um bloße symbolische Handlungen seitens der Gesetzgebung handelt.

Nachdem die strafzumessungsrechtlichen Fundamente im fünften Kapitel gesetzt werden und die konkreten Forschungshypothesen im sechsten Kapitel aufgestellt werden, schließt sich im siebten Kapitel ein methodischer Grundlagenteil an, der erklärt, wie das Forschungsvorhaben umgesetzt wird. Die Forschungshypothesen beschränken sich auf die Beleidigungsdelikte, da nur wenige Fälle der Volksverhetzung in der Stichprobe vorkommen. Die Stichprobe besteht aus 158 Strafverfahren der Landgerichtsbezirke Hannover, Göttingen und Frankfurt am Main, in denen §§ 185–188, 130 StGB nach Erwachsenenstrafrecht abgeurteilt wurden. Im Anschluss daran werden im achten Kapitel die Ergebnisse der empirischen Auswertung vorgestellt, wo bereits ein Teil der Forschungshypothesen beantwortet werden. Sodann erfolgt im neunten Kapitel eine Gesamtzusammenfassung zu den wesentlichen Ergebnissen der drei Forschungsschwerpunkte, bevor im zehnten Kapitel ein Ausblick gegeben wird.

Grundlagen der Untersuchung 3

3.1 Bestimmung des Untersuchungsgegenstandes

Zu Beginn der Untersuchung soll der Untersuchungsgegenstand festgelegt werden. Das vielfach beobachtete beleidigende, belästigende und aufhetzende Verhalten, insbesondere im Internet, das Anlass für zahlreiche wissenschaftliche Beiträge und Reformvorschläge geworden ist, muss zunächst thematisch umschrieben werden, um es greifbarer zu machen. Das in Rede stehende Verhalten wird dafür zunächst in den Kontext der Kommunikationshandlungen eingeordnet. Erst nach dieser ersten Umschreibung des Untersuchungsgegenstands kann sich dem ersten Schwerpunkt der Untersuchung gewidmet werden, nämlich der Frage, ob und inwieweit die Einordnung als „(digitale) Gewalt" oder „Hass im Netz" geeignet sind, die Verhaltensweisen zu umfassen. Hierbei ist zu differenzieren, inwieweit sich digitale Kommunikationsformen im Vergleich zu realweltlicher Kommunikation hinsichtlich des Verletzungspotentials unterscheiden. Zudem wird untersucht, ob der Begriff der verbalen Aggression dieser Aufgabe als Alternative gerecht wird.

3.2 Kommunikationshandlungen

Beleidigende und aufhetzende Ausrufe, Nachrichten und Symbole sind Verhaltensformen, die eine gewisse Meinung und Gedankengüter zum Ausdruck bringen. Die Art und Weise, wie und wo man sich für andere verletzend ausdrückt, ist, vor allem auch durch das Internet, mannigfaltig. Geschädigte können unmittelbar angesprochen, angeschrieben oder öffentlich diffamiert werden. Es kann komplett auf Wörter verzichtet werden und auf Gesten oder

M. Schreinert, *Strafzumessung bei verbaler Gewalt*,
https://doi.org/10.1007/978-3-658-49491-9_3

Symbole zurückgegriffen werden. All diesen Entäußerungsformen ist gemeinsam, dass sie Formen der Kommunikation darstellen. Wesentlicher Bestandteil des Kommunikationsprozesses ist aber nicht nur die Äußerung an sich. Als Mindestvoraussetzungen für eine erfolgreiche Kommunikation bedarf es gemäß grundlegenden Ansätzen der Kommunikationswissenschaften einen Sender, eine Nachricht und einen Empfänger.[1] *Six et al.* konstatieren darüber hinaus folgende Faktoren, die für eine erfolgreiche Kommunikation maßgeblich sind bzw. diese beeinflussen können.[2] So bedarf es mindestens zweier Kommunikationsteilnehmern, die interaktiv Nachrichten in Form von verbalen oder nonverbalen Zeichen austauschen. Unter Zeichen sind unter anderem Ikone (z. B. Emojis) und Symbole (Sprachen) zu verstehen.[3] Kommunikationshandlungen erfolgen nicht zwingend bewusst, was insbesondere im Rahmen der nonverbalen Kommunikation veranschaulicht werden kann. Kommunikation, die im Internet stattfindet, unterscheidet sich primär von realweltlichen Prozessen dadurch, dass ein Gerät mit Internetzugang als vermittelndes technisches Medium auf Seiten der Sender und der Empfänger genutzt wird.[4]

3.2.1 Verbale und nonverbale Kommunikation

Verbale Kommunikation lässt sich wie folgt von nonverbaler unterscheiden: Verbale Kommunikation ist jeder soziale Austausch mittels Sprache[5], nonverbale Kommunikation erfolgt hingegen ohne Worte.[6] Klassische beleidigende oder aufhetzende Äußerungen, egal ob gesprochen oder geschrieben, sind somit verbale Kommunikationsakte. Auf den ersten Blick mögen verbale verletzende Kommunikationsakte einfach zu erkennen sein. Allerdings ist die Sprache stetig im Wandel, sodass sich insbesondere im Internet eine stetig verändernde Internetsprache entwickelt, die es auch aus ermittlungstechnischer Sicht erschwert, diffamierende und aufhetzende Inhalte zu erkennen und ordnungsgemäß zu verfolgen. So wie die Strafverfolgungsorgane sind auch im Anschluss die Tatrichter mit der Aufgabe konfrontiert die Äußerung auszulegen und im Anschluss strafrechtlich zu

---

[1] *Röhner/Schütz,*Psychologie der Kommunikation, S. 7.

[2] *Six/Gleich/Gimmler,*Kommunikationspsychologie, S. 21 f.

[3] *Röhner/Schütz,*Psychologie der Kommunikation, S. 8.

[4] Vgl. *Misoch,*Online-Kommunikation, S. 37.

[5] *Misoch,*Online-Kommunikation, S. 31.

[6] *Aronson/Wilson/Akert,*Sozialpsychologie, S. 104.

bewerten.[7] Nonverbale Kommunikation kann in offline Situationen durch die Körpersprache erfolgen. So wird z. B. durch die Mimik, d. h. durch die Gesichtsausdrücke, eine Botschaft vermittelt. Durch Gesten, wie z. B. das „Vogelzeigen", das Zeigen des Mittelfingers oder das Anspucken, kann ebenfalls eine diffamierende Botschaft erbracht werden. Zudem kann durch den Blick und durch den Tonfall nonverbal kommuniziert und eine Abneigung zum Ausdruck gebracht werden. In realweltlichen Kommunikationssituationen, in denen sich Sender und Empfänger visuell wahrnehmen können, wird simultan verbal und nonverbal kommuniziert.

3.2.2 Online-Kommunikation

Kommunikationsakte, sowohl verbal als auch nonverbal, können ebenso online stattfinden. Ein Großteil der Kommunikation findet heutzutage auf digitalem Weg statt. Ein enormer Unterschied zur analogen Kommunikation besteht darin, dass sie räumlich und zeitlich ungebunden ist. Die Kommunikationsteilnehmer können sich an unterschiedlichen Orten und sogar anderen Zeitzonen befinden und können trotzdem miteinander kommunizieren, solange die technischen Voraussetzungen erfüllt sind (z. B. ein internetfähiges Smartphone). In diesem Abschnitt wird neben den Formen der Online-Kommunikation darauf eingegangen, wieso sich diese Form der Kommunikation für verletzende Äußerungsformen eignet.

Diffamierende, menschenverachtende sowie aufhetzende Nachrichten oder Kommentierungen in sozialen Medien oder mittels Messenger-Diensten stellen ebenfalls Kommunikationsakte dar, da durch den Absender und den Empfänger zwei Kommunikationsteilnehmer gegeben sind, die Nachrichten austauschen. Eine geschriebene Nachricht, eine aufgezeichnete Sprachnotiz via Messenger-Dienst oder ein Kommentar in sozialen Medien sind das Äquivalent zur verbalen Kommunikation in realweltlichen Situationen. Neben dem Verfassen einer Botschaft gibt es jedoch noch weitere Kommunikationsmöglichkeiten, die Messenger-Dienste und sozialen Netzwerke bieten, wie z. B. das „Liken" fremder Beiträge.

Auf Facebook ist es der „Gefällt-mir"-Knopf, der mit einem „Daumen-hoch"-Symbol gekennzeichnet ist, auf X (ehem. Twitter) ist es das „Like" in Form eines

---

[7] Die Auslegung der Äußerungen erweist sich aufgrund der Vielseitigkeit der Sprache nicht nur auf ermittlungstechnischer Ebene, sondern auch im Rahmen der Hauptverhandlung als keine einfache Aufgabe für den Tatrichter, insbesondere dann, wenn nicht nur eine Formalbeleidigung geäußert wurde, vgl. *Oğlakcıoğlu,*Strafbare Sprechakte, S. 374 f. Siehe zu den Strafbarkeitsvoraussetzungen der Beleidigung gem. § 185 StGB auch Abschnitt 4.1.1.

Herzens. Nicht ganz klar ist, was mit dieser Funktion eigentlich ausdrückt werden soll. Die nahe liegende Interpretation wäre, ein Like als einen Ausdruck des Zuspruchs bzw. des Beifalls bzgl. eines fremden Beitrags zu betrachten. Denkt man jedoch an die kurzen Nachrichtenüberblicke der Tagesschau auf Instagram, z. B. ein Update zum Krieg in der Ukraine, so kommt der Like-Funktion neben der positiven Bewertung eine andere Bedeutung zu. Es erscheint unwahrscheinlich, dass alle Instagram-Nutzer, die einen solchen Beitrag liken, die Kriegshandlungen Russlands ggü. der Ukraine befürworten. Hier erscheint es wahrscheinlicher, dass eine Anteilnahme am Geschehen ausgedrückt werden soll bzw. dass der Inhalt als informativ oder als wichtig betrachtet wird.[8] Hierbei handelt es sich um einen Akt der nonverbalen Kommunikation im Internet, da keine verschriftlichten sprachlichen Mittel verwendet werden. Eine weitere nonverbale Kommunikationsform ist das „Teilen“ oder „Retweeten“ von Beiträgen auf sozialen Plattformen. Hierbei hebt der Nutzer den Inhalt fremder oder älterer, eigener Beiträge hervor, indem er sie wiederholt und weiterverbreitet.

Als besondere Form der Online-Kommunikation sind außerdem die sog. „Memes“ zu nennen. Hierbei handelt es sich um eine Kombination von Fotos oder Bildern mit Kommentaren, die im Internet geteilt und verbreitet werden.[9] Die Kombination aus Bild und Text legt den Fokus auf ein bestimmtes Thema, auf das aufmerksam gemacht wird. „Memes“ werden in der Regel im Alltag somit einerseits als humorvolles, andererseits als gesellschaftskritisches Kommunikationsmittel im Internet genutzt. Die Fotos oder Bilder entstammen dabei häufig Filmen, Serien oder sonstigen Aufnahmen.[10] Da die Botschaften auf den ersten Blick diesen humorvollen Charakter aufweisen, können sie auch in menschenverachtenden Kreisen verwendet werden, um auf vermeintliche Missstände aufmerksam zu machen und im Endeffekt aufhetzendes und menschenfeindliches Gedankengut zu verbreiten.[11] Neben den „Memes“ bietet die Internetkommunikation eine weitere, nonverbal-kommunikative Form, um sich auszudrücken. Sog. „Emojis“ können genutzt werden, um Gegenstände abzubilden (z. B. ein Box-Handschuh, eine Torte oder ein Tennisball) oder um Gefühlzustände zu übermitteln oder Gestiken und Mimik zu ersetzen, die sonst nur im Rahmen

---

[8] Zu den weiteren Emotionen oder Botschaften, die mit dem Like-Button auf Facebook vermittelt werden, siehe *Sumner/Ruge-Jones/Alcorn*, New Media & Society 20 (2018), 1451, 1458 f., die eine Unterteilung in „content-based“ und „relational-based meanings“ vornehmen.

[9] Zum Ursprung des Begriffs siehe auch ausführlich *Oğlakcıoğlu,*Strafbare Sprechakte, S. 582 f. (Fn. 876).

[10] *Oğlakcıoğlu,*Strafbare Sprechakte, S. 582.

[11] Vgl. *Oğlakcıoğlu,*Strafbare Sprechakte, S. 583.

der analogen Kommunikation möglich sind. Während die Gestik und Mimik in analogen Situationen meistens nur schwer zu verheimlichen sind, können Emojis gezielt eingesetzt werden, um ausgewählte Emotionen zu übermitteln.[12] Die Verwendung von Emojis kann neben dem Ausdruck von Emotionen weitere Funktionen erfüllen, z. B. das Erzeugen einer positiven Stimmung oder das Übermitteln nonverbalen Verhaltens (z. B. erröten).[13]

In den Unterschieden zwischen online und offline Kommunikation liegen zugleich Faktoren, die den digitalen Raum für diffamierendes und aufhetzendes Verhalten eröffnen. Diese Faktoren tragen zur sog. „Deindividuation" bei, d. h. sie können dazu verleiten, dass man sein Verhalten nicht selbstkritisch bewertet und keine moralischen Zweifel aufkommen lässt, woraufhin normverletzendes und antisoziales Verhalten folgen kann.[14]

Die Online-Kommunikation unterscheidet sich zunächst von der face-to-face Kommunikation zusätzlich zum gewählten Medium dadurch, dass nonverbale Kommunikationsakte, wie z. B. der Ton, der Blick, die Gestik und die Mimik, aufgrund der räumlichen und zeitlichen Distanz nicht mit übertragen werden. Die Kommunikationsteilnehmer stehen sich nicht gegenüber und können Zeichen wie Gesichtsausdrücke somit nicht wahrnehmen. Das kann auch nur bedingt durch die Verwendung von Emojis, die Emotionen wie Wut, Trauer oder Freude ausdrücken sollen, ausgeglichen werden. Eine vollständige Kompensation findet dadurch jedoch nicht statt, da die Emojis – verglichen zur nonverbalen Kommunikation in face-to-face Situationen – bewusst ausgewählt werden können. In realweltlichen Situationen fällt es oftmals schwerer nonverbale Signale, wie die Körperhaltung oder den Gesichtsausdruck, zu kontrollieren. Versendet man also eine beleidigende Nachricht an eine andere Person, so sieht man nicht deren Reaktion. Der Absender sieht dem Betroffenen nicht unmittelbar nach der Äußerung an, ob die Botschaft eine verletzende oder erschütternde Wirkung hat. Selbst wenn die betroffene Person mittels Emojis kundgibt, dass sie traurig oder verletzt ist, hat das eine andere Wirkung als das Zeigen von Emotionen in analogen Situationen, in denen sich die Beteiligten gegenüberstehen. Ein Grund dafür könnte der inflationäre und nicht einheitliche Gebrauch von Emojis sein. Ferner muss sich der Absender überhaupt keine Gedanken machen, ob die Nachricht für Unbehagen sorgt, da die Distanz ihn hinsichtlich der Reaktionen abschirmt. Die Tatsache, dass man sich nicht unmittelbar mit den Konsequenzen seines Handelns auseinandersetzen muss, weil es keine direkte Kontrollinstanz in Form von Reaktionen

---

[12] *Aretz*, Journal of Business and Media Psychology 9 (2018), 1.

[13] Ausführlich m.w.N. *Aretz*, Journal of Business and Media Psychology 9 (2018), 1 f.

[14] *N. Döring*, Social Identity Model of Deindividuation Effects, 348 f.

des Betroffenen gibt, begünstigt verletzendes Kommunikationsverhalten mittels digitaler Mittel.[15] Durch die Distanz ist man außerdem vor unmittelbaren Gegenangriffen geschützt. Die betroffene Person muss die Nachricht zuerst empfangen und dann lesen, bevor es zu einer verbalen Reaktion kommen kann. In realweltlichen Szenarien hingegen müsste mit einer verbalen oder im Falle einer Eskalation sogar mit einer körperlichen Gegenreaktion gerechnet werden.

Ein weiterer Unterschied besteht hinsichtlich der Reichweite. In offline Situationen kommuniziert man als Sender üblicherweise an einen einzelnen Empfänger. Wohl eher in Ausnahmesituationen kommuniziert man hingegen mit einer Mehrzahl an Empfängern, z. B. auf Versammlungen oder im Rahmen von Vorträgen. Online ist die Grenze jedoch fließender. Kommunikation zwischen Einzelnen ist ebenso einfach möglich, wie das Kommunizieren an eine größere Anzahl von Empfängern.[16] Die psychische Hürde, die bei realweltlichen Auftritten vor einem Publikum bestehen kann, dürfte online verringert sein, weil man auch hier die Reaktionen des Publikums nicht direkt wahrnimmt.

Die Reichweite der sozialen Medien kann des Weiteren dafür genutzt werden, um sich mit Gleichgesinnten zusammenzuschließen und auszutauschen.[17] Das Finden von Gleichgesinnten ist auf sozialen Plattformen einfacher als offline. Somit kann bei der Online-Kommunikation die Vernetzung vielmehr im Vordergrund stehen, was missbraucht werden kann, um unter Absprache gezielt bestimmte Personen im Internet anzugreifen. Ebenso schnell können sich Gleichgesinnte im Internet zu Gruppen organisieren. Das Gefühl einer Gruppenzugehörigkeit und einer Rivalität zwischen „In-Groups" und „Out-Groups" kann ebenfalls ein die Deindividuation fördernder Faktor sein.[18]

Die Kommunikation im Internet unterscheidet sich von realweltlicher Kommunikation überdies dadurch, dass es einfacher ist anonym zu agieren.[19] Anonyme Kommunikation ist in realweltlicher Hinsicht zwar auch denkbar, wenn z. B. Briefe mit einem fiktiven Absender heimlich in den Briefkasten gelegt werden. Im Internet ist es jedoch einfacher, indem man falsche Profilbilder und

---

[15] Vgl. *M. Johannes Bauer/Müßle,*Psychologie der digitalen Kommunikation, S. 74.

[16] Das kann von den jeweiligen Privatsphäre-Einstellungen beeinflusst werden. So ist entscheidend, ob man ein „privaten" Account pflegt, bei dem nur Personen aus der Freundesliste Kontakt aufnehmen können oder ob man mit einem öffentlichen Account die Kontaktaufnahme für jeden Nutzer zulässt.

[17] Vgl. *Misoch,*Online-Kommunikation, S. 167.

[18] Vgl. *M. Johannes Bauer/Müßle,*Psychologie der digitalen Kommunikation, S. 74.

[19] Es handelt sich hierbei oftmals nur um ein Gefühl der Anonymität. Anhand der verwendeten IP-Adressen ist eine Rückverfolgung möglich, siehe *Meier,*Kriminologie und Internet, 93, 94; *Brunst,*Anonymität im Internet, S. 72 ff.

falsche Namen oder Pseudonyme verwendet.[20] Online besteht im Vergleich zu einem realweltlichen Szenario kein Risiko, dabei beobachtet zu werden, wie man einen Brief einwirft. Im Internet kann somit mit wenig Aufwand ein Gefühl von Anonymität entstehen. Durch die vermeintliche Anonymität wird ebenfalls der Gedanke verstärkt, dass sozialauffälliges Verhalten, wie z. B. Beleidigungen oder Bedrohungen, keine Konsequenzen hat. Zur Deindividuation kann es auch in realweltlichen Szenarien kommen, jedoch kann dieser Effekt durch die Besonderheiten der Online-Kommunikation gefördert werden, wodurch Kommunikationswege im Internet für verletzendes Kommunikationsverhalten missbraucht werden können.[21]

3.2.3 Verletzungskraft und eine erste strafrechtliche Einordnung

Ob Kommunikationshandlungen jemanden verletzen, hängt von der Kraft der Äußerung ab. Konkret zur Beleidigung nimmt *Herrmann* zu drei Kraftquellen Bezug, die zum „Gelingen" einer Beleidigung beitragen können.[22] Die Betonung liegt auf „können", da im Ergebnis die konkreten Umstände des Einzelfalls entscheidend sind. *Herrmann* führt als ersten Faktor die Autorität der Sprecher-Position an. Die Beleidigungskraft steige, wenn der Sprecher nicht nur als Individuum, sondern auch im Namen einer Gruppe auftritt. Ähnlich verhalte es sich, wenn man sich auf eine Institution beruft und repräsentiert. *König & Stathi* verordnen dieses Machtverhältnis unter der Kategorie der Beziehung zwischen Sprecher und Adressat. Neben derartigen Machtverhältnissen spiele aber auch die interpersonale Konstellation eine Rolle. Demnach sollen Beleidigungen von Leuten aus dem engsten Kreis härter ins Gewicht fallen als von Fremden.[23]

---

[20] Jedoch gibt es auch Fälle, in denen mit öffentlichen Profilen und Klarnamen beleidigende und aufhetzende Nachrichten versendet werden, siehe *Patz/Quent/Salheiser,*#KEIN NETZ FÜR HASS, S. 85.

[21] Für weitere Faktoren, die nicht in zwingend der Online-Kommunikation zuzuordnen sind und die die Deindividuation fördern, siehe *M. Johannes Bauer/Müßle,*Psychologie der digitalen Kommunikation, S. 74 f.; inwieweit Anonymität und verbale Aggression zusammenhängen, ist aus empirischer Sicht nicht unumstritten. Teilweise wurde kein Einfluss festgestellt, siehe *Rösner/N. Krämer*, Social Media + Society 2 (2016), 1, 8, 10 ff.; *Rost/Stahel/Frey*, PLOS ONE 11 (2016), 1, 14, 17 f.; anders: *Zimmermann/Ybarra*, Psychology of Popular Media Culture 5 (2016), 181.

[22] *Herrmann,*Beleidigung, 110, 113.

[23] *E. König/Stathi,*Sprachliche Gewalt, 45, 55.

Darüber hinaus könne die Öffentlichkeit für die Verletzungskraft von Relevanz sein. Je größer der Personenkreis, der die Diffamierung wahrnimmt, desto höher die Verletzungskraft.[24] Daneben seien verbale Verletzungen durch gesellschaftliche Klassifikationen in Form von Kraftausdrücken genannt, denn durch die negative Kategorisierung werde die Verletzungskraft ebenfalls verstärkt. *König & Stathi* ordnen die direkt adressierte Beleidigung an eine geschädigte Person als kraftvoller ein, als wenn sie nicht-adressiert ist oder hinter dem Rücken der betroffenen Person stattfindet.[25] Ebenso kann die Äußerung, die an die Zugehörigkeit zu einer Gruppe anknüpft, belastender sein, als wenn sie einen individuellen Inhalt hat. Denn Merkmale, die eine Gruppeneigenschaft begründen, entziehen sich der Entscheidungsfreiheit der Mitglieder und sind nicht beeinflussbar. Ebenfalls von Bedeutung kann die Wiederholung von Äußerungen und die Wahrheit dergleichen sein. *König & Stathi* bewerten wiederholte Äußerungen und solche mit einem wahren Kern als verletzender als einmalige und offensichtlich unwahre Äußerungen.[26]

Zwar wird die Verortung der Kommunikationsakte im deutschen Strafrechtssystem erst an späterer Stelle erfolgen, jedoch zeigen sich hier bei einem Vergleich bereits Gemeinsamkeiten und Unterschiede, auf die vorab eingegangen werden soll.

Ein erster Unterschied zu den Ausführungen besteht bei strafbaren Äußerungen, die aus einer Machtposition heraus getätigt wurden. Es gibt keine Qualifikation, die einen erhöhten Strafrahmen für Beleidigungen vorsieht, die aus einem Amt heraus getätigt werden. Anders verhält es sich bei der Körperverletzung im Amt gem. § 340 StGB, die im Vergleich zur einfachen Körperverletzung gem. § 223 Abs. 1 StGB eine Freiheitsstrafe von drei Monaten bis fünf Jahren anordnet. Das bedeutet jedoch nicht, dass eine Strafbarkeitslücke bei den Beleidigungsdelikten besteht. Eine Berücksichtigung der Tatbegehung im Amt kann auf Ebene der Strafzumessung in ausreichender Weise berücksichtigt werden. Der Unterschied zwischen der Körperverletzung im Amt und einer strafbaren Äußerung im Amt, der den strafrechtlichen Regelungsunterschied erklärt, besteht darin, dass bei Körperverletzungen im Amt eine größere Gefahr für die körperliche Unversehrtheit als bei regulären Körperverletzungen besteht.[27] Gerade Polizisten werden im Rahmen ihrer Ausbildung auf körperliche Auseinandersetzung

---

[24] So auch *E. König/Stathi,*Sprachliche Gewalt, 45, 56.

[25] *E. König/Stathi,*Sprachliche Gewalt, 45, 53.

[26] *E. König/Stathi,*Sprachliche Gewalt, 45, 56 ff.

[27] Vgl. BeckOK-StGB-*Eschelbach,* § 340 Rn. 1.

vorbereitet, sodass sie geschult sind und Angriffe mit einem höheren Verletzungspotential vollzogen werden können. Eine derart erhöhtes Gefährdungsrisiko ergibt sich für das Rechtsgut „Ehre“ hingegen nicht.

Die Beziehungskonstellationen der Kommunikationspartner kann bei der Auslegung vor allem ein Umstand sein, der bei der Auslegung des Äußerungsinhalts und bei der Bewertung der Strafbarkeit relevant werden kann.[28] Die Verwendung von Kraftausdrücken, denen ebenfalls eine stärkere Verletzungskraft zugesprochen wird, wird ebenfalls auf Tatbestandebene relevant. Hier besteht eine Übereinstimmung zwischen den theoretischen Annahmen und der Strafrechtsdogmatik. So wird bei der Beleidigung gem. § 185 StGB auf eine Abwägung zwischen der Meinungsfreiheit des Täters und des allgemeinen Persönlichkeitsrechts des Geschädigten verzichtet, wenn eine Formalbeleidigung (z. B. derbe Kraftausdrücke, Schimpfwörter, vulgäre Fäkalsprache) vorliegt.[29] Die Verwendung von vulgären Beleidigungswörtern muss sich somit nicht prinzipiell strafschärfend auswirken. Nachteilig ist eine Verwendung nichtsdestotrotz, da die Abwägung zwischen den Rechtsgütern zum Nachteil des Beleidigers entfällt.

Unterschiede zwischen den Ausführungen und der Rechtslage ergeben sich auch hinsichtlich des Wahrheitsgehalts einer Äußerung und bzgl. der Adressaten. Dass wahre Aussagen verletzender sind, spiegelt sich nicht in der Systematik der Beleidigungsdelikte wider. Zunächst ist festzuhalten, dass nur Tatsachenbehauptungen wahr oder falsch sein können.[30] Sofern es um Tatsachenbehauptungen geht, normieren die §§ 186 und 187 StGB explizit, dass die Unwahrheit der Tatsache ein Strafbarkeitsmerkmal ist. Bei § 186 StGB in Form einer objektiven Strafbarkeitsbedingung und bei § 187 StGB als Tatbestandsmerkmal.[31] Bei der Beleidigung gem. § 185 StGB können nach herrschender Auffassung nur unwahre Tatsachenbehauptungen ggü. dem Tatopfer zu einer Strafbarkeit führen.[32] Das

[28] M.w.N. Schönke/H. Schröder-*Eisele/Schittenhelm*, § 185 Rn. 8.

[29] Formalbeleidigungen sind solche Äußerungen, bei denen „kontextunabhängige gesellschaftlich absolut missbilligte und tabuisierte Begrifflichkeiten“ zur Diffamierung verwendet werden, BeckOK-StGB-*Valerius*, § 193 Rn. 34 ff.; m.w.N. *BVerfG*, NJW 2020, 2622, 2624.

[30] Schönke/H. Schröder-*Eisele/Schittenhelm*, § 186 Rn. 3.

[31] *Rengier,*Strafrecht BT II, § 29 Rn. 21.

[32] Es ist umstritten, ob die Unwahrheit ein objektives Tatbestandsmerkmal oder eine objektive Strafbarkeitsbedingung ist. Gegen eine Einordnung als objektive Strafbarkeitsbedingung spricht bereits der Wortlaut des § 185 StGB im Vergleich zu § 186 StGB, wo der Gesetzgeber durch die Formulierungsweise zum Ausdruck gebracht hat, dass ein Strafausschließungsgrund vorliegen soll, siehe MüKo-*Regge/Pegel*, Rn. 31; *Rengier,*Strafrecht BT II, § 29 Rn. 37 f.; *Kett-Straub*, ZStW 120 (2008), 759, 768 (Fn. 36); *OLG Köln*, NJW 1964, 2121, 2122; für eine Einordnung als objektive Strafbarkeitsbedingung siehe *Tenckhoff*, JuS 1989, 35, 36.

Vorhalten der Wahrheit sei eben nicht sanktionsbedürftig. Diese Systematik zeigt auf, dass die Frage nach der Verletzungskraft nicht identisch mit der Strafrechtssystematik ist. Zwar können manche Aussagen emotional belastend sein, aber es besteht trotzdem aus staatlicher Sicht kein Bedürfnis einer Bestrafung.

Diese Erkenntnis wird durch eine weitere Überlegung gestützt. Die Annahme, dass direkt-adressierte Beleidigungen an den Geschädigten verletzender sind als Äußerungen an Dritte, findet sich ebenfalls nicht in der strafrechtlichen Beleidigungssystematik wieder. Sofern unwahre Tatsachenbehauptungen ggü. Dritten geäußert werden, droht eine höhere Strafe gem. §§ 186, 187 StGB als bei der einfachen Beleidigung gem. § 185 StGB. Bei Werturteilen erfolgt hingegen keine Differenzierung danach, ob sie direkt ggü. dem Geschädigten oder Dritten geäußert werden. Hier bleibt es bei der Strafbarkeit gem. § 185 StGB.

Was die erhöhte Verletzungsintensität von repetitiven strafbaren Äußerungen anbelangt, besteht keine explizite Übereinstimmung mit der Gesetzeslage. Es existiert keine Qualifikation, die sich wiederholende Verhaltensweisen aufgreift. Es soll im Gang der Untersuchung vertieft darauf eingegangen werden, inwieweit repetitive Beleidigungen unter das Phänomen (Cyber-)Mobbing fallen und inwieweit ein Reformbedarf gesehen wird. Es kann jedoch bereits festgehalten werden, dass diese Form der verletzenden Kommunikation tatbestandlich nicht explizit erfasst wird.

Wenn postuliert wird, dass öffentliche und gruppenbezogene Äußerungen eine erhöhte Verletzungskraft aufweisen, werden für diese Untersuchung ebenfalls wesentliche Fragen aufgeworfen, die an späterer Stelle erarbeitet werden. Vorab lässt sich jedoch festhalten, dass seitens der Gesetzgebung ebenfalls das Bedürfnis gesehen wurde, die öffentliche Begehungsweise bei der einfachen Beleidigung als Qualifikation einzuführen.[33] Vorab war dies nur bei der üblen Nachrede und der Verleumdung der Fall. Dies fand in der Strafrechtsliteratur sowohl Zuspruch als auch Kritik. Ob es darüber hinaus einer Qualifikation für gruppenbezogene Beleidigung bedarf, ist ein ebenfalls vielfach diskutiertes Thema in der Literatur.

Die Faktoren, die die Verletzungskraft beeinflussen sollen, bieten im Ergebnis nur theoretische Orientierungspunkte, da sich nicht abschließend festhalten lässt, wie verletzend eine Äußerung sein kann. So kann eine Beleidigung in einem intimen Zweipersonenverhältnis schwerwiegender wahrgenommen werden als eine öffentliche Bloßstellung.[34] Eine Beleidigung von einer nahestehenden Person kann schlicht damit abgetan werden, dass sie nicht für voll genommen wird. Unwahre Äußerungen, z. B. ausgedachte, fiese Gerüchte, können verletzender

---

[33] BT-Drs. 19/17741.

[34] *Herrmann,*Beleidigung, 110, 113.

wirken als die Wahrheit, da für Außenstehende der Unterschied nicht zwingend erkennbar sein muss. Im Ergebnis bleibt die Verletzungskraft einer Äußerung somit eine Frage des Einzelfalls. Interessant ist in diesem Kontext, dass die theoretischen Überlegungen nicht zwingend im Einklang mit der strafrechtlichen Beleidigungsdogmatik stehen.

3.3 Einordnung von Kommunikationsakten als Hass

In wissenschaftlichen und politischen Diskursen wird oftmals der Begriff des „Hasses" verwendet, um bedrohende, beleidigende und aufhetzende Kommunikationsakte zu beschreiben. Zu finden sind Formulierungen wie „Hass im Netz"[35], „Digitaler Hass"[36] und „Hass und Hetze"[37], insbesondere wenn es um im Internet öffentliche Ausdrucksweisen geht.[38] Der Begriff des „Hasses" ist der Strafrechtswissenschaft heutzutage nicht mehr fremd. Bei der Volksverhetzung gem. § 130 Abs. 1 Nr. 1 StGB ist die Aufstachelung zum Hass sogar ein Tatbestandsmerkmal. Gerade im Bereich der Vorurteilskriminalität, die überwiegend als „Hate Crimes" oder „Hasskriminalität" bezeichnet wird, findet der Begriff des „Hasses" Verwendung. Zur Beantwortung der Frage, ob diese Wortwahl eine geeignete Umschreibung für schädigende Äußerungsformen ist, kann zunächst auf die Argumentationen zur Begriffsbestimmung der „Hate Crimes" bzw. „Hasskriminalität" zurückgegriffen werden. Denn auch bei politisch motivierten Straftaten herrscht Uneinigkeit hinsichtlich der korrekten Bezeichnung.[39]

3.3.1 Der Hass in Hate Crimes

„Hate Crime" bzw. „Hasskriminalität" ist wohl der am häufigsten genutzte Begriff, wenn es um die Einordnung von Straftaten ggü. Minderheiten geht. Gegen die Verwendung des Begriffs „Hate", bzw. „Hass" wird jedoch vielfach angeführt, dass ein gesellschaftliches Problem zu einem individuellen Problem

[35] *Sahl/Bielzer*, ZRP 53 (2020), 2; *Horten/Gräber*, Forens Psychiatr Psychol Kriminol 15 (2021), 91; *Brings-Wiesen*, ZJJ 2020, 127; *Richter/Geschke/Klaßen*, ZJJ 29 (2020), 148; *Patz/Quent/Salheiser*, #KEIN NETZ FÜR HASS.

[36] *Hoven/Witting*, NJW 74 (2021), 2397; *Hestermann/Hoven/Autenrieth*, KriPoZ 2021, 204; *Hoven* (Hrsg.), Das Phänomen „Digitaler Hass".

[37] *Ceffinato*, ZStW 132 (2020), 544.

[38] Siehe auch *Fleischhack*, Der „Hass" der vielen Formen, 23.

[39] Ausführlich *K. Lang*, Vorurteilskriminalität, S. 36 ff.

reduziert wird.[40] Diesem Argument ist dahingehend zuzustimmen, dass eine alltägliche menschliche Emotion in den Vordergrund gerückt wird, die an sich nicht sanktionsbedürftig erscheint. Hass ist neben Liebe eine Emotion, die im alltäglichen Leben durchaus ihre Existenzberechtigung hat.[41] Man denke nur an eine Person, die nach vielen Jahren Beziehung betrogen wird. Dass in diesem Fall Hassgefühle entstehen, erscheint grds. nachvollziehbar. Problematisch erscheint auch der inflationäre Gebrauch des „Hasses".[42]

Das gesellschaftliche Problem, das hinter dem Phänomen steckt, besteht jedoch vielmehr darin, dass Menschen Vorurteile ggü. anderen Gruppen haben, die dann in Hassgefühlen münden können. Ob aber bei jeder Straftat ggü. geschützten Gruppen auf Täterseite Hassgefühle vorhanden sind, oder ob aus anderweitigen Vorurteilen gehandelt wurde, ist empirisch schwer nachweisbar. Es erscheint nicht zwingend, dass Vorurteile Hassgefühle ergeben. Hass als Motivation ist bei Delikten ggü. Minderheiten somit zwar oft zu bejahen, jedoch kein zwingendes Merkmal. Zudem können Straftaten, die nicht ggü. anderen Gruppen als Minderheiten erfolgen, ebenfalls von Hass motiviert sein.[43] Der Begriff ist darüber hinaus irreführend, da eine Gruppe abstrakt gehasst werden kann, während man einzelne bestimmte Gruppenmitglieder jedoch mögen oder sogar lieben kann.[44]

Zwar kann man für die Verwendung des Begriffs „Hate/Hass" ins Feld führen, dass durch eine langjährige Verwendung in Bezug zur Vorurteilskriminalität ein etabliertes Begriffsverständnis herrscht und er somit länder- und

---

[40] Vgl. *K. Lang,*Vorurteilskriminalität, S. 37 f.; bzgl. Hate Speech vgl. auch *Sponholz,*Hate Speech in den Massenmedien, S. 51; vgl. für eine ausführliche Auseinandersetzung mit der Begriffsbestimmung *Krupna,*Das Konzept der „Hate Crimes" in Deutschland, S. 9 ff.

[41] Hass wird in dieser Untersuchung als Emotion verstanden. Es ist darauf hinzuweisen, dass insbesondere aus psychologischer Sicht umstritten ist, ob es sich bei „Hass" um eine Motivation, eine Emotion, eine Einstellung oder ein Syndrom handelt. Siehe m.w.N. *Aumer/ Erickson,*The use of love and hate in extremist groups, 83.

[42] Es entsteht der Eindruck, dass die Verben „hassen" und „lieben" im Alltag vielfach verwendet werden, um Vorlieben und Geschmäcker auszudrücken, was primär zur Identitätsfindung und Abgrenzung zu anderen Personen beiträgt. Wie viel Bedeutung dem beizumessen ist, erscheint fraglich. Bei einem Vergleich mit der englischen Sprache entsteht der Eindruck, dass das „I love it" oder „I hate it" noch stärker im Alltagssprachgebrauch verankert ist und teilweise durch die inflationäre Verwendung inhaltsleer ist.

[43] *McDevitt/Williamson,*Hate Crimes: Gewalt gegen Schwule, Lesben, bisexuelle und transsexuelle Opfer, 1000, 1001.

[44] Vgl. *R. J. Sternberg/K. Sternberg,*The nature of hate, S. 51.

sprachübergreifend praktikabel ist.[45] Das ändert jedoch nichts an der bestehenden Kritik. Wie bereits erörtert wurde, wird unter dem vermeintlichen Konsens ein gesamtgesellschaftliches Problem zu einem individuellen Problem transformiert. Eine länderübergreifende Verwendbarkeit eines Begriffs ist für die Erforschung eines Phänomens und die Ermittlung von Präventionsstrategien und deren Evaluation von Relevanz, wenn wissenschaftliche Arbeiten international vergleichbar sein sollen. Wenn jedoch das Phänomen in seinen Grundzügen in unbestimmter Art und Weise dargestellt wird, sind etwaige Forschungsergebnisse hinsichtlich der Problematik „Vorurteilskriminalität" nicht aussagekräftig. Der vermeintliche Konsens kann sogar kontraproduktiv sein, wenn er zu inadäquaten Präventionsmaßnahmen führt.[46] Trotz der häufigen Verwendung des Begriffs der „Hate Crimes" bzw. „Hasskriminalität" ist dieser ungenau. Übertragen auf das zu untersuchende Kommunikationsverhalten lässt sich festhalten, dass die Bezeichnung als „Hass" nicht dazu geeignet ist, die relevanten kommunikativen Verhaltensweisen richtig zu umschreiben.

3.3.2 Weitere Kritik am Begriff „Hass"

Die faktischen Gegebenheiten bei Äußerungsformen (im Internet) sprechen ebenfalls gegen die Verwendung des Begriffs „Hass". Zwar sind mit der Verlagerung der Kommunikation in den digitalen Raum die Fälle der menschenfeindlichen Äußerungen mit Gruppenbezug gestiegen, jedoch sind nicht alle Äußerungsformen gegen geschützte Gruppen gerichtet. Wird der Anstieg dieser Fälle als Anlass genommen, um Strafverschärfungen wie z. B. die öffentliche Beleidigung gem. § 185 StGB, einzuführen, so wird verkannt, dass die Phänomene von verletzendem Äußerungsverhalten im Internet vielseitig sind.[47] Neben „Hate Speech" kommen weitere Phänomene wie z. B. „Cybermobbing" oder „Flaming", in Betracht. Daneben sind auch klassische individuelle Beleidigungen im und außerhalb des Internets zu finden, die in öffentlicher Weise begangen werden können. Unabhängig davon, ob man annimmt, dass die öffentliche Begehungsweise, die bei

---

[45] Siehe *K. Lang,*Vorurteilskriminalität, S. 38, die Salm 2011, in: Foundation „Remembrance, Resposibitly and Future (Hg.), S. 9 und Hohenberg 2011, in: Foundation „Remembrance, Resposibitly and Future (Hg.), S. 37 zitiert.

[46] Vgl. *Krupna,*Das Konzept der „Hate Crimes" in Deutschland, S. 53 f.

[47] Vgl. den Regierungsentwurf kritisierend *Oğlakcıoğlu*, ZStW 132 (2020), 521, 524.

solchen Phänomenen gegeben sein kann, das Erfolgsunrecht der Tat erhöht[48], ist „Hass" die falsche Bezeichnung für diese Phänomene.

Die Botschaften, die vorurteilsmotiviert und eine Diffamierung von geschützten Gruppen beinhalten, werden zwar als „Hate Speech" oder „Hassrede" bezeichnet, jedoch ist auch in diesen Fällen zu bedenken, dass der „Hass" als Emotion bei diesem Phänomen nicht begriffsbestimmend ist.[49] Bedenklich ist zudem, dass es keine einheitliche Definition für „Hass" gibt.[50]

Insbesondere wenn es um die Einführung von Strafschärfungen geht, sollte in Gesetzesbegründungen der Begriff „Hass" vermieden werden. Denn eine neu eingeführte, härtere Strafandrohung bestraft nicht den „Hass" als Emotion, sondern verknüpft diesen stets mit einer konkreten Verhaltensweise.

Somit sprechen auch die tatsächlichen Gegebenheiten der diffamierenden (Internet)Kommunikation gegen die Verwendung des Begriffs „Hass".

3.4 Einordnung von verletzenden Kommunikationsakten als Gewalt

Ein weiterer Begriff, der Einzug in den wissenschaftlichen Diskurs gefunden hat, ist die „digitale Gewalt".[51] Dadurch, dass verletzende Kommunikationsakte nicht nur online, sondern auch realweltlich auftreten, stellt sich die Frage, ob diffamierendes und aufhetzendes Kommunikationsverhalten generell als verbale Gewalt eingeordnet werden kann.[52] Im Folgenden wird sich dem Begriff der digitalen Gewalt gewidmet.

---

[48] So z. B. *Großmann*, GA 167 (2020), 546, 550 ff.; *Nussbaum*, KriPoZ 2021, 215, 220 f. Ausführlich zum Erfolgsunwert öffentlicher Beleidigungen siehe Abschnitt 4.2.2.1.

[49] *Sponholz,* Hate Speech in den Massenmedien, S. 51 f.

[50] M.w.N. *R. J. Sternberg/K. Sternberg,* The nature of hate, S. 15 ff.

[51] *Völzmann*, MMR 24 (2021), 619; *Gessinger*, KriPoZ 2021, 364; so auch im Koalitionsvertrag 2021 *Sozialdemokratische Partei Deutschlands/Bündnis 90/Die Grünen/Freie Demokratische Partei,* Koalitionsvertrag 2021–2025, S. 14; *Meier,* Digitale Gewalt unter Studierenden, 847 ff.

[52] So z. B. in den Erziehungswissenschaften, der Soziologie, der Philosophie, und der Linguistik, vgl. *Sitzer,* Verbale und nonverbale Gewalt, 168; *Kuch/Herrmann,* Sprachliche Gewalt, 179; in einem kriminologischen Kontext für Äußerungen gruppenbezogener Menschenfeindlichkeit siehe *Struck*, MschrKrim 102 (2019), 54, 57 f.; *Birkel et al.,* SKiD 2020, S. 34 f.

3.4.1 Verbale Gewalt

Verbale oder symbolische Gewalt ist in der Soziologie laut *Imbusch*sprachlich vermittelte Gewalt und umfasst

> „*jene geistigen Gewaltakte und Sprechhandlungen, die z. B. im Anschreien, in der Beschimpfung, Beleidigung, Verleumdung, Diskreditierung, Herabwürdigung, Missachtung, Abwertung, im Ignorieren und Lächerlichmachen bis hin zur Demütigung und Rufmord bestehen.*“[53]

Neben individuellen Beleidigungen fallen auch Äußerungen mit propagandistischem oder sonstigem menschenverachtendem und aufhetzendem Inhalt unter die verbale Gewalt. Verbale Gewalthandlungen schüchtern ein und setzen herab.[54] Nonverbale Kommunikation, wie z. B. böse Blicke oder das Zeigen des Mittelfingers, können unterstützend wirken oder sogar für sich verletzend sein.[55]

Imbusch ordnet verbale Gewalt aufgrund ihrer gleichen Wirkungsweise zur psychischen Gewalt.[56] Ordnet man wie *Imbusch* die verbale Gewalt als eine Variante der psychischen Gewalt ein, so stellt sich die vielfach diskutierte Frage, ob psychische Verletzungen ebenfalls unter den Gewaltbegriff zu subsumieren sind. Ob beleidigendes oder aufhetzendes Verhalten als Gewalt bezeichnet werden kann, hängt somit mit der Frage zusammen, ob man den ursprünglich rein körperlichen Gewaltbegriff ausweiten möchte und welche Konsequenzen damit einhergehen.

3.4.1.1 Ausweitung des Gewaltbegriffs

Wie genau der Gewaltbegriff zu definieren ist, ist interdisziplinär und auch in der Kriminologie nicht unumstritten. Die interdisziplinäre Vielfalt der kriminologischen Wissenschaft trägt zur Uneinigkeit bei.

Brettel konstatiert zunächst, dass ein Minimalkonsens hinsichtlich des Gewaltbegriffs lediglich dahingehend besteht, dass zur Bestimmung des Gewaltbegriffs normative Bewertungen notwendig sind, d. h. dass keine rein objektive Beschreibungen von Verhaltensweisen erfolgen können.[57] Als soziales Konstrukt ist

---

[53] *Imbusch,*Der Gewaltbegriff, 26, 41; *Schad,*Verbale Gewalt bei Jugendlichen, S. 15 ff.

[54] *Imbusch,*Der Gewaltbegriff, 26, 41.

[55] *Sitzer,*Verbale und nonverbale Gewalt, 168.

[56] *Imbusch,*Der Gewaltbegriff, 26, 41.

[57] *Brettel,*Gewaltkriminalität, 474, 477.

Gewalt somit kein wertneutraler Begriff, vielmehr erfährt er seine Konturen ausgehend von den jeweiligen Institutionen, die ihn verwenden.[58]

Teilweise wird in der Kriminologie unter dem klassischen Gewaltbegriff nur die physische Gewalt verstanden, d. h. „direkt gegen ein Opfer gerichtete physische Gewalthandlungen, welche körperliche Verletzungen oder Gesundheitsschädigungen verursacht."[59] Als Argumente für einen rein körperlichen Gewaltbegriff wird zunächst angeführt, dass nur so eine „uferlose Ausweitung des Phänomens" und eine „Entdifferenzierung der entsprechenden Täterpopulation verhindert werden kann".[60]

Die Ausweitung des Phänomens an sich ist per se kein Argument nicht auch psychische Verletzungen einzubeziehen, denn zur Begriffsbestimmung kommt es laut Minimalkonsens immer auf eine normative Bewertung an. Wenn sich gesellschaftliche Umstände verändern und es zu einem gesellschaftlichen Wandel von Wertvorstellungen kommt, so kann sich diese Veränderung auch auf die Begriffsbestimmung des Gewaltbegriffs auswirken. Ein gesellschaftlicher Wandel ist dahingehend zu beobachten, dass anerkannt ist, dass auch psychische Schädigungen ebenso gravierende Auswirkungen auf den Menschen haben können wie physische Attacken. Psychische Attacken können inhumaner sein und Personen können durch diffamierendes Verhalten stärker verletzt werden als durch leichte körperliche Angriffe, wie z. B. Ohrfeigen oder Tritte gegen das Schienbein, die zweifelsohne unter den Gewaltbegriff fallen.[61] Gerade diese normative Bewertung ermögliche eine Ausweitung des Gewaltbegriffs und das Anerkennen von neuen Gewaltformen.[62] *Nunner-Winkler* führt an, dass dieses Argument an Überzeugungskraft verliere, wenn man gerade diese leichten Formen der Körperverletzungen mit gravierenderen Formen, wie z. B. einem Totschlag oder einem Amoklauf, ersetzt.[63] Dem lässt sich jedoch entgegensetzen, dass bestimmte Formen psychischer Schädigungen ebenso zum Tod des Opfers führen können.

---

[58] Vgl. *Soine/Zinn,*Gewalt gegen Lesben und Schwule, 344 f.

[59] *Kerner,*Kriminologie, 122, 125; *Brettel,*Gewaltkriminalität, 474, 478 f.; so noch *BMI/BMJ,*Zweiter Periodischer Sicherheitsbericht, S. 63; differenzierter hingegen *BMI/BMJ,*Dritter Periodischer Sicherheitsbericht, S. 75 f.

[60] *Brettel,*Gewaltkriminalität, 474, 479.

[61] *Imbusch,*Der Gewaltbegriff, 26, 38; *Klewin/Tillmann/Weingart,*Gewalt in der Schule, 1078, 1079; Nunner-Winkler, in: *Landeskommission Berlin gegen Gewalt,*Landeskommission Berlin gegen Gewalt 2006, https://digital.zlb.de/viewer/metadata/15330876_2007_00/.

[62] Vgl. *Endres/Breuer,*Gewaltdelinquenz und Affekttaten, 87.

[63] Nunner-Winkler, in: *Landeskommission Berlin gegen Gewalt,*Landeskommission Berlin gegen Gewalt 2006, https://digital.zlb.de/viewer/metadata/15330876_2007_00/.

Welche Folgen verletzende Kommunikationsakte für Geschädigte haben können, wird noch im Detail erörtert. Vorab kann als Beispiel bereits vorgezogen werden, dass Opfer von Mobbing Depressionen erleiden und gegebenenfalls sogar in den Selbstmord getrieben werden können. Opfer von Ausgrenzung und sonstigen Demütigungen können in Angst vor Wiederholungstaten leben und Angststörungen oder sonstige dissoziale Züge entwickeln. Die Schwere der Verletzung bei psychischen Schäden spricht somit für eine Anerkennung verbal vermittelter psychischer Gewalt.[64]

Das Argument der „Entdifferenzierung der Täterpopulation" erscheint insbesondere im Hinblick auf die Erfassung der Kriminalität in der Bundesrepublik Deutschland (z. B. durch die Polizeiliche Kriminalstatistik (PKS)) und für die Erarbeitung von Präventionsmaßnahmen von Relevanz zu sein. Zunächst würde jedoch die Gewalttäterpopulation ansteigen. Das Hinzuzählen von verbalen Gewaltformen hätte z. B. für das Bezugsjahr 2023 zur Folge, dass die Gewaltkriminalität, die nach der PKS 2023 verglichen mit dem Jahr 2022 erneut einen Zuwachs erfahren hat, noch weiter ansteigen würde.[65] Alleine daran könnte eine Verunsicherung der Gesellschaft anknüpfen, wenn nicht ausreichend zwischen verbaler und körperlicher Gewalt differenziert werden würde. Ein gesteigertes Unsicherheitsgefühl der Bevölkerung wäre zu befürchten. Hinsichtlich einzuleitender Präventionsmaßnahmen gegen schädigendes Äußerungsverhalten muss vorab geklärt sein, wer überhaupt Adressat der Maßnahme sein soll. Es erscheint fraglich, ob die Population der Täter, die körperliche Gewalt ausüben, und denjenigen, die andere mit Beleidigungen schädigen, identisch sind. Diesem Problem der Entdifferenzierung könnte allerdings damit begegnet werden, dass die ausdifferenzierten Gewaltphänomene strikt für sich betrachtet werden. Des Weiteren gibt es nicht nur ein einziges Präventionsprojekt für „die eine" körperliche Gewalt. Denn auch unter der körperlichen Gewalt gibt es mehrere Unterphänomene (z. B. häusliche Gewalt, politisch-motivierte Gewalt), die für sich betrachtet werden müssen, um sie präventiv zu bekämpfen. So verhält es sich auch bei schädigendem Kommunikationsverhalten. Auch hier muss auf die Vielfalt der Phänomene bei der Entwicklung von präventiven Konzepten eingegangen werden. Das Argument der Differenzierung der Täterpopulation überzeugt daher nicht.

[64] So auch *Klewin/Tillmann/Weingart,*Gewalt in der Schule, 1078, 1079.

[65] Unter die Gewaltkriminalität zählen nur Delikte, die zur physischen Gewalt zählen, z. B. Körperverletzungsdelikte, Totschlag und Mord.

Gegen eine Einbeziehung von verbal vermittelter psychischer Gewalt könnte sprechen, dass mit der Ausweitung des Gewaltbegriffs Sachverhalte skandalisiert werden, Gegner diskreditiert werden und Gegengewalt gerechtfertigt wird.[66]

Bezeichnet man beleidigendes und aufhetzendes Kommunikationsverhalten als „verbale Gewalt“, so würde dies nach *Neidhardt* zur Folge haben, dass derartige Sachverhalte „zum Superproblem“ aufgewertet werden.[67] Dies würde mit einer über die bloße Ablehnung hinausgehenden moralischen Empörung einhergehen.[68] Mit der Einstufung von schädigendem Kommunikationsverhalten als Gewaltform würde dem verletzenden Kommunikationshandeln als Phänomen mehr Aufmerksamkeit geschenkt. Realistisch betrachtet sind Beleidigungen und Volksverhetzungen, die vor allem im Internet getätigt werden, bereits stärker in den Fokus der Gesetzgebung, diverser Wissenschaftsrichtungen und der Medien gerückt. Ob dies eine Folge der Einordnung als Gewalt ist, erscheint fraglich. Der Grund dafür wird vielmehr sein, dass die empirische Forschung zu den Verletzungsfolgen zugenommen hat und die Betroffenheit der Geschädigten aufgezeigt wurde. Die Aufmerksamkeit erscheint angesichts der Folgen, auf die noch genauer einzugehen ist, angemessen. Der Skandalisierungseffekt rückt die Sachverhalte ins Scheinwerferlicht, sodass ein generelles Bewusstsein entsteht, wodurch die Gesetzgebung und die Justiz entsprechend agieren können. Eine solche Reaktion durch die Gesetzgebung war erst zu beobachten. Die §§ 185, 188 StGB wurden im Jahr 2021 reformiert, sodass nun eine öffentliche Tatbegehung den Beleidigungstatbestand qualifiziert (§ 185 StGB) und auch Kommunalpolitiker vom Schutz erfasst werden (§ 188 StGB).[69] Der § 192a StGB ist ebenfalls neu und stellt seit 2022 die volksverhetzende Beleidigung unter Strafe.[70] Diese Neuerungen werden im Laufe der Untersuchung ebenfalls ausführlicher thematisiert.

Jedoch sind nicht alle überzogenen und provozierende Äußerungen strafbar, obwohl sie vom Opfer als verletzend oder beleidigend empfunden werden.[71] Auch an dieser Stelle müsste konsequenterweise von verbaler Gewalt gesprochen

---

[66] *Krey/Neidhardt,* Was ist Gewalt?, S. 125.

[67] *Krey/Neidhardt,* Was ist Gewalt?, S. 126.

[68] *Krey/Neidhardt,* Was ist Gewalt?, S. 126; vgl. auch *Endres/Breuer,* Gewaltdelikte, 93 (2. Aufl.).

[69] BT-Drs. 19/17741.

[70] BT-Drs. 19/31115.

[71] Ausführlich zu den Strafbarkeitsvoraussetzungen siehe Abschnitt 4.1.1.

werden[72], was zur Folge hat, dass eine negative Bewertung durch die Gesellschaft vom Gefühlsempfinden der Betroffenen abhängen kann und somit willkürlich erfolgen kann. Der Skandalisierungseffekt, der zwar für strafbare Äußerungen durchaus gerechtfertigt ist, ist zu weitreichend. Überspitzte Äußerungen, von denen sich Betroffene verletzt fühlen, die aber durchaus von der Meinungsfreiheit aus Art. 5 GG der Sich-Äußernden gedeckt sind, würden negativ etikettiert.

Doch nicht nur die Sachverhaltsthemen, sondern auch die, die kommunizieren, werden negativ klassifiziert. Die Diskreditierung des Gegners meint, dass mit der Gewaltfrage zeitgleich entschieden wird, ob man „der Moralgemeinschaft anständiger Bürger zugehört oder nicht".[73] Bei Äußerungsdelikten gilt erneut die Besonderheit, dass die Grenze zu strafbarem Verhalten fließend ist. Überspitzte, obszöne und provozierende Äußerungen, die sich kritisch mit der aktuellen Politik auseinandersetzen (Machtkritik), könnten schnell als verbale Gewalt abgestempelt werden. Die Möglichkeit, Kritik an politischen Vorgehensweisen zu äußern, ist jedoch gerade etwas, was in einer Demokratie problemlos möglich sein muss. Durch die Etikettierung als verbale Gewalt könnte es folglich dazu kommen, dass sich Personen aus Angst, dass sie ihre Meinung nicht ungehindert äußern können, aus dem Diskurs zurückhalten.

Dieses Argument überzeugt jedoch nur bis zu einem gewissen Grad. Da mit keinen staatlichen Konsequenzen in Form einer etwaigen Bestrafung zu rechnen ist, sofern es sich um eine Äußerung handelt, die keine Strafbarkeitsvoraussetzungen erfüllt, ist der Abschreckungseffekt vermutlich nur von geringer Natur.[74]

Eine weitere mögliche Folge ist, dass mit der Bezeichnung als Gewalt ebenfalls Gegengewalt gerechtfertigt wird. So könnte ein Anreiz dafür gesetzt werden, dass es legitim ist, dass man ebenfalls mit verletzendem Kommunikationsverhalten reagiert. Daraus soll nicht abgeleitet werden, dass man beleidigendes oder aufhetzendes Kommunikationsverhalten tatenlos hinnehmen sollte. Trotzdem besteht die Möglichkeit, dass dadurch ein Impuls gesetzt wird, durch den sich die Beteiligten mit Beleidigungen übertrumpfen, eben weil es legitim erscheint. Gegenmaßnahmen, die ebenfalls ehrverletzender Natur sind, ändern jedoch nichts

---

[72] Vgl. *S. Krämer,* Sprachliche Gewalt, 21, 38 ff., wonach das als verletzend Empfinden eine Voraussetzung ist.

[73] *Krey/Neidhardt,* Was ist Gewalt?, S. 126.

[74] Auch durch Reaktion von Mitmenschen wird kein großer Abschreckungseffekt verursacht werden, der die Meinungsfreiheit tangieren würde. Man denke nur an hitzige Diskussionen, wo eine Person auf ihren Ton hingewiesen wird „Wieso bist du denn so aggressiv?". Ob das Verhalten von Mitmenschen nun als aggressiv oder gewalthaltig bezeichnet wird, wird nichts daran ändern, dass die Ermahnten trotzdem weiter ihre Meinung äußern können.

am Diskursklima.[75] Es besteht eher die Gefahr, dass der „verrohte Diskurs“, der vielfach angeprangert wird, nur gefördert wird.[76] Es könnte somit zu einer „moralischen Überhitzung“ von Sachverhalten kommen, was kontraproduktiv wirkt und einen Beitrag zu Lösungsstrategien erschwert.[77] Gegen eine Ausweitung des Gewaltbegriffs wird des Weiteren angeführt, dass es zu einem Verschleiß des Tabus komme, weil es an Bedeutung verliere.[78] Hiergegen spricht jedoch, dass das Gewalttabu nicht an Bedeutung verliert, weil mittlerweile ein Bewusstsein bzgl. des Ausmaßes psychischer Verletzungen besteht. Das Tabu ergibt sich daraus, dass Menschen bewusst ist, was für Folgen verletzende Handlungen, körperlich oder verbal, für Opfer haben. Physische Gewalthandlungen würden durch die Erweiterung nicht als weniger gravierend empfunden.

Für die Anerkennung von verbaler Gewalt, durch die es zu psychischen Schädigungen kommt, wird teilweise angeführt, dass die Übergänge von psychischen und physischen Schädigungen oft fließend sind.[79] Zwar wird es oftmals der Fall sein, dass körperlichen Auseinandersetzungen verbale Streitigkeiten vorausgehen. Ob diese Aussage so verallgemeinerbar ist, dass eine Ausweitung des Gewaltbegriffes gerechtfertigt werden kann, erscheint angesichts der Vielseitigkeit von verletzendem Kommunikationsverhalten, insbesondere zu Zeiten der Digitalisierung, fraglich. Es gibt mehrere Phänomene, die durch diffamierende Äußerungsformen gekennzeichnet sind und die sich in ihren Einzelheiten voneinander unterscheiden. Beim sog. „Cybermobbing“ kann ein fließender Übergang zwischen Diffamierungen im Internet und Gewalttaten in realweltlichen Situationen vorliegen. Für das Phänomen „Hate Speech“ gibt es ebenso empirische Nachweise, dass aufhetzende Äußerungen auf sozialen Netzwerken mit Gewalttaten in einem Zusammenhang stehen können.[80] Inwieweit anderes verletzendes Kommunikationsverhalten im Zusammenhang mit Gewalttaten steht, bedarf empirischer Forschung.

---

[75] Für ein veranschaulichendes Beispiel siehe *Oğlakcıoğlu*, ZStW 132 (2020), 521 f.

[76] Dabei wurde der verrohte Diskurs u. a. als Anlass zur Gesetzesänderung der Beleidigungsdelikte genommen. Es könnte somit ein Widerspruch zu den gesetzlichen Intentionen entstehen, siehe BT-Drs. 19/17741.

[77] *Krey/Neidhardt,* Was ist Gewalt?, S. 140 f.

[78] *Krey/Neidhardt,* Was ist Gewalt?, S. 140 f.

[79] Vgl. *Eisenberg/Kölbel,* Kriminologie, S. 780 f.

[80] *K. Müller/Schwarz*, Journal of the European Economic Association 19 (2021), 2131, 2164.

Beleidigendes Verhalten ist zudem kein reines realweltliches Phänomen mehr. Die Kommunikationsformen haben sich durch soziale Medien und Messenger-Dienste verändert, sodass verletzendes Kommunikationsverhalten nicht an physische Auseinandersetzungen gekoppelt sein muss. So könnte nach einer Beleidigung via digitaler Mittel bei einem zeitlich späteren Zusammentreffen das Eskalationspotential bereits geringer sein als bei einer realweltlichen Diffamierung.

Ein weiteres Argument, das in der Diskussion gegen die Ausweitung des Gewaltbegriffs und die Einbeziehung von psychischen Schäden durch Kommunikationsverhalten vorgebracht wird, sind die strukturellen Unterschiede zwischen physischer Gewalt und sprachlich vermittelter Gewalt.[81] Während körperliche Gewalt universell verständlich ist, muss psychische Gewalt, die durch Kommunikationsakte vermittelt wird, einer Interpretation zugänglich sein und vom Adressaten als verletzend verstanden werden.[82]

Körperliche Angriffe, die darauf zielen einen anderen Menschen physisch zu schädigen, erreichen dieses Ziel mit einer höheren Sicherheit als wenn ein Täter eine Person verbal demütigen will. Bei einer verbalen Demütigung können kulturelle Unterschiede oder Sprachbarrieren dafür sorgen, dass Äußerungen unterschiedlich oder gar nicht verletzend wahrgenommen werden. Körperliche Gewalt ist in kultureller Hinsicht voraussetzungslos und universell verständlich und somit auch berechenbarer als psychische Gewalt. Ein kräftiger Schlag mit der Faust ins Gesicht hat beim Opfer Schmerzen und unter Umständen sichtbare Verletzungen zur Folge. Zusätzlich sind potentielle Schäden bei bösartigen Äußerungen wie Beleidigungen nicht zwingend für andere unmittelbar erkennbar. Anders beim Schlag ins Gesicht, der zu Rötungen und blutigen Wunden führen kann. Bezeichnet man sein Gegenüber auf Deutsch als „Vollidiot", so ist es notwendig, dass das Opfer die deutsche Sprache spricht und die Aussage richtig verstanden und als verletzend wahrgenommen hat.

Bei Beleidigungen oder sonstigem diffamierenden Verhalten besteht für das Opfer des Weiteren die Möglichkeit durch Anpassungsstrategien oder durch einen Gewöhnungseffekt eine Verletzung zu verhindern oder abzumildern. Die Folgen körperlicher Gewalt können nicht so einfach umgangen werden, es sei denn man entzieht sich physisch der Situation oder man wirkt erfolgreich deeskalierend

---

[81] Nunner-Winkler, in: *Landeskommission Berlin gegen Gewalt,* Landeskommission Berlin gegen Gewalt 2006, https://digital.zlb.de/viewer/metadata/15330876_2007_00/.

[82] *Krey/Neidhardt,* Was ist Gewalt?, S. 134; so auch Nunner-Winkler, die die Opferbeteiligung als strukturellen Unterschied nennt, in: *Landeskommission Berlin gegen Gewalt,* Landeskommission Berlin gegen Gewalt 2006, https://digital.zlb.de/viewer/metadata/15330876_2007_00/.

auf den Täter ein. Allerdings handelt es sich hierbei um präventive Maßnahmen, durch die es gar nicht erst zur physischen Auseinandersetzung kommt.

Körperliche Gewalthandlungen kennzeichnen sich dadurch, dass der Täter Macht über das Opfer ausüben kann. Das Opfer ist dieser Macht unterlegen. Das ist bei verbalen Attacken nicht immer der Fall. Wie bereits oben beschrieben, kann es Fälle geben in denen der Täter eben keine Macht über das Opfer ausübt. Eine Reaktion des Opfers ist notwendig. Die strukturellen Unterschiede sprechen gegen eine Bezeichnung als verbale Gewalt.

Als weiterer Kritikpunkt lässt sich anführen, dass durch die Ausweitung des Gewaltbegriffs auf die verletzenden Kommunikationsakte, die Grenze zu körperlichen Gewalttaten verschwimmen kann. Bei beleidigenden und aufhetzenden Kommunikationsakten und körperlichen Gewalttaten handelt es sich demnach um heterogene Phänomene, die sich strukturell unterscheiden und somit nicht unter einen Begriff subsumiert werden sollten. Ein weiterer Erkenntnisgewinn hinsichtlich der Entstehungsgründe und Auswirkungen von verletzendem Kommunikationsverhalten auf körperliche Gewalttaten wird ebenfalls erschwert. Dem steht allerdings entgegen, dass die genaue Bezeichnung und Operationalisierung des Gewaltphänomens differenzierte Forschungsergebnisse weiterhin zulassen.

3.4.1.2 Zwischenergebnis

Der Gewaltbegriff ist als soziales Konstrukt wertungsabhängig. Es kann somit kein normatives „richtig“ oder „falsch“ bei der Frage geben, ob bestimmte Phänomene unter den Gewaltbegriff zu subsumieren sind. Vielmehr stehen die Plausibilität und die Begründungsweise im Vordergrund der Diskussion. So verhält es sich auch hier. Insbesondere aufgrund der potentiellen Verletzungsfolgen von Kommunikationsformen, die mit körperlichen Verletzungen (sofern man Tötungen ausklammert) auf einer Stufe stehen und teilweise sogar schädigender ausfallen, ist eine Zuordnung zur Gewalt plausibel. Zwar sprechen die strukturellen Unterschiede gegen eine Einbeziehung, jedoch werden durch eine differenzierte Bezeichnung der Gewaltformen im Diskurs die Besonderheiten sowohl der körperlichen als auch der psychischen Gewalt gewahrt. Vielfach gehen verbal-beleidigende Dispute mit körperlichen Auseinandersetzungen einher. Eine Ausweitung des Gewaltbegriffs führt zu keiner Enttabuisierung des körperlichen Gewaltbegriffs, da das Tabu physischer Gewalt nicht gemindert wird. Vielmehr erlangen beleidigende und aufhetzende Äußerungsformen aufgrund ihrer potentiellen Verletzungsmacht an Relevanz. Von daher erscheint es legitim im Sinne dieser Untersuchung den Gewaltbegriff zu verwenden.

3.4.2 Exkurs: Digitale Gewalt

Auslöser der Auseinandersetzung mit dem Gewaltbegriff war das mehrfache Aufkommen des Begriffs der „digitalen Gewalt“ in wissenschaftlichen Beiträgen und auf Internetseiten von Hilfsorganisationen.[83] Auch für den Begriff der digitalen Gewalt gibt es keine einheitliche Definition. Nach *Bauer* handelt es sich dabei um einen Sammelbegriff für verschiedene Phänomene im digitalen Kontext, wie z. B. das Stalking, bildbasierte sexualisierte digitale Gewalt, heimliches Filmen, „Deepfaking“ und „Revenge Porn“.[84] Der Bundesverband der Frauenberatungsstellen und Frauennotrufe (bff) ergänzt die Definition der digitalen Gewalt dahingehend, dass es sich um eine Fortsetzung und Ergänzung von Gewaltformen und Gewaltdynamiken handelt.[85]

Nach einer Studie der Universität Wien/Weißer Ring ist Gewalt im Netz

> *„jede sprachliche (durch Schrift oder aufgezeichnete Sprache) oder darstellende (durch Bild oder Video) Äußerung, verbreitet oder zugestellt durch das Medium Internet, die von unmittelbaren und/oder mittelbaren EmpfängerInnen als bedrohlich, herabwürdigend oder verunglimpfend empfunden wird oder durch die die EmpfängerInnen sich in ihrer Lebensgestaltung auf unzumutbare Weise beeinträchtigt fühlen. Bezugspunkt ist nicht ausschließlich das individuelle Empfinden, sondern das Empfinden eines wahrnehmbaren Teiles der rechtsverbundenen Sprachgemeinschaft. Besonders zu berücksichtigen ist dabei jeder Ausdruck der Diskriminierung auf Grund der ethnischen Zugehörigkeit, der Religion oder Weltanschauung, des Alters, der sexuellen Orientierung, einer körperlichen oder intellektuellen Beeinträchtigung oder des Geschlechts.“*[86]

Meier versteht unter digitaler Gewalt die vom Täter gezielte Herbeiführung von seelischen Verletzungen, worunter Gefühle des Unbehagens, der Angst, und der Ausweglosigkeit bis hin zu Änderungen des Sozialverhaltens und selbstverletzendem Verhalten verstanden werden soll.[87]

---

[83] *Prasad,* Digitalisierung geschlechtsspezifischer Gewalt, 17.

[84] *J.-K. Bauer*, djbZ 24 (2021), 153; *Stelkens*, djbZ 22 (2019), 204 Fn. 1; für eine nicht abschließende Auflistung von Verhaltensweisen siehe auch *Prasad,* Digitalisierung geschlechtsspezifischer Gewalt, 17, 22 ff.

[85] *Bundesverband Frauenberatungsstellen und Frauennotrufe,* Bundesverband Frauenberatungsstellen und Frauennotrufe 2019, https://www.frauen-gegen-gewalt.de/de/aktionen-themen/bff-aktiv-gegen-digitale-gewalt.html.

[86] *Forschungszentrum Menschenrechte der Universität Wien/Weißer Ring,* Forschungszentrum Menschenrechte der Universität Wien et al. 2018, S. 28; *Mandl et al.,* Gewalt gegen Frauen und Mädchen im Netz, 44, 46.

[87] *Meier,* Digitale Gewalt unter Studierenden, 847, 848.

All diesen Ansätzen ist zunächst dahingehend zuzustimmen, dass bestehende Machtdynamiken (auch) durch verletzendes Kommunikationsverhalten im Internet ausgelegt und sogar verstärkt werden können.[88] Was verletzendes Kommunikationsverhalten für eine Wirkung haben kann und wieso es so gefährlich ist, wurde bereits erörtert. Die Arbeitsdefinition der Studie der Universität Wien/ Weisser Ring hat außerdem den Vorteil, dass sie Willkür-Vorwürfe umgehen kann, da sie nicht (nur) auf das Empfinden der Betroffenen, sondern auf eine Wertung der „rechtsverbundenen Sprachgemeinschaft" abstellt. Demnach kann es sich nur um Äußerungen handeln, die auch rechtliche Relevanz aufweisen, weil sie diskriminierend oder sogar strafbar sind. Digitale Gewalt stellt ebenfalls eine Ausweitung des Gewaltbegriffs dar, mit der sich bereits auseinandergesetzt wurde. Zwar bestehen auch an dieser Stelle strukturelle Unterschiede im Vergleich zur rein körperlichen Gewalt, jedoch spricht das erhebliche Verletzungspotential für die Anerkennung des Begriffs. Beleidigende und aufhetzende Äußerungen im Internet können darüber hinaus als Schnittstelle für realweltlichen Verletzungen dienen.[89] Auch der Begriff der digitalen Gewalt lässt den körperlichen Gewaltbegriff nicht konturenlos werden, solange die Gewaltphänomene differenziert bezeichnet werden. Als soziales Konstrukt ermöglicht der Gewaltbegriff den gesellschaftlichen Wandel bzgl. der Anerkennung von psychischen Schädigungen zu berücksichtigen. Der gesellschaftliche Wandel wird darüber hinaus vom technologischen Fortschritt begleitet, der neue Möglichkeiten der verletzenden Kommunikation ermöglicht. Diese neuen Verletzungsmöglichkeiten werden ebenfalls durch die Bezeichnung als „digitale Gewalt" umfasst. Der Begriff der digitalen Gewalt erscheint somit als eine legitime Bezeichnungsweise für beleidigendes und aufhetzendes Kommunikationsverhaltens im Internet.

3.5 Einordnung als Aggression

Möglich ist darüber hinaus eine Betrachtungsweise, in der Gewalt überwiegend als eine besonders schwere oder extreme Form von Aggression verstanden wird.[90] Gewalt wird demnach als körperliche Gewalt verstanden und nicht-körperliche Begehungsformen werden nach diesem Ansatz nur als Gewalt bezeichnet,

[88] So auch *Prasad,*Digitalisierung geschlechtsspezifischer Gewalt, 17, 19.

[89] Vgl. *Prasad,*Digitalisierung geschlechtsspezifischer Gewalt, 17, 18.

[90] *Endres/Breuer,*Gewaltdelinquenz und Affekttaten, 87; *Nolting,*Psychologie der Aggression, S. 26.

sofern sie von erheblichem Gewicht sind, wie z. B. psychische Misshandlungen oder Folterungen.[91] „Nur" schädigende Äußerungsformen wären demnach Aggressionsformen.

Wie aggressives Verhalten bestimmt wird, wird nicht einheitlich definiert. So wird diskutiert, ob es objektiv auf einen Schadenseintritt oder auf subjektiver Ebene auf eine Schädigungsabsicht ankommt.[92] *Buss* vertritt bspw., dass aggressives Verhalten als Reaktion zu verstehen ist, durch die einem anderen Organismus schädliche Reize zugefügt werden.[93] Dieser verhaltensorientierte Ansatz wird damit begründet, dass die Schädigungsabsicht kein zuverlässiges Merkmal zur Bestimmung sei. Es gebe Fälle, in denen eine Schädigungsabsicht nicht verbalisiert werden kann.[94] Diesem Ansatz ist dahingehend zuzustimmen, dass die Nachweisbarkeit von einer Schädigungsabsicht zur Bestimmung von aggressiven Verhaltensweisen im Nachhinein oftmals bloß anhand einer Würdigung von objektiven Umständen erfolgen kann. Für das Erfordernis einer Schädigungsabsicht spricht hingegen, dass durch dieses Merkmal, Verhaltensweisen ausgesondert werden, die zum Wohl der Betroffenen durchgeführt werden. Als Beispiel dient ein Zahnarzt, der einem Patienten einer schmerzhaften Behandlung unterzieht, um ihn zu heilen.[95] Des Weiteren würden nach einem verhaltensorientierten Ansatz Fälle unberücksichtigt bleiben, in denen der Versuch unternommen wird, eine andere Person zu schaden, der Schaden aber schlussendlich nicht eintritt.[96] Exemplarisch sei hier ein Schuss mit einer Pistole genannt, der fehlgeht, oder die Beleidigung, die vom Betroffenen nicht gehört wird. Auch diese Fälle sollten einbezogen werden, da das Verhalten des Aggressors bereits willentlich darauf ausgerichtet war, jemanden zu schädigen, der Schadenseintritt jedoch aufgrund unkontrollierbarer Umstände unterbrochen werden kann.

Aggression wird somit als absichtliches Verhalten definiert, das darauf gerichtet ist, eine andere Person gegen deren Willen zu schädigen, wobei direkte körperliche Verletzungen, direkte psychische Verletzungen und indirekte Verletzungen (Sachbeschädigung) umfasst werden.[97]

---

[91] Vgl. *Nolting,*Psychologie der Aggression, S. 26; *Nolting,*Aggression, S. 16.

[92] Vgl. *Selg,*Menschliche Aggressivität, S. 12.

[93] *Buss,*The psychology of aggression, S. 1.

[94] *Buss,*The psychology of aggression, S. 2.

[95] *Krahé,*Aggression, 311, 313.

[96] *Krahé,*Aggression, 311, 313.

[97] *H.-D. Schwind/J.-V. Schwind,*Kriminologie und Kriminalpolitik, S. 140; *Endres/Breuer,*Gewaltdelinquenz und Affekttaten, 87; *Brettel,*Gewaltkriminalität, 474, 479; *Wettstein,*Hate Speech, 227, 228; *Scheithauer/Heyer/Petermann,*Bullying unter Schülern, S. 18;

Anhand dieser Definition werden zudem die Fälle als nicht-aggressives Verhalten eingestuft, die nicht gegen den Willen der Betroffenen erfolgen. Hiermit wird berücksichtigt, dass abhängig vom Alter und von der sozialen Schicht ein rauerer Umgangston gepflegt wird. Aus der Sicht eines objektiven Dritten mag das Kommunikationsverhalten als beleidigend wahrgenommen werden. Wenn jedoch unter den Kommunikationsteilnehmenden ein Konsens hinsichtlich des Umgangstons herrscht, nehmen die involvierten Personen die Äußerungen nicht als verletzend wahr, sodass kein aggressives Verhalten vorliegt.

Die Einordnung als aggressives Verhalten ermöglicht darüber hinaus eine Differenzierung zwischen instrumenteller und feindseliger Aggression. Instrumentelle Aggression kennzeichnet sich dadurch, dass sie angewendet wird, um einen bestimmten Zweck zu erreichen.[98] Ein Beispiel für instrumentell-aggressives Kommunikationsverhalten wäre der Radfahrer, der den Fußgänger beschimpft und anschreit, weil der Fußgänger auf dem Fahrradweg steht. Zwar wird sich der Radfahrer einerseits seiner Wut Ausdruck verleihen wollen. Andererseits wird er primär das Ziel verfolgen, dass der Fußgänger sich fortbewegt. Feindselige Aggression umschreibt hingegen Verhaltensweisen, die durch das Bedürfnis motiviert sind, Ärger und feindselige Gefühle auszudrücken und primär der Zielperson Schaden zuzufügen.[99] Typische Fälle sind hier Mobbing-Konstellationen, in denen es aus der Täterperspektive primär darum geht, dass das Opfer erniedrigt wird.[100] Eine Differenzierung hinsichtlich der Motivation kann einerseits aus strafzumessungsrechtlicher Perspektive strafschärfend oder strafmildernd wirken und andererseits in präventiver Hinsicht von Relevanz sein, wenn es um die Entwicklung präventiv wirkender Maßnahmen geht.

Für eine Bezeichnung als Aggression spricht zudem, dass ein „milderer" Skandalisierungseffekt bewirkt wird. Die Skandalisierung bei der Einordnung einer Verhaltensweise als aggressiv ist milder als bei der Einstufung als Gewalt. Das liegt daran, dass der Begriff der „Aggression" wertneutraler ist.[101] Trotzdem wird mit dem Begriff schädigendes Kommunikationsverhalten in die Aufmerksamkeit der Wissenschaft und Politik gerückt.

---

so auch noch im zweiten Periodischen Sicherheitsbericht, *BMI/BMJ,* Zweiter Periodischer Sicherheitsbericht, S. 63.

[98] *Krahé,* Aggression, 311, 315.

[99] *Krahé,* Aggression, 311, 315; diese Form der Aggression wird auch als expressive oder reaktive Aggression bezeichnet, siehe *Endres/Breuer,* Gewaltdelikte, 93, 95 (2. Aufl.).

[100] Zum Phänomen Mobbing siehe Abschnitt 3.7.2.

[101] So zumindest in der Psychologie vgl. *M. Schäfer,* Aggression, 16.

Aggressives Verhalten ist, wie auch der Gewaltbegriff, ein soziales Konstrukt.[102] Im Hinblick auf den gesellschaftlichen Wandel von Wertvorstellungen und gesellschaftlichen Entwicklungen und Veränderungen ist der Begriff der Aggression somit nicht starr. So stellen nicht nur typische aggressive Verhaltensweisen, die unter physischer Präsenz der Kontrahenten ausgeführt werden, Aggression dar. Der Begriff der Aggression ist anpassungsfähig hinsichtlich der durch technische Innovationen vorangetriebenen Verlagerung von Handlungsweisen ins Internet. Nicht alle Aggressionsformen, d. h. die physische Aggression, sind ins Internet übertragbar. Verbal aggressive Verhaltensweisen hingegen sind sehr gut übertragbar in einen digitalen Kontext.[103]

Im Kontext der verbalen Aggression ist das Konstrukt der „Mikroaggression" näher zu beleuchten. Hierbei handelt es sich um „subtile Brüskierungen, Verunglimpfungen und Beleidigungen ggü. Minderheiten sowie ggü. Frauen und anderen historisch stigmatisierten Gruppen, die Feindseligkeit vermitteln oder zumindest hervorrufen".[104] Der Fokus des Konstrukts liegt somit auf alltäglichen Formen der Diskriminierung, die subtil erfolgen. Als Beispiel werden oft die Erfahrungen von P.o.C. angeführt, die im Alltag nach ihrer Herkunft gefragt wird oder für ihre Deutschkenntnisse gelobt werden. Gerade für die Betroffenen, die in Deutschland geboren wurden, kann diese Interaktion als verletzend wahrgenommen werden. Ob diese Formen der Alltagsdiskriminierung eine eigene Form der Aggression darstellen, wird nicht einheitlich beurteilt. Insbesondere im Hinblick auf die Erforschung des Phänomens ergibt sich die Schwierigkeit zu messen, wann überhaupt eine Diskriminierung vorlag und ob es beabsichtigt war, die andere Person zu schädigen.[105] Im Bereich der Alltagsdiskriminierung muss danach unterschieden werden, ob diese auf Unwissenheit oder auf Feindseligkeit beruht. Das subjektive Empfinden der diskriminierten Person reicht hierfür nicht aus.[106] Hier scheint vielmehr die Kommunikationssituation der maßgebliche Faktor zu sein. Es ist eine Einzelfallprüfung angebracht, i.R.d. die Voraussetzungen der Aggression zu prüfen sind.

---

[102] *N. Döring,*Sozialpsychologie des Internet, S. 273.

[103] Neben verletzenden Kommunikationsakten fallen auch technische Systemangriffe unter aggressive Akte im Internet, vgl. *N. Döring,*Sozialpsychologie des Internet, S. 271.

[104] Ins Deutsche übersetzt aus *Lilienfeld*, Perspective on Psychological Science 12 (2017), 138, 139.

[105] M.w.N. *Lilienfeld*, Perspective on Psychological Science 12 (2017), 138, 144 f.; die Untersuchung von Williams liefert allerdings ein Indiz dafür, dass einige Diskriminierungsszenarien sowohl von P.o.C. als auch von Non-P.o.C. als inakzeptabel bewertet werden, siehe *M. T. Williams*, Behavior Therapy 52 (2021), 709, 716.

[106] *Lilienfeld*, Perspective on Psychological Science 12 (2017), 138.

3.5.1 Verbale Aggression

Es lässt sich somit zusammenfassen, dass zwischen verschiedenen Formen der Aggression differenziert werden kann, wobei Überschneidungen möglich sein können.[107] Die Untersuchung konzentriert sich auf den Bereich der verbalen Aggression. Der Verletzungserfolg verbal aggressiver Kommunikationsakte ist als soziales Konstrukt diskursiver Natur.[108] Aus interdisziplinärer Sicht soll nur der folgende Interpretationsansatz betrachtet werden, der sich mit den Auswirkungen verbaler Aggression befasst. Nach *Buss* werden bei physischer Aggression Schmerzen und Verletzungen und bei verbaler Aggression Ablehnungen (rejection) und Bedrohungen (threat) vermittelt.[109] Daraus wird bereits ersichtlich, dass der Begriff nicht nur beleidigendes Verhalten erfassen kann. Auch andere verbale Äußerungsformen wie Bedrohungen oder Nötigungen zählen dazu.

3.5.1.1 Ablehnung (rejection)

Ablehnung (rejection) bedeutet in diesem Sinne, dass das Opfer durch die Kommunikationshandlung als „abstoßend, schlecht und unerwünscht"[110] gekennzeichnet wird. *Buss* unterscheidet grds. zwischen drei Formen der Ablehnung: Bei der ersten Ablehnungsform gehe es um die „direkte und unverblümte Abweisung" der anderen Person. Bei der zweiten Form handele es sich um „ablehnende Bemerkungen". Die dritte Form unterteilt sich in drei Subkategorien, die nach der Intensität aufgelistet sind. Als erste Subkategorie nennt *Buss* die „Kritik". Hierbei handele es sich um die mildeste Form, die nur aggressives Verhalten darstellt, wenn sie unsachlich ist und an die individuelle Person anknüpft. Werden in sachlicher Form Leistungen kritisiert, so stelle dies keine Aggressionsform dar. In der Mitte ist die „Herabsetzung" angesiedelt, wobei es sich um persönliche Angriffe handelt, die die Person individuell betreffen. Die intensivste Kategorie umfasse das „Verfluchen". Hierbei wird das Opfer mit tabuisierten Schimpfwörtern adressiert bzw. verflucht.

Positiv zu bewerten ist an dieser Stelle, dass Formen der Meinungsäußerungsfreiheit, die zu dem Bereich der Machtkritik zählen, nicht unter den Begriff der Aggression fallen. Erst, wenn keine Sachauseinandersetzung mehr erfolgt, wird eine Verortung als Aggression vorgenommen. Hier ist eine Parallele zur Dogmatik im Beleidigungsstrafrecht zu erkennen. Die Abwägung der Meinungsfreiheit des

---

[107] *Krahé,*Aggression, 311, 313 ff.; *Kruße,*Argument und Aggression, 41, 55.

[108] *N. Döring,*Sozialpsychologie des Internet, S. 273.

[109] *Buss,*The psychology of aggression, S. 6 f.

[110] Eigene Übersetzung, vgl.*Buss,*The psychology of aggression, S. 6.

Täters mit der Ehre des Tatopfers entfällt, wenn eine reine Schmähkritik vorliegt, d. h. wenn eben keine Auseinandersetzung mehr mit der Sache erfolgt, sondern die Diffamierung des Gegenübers im Vordergrund steht.[111] Welche Auswirkungen die Verwendung von Kraftausdrücken auf strafrechtlicher Ebene haben kann, wurde bereits erörtert. Ob sich die Intensität der Ablehnung derart skalieren lässt, ist insgesamt jedoch zweifelhaft. Die Verletzungsintensität wird von sämtlichen Kommunikationsumständen beeinflusst, sodass eine derartige Kategorisierung nur als Indiz zur Bestimmung der Ablehnung dienen kann.

3.5.1.2 Bedrohung (threat)

Gemäß *Buss* können mittels verbal aggressiver Verhaltensweisen auch Bedrohungen vermittelt werden. Bedrohungen funktionieren, weil man als Opfer so konditioniert ist, dass man aufgrund der bedrohenden Äußerung den Eintritt der angedrohten Situation erwartet. Insbesondere bei menschenfeindlichen Äußerungen mit Gruppenbezügen wird eine bedrohende Botschaft an die anderen Gruppenangehörigen vermittelt, dass man jederzeit alleine aufgrund des Merkmals Opfer einer Tat werden kann. Inwieweit bei bloßen beleidigenden Äußerungen ein Bedrohungseffekt eintritt, ist eine Frage des Einzelfalls.

3.5.2 Formen verbal-aggressiven Verhaltens

Bei der verbalen Aggression lässt sich darüber hinaus zwischen verbaler Aggression im engeren und im weiteren Sinne differenzieren. Unter verbaler Aggression im engeren Sinne sind Sprechhandlungen, z. B. das Anschreien, mittels Fäkalsprache, Beschimpfen oder Beleidigen zu verstehen, während verbale Aggression im weiteren Sinne symbolische Handlungen und nonverbale Kommunikationsformen, wie z. B. das Zeigen des Mittelfingers, das Tippen an die Stirn oder das Hissen einer Flagge, meint.[112] Aggressive Verhaltensweisen lassen sich obendrein klassifizieren in aktive/passive und direkte/indirekte Formen.[113] Zwar wird sich strafbares Verhalten fast ausschließlich im Bereich der aktiven direkten und indirekten verbalen Aggression bewegen, jedoch scheint diese Einordnung an dieser Stelle deswegen angebracht, weil durch sie aufgezeigt wird, wie facettenreich

[111] M.w.N. zur Rechtsprechung siehe BeckOK-StGB-*Valerius*, § 193 Rn. 35.

[112] *Kruße,* Argument und Aggression, 41, 55; *Nolting,* Psychologie der Aggression, S. 21 f.

[113] *Buss,* The psychology of aggression, S. 8 f.; *Krahé,* Aggression, 311, 314; *Kruße,* Argument und Aggression, 41, 55.

schädigende Äußerungsformen sein können. Tabelle 3.1 zeigt eine Übersicht der Kategorisierung.

Tab. 3.1 Kategorisierung verbaler Aggression

	Aktiv	Passiv
Direkt	Kommunikationshandlung ggü. Zielperson	Verweigerung der Kommunikationshandlung ggü. Zielperson
Indirekt	Kommunikationshandlung ggü. Dritten	Verweigerung der Kommunikationshandlung ggü. Dritten

3.5.2.1 Aktive direkte verbale Aggression

Ob verbale Aggression aktiv oder passiv erfolgt, hängt davon ab, ob eine Verhaltensweise ausgeführt wird oder nicht.[114] Als Verhaltensweisen kommen verbale und nonverbale Kommunikationshandlungen in Betracht. Eine Kommunikationshandlung ist direkt aggressiv, wenn sie sich gegen die Zielperson richtet.[115] Typische Konstellationen sind somit das Anschreien oder Beleidigungen in face-to-face Situationen oder private Nachrichten, die auf sozialen Plattformen oder mittels Messenger-Diensten übermittelt werden. Aktive diffamierende Handlungen, die direkt ggü. der betroffenen Person ausgeführt werden, sind Demonstrationen von Macht und Stärke.[116] Das Risiko, dass sich die Zielperson verteidigt ist hingegen größer als bei anderen Formen der verbalen Aggression, wobei hier noch zwischen analoger und digitaler Kommunikation unterschieden werden kann.[117]

3.5.2.2 Aktive indirekte verbale Aggression

Aktive indirekte verbale Aggression meint Kommunikationsakte, die nicht ggü. der Zielperson, sondern ggü. Dritten durchgeführt werden. Oftmals wird das Ziel verfolgt, die sozialen Beziehungen der betroffenen Personen zu schädigen (sog. relationale Aggression).[118] In den Fällen, in denen diffamierend hinter dem

---

[114] Vgl. *Buss,*The psychology of aggression, S. 8 f.

[115] *Krahé,*Aggression, 311, 314.

[116] *M. Schäfer,*Aggression, 16, 17; vgl. auch *Krußе,*Argument und Aggression, 41, 51, wonach aggressive Verhaltensweisen Bemächtigungsakte darstellen, durch die das Gegenüber zum Objekt gemacht werden soll.

[117] Siehe bereits Abschnitt 3.2.2.

[118] *Krahé,*Aggression, 311, 315.

Rücken einer Person gesprochen wird, ist das Entdeckungs- und Konfrontationsrisiko geringer.[119] Aus Opferperspektive kann es schwieriger sein, die Verbreitung von Gerüchten zu verhindern, da es einerseits Kenntnis voraussetzt und andererseits unklar sein kann, wie weit die Äußerungen schon verbreitet sind. Hierdurch kann eine korrigierende Stellungnahme erschwert werden. Zwar wird durch diese Form der verbalen Aggression nicht im selben Maße Macht und Stärke ggü. dem Geschädigten demonstriert, jedoch sind die Folgen von diffamierenden, aktiv-indirekten Kommunikationshandlungen nicht weniger gravierend, da der „gute Ruf" der Betroffenen angegriffen wird.

3.5.2.3 Passive direkte verbale Aggression

Passive verbale Aggressionsformen kennzeichnen sich zunächst dadurch, dass ein Kommunikationsakt verweigert wird. Die Verweigerung des Kommunikationsakts erfolgt ggü. der Zielperson. Angesichts der These, dass man nicht nicht kommunizieren kann, sind hiermit Fälle gemeint, in denen man sich z. B. weigert mit seinem Gegenüber zu sprechen.[120] Auch mit dem bloßen Anschweigen kann der Zweck verfolgt werden, eine andere Person zu bestrafen bzw. zu schädigen. Ebenso könnte hierunter das sog. „Ghosting" eingeordnet werden. Hierbei handelt es sich um ein Phänomen, bei dem in zumeist amourösen Beziehungen unvermittelt der Kontakt von der einen Partei abgebrochen wird, indem jegliche Kommunikation gemieden oder unterbrochen wird.[121] Insbesondere die Online-Kommunikation eignet sich für derartige Kontaktabbrüche, da es für den Handelnden keine unmittelbaren Konsequenzen hat, wenn auf Nachrichten nicht geantwortet wird und technisch ein vollständiges Blockieren der anderen Person möglich ist.

3.5.2.4 Passive indirekte verbale Aggression

Passive indirekte verbale Aggressionen sind somit solche, in denen Kommunikationsakte ggü. Dritten verweigert werden, um der Zielperson zu schädigen. Passive indirekte Aggression ist selten und kennzeichnet sich generell dadurch, dass sie nur mittelbare Auswirkungen hat, da nur durch eine Reihe von Ereignissen eine Schädigung bei der Zielperson eintreten kann.[122] *Kruße* nennt als

---

[119] *M. Schäfer,* Aggression, 16, 17.

[120] *Kruße,* Argument und Aggression, 41, 55.

[121] M.w.N. *Freedman et al.*, Journal of Social and Personal Relationships 36 (2019), 905, 908.

[122] *Buss,* The psychology of aggression, S. 9.

Beispiel das Verweigern einer Zustimmung.[123] Dadurch, dass diese Form der verbalen Aggression erst durch das Eintreten von anderen Ereignissen überhaupt zu einer Schädigung führen kann, unterscheidet sie sich stark von den anderen. *Buss* konstatiert deshalb, dass diese Form die Grenze von aggressivem Verhalten darstellt.[124]

3.6 Zwischenergebnis

Ein beleidigendes und volksverhetzendes Verhalten fällt demnach unter den Begriff der Aggression, wenn es darauf gerichtet ist, andere Personen schädigenden Reizen auszusetzen und ohne Einverständnis der betroffenen Personen ausgeführt wird. Da sowohl „Aggression" als auch „Gewalt" soziale Konstrukte sind, eignen sich beide Begriffe zur Umschreibung der Verhaltensweisen. Die Ausarbeitung zeigt jedoch, dass die Aggressionsforschung dahingehend bemüht ist, eine breitgefächerte Kategorisierung von Aggressionsformen vorzunehmen. Von daher scheint die Verwendung dieses Begriffs geeigneter, um die verschiedenen Nuancen der Äußerungsformen zu erfassen. Lediglich der Begriff des „Hasses" erscheint ungeeignet zur Beschreibung des Phänomens. Die Begriffe der verbalen Gewalt und der verbalen Aggression können nebeneinander bestehen, sodass sie fortan beide verwendet werden, um den Untersuchungsgegenstand zu beschreiben.

3.7 Phänomenologie

Wie bereits dargelegt wurde, wird verletzendes Kommunikationsverhalten mit vielen verschiedenen Begriffen umschrieben, die nicht einheitlich verwendet werden. Verbale Aggression ist facettenreich, was sich in verschiedenen Phänomenen niederschlägt. Manche Phänomene, wie z. B. Hate Speech oder Mobbing stammen aus Zeiten, in denen Kommunikation noch analog stattfand. Durch die Digitalisierung und der damit einhergehenden Verlagerung eines Großteils der Alltagskommunikation ins Internet, entsteht ebenfalls Raum für digitale verbale Gewalt. Hierdurch entwickeln sich auf der einen Seite neue Phänomene und auf der anderen werden bereits bestehende modifiziert.

---

[123] *Krußе,*Argument und Aggression, 41, 55.

[124] *Buss,*The psychology of aggression, S. 9.

3.7.1 Hate Speech

Der Begriff Hate Speech[125] entstand in den 1980er Jahren im Zuge von rassistischen Anfeindungen ggü. Professoren und Studierenden an amerikanischen Universitäten.[126] Ursprünglich wurden realweltliche Verhaltensformen dem Begriff zugeordnet.

Eine einheitliche Definition von Hate Speech existiert wird.[127] Es kann unterschieden werden zwischen weiten und engen Begriffsbestimmungen.[128] Der Unterschied zwischen den Lagern besteht darin, dass Vertreter einer weiten Begriffsbestimmung auch individuelle Herabsetzungen miteinbeziehen, während nach dem engen Begriffsverständnis eine gruppenbezogene Diffamierung oder Bedrohung vorliegen muss, um eine Äußerung als Hate Speech einzuordnen. Gegen eine Einbeziehung von individuellen Beleidigungen spricht allerdings bereits die Ursprungsgeschichte des Phänomens. Hate Speech wurde als Begriff gewählt, um die Äußerungsformen zu beschreiben, die an ein nicht beeinflussbares Gruppenmerkmal anknüpfend diffamieren. Auch aus Sicht der Ursachen- und Präventionsforschung spricht vieles für eine Trennung.

Als weitverbreiteter Konsens kann somit vorab konstatiert werden, dass Hate Speech allgemein als eine Diffamierung und/oder Bedrohung von Gruppen oder einzelnen Gruppenmitgliedern aufgrund ihrer Gruppenzugehörigkeit bezeichnet werden kann.[129] Welche Gruppen jedoch als schützenswert erachtet werden, wird ebenfalls nicht einheitlich beurteilt. Vielfach wird plädiert, die Gruppeneigenschaft müsse mit einer benachteiligten Machtposition einhergehen (sog. „historically oppressed groups").[130] Beleidigungen und Bedrohungen ggü. Gruppen und deren Mitgliedern, die aus historischer Sicht keine strukturelle Unterwerfung erfahren haben, haben nicht den gleichen Effekt wie

[125] Siehe *Wachs/Schubarth/Bilz,* Hate Speech, 223–236, 225, wo Hate Speech und verbale Gewalt als zwei unterschiedliche Phänomene angesehen werden. Diese Sichtweise wird hier nicht vertreten, sondern Hate Speech wird als eine Ausprägung der verbalen Aggression zugeordnet.

[126] M.w.N. *Sponholz,* Hass mit Likes: Hate Speech als Kommunikationsform in den Social Media, 15, 16.

[127] *Richter/Geschke/Klaßen*, ZJJ 29 (2020), 148, 149; siehe auch *Krause,* Hate Speech, S. 1 ff.

[128] M.w.N. *Richter/Geschke/Klaßen*, ZJJ 29 (2020), 148, 149.

[129] *Sponholz,* Hass mit Likes: Hate Speech als Kommunikationsform in den Social Media, 15, 17.

[130] M.w.N. *Brown*, Law and Philos 36 (2017), 419, 436 f.

bei benachteiligten Gruppen, da „keine spezifische Geschichte der Unterdrückung“ hervorgerufen wird.[131] Zwar sind demnach bestimmte Berufsgruppen, wie z. B. Politiker, Journalisten oder Polizisten, von Hate Speech ausgeschlossen, jedoch wird nicht verkannt, welche Auswirkungen beleidigende und bedrohende Kommunikationsformen ggü. derartigen Berufsgruppen haben.[132]

Die „Hate-Speaker“ sind nicht zwingend, wie der Name vielleicht andeuten mag, von „Hass“ als Emotion getrieben. Im Vordergrund stehen die Vorurteile, die ggü. den Gruppen bestehen, die Hate Speech antreiben.[133] Die Diffamierung oder Bedrohung der Betroffenen muss nicht das verfolgte Hauptziel sein. Es kann vielmehr auch Mittel zum Zweck sein. Dies ist bspw. der Fall, wenn zur Beeinflussung von Wahlergebnissen (als primäres Hauptziel) ausländerfeindliche Wahlplakate verbreitet werden oder Reden gehalten werden. Hier ist die Diffamierung lediglich ein Zwischenziel, was jedoch ausreicht.[134]

Darüber hinaus wird nicht einheitlich beurteilt, ob Hate Speech nur öffentliche Kommunikationsformenbetrifft oder auch private Formen ebenfalls umfasst sind. Teilweise stellt sich sogar die Frage, ob nur Äußerungsformen im Internet als Hate Speech gelten.[135] In diesem Zusammenhang werden auch häufig die Begriffe „Online Hate Speech“ oder „Hasspostings“ verwendet. Hate Speech nur auf das Internet zu beschränken, würde die Tatsache verkennen, dass noch immer ein wesentlicher Bestandteil der Kommunikation realweltlicher Natur ist. Zwar wird verletzendes Kommunikationsverhalten durch das Internet modifiziert, jedoch bleibt Hate Speech unabhängig vom Kommunikationsmedium diskriminierend.

Hate Speech wird fortan als gezielte, analoge oder digitale Diffamierung und Bedrohung von Gruppen verstanden, die mit einer benachteiligten Machtposition einhergehen.

---

[131] Siehe *Sponholz*, SWS-Rundschau 60 (2020), 43, 55, die Delgado/Stefancic ins Deutsche übersetzt hat.

[132] Als Beispiel für ein Verständnis von Hate Speech, das soziale Gruppen einbezieht, siehe *Obermaier/Hofbauer/Reinemann*, Studies in Communication and Media 7 (2018), 499, 503.

[133] *Sponholz*, SWS-Rundschau 60 (2020), 43, 48.

[134] *Sponholz,*Hate Speech in den Massenmedien, S. 70 f.; weitere Motivationen nennt *Schmitt,*Online Hate Speech, 51 ff.

[135] M.w.N. *Krause,*Hate Speech, S. 3.

3.7.2 (Cyber) Mobbing

Unter Mobbing sind schikanierende Verhaltensweisen zu verstehen.[136] *Weber* konstatiert folgende Voraussetzungen, damit ein Verhalten als Mobbing bezeichnet werden kann: Zunächst müsse die diffamierende Handlung wiederholt, also über einen längeren Zeitraum, vorgenommen werden. Des Weiteren müsse der Handelnde die Diffamierungen mit einer Schädigungsabsicht vornehmen. Es müsse dem Täter gerade darauf ankommen, das Opfer physisch oder psychisch zu schädigen. Als weitere Voraussetzung müsse ein Kräfteungleichgewicht zwischen Täter und Opfer bestehen, das sich durch eine physische, psychische oder sozioökonomische Unterlegenheit kennzeichnet. Durch dieses Kräfteungleichgewicht bedingt, sei das Opfer dann nicht in der Lage sich effektiv zur Wehr zu setzen.[137]

Mobbing kann ebenfalls mittels Mobiltelefon bzw. durch das Internet stattfinden (Cybermobbing). Mobbing wird durch die Digitalisierung von Kommunikationsprozessen so modifiziert, dass die Opfer nicht mehr klassischerweise nur in der Schule oder im Beruf angreifbar sind, sondern auch im Kontext des Privatlebens auf digitale Weise.[138] Inwieweit die Umstände dieser Digitalisierung die Folgen für das Opfer modifizieren und intensivieren, wurde bereits erarbeitet.[139]

3.7.3 (Cyber-)Stalking

Der Begriff des Cyberstalkings wird ebenfalls teilweise mit „Hass im Netz" in Verbindung gebracht.[140] Auch dieser Begriff fällt zunächst dadurch auf, dass es keine einheitliche Definition gibt.[141] Der Begriff „Stalking" stammt aus den späten 1980er Jahren und diente zur Umschreibung von dauerhaften Verfolgungen und Eingriffen in die Privatsphäre von Betroffenen.[142] Die weit verbreitete Vorstellung, dass nur Frauen von Stalking Betroffene seien und dass nur Männer als

---

[136] Für das Verhältnis zum Begriff „Bullying" und für eine Begriffsfestlegung siehe *Weber,*Cybermobbing, S. 7 ff.

[137] M.w.N. *Weber,*Cybermobbing, S. 10 f.

[138] Siehe *Weber,*Cybermobbing, S. 21 ff. zur Diskussion, ob alle Voraussetzungen des realweltlichen Mobbings in die Definition des Cybermobbings zu übernehmen sind.

[139] Siehe einerseits Abschnitt 3.2.2. und 3.8.3.

[140] *Haider,*Hass im Netz, 151.

[141] *Gazeas*, KJ 39 (2006), 247 f.

[142] *Stiller/Regler/Rabe,*Aktuelle empirische Forschung im Bereich „Stalking", 33, 34.

„Stalker" handeln würden, um ihre Beziehungen zu erhalten, hat sich im Laufe der Jahre geändert. Mittlerweile ist anerkannt, dass auch Männer betroffen sein können und dass eine amouröse Beziehung keine zwingende Voraussetzung von Stalking ist.[143] Die Definitionsversuche lassen sich in weite und enge Ansätze unterteilen. Bei den weiten Verständnissen reicht es bereits aus, dass mindestens zwei Stalkinghandlungen ausgeführt wurden. Die engen Definitionsansätze fordern meistens eine gewisse zeitliche Dauer zusätzlich zu einer emotionalen Komponente, bei der es darauf ankommt, dass Betroffene Gefühle von Angst erleben.[144]

Im Vergleich zu Hate Speech oder (Cyber)Mobbing ist allerdings ein Unterschied hinsichtlich der gesetzlichen Erfassung des Phänomens feststellbar. § 238 StGB sanktioniert die Nachstellung, wodurch der individuelle Lebensbereich von Betroffenen geschützt werden soll.[145] Von § 238 StGB sollen Handlungen bestraft werden, durch die der Täter gegen den Willen des Opfers mit überwiegend hoher Intensität Kontakt sucht.[146] Bei der zwanghaften Suche nach Kontakt mit dem Opfer passiert es nicht selten, dass das Opfer beleidigt wird. Beleidigungen sind eine denkbare Reaktion des Täters, nachdem er vom Opfer abgelehnt oder aus Sicht des Täters verärgert wurde. So wird sich z. B. auf sozialen Plattformen hinter falschen Identitäten versteckt, um von diesen gefälschten Profilen das Opfer nicht nur zu beschatten und zu kontrollieren, sondern auch um beleidigende Inhalte zu versenden. Auch hierbei handelt es sich dann um kommunikative Aggressionsformen. Jedoch stehen bei diesem Phänomen insgesamt das Kontrollieren und der Drang nach Nähe zum Opfer im Vordergrund. Das Opfer zu diffamieren ist nicht das Hauptziel des Täters. Somit kann sich der Täter kommunikativ-aggressivem Verhalten bedienen, jedoch ist Stalking nicht zwingend per se als eine Form der kommunikativen Aggression einzuordnen.

3.7.4 Nichteinvernehmliches angefertigtes und verbreitetes Bildmaterial

Das Anfertigen und/oder Verbreiten von Bildmaterial ohne Einwilligung wird ebenfalls häufig der „digitalen Gewalt" oder dem „Hass im Netz" zugeordnet.

---

143 *Tjaden/Thoennes,* Stalking in America, 3, 6.

144 M.w.N. zu den Definitionsansätzen siehe *Stiller/Regler/Rabe,* Aktuelle empirische Forschung im Bereich „Stalking", 33, 34 f.

145 *Fischer,* StGB § 238 Rn. 2.

146 *Kerbein/Pröbsting*, ZRP 35 (2002), 76, 77.

Als Überbegriff für nichteinvernehmlich hergestelltes oder verbreitetes Bild- oder Videomaterial mit sexuellem Inhalt sei „nonconsensual pornography“[147] genannt, dem die folgenden Phänomene zugeordnet werden können.

3.7.4.1 „Upskirting“

Das sog. „Upskirting“ (oder auch „Downblousing“) beschreibt das überwiegend heimliche Fotografieren oder Filmen von weiblichen oder männlichen Geschlechtsteilen und deren Verbreitung an Dritte.[148] Eine klassische Konstellation ist entsprechend der englischen Bezeichnung des Phänomens, dass einer Frau auf einer Rolltreppe von hinten eine Kamera unter den Rock gehalten wird. „Upskirting“ muss nicht zwingend der Befriedigung von sexuellen Bedürfnissen dienen, sondern kann auch alleine zur Demütigung von Betroffenen erfolgen.[149] In dem Zugänglich-Machen für Dritte bzw. Versenden an Dritte liegt ein Kommunikationsakt, der mit Schädigungsabsicht vorgenommen wird. Dieser ist verletzend, da nicht nur ohne Einwilligung pornographisches/intimes Bild- oder Videomaterial von der betroffenen Person versendet wird, sondern auch weil nicht ersichtlich sein kann, wie weit das Material bereits im Internet verbreitet ist.[150] Sofern es um das Verbreiten von Bild- oder Videomaterial an Dritte geht, stellt das „Upskirting“ eine Form der kommunikativen Aggression dar.

3.7.4.2 „Revenge Porn“

Ein weiterer Begriff, der mit sexualisiertem Bild- oder Videomaterial zusammenhängt und mit „digitaler Gewalt“ und „Hass im Netz“ in Verbindung gebracht wird, ist das sog. „Revenge Porn“.[151] „Revenge Porn“ meint, dass intime Fotos oder Videos, die einvernehmlich während einer amourösen Beziehung entstanden sind oder ausgetauscht wurden, nach Beendigung der Beziehung gegen den

---

[147] *Bates*, Feminist Criminology 12 (2017), 22.

[148] *Berghäuser*, ZIS 2019, 463.

[149] *Berghäuser*, ZIS 2019, 463.

[150] Das Verbreiten von Bild- oder Filmmaterial ist für das Opfer mit Demütigungen verbunden. Zu den möglichen Strafbarkeiten des Aufnehmens und des Verbreitens siehe ausführlich *Berghäuser*, ZIS 2019, 463, 466 ff.; *Burghardt/Schmidt/Steinl*, JZ 77 (2022), 502, 505 f.; eine Beleidigung gem. § 185 StGB scheitert beim Versenden des Bildmaterials wohl häufig daran, dass die Opfer auf den Bildern nicht identifizierbar sind. Das Opfer muss für den Adressaten erkennbar sein, d. h. als beleidigte Person objektiv feststehen oder feststellbar sein und für den Dritten durch bestimmte Merkmale gekennzeichnet sein, vgl. *BGH*, NJW 1956, 679.

[151] Vgl. *Völzmann*, MMR 24 (2021), 619, 620; zur Strafbarkeit von „Revenge Porn“ siehe *Burghardt/Schmidt/Steinl*, JZ 77 (2022), 502, 506.

Willen der anderen Person veröffentlicht oder verbreitet werden.[152] Die Verbreitung des Bild- oder Videomaterials wird als Demütigung und aus Frust über das Ende der Beziehung öffentlich gestellt. Auch hier liegt im Versenden eine aggressive Kommunikationsform, da zumindest mittelbar das Ziel verfolgt wird, den Betroffenen durch die Demütigung und Bloßstellung zu verletzen.

3.7.4.3 „Dickpics"

Im Zusammenhang mit Bildmaterial stehen auch die sog. „Dickpics". Hierbei handelt es sich um das unerbetene Zusenden von Bild-oder Videomaterial, das meistens männliche Genitalien zeigt.[153] Auch hier liegt im Versenden ein Kommunikationsakt zwischen Sender und Empfänger des Nacktfotos. Zu den Motiven der Sender ist bisher empirisch noch nicht viel bekannt. Einerseits ist es möglich, dass mit der Handlung verfolgt wird, eine sexuelle Beziehung aufzubauen oder im Gegenzug ebenfalls sexualisiertes Bildmaterial zu erhalten. Gleichzeitig kann aber das Versenden aber auch dazu dienen die andere Person zu demütigen und zu erniedrigen, indem sie unwillentlich zum Objekt gemacht wird, das sich mit der aufgezwungenen Sexualität auseinandersetzen muss.[154] Das kann beim Opfer in Angst und Unruhe resultieren. Sofern eine Schädigungsabsicht vorliegt, handelt es sich beim unerbetenen Versenden von Nacktfotos um eine aggressive Kommunikationsform.

3.7.4.4 „Deepfakes"

Eine weitere Variante einer Kommunikationsform, die andere im digitalen Raum schädigt, ist das Verbreiten von bearbeiteten Fotos oder Videos. Bei den sog. „Deepfakes" handelt es sich um technisch manipuliertes Bildmaterial, in dem Gesichter oder ganze Personen ausgetauscht oder bearbeitet werden können.[155] Aufgrund technologischer Fortschritte sind die veränderten Versionen täuschend echt und nur schwer vom Original zu unterscheiden. Die manipulierte Version findet Verwendung, um die betroffene Person zu demütigen, zu erpressen oder

---

[152] *Citron/Franks*, Wake Forest Law Review 49 (2014), 345, 346; *Bates*, Feminist Criminology 12 (2017), 22; kritisch ggü. der Begrifflichkeit *Gámez-Guadix et al.*, Journal of Adolescence 94 (2022), 789, 790.

[153] Vgl. *McGlynn/Johnson*, The Journal of Criminal Law 85 (2021), 171, die für den Begriff "Cyberflashing" plädieren.

[154] *Burghardt/Schmidt/Steinl*, JZ 77 (2022), 502, 510; *McGlynn/Johnson*, The Journal of Criminal Law 85 (2021), 171.

[155] *Albahar/Almalki*, Journal of Theoretical and Applied Information Technology 97 (2019), 3242 f.

um „Fake News“ zu verbreiten.[156] Die Demütigung kann des Weiteren einen sexuellen Bezug erlangen, wenn betroffene Personen auf pornographisches Foto- oder Videomaterial bearbeitet werden. Oftmals sind Personen des öffentlichen Lebens, wie z. B. prominente Schauspieler oder Politiker, betroffen. Das Veröffentlichen und Verbreiten von „Deepfakes“ an Dritte sind somit ebenfalls Formen verbaler Aggression, da zugleich beabsichtigt wird die Abgebildeten Personen zu schädigen.

3.7.5 Sonstiges digitales Verhalten

Daneben gibt es weitere Phänomene, bei denen der Fokus auf beleidigendem Kommunikationsverhalten liegt. Diese Phänomene lassen sich zusammenfassen, da sie alle lediglich im Internet vorkommen.

3.7.5.1 „Firestorms“

Bei (Online) Firestorms, oftmals auch „Shitstorm“ genannt, handelt sich um ein plötzliches Auftreten großer Mengen von Nachrichten mit negativem Inhalt und Beschwerdeverhalten gegen eine Person, ein Unternehmen oder eine Gruppe in sozialen Medien.[157] Besonders ist, dass sich mehrere einzelne Menschen hinter dem gemeinsamen Zweck, nämlich die Missgunst und Ablehnung eines bestimmten Verhaltens oder einer Aktion, vereinen. Ein Firestorm muss nicht per se strafbares Verhalten darstellen. Ein Firestorm, der an einem tatsächlichen Fehlverhalten eines Unternehmens oder einer Institution anknüpft, verliert seinen informativen Charakter jedoch durch den Inhalt der Äußerungen. Es erscheint hierbei fraglich, ob die subjektiven Meinungen, die zum Ausdruck gebracht werden, fundierte und abgesicherte Argumente enthalten. Da dies selten der Fall ist, kann es zu einer schädigenden Wirkung in Form von Rufschädigungen oder Umsatzeinbußen für Unternehmen kommen. Kennzeichnend für Firestorms ist, dass regelmäßig ein hohes Maß an Aggression entladen wird.[158] Die einzelnen Beiträge in einem Firestorm sind überwiegend persönliche Meinungen und wenig

---

[156] *Albahar/Almalki*, Journal of Theoretical and Applied Information Technology 97 (2019), 3242 f.

[157] Ins Deutsche übersetzt aus *Pfeffer/Zorbach/Carley*, Journal of Marketing Communications 20 (2014), 117, 118; vgl. auch *Gaderer*, ZMK 9 (2018), 27.

[158] *Pfeffer/Zorbach/Carley*, Journal of Marketing Communications 20 (2014), 117, 188.

sachorientiert Die Nachrichtenbeiträge beinhalten überwiegend diffamierendes Verhalten und werden selten mit fundierten Argumenten geschmückt.[159]

3.7.5.2 „Trolling"

Beim „Trolling" geht es darum, dass eine Person online in einer offenen Diskussion mit mehreren Teilnehmern die Diskutierenden provoziert.[160] Die Teilnehmer sollen in sinnlose Streitgespräche verwickelt werden, um vom eigentlichen Inhalt der Diskussion abzulenken. Die disruptiven Kommentare werden dabei entweder zur eigenen Belustigung oder aber gezielt zur Unterbrechung der Diskussion eingesetzt.[161] Als Kommunikationsmittel können Beleidigungen und Volksverhetzungen seitens der „Trolls" genutzt werden. Beim Phänomen „Trolling" wird somit kommunikative Aggression eingesetzt, um die bezweckte Disruption zwischen den Kommunikationsteilnehmern zu erreichen.

3.7.5.3 „Flaming"

Bei dem Phänomen „Flaming" handelt es sich um eine Beschreibung von aggressivem Sprachgebrauch im Internet. Inhaltsbezogene Ansätze stellen auf den Inhalt der Äußerung ab, wonach Flaming vorliegt, wenn negative Emotionen zum Ausdruck gebracht durch feindselige Sprache wie z. B. die Verwendung von Flüchen oder Beleidigungen, zum Ausdruck gebracht werden.[162] Eine rein inhaltsbasierte Definition lässt allerdings die einzelfallbedingten Gegebenheiten zwischen den Kommunikationspartnern außer Betracht. Deswegen werden „Flaming"-Phänomene auch als „absichtliche negative Verstöße gegen Interaktionsnormen"[163] beschrieben. Diese Definition berücksichtigt die Intentionen der sprechenden Person, wodurch ungewolltes Verhalten als Fehlkommunikation ausscheidet. Des Weiteren scheiden Fälle aus, in denen zwischen den Beteiligten ein grds. rauerer Umgangston gepflegt wird. Für Dritte mögen die Sprechweisen als verletzend eingeordnet werden, während die Kommunikationspartner keinen Normverstoß sehen. Wenn der aggressive Sprachgebrauch jedoch zur Schädigung von Dritten eingesetzt wird, handelt es sich um eine Form kommunikativer Aggression.

---

[159] *Pfeffer/Zorbach/Carley*, Journal of Marketing Communications 20 (2014), 117, 118.

[160] Vgl. *Fichman,*Online Trolling, S. 5 f.

[161] *Fichman,*Online Trolling, S. 6.

[162] Vgl. *Kayany*, Journal of the American Society for Information Science 49 (1998), 1135, 1137 f.; m.w.N. *O'Sullivan/Flanagin*, New Media & Society 5 (2003), 69, 70 ff.

[163] Aus dem Englischen übersetzt, vgl. *O'Sullivan/Flanagin*, New Media & Society 5 (2003), 69, 84.

3.8 Empirische Erkenntnisse zu Prävalenz und Folgen von schädigenden Kommunikationsakten

Nachdem in den vorangegangenen Unterkapiteln einzelne Phänomene im Kontext der verbalen Gewalt beleuchtet wurden, soll im folgenden Abschnitt auf die empirischen Erkenntnisse zur Prävalenz und den Folgen von schädigenden Kommunikationsakten eingegangen werden. Dies ist vor allem vor dem Hintergrund von Interesse, dass regelmäßig über die Zunahme von beleidigenden und aufhetzenden Äußerungen (vor allem im Internet) berichtet wird.

Doch was genau durch einen abwertenden Spruch verletzt oder geschädigt wird, ist nicht so offensichtlich zu bestimmen wie bei körperlichen Angriffen. Zwar konnte bisher festgestellt werden, dass verbale Aggression ablehnend und bedrohend wirken kann. Das konkretisiert jedoch nicht das, was verletzt wird. Unterschiedliche wissenschaftliche Disziplinen haben eigene Erklärungsversuche. Aus (straf-) rechtswissenschaftlicher Perspektive könnte mit dem Rechtsgüterschutz argumentiert werden. Diffamierende Äußerungen, die eine Kundgabe einer eigenen Missachtung darstellen, fallen unter den § 185 StGB und sind strafbar. Die §§ 185 ff. StGB bezwecken den Schutz der Ehre, die durch die Kundgabe der Missachtung verletzt wird. § 130 StGB hingegen schützt die Menschenwürde und die öffentliche Sicherheit.

In der Sprachphilosophie wird hingegen wie folgt argumentiert: Neben dem physischen Körper bestehe auch ein symbolischer Körper (sog. „Doppelkörperlichkeit“), der durch Beschädigung der Ehre und der Würde einer Person im sozialen Raum verrückt oder verdrängt werde.[164] Die Verdrängung im sozialen Raum findet demnach in zwei Richtungen statt: es wird durch eine Degradierung eine Verschiebung im sozialen Raum von oben nach unten erzielt, wodurch erreicht wird, dass Geschädigte sozial entwertet werden, während zugleich eine Verschiebung von der Mitte zum Rand des sozialen Raums stattfindet.[165] Durch die Verschiebung an den Rand des sozialen Raums geht der Status als gleichberechtigter Interaktionspartner verloren.[166] Während die Verletzung der Ehre im Strafrecht bereits das „Endprodukt“ ist, scheint es in der Sprachphilosophie ein wesentlicher Zwischenschritt zu sein, um die Veränderung im sozialen Raum zu

[164] *S. Krämer,*Sprachliche Gewalt, 21, 33 f.; siehe auch *Herrmann,*Beleidigung, 110, 112; *Kuch/Herrmann,*Sprachliche Gewalt, 179, 192.

[165] *Herrmann,*Beleidigung, 110, 112.

[166] *Herrmann,*Beleidigung, 110, 112.

verwirklichen. Beiden Ansätzen erscheint jedoch gemein, dass sie an etwas Nicht-Greifbarem bzw. Nicht-Körperlichem ansetzen. Die Verletzung der Ehre oder der Menschenwürde ist als soziales Konstrukt somit vorauszusetzen.

Wie oft es zu beleidigendem und aufhetzendem Verhalten kommt und welche Folgen damit für Geschädigte und Dritte einhergehen, kann mittels Befragungen sichtbar gemacht werden. Da verletzende kommunikative Akte in Form verschiedener Phänomene auftreten, gibt es mehrere Untersuchungen zu unterschiedlichen Phänomenen.[167] Wie bereits bemerkbar wurde, handelt es sich bei derartigen Verhaltensweisen um Phänomene, die interdisziplinär erforscht werden. Damit geht einerseits ein breites Spektrum an wissenschaftlichen Erkenntnissen einher, andererseits kann die Vergleichbarkeit der Untersuchungen aufgrund von abweichenden Definitionen und Operationalisierungen teilweise eingeschränkt sein. Zugleich ist die Vergleichbarkeit durch unterschiedliche Befragungszeiträume der Untersuchungen bedingt.

3.8.1 Hate Speech

Geschke et al. liefern Erkenntnisse zur individuellen Betroffenheit und den Folgen von Hate Speech im Internet. Im Rahmen der Untersuchung wurde eine bundesweite, repräsentative Befragung von Internetnutzern nach Erfahrungen mit Hasssprache im Netz im Jahr 2019 durchgeführt.[168] Hate Speech wurde im Rahmen der Befragung als „aggressive oder allgemein abwertende Aussagen ggü. Personen, die bestimmten Gruppen zugeordnet werden", definiert.[169] Die geschützten Gruppen wurden weit ausgelegt und umfassen Geschlechtszugehörigkeiten, die ethnische Herkunft und sogar Berufsgruppen wie Politiker.[170]

Von den 7.349 Befragungsteilnehmern war jeder zwölfte (8 %) von Hate Speech betroffen.[171] Personen im Alter zwischen 18–24 waren häufiger betroffen als ältere Personen. Männer waren öfter betroffen als Frauen. Von den betroffenen Personen machten 66 % Angaben zu den Auswirkungen, die Hate Speech für sie hat.[172] Vielfach wurden psychische Probleme in Form von emotionalem Stress, z. B. Abgeschlagenheit und Lustlosigkeit (33 %), Angst und Unruhe (27 %) und

---

[167] Zu den Phänomenen siehe Abschnitt 3.7.

[168] *Geschke et al.,*Hass im Netz.

[169] *Geschke et al.,*Hass im Netz, S. 15.

[170] *Geschke et al.,*Hass im Netz, S. 15.

[171] Zur individuellen Betroffenheit siehe *Geschke et al.,*Hass im Netz, S. 22 ff.

[172] Zu den individuellen Folgen siehe *Geschke et al.,*Hass im Netz, S. 26 f.

Depressionen (19 %) genannt. 24 % gaben an, dass sie als Folge ein Problem mit ihrem Selbstbild haben. Über Probleme beim Beruf oder bei der Bildungseinrichtung beschwerten sich jeweils 15 %. Die Befragung ergab ebenfalls, dass die unter 25-Jährigen verglichen zu den anderen Altersgruppen besonders stark an den Folgen von Hate Speech leiden. Die psychischen Folgen sind zudem bei Frauen ausgeprägter als bei Männern.

Neben den Folgen durch die persönliche Betroffenheit wurde im Rahmen der Befragung auch erhoben, welche gesamtgesellschaftlichen Auswirkungen Hate Speech unabhängig von der individuellen Betroffenheit hat.[173] Die Autoren kamen zu dem Ergebnis, dass Hate Speech einen sog. „Silencing-Effekt" hat.[174] Hierunter versteht man eine Anpassung des Kommunikationsverhaltens, wobei Äußerungen aus Angst vor verbalen Attacken bewusst vorsichtiger oder gar nicht formuliert werden.[175] 54 % der Befragungsteilnehmer gaben an, dass sie sich im Internet seltener zu ihrer politischen Meinung positionieren, während 47 % sich wegen Hassrede seltener an Online-Diskussionen beteiligen. Außerdem wird über den Rückzug von bestimmten Plattformen aufgrund von Hasssprache berichtet (16 %). Dadurch, dass Meinungen unterdrückt oder verdrängt werden, werde die Meinungsvielfalt tangiert, was als demokratiegefährdend eingestuft wird.

Die Studie berichtet darüber hinaus, dass durch Hate Speech der Eindruck entstehe, dass Hasskommentare inhaltlich von der gesellschaftlichen Mehrheit vertreten und akzeptiert werden. Einerseits würden menschenverachtende Hate Speech Äußerungen dadurch wieder salonfähig. Andererseits bestünde die Gefahr, dass Internetnutzer in den eigenen Meinungsbildungsprozessen beeinflusst werden. Neben der individuellen Betroffenheit wurde erhoben, inwieweit die Befragungsteilnehmer bereits Hate Speech im Internet wahrgenommen haben.[176] Von insgesamt 7.337 Personen gaben 40 % an, dass sie bereits Hasskommentare auf Webseiten oder sozialen Medien wahrgenommen haben. Die Wahrnehmungsquote

---

[173] Zu den gesellschaftlichen Folgen siehe *Geschke et al.,*Hass im Netz, S. 28 f.

[174] Neben dem Silencing-Effekt hat Hate Speech auch einen gesellschaftlichen Abschreckungseffekt dahingehend, dass bei gruppenbezogenen Äußerungen nicht nur eine individuelle zugehörige Person, sondern zugleich alle Merkmalsträger adressiert werden (sog. Botschafts-Charakter). Den anderen Merkmalsträgern wird signalisiert, dass auch sie jederzeit alleine Aufgrund ihrer Zugehörigkeit geschädigt werden können. Neben dem Silencing-Effekt kann somit ein konstantes Angstgefühl eintreten, siehe *Sponholz,*Hass mit Likes: Hate Speech als Kommunikationsform in den Social Media, 15, 17 f.; m.w.N. *Kusche*, KriPoZ 2023, 211, 212; m.w.N. *Schmidt/Witting*, KriPoZ 2023, 190, 192; *Völzmann*, MMR 24 (2021), 619, 621.

[175] Vgl. *Hestermann/Hoven/Autenrieth*, KriPoZ 2021, 204, 205.

[176] *Geschke et al.,*Hass im Netz, S. 18 f.

ist bei jüngeren Menschen (18–24 Jahre) am höchsten. Bzgl. der Gruppen, die in den wahrgenommenen Fällen von Hate Speech betroffen waren, zeigt sich, dass der Wert mit 69 % bei Sinti und Roma am niedrigsten war. Alle anderen Werte liegen darüber. An der Spitze stehen Menschen mit Migrationshintergrund, amtierende Politiker (jeweils 94 %) und Muslime (93 %).

Zu ähnlichen Ergebnissen kam auch die *Forschungsgruppe gdp* in Kooperation mit *Hoven*, die eine repräsentative Bevölkerungsumfrage zum Thema Hate Speech im Internet im Jahr 2020 durchgeführt und ausgewertet hat. Hierbei wurden 1069 Personen im Alter von 16–70 befragt.[177] Hate Speech bezeichnet in diesem Kontext generell „die Herabwürdigung, etwa die Beleidigung oder Bedrohung von Personen".[178] Im Jahr 2022 wurde eine erneute Befragung durchgeführt, um Veränderungen festzustellen. Aufgrund der sehr weiten Definition von Hate Speech, die *Hoven* wählte, ist eine Vergleichbarkeit der Untersuchungsergebnisse mit anderen Hate Speech Befragungen allerdings nur begrenzt möglich. Während 2020 noch 18 % der Befragten angaben, dass sie bereits Opfer von Herabwürdigungen wurden, waren es im Jahr 2022 24 %.[179] Von einer Zunahme von Aggressivität bei Internetkommentaren berichteten im Jahr 2020 79 %.[180] Im Jahr 2022 sinkt der Wert leicht auf 74 % ab.[181] Im Jahr 2020 gaben 42 % der gesamten Befragungsteilnehmer an, dass sie aus Sorge vor Hassrede schon einmal einen Beitrag bewusst vorsichtig oder sogar gar nicht geteilt haben, während im Jahr 2022 ein Anstieg auf 50 % zu verzeichnen ist.[182] Von den bereits Betroffenen gaben im Jahr 2020 68 % an, dass sie sich einschränken, von den Nicht-Betroffenen waren es 37 %.[183] Im Jahr 2022 lag der Wert bei den Betroffenen bei 73 % und bei Nicht-Betroffenen bei 43 %.[184] Die bundesweiten Befragungen deuten darauf hin, dass ein Anstieg von Herabwürdigungen in Form von Beleidigungen und Bedrohungen im Internet zu verzeichnen ist. Die Untersuchung kommt darüber hinaus zu dem Ergebnis, dass der Silencing-Effekt nicht nur bei Hate Speech im engeren Sinne auftritt (d. h. wenn Geschädigte

---

[177] Im Jahr 2022 wurde 1013 Personen befragt, siehe *Hoven,*Hass im Netz, S. 18.

[178] *Hoven,*Hate Speech, S. 16.

[179] *Hoven,*Hate Speech, S. 16; *Hoven,*Hass im Netz, S. 6.

[180] Die 79 % setzen sich wie folgt zusammen: 49 % gaben an, dass sie Kommentare im Internet deutlich aggressiver wahrnehmen; 30 % gaben an, dass sie Kommentare als etwas aggressiver einschätzen, siehe *Hoven,*Hate Speech, S. 19.

[181] *Hoven,*Hass im Netz, S. 16.

[182] *Hoven,*Hate Speech, S. 20; *Hoven,*Hass im Netz, S. 9.

[183] *Hoven,*Hate Speech, S. 21.

[184] *Hoven,*Hass im Netz, S. 12.

aufgrund eines Gruppenmerkmals adressiert werden), sondern auch dann, wenn man von individuellen Beleidigungen und Bedrohungen betroffen ist oder solche wahrnimmt.

Einen weiteren Beitrag zur Prävalenz von Hasskommentaren auf sozialen Medien leisten *Hestermann et al.*[185] Hasskommentare werden in der Untersuchung als Äußerungen verstanden, die Menschen beleidigen und/oder bedrohen.[186] Es liegt somit ein weites Begriffsverständnis vor, das nicht nur gruppenbezogene Äußerungen umfasst. Methodologisch wurde wie folgt vorgegangen: es wurde eine Inhaltsanalyse von insgesamt 100.661 öffentlichen Kommentaren von stark frequentierten Seiten auf Facebook aus den Bezugsjahren 2018 und 2020 durchgeführt, wobei 1.303 Hasskommentare herausgefiltert wurden.[187] Aus der Untersuchung konnte die Erkenntnis gewonnen werden, dass im Bezugsjahr 2020 ein Großteil der Hasskommentare auf Beiträge folgten, die Tiere und Umwelt, Kriminalität und Migration thematisierten.[188] Darüber hinaus war der Anteil an betroffenen, männlichen Personen höher, als der der weiblichen Personen.[189] Personen des politischen Lebens waren ebenfalls häufig betroffen.[190] Beim Vergleich der Ergebnisse aus den Bezugsjahren 2018 und 2020 konnte im Ergebnis festgestellt werden, dass die Anzahl der Hasskommentare gesunken ist. Dadurch werde das Problem allerdings nicht relativiert, es werde vielmehr davon ausgegangen, dass sich die Hasskommentare von Facebook auf andere soziale Medien verlagert, die schwieriger kontrollierbar sind.[191]

Ebenfalls nennenswert ist an dieser Stelle die Untersuchung von *Lin & Liu*. Basierend auf Befragungsdaten von 2.698 Schülern von 36 weiterführenden Schulen (Middle Schools) aus zwei Bundesstaaten in den USA (Illinois und Kansas) wurde festgestellt, dass unabhängig von der sexuellen Orientierung der Schüler homophobe Ausrufe und Beschimpfungen („homophobic name-calling“) negative Auswirkungen auf die psychische Verfassung haben können. Die Untersuchung kam außerdem zu dem Ergebnis, dass die Verletzungskraft größer ist, wenn eine homophobe Beschimpfung von einem Rivalen ausgeht, als wenn sie von

[185] *Hestermann/Hoven/Autenrieth*, KriPoZ 2021, 204.

[186] *Hestermann/Hoven/Autenrieth*, KriPoZ 2021, 204.

[187] Die Facebook-Kommentare stammen von den Seiten der Tagesschau, ZDF heute, Der Spiegel, Focus, Bild und Welt. Zur Methodik siehe *Hestermann/Hoven/Autenrieth*, KriPoZ 2021, 204, 209 f.; siehe auch *Lingiardi et al.*, Behavior & Information Technology 39 (2020), 711, die ebenfalls eine Inhaltsanalyse durchgeführt haben.

[188] *Hestermann/Hoven/Autenrieth*, KriPoZ 2021, 204, 211.

[189] *Hestermann/Hoven/Autenrieth*, KriPoZ 2021, 204, 212.

[190] *Hestermann/Hoven/Autenrieth*, KriPoZ 2021, 204, 212.

[191] *Hestermann/Hoven/Autenrieth*, KriPoZ 2021, 204, 213.

einem Freund initiiert wird. Nichtsdestotrotz haben homophobe Ausrufe von Freunden negative Auswirkungen auf die mentale Gesundheit der Betroffenen.[192] Die Befunde dieser Untersuchung verdeutlichen u. a., dass man nicht zwingend Angehöriger einer Minderheitengruppe sein muss, um von Beleidigungen mit Gruppenbezug verletzt zu werden. Es reicht bereits aus, dass die Inhalte der Äußerungen negativ konnotiert sind und abwertend vermittelt werden.

3.8.2 Im Kontext journalistischer Arbeit

Für eine demokratische Meinungsbildung ist es ebenfalls wichtig, dass man die Möglichkeit hat, sich umfassend und unabhängig zu informieren. Journalistische Arbeit ist maßgeblich für ein Angebot an Informationen, auf das man zugreifen kann, um sich zu vielfältigen Themen zu informieren und sich eine eigene Meinung zu bilden. Das Angebot an journalistischer Arbeit muss keineswegs nur aus einer rein-objektiven Sicht verfasst sein. Neben objektiv-sachlichen Arbeiten sind ebenfalls solche wichtig, die Positionen einnehmen, die sich auch kritisch mit Gegebenheiten auseinandersetzen.

Verletzendes Kommunikationsverhalten betrifft jedoch nicht nur die Privatpersonen, sondern ebenfalls Personen, die eine journalistische Tätigkeit beruflich ausüben. Eine Studie des Instituts für interdisziplinäre Konflikt- und Gewaltforschung setzt sich mittels Befragung mit dem Ausmaß, der Art und Weise sowie den Folgen von „Hate Speech und Angriffen" auseinander.[193] Als Definition für Hate Speech wurde den teilnehmenden Personen „alle Arten von hasserfüllten Reaktionen und Angriffen in Form von verbalen Beleidigungen über Anfeindungen bis hin zu Aufrufen zu Gewalt und/oder Straftaten, die Medienschaffende in ihrem Berufsalltag erleben" vorgegeben.[194] Erfasst wurden des Weiteren körperliche Angriffe und Morddrohungen. Von den 322 Teilnehmern haben 193 angegeben, dass sie in den letzten 12 Monaten mindestens ein Mal von Hate Speech betroffen waren. 15,8 % gaben an, dass sie in ihrer beruflichen Laufbahn bereits eine Morddrohung erhalten haben. Es gaben 63,3 % der Betroffenen an, dass sie psychische Belastungen erlebt haben.[195] Diese manifestieren sich in

---

[192] *Lin/Liu*, Journal of School Violence 22 (2023), 429, 435 ff.

[193] *Papendick et al.,*Hass und Angriffe auf Medienschaffende. Es handelt sich nicht um eine repräsentative Studie. Aufgrund der hohen Teilnehmerzahl konnte jedoch ein detaillierter Eindruck gewonnen werden.

[194] *Papendick et al.,*Hass und Angriffe auf Medienschaffende, S. 4.

[195] Aus dem Forschungsbericht ging nicht hervor, dass hierbei zwischen Betroffenen von Hate Speech und körperlichen Angriffen differenziert wurde.

„Ängste, Stress und Unsicherheit" (40,6 %) und „inhaltliche Auswirkungen auf die Arbeit und Arbeitsprozesse" (23,9 %). 11,9 % gaben an, dass sich die Angriffe auf ihre körperliche Gesundheit auswirkten. Neben den persönlichen Folgen wurden zudem die Auswirkungen auf die journalistische Arbeit erhoben. Von den 322 Befragten gaben 15,9 % an, dass sie aus Sorge vor Angriffen bereits ein bestimmtes Thema abgelehnt haben. Ebenso viele Teilnehmer berichteten, dass es Themen gibt, über die sie aus Angst vor Angriffen lieber nicht mehr berichten würden. Verletzendes Kommunikationsverhalten kann somit auch persönliche und berufliche Auswirkungen auf Journalisten haben, wodurch es zu mittelbaren Beeinträchtigungen der Demokratie kommen kann. Zwar zeigen die Zahlen der Untersuchung nur eine geringe Tendenz zur Selbstzensur der Journalisten. Die kurz- oder langfristigen psychischen Folgen, bei denen im Vergleich mit einer vorherigen Untersuchung ein Zuwachs zu verzeichnen ist, können sich jedoch ebenfalls negativ auf die Qualität der Berichterstattung auswirken. So wird die Arbeitsleistung unter psychischer Beeinträchtigung leiden. Dadurch kann letztlich die Informationsgenerierung der Bürger beeinträchtigt werden, die für eine freie und fundierte Willensbildung von erheblicher Relevanz ist.

3.8.3 (Cyber-) Mobbing

Verletzendes Kommunikationsverhalten kommt ebenfalls in Form von (Cyber-) Mobbing[196] vor. Auch zu diesem Phänomen gibt es empirische Erkenntnisse hinsichtlich der Prävalenz und der Folgen. Das Bündnis gegen Cybermobbing führt regelmäßige Befragungen einerseits von Erwachsenen (MCME) sowie Schülern, Eltern und Lehrkräften (Cyberlife) zu ihren Erfahrungen mit (Cyber-) Mobbing durch. An der vierten Cyberlife-Studie nahmen nach Bereinigung des Datensatzes 3.011 Schüler teil. 38,1 % gaben, an, dass sie bereits von Mobbing betroffen waren, wobei Mädchen mit 42 % häufiger betroffen sind als Jungen (33 %).[197] Cybermobbing-Erfahrungen fallen hingegen mit 16,7 % geringer aus.[198] An der MCME-Studie nahmen insgesamt 4.000 Erwachsene im Alter von 18–65 Jahren

[196] Zu den Phänomenen ausführlich Abschnitt 3.7.2. Cybermobbing kennzeichnet sich insbesondere durch das wiederholte Diffamieren und Demütigen des Opfers online.

[197] *Beitzinger/Leest/Süss,*Cyberlife IV, S. 106.

[198] Die Befragung erfasste außerdem, welches Medium für Cybermobbing genutzt wurde. 85 % nutzten Whatsapp, 75 % Facebook oder andere soziale Netzwerke, siehe *Beitzinger/Leest/Süss,*Cyberlife IV, S. 107 ff.

teil.[199] Von den Erwachsenen waren 35 % der Befragten Opfer vom Mobbing und 11,8 % von Cybermobbing.[200] Die Folgen von Cybermobbing können in kurz- und langfristigen Folgen unterteilt werden. Als kurzfristige Folge, d. h. unmittelbar nach dem Cybermobbing, kann als psychische Belastung ein Gefühl der Wut, Angst und Trauer auftreten.[201] Langfristige, dauerhafte Folgen können in Form von psycho-somatischen Beschwerden wie Kopf- oder Bauchschmerzen, Schlafstörungen oder Herzrasen auftreten. Darüber hinaus wurden langfristig Gefühle der Hilflosigkeit, Traurigkeit, negative Selbstwertgefühle, Depressionen und ein Leistungsabfall in der Schule beobachtet.[202] Daneben können selbstverletzendes und suizidales Verhalten auftreten.[203] Die Cyberlife-Studie bestätigt diese Ergebnisse: bereits ein Viertel der Cybermobbing-Opfer hatte Suizidgedanken, ein Drittel fühlt sich dauerhaft belastet und ein Sechstel neigt zum Substanzmissbrauch.[204] Bei den Erwachsenen ergab die Befragung außerdem, dass gerade beim Mobbing am Arbeitsplatz die Kündigungsbereitschaft steigt und vermehrt Krankheitstage genommen werden.[205]

3.8.4 Verbale Gewalt ggü. helfenden und normdurchsetzenden Funktionsträgern

Ebenfalls von Beleidigungen im Berufsalltrag betroffen sind helfende und normdurchsetzende Funktionsträger.[206] Zu den Helfenden gehören die Feuerwehr, der Rettungsdienst/die Notfallmedizin und Angestellte in der Notaufnahme. Zu den normdurchsetzenden Personen gehören Beamte der Polizei sowie Beschäftigte von kommunalen Ordnungsdiensten, Verkehrsunternehmen und Sicherheitsunternehmen.

---

[199] Die Befragung richtete sich an Erwachsene aus Deutschland (2.000 Teilnehmer), Österreich (1.000 Teilnehmer) und der deutschsprachigen Schweiz (1.000 Teilnehmer), siehe *Beitzinger/Leest,*Mobbing und Cybermobbing bei Erwachsenen, S. 6.

[200] *Beitzinger/Leest,*Mobbing und Cybermobbing bei Erwachsenen, S. 21 f.

[201] M.w.N. *Weber,*Cybermobbing, S. 50.

[202] M.w.N. *Weber,*Cybermobbing, S. 50; es gibt einige Überschneidungen zu den Folgen bei Erwachsenen, siehe *Beitzinger/Leest,*Mobbing und Cybermobbing bei Erwachsenen, S. 7.

[203] M.w.N. *Steffgen/Böhmer,*Cybermobbing und die gesundheitlichen Folgen für Kinder und Jugendliche, 453, 461.

[204] *Beitzinger/Leest/Süss,*Cyberlife IV, S. 11; *Beitzinger/Leest,*Mobbing und Cybermobbing bei Erwachsenen.

[205] *Beitzinger/Leest,*Mobbing und Cybermobbing bei Erwachsenen, S. 8.

[206] *Leuschner et al.*, KrimOJ 5 (2023), 52, 60.

Die Befragung vom *Hessischen Informations- und Kompetenzzentrum gegen Extremismus (HKE)* liefert Erkenntnisse zu Gewalterfahrungen bei der hessischen Polizei. Von den 17.000 Beschäftigten haben 4.277 an der Befragung teilgenommen.[207] Befragt zur gesamten Dienstzeit gaben 86 % an Beleidigungen erlebt zu haben, wobei Männer häufiger betroffen sind als Frauen.[208] Beschränkt auf einen Zeitraum von zwölf Monaten lagen die Werte bei 70–80 %.[209] Nur 25 % der Beleidigten haben die Beleidigung als „mindestens stark" belastend empfunden.[210] Zu ähnlichen Ergebnissen kam eine Untersuchung des *Kriminologischen Forschungsinstituts Niedersachsen* (KFN): von 20.938 Polizeibeamten aus 10 verschiedenen Bundesländern gaben 80,9 %, dass sie im Jahr 2009 beschimpft oder beleidigt bedroht wurden.[211] 22 % gaben an, dass sie mindestens einmal im Monat Beleidigungen erleben.[212]

Mikkeleitis befragte Beschäftigte der kommunalen Ordnungsdienste in Berlin zu Gewalterfahrungen bei der Berufsausübung. Von den 362 Teilnehmern, die von Gewalterfahrungen berichten, waren 65 % von Angriffen wie Beleidigungen und Bedrohungen betroffen.[213] 30 % gaben an, sowohl körperliche Gewalt als auch verbale Angriffe erlebt zu haben.[214]

Zu differenzierten Ergebnissen für Gewalterfahrungen von Beschäftigten in der Feuerwehr und im Rettungsdienst kommt die Untersuchung von *Feltes*. Dafür wurde eine Klumpenstichprobe gebildet, die insgesamt eine Größe von 4.500 Personen hatte.[215] Von diesem Personenkreis nahmen 812 an der Online-Befragung teil. Die Ergebnisse der Befragung sind mit Einschränkungen repräsentativ.[216] Von den 812 Einsatzkräften gaben 60 % an, in den letzten zwölf Monaten von

---

[207] *Hessisches Informations- und Kompetenzzentrum gegen Extremismus,*Polizeiliche Alltagserfahrungen, S. 14.

[208] *Hessisches Informations- und Kompetenzzentrum gegen Extremismus,*Polizeiliche Alltagserfahrungen, S. 29.

[209] *Hessisches Informations- und Kompetenzzentrum gegen Extremismus,*Polizeiliche Alltagserfahrungen, S. 29.

[210] *Hessisches Informations- und Kompetenzzentrum gegen Extremismus,*Polizeiliche Alltagserfahrungen, S. 30 f.

[211] *Ellrich/Baier/C. Pfeiffer,*Polizeibeamte als Opfer von Gewalt, S. 44 f.

[212] *Ellrich/Baier/C. Pfeiffer,*Polizeibeamte als Opfer von Gewalt, S. 44 f.

[213] *Mikkeleitis,*Gewalterfahrungen im kommunalen Ordnungsdienst, S. 11.

[214] *Mikkeleitis,*Gewalterfahrungen im kommunalen Ordnungsdienst, S. 11.

[215] *Feltes,*Gewalt gegen Einsatzkräfte, S. 7 f.

[216] *Feltes,*Gewalt gegen Einsatzkräfte, S. 11 f.

verbaler Gewalt (Beschimpfungen/Beleidigungen und/oder Bedrohungen) betroffen gewesen zu sein.[217] Der Unterschied zwischen männlichen (59,8 %) und weiblichen (58,3 %) Befragten ist gering.[218] Der Großteil gab mit 29,1 % an, ein- bis zwei Mal im Monat betroffen zu sein, während 13 % wöchentliche verbale Angriffe bejahten.[219] 41,5 % gaben an, seltener als einmal im Monat betroffen zu sein.[220] Zu den Folgen von verbaler Gewalt berichteten 16,7 %, dass sie eine psychische Beeinträchtigung wahrgenommen haben, wovon wiederum 27,5 % angaben, dass es sich um bleibende psychische Schäden handelt.[221] Die Folgen hinsichtlich der Arbeitsleistung waren gering: nur 1,1 % waren bis zu drei Tagen arbeitsunfähig und 0,2 % bis zu zwei Wochen.[222]

Güzel-Freudenstein & Christiansen untersuchten das Gewaltaufkommen ggü. Beschäftigten in der Notaufnahme. Von den 354 Teilnehmenden, die sich auf 51 hessische Notaufnahmen verteilen, haben 97 % in den letzten zwölf Monaten „verbale Gewalt“ erlebt.[223] Darunter fallen mit 90,1 % Beschimpfungen, mit 80,8 % Beleidigungen und ebenfalls mit 80,8 % Anschreien als häufigste Angriffsformen.[224] 34,7 % gaben an, dass sie mit rassistischen Bemerkungen konfrontiert wurden.[225] Zwar besteht ein Unterschied zwischen Männern und Frauen, jedoch sind die Männer nicht signifikant häufiger verbalen Angriffen ausgesetzt.[226] Die teilnehmenden Personen wurden ebenfalls zu den Folgen befragt, wobei jedoch nicht zwischen den Gewaltformen differenziert wurde, sodass keine konkreten Aussagen zu den Folgen verbaler Gewalt getroffen werden können. Die Betroffenen berichteten jedoch unter anderem von Gefühlen der Hilflosigkeit, Angst, Wut, Ärger und Enttäuschung.[227] Aufgrund der Forschungsergebnisse der Befragungen zu den Folgen von Hate Speech und (Cyber-) Mobbing kann man annehmen, dass verbale Gewalt auch ggü. Beschäftigten in Notaufnahmen diese Effekte hat.

---

[217] *Feltes,*Gewalt gegen Einsatzkräfte, S. 15.

[218] *Feltes,*Gewalt gegen Einsatzkräfte, S. 15.

[219] *Feltes,*Gewalt gegen Einsatzkräfte, S. 16.

[220] *Feltes,*Gewalt gegen Einsatzkräfte, S. 16.

[221] *Feltes,*Gewalt gegen Einsatzkräfte, S. 43.

[222] *Feltes,*Gewalt gegen Einsatzkräfte, S. 43.

[223] *Güzel-Freudenstein/Christiansen,*Gewalt in der Notaufnahme, S. 31; zu ähnlichen Ergebnissen kamen auch *Lindner et al.*, Notfall + Rettungsmedizin 18 (2015), 195, 196 f.

[224] *Güzel-Freudenstein/Christiansen,*Gewalt in der Notaufnahme, S. 31.

[225] *Güzel-Freudenstein/Christiansen,*Gewalt in der Notaufnahme, S. 31.

[226] *Güzel-Freudenstein/Christiansen,*Gewalt in der Notaufnahme, S. 32.

[227] *Güzel-Freudenstein/Christiansen,*Gewalt in der Notaufnahme, S. 59 f.

Eine aktuelle Untersuchung von *Leuschner et al.* legte einen weiten Gewaltbegriff[228] zugrunde und befragte die Teilnehmenden wöchentlich über einen Zeitraum von 16 Wochen. Unter verbalen Angriff fallen unter anderem jegliche Formen von Bedrohungen, Nötigungen sowie rassistische, sexualisierte und generelle Beleidigungen und Beschimpfungen.[229] Durch diese Methode sollten mögliche Verzerrungen durch einen zu großen zeitlichen Bezugsintervall verhindert werden, da so mit einer besseren Erinnerungsfähigkeit gerechnet wurde. Überdies sollten Verzerrungen durch die subjektiven Einstellungen der Befragten begegnet werden. Insbesondere hinsichtlich ehrverletzenden Verhaltensweisen besteht sonst die Gefahr, dass diese nicht als allzu intensiv wahrgenommen werden und über einen langen Zeitraum in Vergessenheit geraten.[230] 14,6 % der Befragten sind helfende und 85,8 % sind normdurchsetzende Funktionsträger.[231] Die Verkehrsunternehmen berichteten mit 64,3 % am häufigsten über verbaler Angriffe.[232] Der kommunale Ordnungsdienst verzeichnete 51,3 %, die Notaufnahme 37,7 % und Rettungskräfte 29,1 %. Bei der Polizei waren 25,7 % der Angriffe verbaler Form.

Die Studienlage zeigt insgesamt, dass verbale Gewalt Teil des Berufsalltags bei helfenden und normdurchsetzenden Funktionsträgern ist. Zu den Folgen, die verletzende Kommunikationsakte auf die Psyche der Betroffenen haben, sind nur teilweise Ergebnisse vorhanden. Dadurch, dass nur partiell zwischen den verschiedenen Gewaltformen differenziert wird, wird nicht ersichtlich, ob die Folgen auf der physischen oder der verbalen Aggression beruhen. Die Studien, die zwischen verbaler und physischer Gewalt differenziert haben, zeigen jedoch, dass kommunikative Aggression nicht zwingend mit psychischen Belastungen einhergehen. Maximal ein Viertel der befragten Personen, die im Rettungsdienst oder bei der Polizei tätig sind, beklagten Auswirkungen auf die mentale Gesundheit. Das erscheint angesichts der hohen Prävalenzzahlen bei den Polizeibeamten und im Rettungsdienst gering. Die geringe psychische Belastungstendenz könnte sich jedoch damit erklären lassen, dass Polizeibeamte und Beschäftigte im Rettungsdienst neben verbaler auch physischer Gewalt ausgesetzt sind.[233] Die

[228] Gewalt umfasste in dieser Untersuchung neben verbalen Angriffen und körperlicher Gewaltanwendung auch aggressive, behindernde Verhaltensweisen und Gewalt ggü. Sachen, siehe *Leuschner et al.*, KrimOJ 5 (2023), 52, 53.

[229] *Leuschner et al.*, KrimOJ 5 (2023), 52, 58.

[230] *Leuschner et al.*, KrimOJ 5 (2023), 52, 53.

[231] *Leuschner et al.*, KrimOJ 5 (2023), 52, 60.

[232] *Leuschner et al.*, KrimOJ 5 (2023), 52, 62, 71.

[233] Bei der Polizei waren es mehr als 70 % der Befragten, siehe *Hessisches Informations- und Kompetenzzentrum gegen Extremismus,*Polizeiliche Alltagserfahrungen, S. 30.

Folgen physischer Gewalt werden im Vergleich zu denen von verbaler Gewalt als gravierender wahrgenommen.[234] Ein weiterer Grund könnte eine mögliche Abstumpfung bzw. ein Gewöhnungseffekt sein. Dadurch, dass die Betroffenen in diesen Berufsgruppen so häufig verbalen Angriffen ausgesetzt sind, könnten sie sich dran gewöhnen und sie nur noch in Extremfällen als belastend wahrnehmen. Beleidigungen und Bedrohungen zählen demnach für viele Beamte zum Berufsalltag.

3.8.5 Amtsträger

Angreifendes Kommunikationsverhalten richtet sich teilweise auch gegen Mandatsausübende.

Bannenberg et al. führten im Jahr 2020 eine Befragung mit hessischen Bürgermeistern durch, um Erfahrungen während der Amtszeit mit Beleidigungen, Bedrohungen, Todesdrohungen, körperlichen Angriffen mit und ohne Waffen, Beschädigung und Zerstörung von Eigentum und sonstigen Anfeindungen und Einschüchterungen und deren Folgen empirisch zu beleuchten. Es nahmen 212 (Ober-) Bürgermeister an der Befragung teil. Es wurde befragt, ob ein Vorfall nie, ein Mal oder mehrfach erlebt wurde. Die Untersuchung ergab, dass jede teilnehmende Person innerhalb der Amtszeit von Beleidigungen betroffen ist und sie mehrfach erlebt werden.[235] Von Beleidigungen per Brief / Fax / Mail berichten 13,2 % (59,3 % mehrfach).[236] Über das Internet / soziale Netzwerke vermittelte Beleidigungen erlebten 7,9 % der Befragten (55,9 % mehrfach).[237]

---

[234] Während die Formen der verbalen Gewalt von ca. 25 % der Befragten als mindestens stark belastend wahrgenommen wurden, wurden körperliche Übergriffe von ca. 45 % der Befragten als mindestens stark belastend bewertet, siehe *Hessisches Informations- und Kompetenzzentrum gegen Extremismus,*Polizeiliche Alltagserfahrungen, S. 30 f.; bei Beschäftigten der Feuerwehr und im Rettungsdienst gaben (neben körperlichen Schäden mit 40 %) 46 % an, dass sie durch körperliche Gewalt psychisch beeinträchtigt waren. Bei verbaler Gewalt liegt die Zahl bei ca. 17 %, sodass die Differenz sehr gering ist, siehe *Feltes,*Gewalt gegen Einsatzkräfte, S. 45.

[235] *Bannenberg/T. Pfeiffer/D. Erb,*Gewalt gegen Bürgermeisterinnen und Bürgermeister in Hessen, S. 4.

[236] *Bannenberg/T. Pfeiffer/D. Erb,*Gewalt gegen Bürgermeisterinnen und Bürgermeister in Hessen, S. 4 ff.

[237] *Bannenberg/T. Pfeiffer/D. Erb,*Gewalt gegen Bürgermeisterinnen und Bürgermeister in Hessen, S. 4 ff.

Beleidigungen, die in direktem Kontakt verübt wurden, erlebten 19,4 % (36,8 % mehrfach).[238]

Todesdrohungen erlebten 7,6 % per Brief / Fax / Mail, 2 % im direkten Kontakt und 1 % über das Internet / soziale Netzwerke.[239] Insgesamt erlebten 3 % mehrfache Todesdrohungen, 2,5 % per Brief / Fax / Mail und 0,5 % via Internet / soziale Netzwerke.[240]

Andere Bedrohungen kamen hingegen häufiger vor. Hiervon waren 15,2 % per Brief / Fax / Mail (16,8 % mehrfach), 16, 2 % in direktem Kontakt (12,7 % mehrfach) und 6,5 % über das Internet / soziale Netzwerke (14,1 % mehrfach) betroffen.[241]

Die Befragung von *Bannenberg et al.* hat ebenfalls Folgen erfasst. Zu berücksichtigen ist jedoch, dass keine Differenzierung zwischen verbalen und körperlichen Angriffen ersichtlich wurde. Da verbal-attackierende Kommunikation jedoch einen hohen Rang einnimmt, sind zumindest Tendenzen hinsichtlich privater und beruflicher Folgen erkennbar. Als private Folgen wurden eine beeinträchtigte Lebensqualität, ein vermindertes Sicherheitsgefühl, gesteigerte Vorsicht, Misstrauen und Sorgen um die Familienangehörigen, Schlafstörungen, hoher Blutdruck und andere Stresssymptome genannt.[242]

Durch die Angriffe kommt es auf beruflicher Ebene zu Mehrarbeit, da durch Pressearbeit und durch Eingehen auf Kommentare in sozialen Medien vermeintlichen Verleumdungen entgegnet wird.[243] Wenn rechtliche Schritte ergriffen werden, kommt es zu Anwaltskosten. Zu den Auswirkungen von Angriffen auf Amts- und Mandatspersonen wurde auch in einer Studie, die vom Innenministerium des Landes Brandenburg in Auftrag gegeben wurde, geforscht.[244] Dort wurde ebenfalls von Beeinträchtigungen der Leistungsfähigkeit und Einschränkungen des

---

238 *Bannenberg/T. Pfeiffer/D. Erb,*Gewalt gegen Bürgermeisterinnen und Bürgermeister in Hessen, S. 4 ff.

239 *Bannenberg/T. Pfeiffer/D. Erb,*Gewalt gegen Bürgermeisterinnen und Bürgermeister in Hessen, S. 4 ff.

240 *Bannenberg/T. Pfeiffer/D. Erb,*Gewalt gegen Bürgermeisterinnen und Bürgermeister in Hessen, S. 4 ff.

241 *Bannenberg/T. Pfeiffer/D. Erb,*Gewalt gegen Bürgermeisterinnen und Bürgermeister in Hessen, S. 4 ff.

242 *Bannenberg/T. Pfeiffer/D. Erb,*Gewalt gegen Bürgermeisterinnen und Bürgermeister in Hessen, S. 9.

243 *Bannenberg/T. Pfeiffer/D. Erb,*Gewalt gegen Bürgermeisterinnen und Bürgermeister in Hessen, S. 9.

244 *Klewes et al.,*Präventive Strategien zum Schutz von kommunalen Amts- und Mandatspersonen vor Einschüchterung, Hetze und Gewalt, S. 93 ff.

lokalpolitischen Betriebes berichtet. Probleme werden ebenfalls für die Neubesetzung von Stellen gesehen, da die Arbeitsplätze aufgrund der Anfeindungen und Angriffe unattraktiv werden. Die Befragten äußerten außerdem Sorgen für die Wahlbeteiligung und bzgl. des Ergreifens von zivilgesellschaftlichen und ehrenamtlichen Tätigkeiten.

Zu ähnlichen Ergebnissen kam die Studie „Kommunales Monitoring (KoMo)" des *BKAs, des deutschen Städte- und Gemeindebunds (DStGB), des Deutschen Städtetags und des Deutschen Landkreistags.*[245] Es handelt sich um eine bundesweit angelegte Längsschnittstudie in Form einer Online-Befragung, die in einem halbjährlichen Turnus stattfindet. Befragt werden ehren- und hauptamtliche (Ober-) Bürgermeister sowie Landräte. Die Untersuchung verfolgt das Ziel die Erfahrungen der letzten sechs Monate zu virtuellem als auch realweltlichem Hass, Hetze und Übergriffen, die in Verbindung zur Amtsausübung stehen, zu erfassen. Ein Fokus liegt auf der Prävalenz, den Folgen und auch der Wahrnehmung des Diskursklimas. Im Folgenden werden nur ausgewählte Ergebnisse der Herbstbefragungen (Befragungszeitraum Mai-Oktober) zusammengefasst.

Für das Jahr 2021 ergibt sich, dass 45 % der Befragungsteilnehmer innerhalb des Befragungszeitraums individuell betroffen war.[246] Das teilt sich auf in: 70 % Anfeindungen, 26 % Hasspostings und 4 % tätliche Übergriffe.[247] Der Großteil der verbalen Gewalt fand demnach im realweltlichen Kontext statt. Zur Ermittlung von Handlungsstrategien der Geschädigten wurde danach gefragt, wie mit dem letzten Vorfall umgegangen wurde. Als Handlungsoptionen wurde angegeben, dass die Aggressoren direkt konfrontiert wurden, sie ignoriert wurden, sie Hilfe bei Kollegen suchen oder Vorfälle an die Justiz weitergeleitet haben. Jeder zehnte Vorfall wurde dabei zur Anzeige gebracht, wobei davon 11 % Anfeindungen und 13 % Hasspostings darstellten.[248] Zur Verurteilung kam es in den abgeschlossenen Verfahren in nur 3 % der Fälle.[249] Unterschiede bei

---

[245] *BKA et al.,*KoMo 2021.

[246] An der Erstbefragung nahmen n = 1495 Amtstragende an der Befragung teil, siehe *BKA et al.,*KoMo 2021, S. 6.

[247] *BKA et al.,*KoMo 2021, S. 8.

[248] Tätliche Übergriffe wurden mit 27 % am häufigsten zur Anzeige gebracht. Auffällig ist außerdem, dass Anfeindungen ggü. Familienmitgliedern doppelt so hoch ist wie bei Anfeindungen ggü. der eigenen Person. Das spricht dafür, dass diese als schädigender wahrgenommen werden, *BKA et al.,*KoMo 2021, S. 9.

[249] In 43 % der Fälle stand das Verfahren noch aus. In 36 % der Fälle kam es hingegen zu keiner Verurteilung und 14 % wurden nicht strafrechtlich verfolgt, siehe *BKA et al.,*KoMo 2021, S. 9.

der Betroffenheit ergaben sich zwischen hauptamtlichen (57 %) und ehrenamtlichen (33 %) Amtspersonen und zwischen Amtspersonen aus kleinen Kommunen bis zu 20.000 Einwohnern (43 %) und größeren Kommunen (52 %).[250] Es ist nachvollziehbar, dass die hauptamtliche Berufsausübung, die in größeren Kommunen stattfindet, mehr Aufmerksamkeit erlangt als eine ehrenamtliche Tätigkeit mit einem kleinen Wirkungskreis. Signifikante Unterschiede bestehen weiterhin zwischen den Amtstragenden, die soziale Medien im Rahmen ihrer beruflichen Tätigkeit nutzen (52 %) und denen, die darauf verzichten (33 %).[251] Mit der Nutzung sozialer Medien wird der Kreis der Personen, die über konkrete Vorgänge und Amtshandlungen informiert werden um ein Vielfaches vergrößert. Demnach steigt die potentielle Gefahr Opfer von Anfeindungen im Internet zu werden. Beim Vergleich mit den Herbstbefragungen für die Jahre 2022 und 2023 zeigt sich, dass die Anzahl der individuell Betroffenen geringfügig abnahm.[252] 2022 waren es 39 % und 2023 38 %, d. h. die Quote ist konstant.[253] Hinsichtlich der Anfeindungsformen zeigen sich ebenfalls keine besonderen Abweichungen.

Verglichen zu tätlichen Übergriffen fühlten sich die Opfer in ihrem Bedrohungs- und Einschüchterungsempfinden von Anfeindungen und Hasspostings weniger betroffen.[254] Überdies gaben 81 % an aufgrund der verbalen als auch physischen Attacken unter depressiven Verstimmungen, innerer Unruhe und Konzentrationsschwierigkeiten zu leiden. Die Quote erweist sich hinsichtlich der Jahre 2022 und 2023 ebenfalls als konstant. 14 % befürchteten eine Rufschädigung, 8 % gaben Auswirkungen auf ihr Meinungsäußerungsverhalten an und 7 % haben bereits eine Mandatsniederlegung erwogen.[255]

Im Rahmen der KoMo-Studie wurde in der Erstbefragung ebenfalls erfasst, wie die Amtsträger das Diskursklima in den sozialen Medien wahrnehmen. Zur Erfassung wurde ein Summenscore gebildet. Die Wahrnehmungseinschätzung kann auf dem „Diskussionsklima-Index Soziale Medien (DIM-Score)"

[250] Die Unterschiede zwischen männlichen und weiblichen Amtspersonen waren hingegen gering. Frauen waren mit 11 % häufiger Betroffene von Hasspostings verglichen zu Männern (7 %), siehe *BKA et al.,*KoMo 2021, S. 12.

[251] *BKA et al.,*KoMo 2021, S. 12.

[252] 2022 waren es n = 1750 Befragungsteilnehmer, siehe *BKA et al.,*KoMo 2022, S. 4; 2023 waren es n = 2055, siehe *BKA et al.,*KoMo 2023, S. 4.

[253] *BKA et al.,*KoMo 2022, S. 6; *BKA et al.,*KoMo 2023, S. 7.

[254] Hierfür wurde mittels Summenscores ein Index gebildet. Auf einer Skala von 1 (gar nicht) bis 5 (sehr stark) lag der Mittelwert bei Anfeindungen bei 2,4, bei Hasspostings bei 2,5 und bei tätlichen Übergriffen bei 3,2, siehe *BKA et al.,*KoMo 2021.

[255] *BKA et al.,*KoMo 2021, S. 11.

Werte zwischen 1 (gar nicht verroht) und 7 (äußerst verroht) annehmen.[256] In der Erstbefragung wurde im Ergebnis ein Score von 4,85 erreicht.[257] Das Diskussionsklima in den sozialen Medien wurde somit zunehmend als verroht wahrgenommen.

3.8.6 Auswertung der Polizeilichen Kriminalstatistik

Die bisherigen Forschungsergebnisse basieren überwiegend auf Befragungen danach, inwieweit Personen bereits von verbal-aggressivem Verhalten in verschiedenen phänomenologischen Formen betroffen waren oder inwieweit sie solches beobachten konnten. Die Ergebnisse dazu sind gemischt. Die Inhaltsanalyse von *Hestermann et al.* legt nahe, dass die Anzahl an Hasskommentaren 2020 im Vergleich zu 2018 (zumindest auf Facebook) abgenommen haben. *Hoven* kommt im Rahmen ihrer Längsschnittstudie zu dem Ergebnis, dass die Anzahl der Betroffenen zwar anstieg, bzgl. der Wahrnehmung von Hasskommentaren die Quote leicht abnahm. Mit über 70 % erscheint sie jedoch noch immer sehr hoch. Im Rahmen der Erstbefragung der KoMo-Langzeitstudie wurde ebenfalls aufgezeigt, dass die Amtstragenden das Diskursklima in den sozialen Medien zunehmend als verroht einstufen. Fraglich ist, welches Bild sich in der Polizeilichen Kriminalstatistik abzeichnet. Denn man könnte vermuten, dass sich eine hohe Wahrnehmungsquote auf die Anzahl der Fälle auswirkt, die polizeilich registriert werden. Dafür wird untersucht, inwieweit für die Beleidigungsdelikte §§ 185–187, 189 StGB einerseits bei den Fallzahlen (n) und in Anbetracht aller erfassten Fälle (N) ein Anstieg zu beobachten ist, der eine derartig hohe Quote rechtfertigt.[258] Die Beleidigungsdelikte eigenen sich deshalb, weil es sich dabei typischerweise um die Delikte handelt, die bei „Hass und Hetze“ verwirklicht werden. Bei der Auswertung der Daten der PKS müssen folgende Faktoren berücksichtigt werden: die PKS gibt keine Auskunft über die Dunkelziffer, d. h. die Fälle, die nicht zur Anzeige gebracht werden.[259] So ist es möglich, dass die Fallzahlen in der Realität höher sind, da einige Beleidigungen überhaupt nicht angezeigt werden. Zweitens

[256] *BKA et al.,*KoMo 2021, S. 7; in den Folgeuntersuchungen wurde lediglich das Diskussionsklima in den Stadt- und Gemeinderäten sowie Kreistagen erhoben, was für die vorliegende Untersuchung nicht von Relevanz war.

[257] *BKA et al.,*KoMo 2021, S. 7.

[258] Die Informationen zu den polizeilich registrierten Fällen können hier entnommen werden: https://www.bka.de/DE/AktuelleInformationen/StatistikenLagebilder/PolizeilicheKriminalstatistik/pks_node.html (zugegriffen am: 18.07.2024).

[259] *Meier,*Kriminologie, S. 124.

müssen die Ergebnisse im Lichte dessen betrachtet werden, dass die Fälle nicht danach gefiltert werden, ob es sich aus justizieller Sicht überhaupt um strafbares Verhalten handelt.[260] Vor allem der letzte Aspekt ist vorliegend nicht ausschlaggebend. Es gilt immerhin aufzuzeigen, ob sich der wahrgenommene Anstieg an „hasserfüllten Kommentaren" auch in tatsächlichen Zahlen niederschlägt. Die hohe Wahrnehmungsquote an (wahrgenommenen) verbal-aggressivem Verhalten, die verzeichnet wird, differenziert ebenfalls nicht danach, ob es sich um Straftaten handelt oder nicht. Es kommt schließlich auf die Wahrnehmung von Internetnutzern an, die nicht zwingend juristische Kenntnisse haben müssen. Dafür wurden in Tabelle 3.2 die Fallzahlen aus der PKS der Bezugsjahre 2019–2023 ausgewertet und gegenübergestellt. Sowohl die Fallzahlen der Beleidigungsdelikte als auch der %-Anteil aller erfassten Fälle zeigt deutlich, dass in der polizeilichen Erfassung keine großen Veränderungen zu sehen sind. Im Durchschnitt machen die Beleidigungsdelikte sogar nur 4,28 % aller erfassten Fälle aus, was verhältnismäßig einen geringen Stellenwert einnimmt. Zwar könnte die tatsächliche Summe an Fällen durch eine nicht überprüfbare Dunkelziffer höher sein, jedoch kann hieraus ein gewichtiges Indiz dafür gewonnen werden, dass sich die Beleidigungsdelikte nicht stark erhöht haben.

Tab. 3.2 Verteilung der Beleidigungsdelikte §§ 185–187, 189 StGB bundesweit anhand der PKS für die Jahre 2019–2023

2019		2020		2021		2022		2023	
n	% von N	n	% von N	n	% von N	n	% von N	n	% von N
218.905	4,0 %	240.575	4,5 %	235.335	4,7 %	234.799	4,2 %	237.784	4,0 %

n = Anzahl der Beleidigungsdelikte gem. §§ 185–187, 189 StGB (PKS-Schlüssel 673000); N = Polizeilich registrierte Fälle gesamt

Insbesondere bei verbal-aggressiver Kommunikation im Internet ist die Wahrnehmungsquote hoch. Es erscheint möglich, dass der Anteil an Beleidigungen im Internet im Laufe der Jahre zugenommen hat. Angesichts der Covid-19-Pandemie und den dadurch bedingten, weltweiten Isolierungsmaßnahmen verlagerte sich die Kommunikation vielfach gezwungenermaßen ins Internet. Das könnte sich somit auch auf schädigende Kommunikation ausgewirkt haben. Die Daten der PKS für die Jahre 2019–2023 für die Tatbegehung mit dem „Tatmittel Internet" können diese Vermutung jedoch nicht bestätigen (Tabelle 3.3). Auch im Internet machen

[260] *Meier,* Kriminologie, S. 124.

die angezeigten Beleidigungsfälle nur 4 bis 5 % aller erfassten Fälle und somit im Gesamtergebnis nur einen kleinen Anteil aus. Die Fallzahlen sind im Laufe der Jahre überwiegend konstant. Ob der Anstieg um 0,6 % zwischen den Jahren 2019 und 2023 damit zusammenhängt, dass mehr im Internet beleidigt wurde oder aber damit, dass in die Strafverfolgung investiert wurde, bleibt fraglich. So wurde z. B. im Jahr 2020 in Göttingen die Zentralstelle zur Bekämpfung von Hasskriminalität im Internet (ZHIN) eingeführt. Letzteres scheint plausibel, da es heutzutage vielfach die Möglichkeit gibt (vermeintliche) Straftaten online anzuzeigen, was gerade im Bereich der Beleidigungsdelikte zu einem größeren Anzeigeverhalten führen kann. Wegen einer „einfachen" Beleidigung zur Polizei zu fahren und sie dort zur Anzeige zu bringen ist mit einem deutlichen Mehraufwand verbunden, im Vergleich zur Online-Strafanzeige, die unmittelbar nach der Tatbegehung erfolgen kann. Es lässt sich somit festhalten, dass auch im Internet kein enormer Zuwachs bei den Beleidigungsdelikten zu verzeichnen ist.

Tab. 3.3 Verteilung der Beleidigungsdelikte §§ 185–187, 189 StGB bundesweit mit dem Tatmittel Internet anhand der PKS für die Jahre 2019–2023

2019		2020		2021		2022		2023	
n	% von N	n	% von N	n	% von N	n	% von N	n	% von N
12.861	4,4 %	14.450	4,5 %	17.980	4,7 %	17.576	4,4 %	20.808	5,0 %

n = Anzahl der Beleidigungsdelikte gem. §§ 185–187, 189 StGB (PKS-Schlüssel 673000); N = Polizeilich registrierte Fälle gesamt

Es entsteht somit der Eindruck, dass von einem „nur" wahrgenommenen Anstieg von verbal-angreifender Kommunikation (gerade im Internet) auszugehen ist. Ein naheliegender Grund könnte mit den Besonderheiten der Online-Kommunikation zusammenhängen. Geschriebene Beiträge, die auf sozialen Medien öffentlich in Kommentarspalten gepostet werden, sind jederzeit sichtbar und öffentlich zugänglich.[261] Sie haben somit im Vergleich zur analogen face-to-face Äußerung eine gewisse Form von Bestand.[262] *Oğlakcıoğlu* konstatiert darüber hinaus, dass sich der öffentliche Diskurs vielfach mit dem

[261] So auch *Oğlakcıoğlu,*Strafbare Sprechakte, S. 597.

[262] Dabei darf nicht übersehen werden, dass auch bei öffentlichen Äußerungen unter populären Beiträgen auf sozialen Medien nur die Beiträge direkt an erster Stelle sichtbar sind, die Zuspruch in Form von Likes erhalten. Somit besteht auch bei verbal-aggressiven Kommentaren die Möglichkeit, dass sie in den Hintergrund rutschen. Trotzdem verflüchtigen sie sich nicht so einfach wie das gesprochene Wort.

Thema „Hass und Hetze im Netz" befasse, wodurch es zu einer Sensibilisierung komme.[263] Demnach steigt die Wahrscheinlichkeit, dass man gezielt auf verbal-aggressive Kommunikation achtet, wenn man durch die ständige Thematisierung daran erinnert wird. Darüber hinaus polarisieren auffällige Beiträge, die „die Gemüter erhitzen", wobei es sich auch um beleidigende und diffamierende Beiträge handeln könne.[264] Gerade der Schock-Faktor bestimmter Beiträge führt dazu, dass sie öfter geteilt oder kommentiert werden, wodurch sie verstärkt wahrgenommen werden.

3.8.7 Zusammenfassung

Wie anfangs angedeutet, muss darauf aufmerksam gemacht werden, dass es für die einzelnen Phänomene keine universalen Definitionen gibt. Die den Untersuchungen zugrunde gelegten Arbeitsdefinitionen beeinflussen das, was gemessen und folglich als Ergebnis mitgeteilt wird. Des Weiteren sind methodologische Unterschiede zu berücksichtigen. Während zur Beleuchtung der Betroffenheit und der Folgen verbaler Angriffe überwiegend auf Befragungen zurückgegriffen ist, werden zur Feststellung der Prävalenz von bestimmten Phänomenen neben Befragungen auch Inhaltsanalysen von Beiträgen in sozialen Medien herangezogen.

Nach Betrachtung der bisherigen Forschungsergebnisse kristallisiert sich heraus, dass verbal-aggressives Kommunikationsverhalten mehrere Berufsgruppen und gesellschaftliche Gruppen betrifft. Das Phänomen tritt sowohl realweltlich als auch digital auf und es ist eine (wahrgenommene) Zunahme zu beobachten. Verbale Aggression kann bereits im Jugendalter (und auch später am Arbeitsplatz) in Form von Mobbing auftreten. Insbesondere helfende und normdurchsetzende Berufsgruppen wie medizinisches Pflegepersonal oder Polizeibeamte, die einen intensiven zwischenmenschlichen Kontakt zur Bevölkerung aufweisen, sind häufiger betroffen. Gleiches gilt für Amtstragende, die die Bevölkerung repräsentieren und für politische Geschehnisse zur Verantwortung gezogen werden. Neben Berufsgruppen sind Angehörige gesellschaftlicher Minderheitsgruppen häufig betroffen. Die hohe Wahrnehmungsquote von verbaler Gewalt deckt sich nicht mit den Daten der PKS, wonach die Beleidigungsdelikte nur einen kleinen Anteil der insgesamt erfassten Fälle ausmachen. Dass die Quote so hoch ist, lässt sich damit erklären, dass die Internetbeiträge sichtbarer und öffentlicher sind als das

[263] *Oğlakcıoğlu,* Strafbare Sprechakte, S. 597.

[264] *Oğlakcıoğlu,* Strafbare Sprechakte, S. 598.

gesprochene Wort. Des Weiteren ist die Gesellschaft bzgl. Themen wie „Hass und Netze im Netz“ sensibilisierter. Extreme und polarisierende Beiträge werden darüber hinaus ebenfalls von Natur aus häufiger wahrgenommen.

Hinsichtlich der Folgen von verbaler Violenz sind in erster Linie individuelle Folgen zu beobachten, die sich in psychische Beeinträchtigungen, wie z. B. Angst, Unruhe und Depressionen, und Verhaltensveränderungen unterscheiden lassen. Auch wenn die Forschungslage, insbesondere bei Polizeibeamten und bei Berufstätigen der Feuerwehr und der Rettungsdienste, eher geringe psychische Belastungstendenzen trotz hoher Prävalenzzahlen durch verbale Gewalt verzeichnet, ist von einer erheblichen Auswirkung von beleidigendem und bedrohendem Verhalten auszugehen. Die geringen psychischen Belastungen konnten bei diesen Berufsgruppen dadurch erklärt werden, dass neben verbaler auch physische Gewalt zum Berufsalltag gehört, die im Vergleich als erheblicher empfunden wurde. Des Weiteren ist damit zu rechnen, dass mit zunehmender Berufserfahrung ein Gewöhnungseffekt eintritt. Nichtsdestotrotz hat es Auswirkungen auf die psychische Verfassung der Betroffenen, wenn sie regelmäßig im Kontakt mit Bürgern Missachtung und keine Wertschätzung erfahren. Psychosomatische Auswirkungen sind ebenfalls möglich.

Darüber hinaus kann verbale Aggression zu einem „Silencing-Effekt“ führen. Betroffene und auch Beobachter von verbal-aggressivem Verhalten tendieren teilweise dazu aus Angst vor Beleidigungen und Morddrohungen ihre Meinung anders zu formulieren oder gar nicht zu äußern. Das kann ebenfalls auf bestimmte Berufsgruppen übertragen werden. Im journalistischen Bereich kann es dazu führe, dass bestimmte Themen nicht mehr angenommen werden. Mandatsträger können dazu verleitet werden ihr Meinungsäußerungsverhalten zu überdenken und einzuschränken. Die individuellen Verhaltensanpassungen führen somit zu negativen gesamtgesellschaftlichen Effekten.

3.9 Eingrenzung des Untersuchungsgegenstands

Die Verhaltensweisen, die im bisherigen Gang der Untersuchung als kommunikative Aggression eingestuft wurden, können neben verbalen Äußerungen auch in Form von nonverbalen Kommunikationsformen auftreten. Der hier verwendete Begriff der kommunikativen Aggression ist als sehr weit einzuordnen, wodurch das schlichte Ignorieren mit bösen Absichten oder böse Blicke bereits hierunter fallen. Eine erste Eingrenzung erfolgt dahingehend, dass nur strafbares Verhalten Gegenstand der weiteren Untersuchung ist.

Wie die Einordnung der Phänomene gezeigt hat, können durch kommunikative Aggressionsakte zahlreiche Rechtsgüter betroffen sein und dadurch verschiedene Strafnormen erfüllt sein. So ist bei Äußerungen, die den Tatbestand der Bedrohung gem. § 241 StGB erfüllen, der individuelle Rechtsfrieden betroffen.[265] Das Versenden von „Dickpics" kann gem. § 184 Abs. 1 Nr. 6 StGB bestraft werden. Diese Norm soll vor unerwünschter Konfrontation mit Pornographie schützen. Das sog. „Upskirting" wird gem. § 184k Abs. 1 StGB sanktioniert. Hierbei ist sowohl das Herstellen (§ 184k Abs. 1 Nr. 1 StGB) als auch das Zugänglich-Machen an Dritte (§ 184k Abs. 1 Nr. 2, 3 StGB) erfasst. Als geschütztes Rechtsgut ist in diesen Fällen das Recht auf sexuelle Selbstbestimmung betroffen.[266] Fälle des „Revenge Porn" können gem. § 201a Abs. 1 Nr. 1, 4 und 5 StGB und im Falle der Verbreitung gem. § 33 Abs. 1 i.V.m. §§ 22 f. KunstUrhG einschlägig sein. § 201a StGB schützt den höchstpersönlichen Lebensbereich[267] und § 33 KunstUrhG das allgemeine Persönlichkeitsrecht. Kommunikation, die die Ehre verletzt, wird gem. §§ 185 ff. StGB bestraft und der öffentliche Frieden wird von § 130 StGB geschützt.

Da der Untersuchungsgegenstand die Strafzumessung bei ausgewählten Delikten ist, die in die Kategorie der verbalen Aggression fallen, musste aus forschungsökonomischen Gründen eine Eingrenzung hinsichtlich der zu untersuchenden Delikte vorgenommen werden.

Die Untersuchung der Strafzumessung beschränkt sich auf die §§ 185–188 und § 130 StGB (Tabelle 3.4).

Die Beleidigungsdelikte gem. §§ 185–188 StGB sind aus folgenden Gründen von besonderem Interesse: Zunächst ist ein empirischer Anstieg der Verurteilungen wegen eben dieser Beleidigungsdelikte zu verzeichnen. Im Jahr 2019 waren es nach der Strafverfolgungsstatistik bundesweit 24.847 Verurteilungen, während die Zahl im Jahr 2020 auf 25.529 anstieg. Auffällig sind hierbei bereits die hohen Fallzahlen der beiden Jahre. Um ausreichend Fälle für die Aktenanalyse zu generieren, bieten sich die Beleidigungsdelikte somit an. Bei der Bedrohung liegt die Anzahl der Verurteilungen für das Jahr 2020 vergleichsweise gering bei „nur" 3.204 Fällen.

Ein weiterer Grund für die Beschränkung auf die ausgewählten Beleidigungsdelikte ist, dass sie in jüngster Vergangenheit mehrfach Gegenstand von Reformen wurden. Durch das Gesetz zur Bekämpfung des Rechtsextremismus und der Hasskriminalität wurde der § 185 StGB mit Wirkung vom 03.04.2021 um eine neue

[265] *Fischer,*StGB, § 241 Rn. 2.

[266] BT-Drs. 19/20668, 15.

[267] *Rengier,*Strafrecht BT II, § 31 Rn. 9.

Qualifikation erweitert. So stellt nun ebenfalls die öffentliche Beleidigung eine Qualifikation zur einfachen Beleidigung gem. § 185 StGB dar. Daneben wurde der Personenkreis der Qualifikation gem. § 188 StGB erweitert, sodass auch Kommunalpolitiker einbezogen werden. Zwar wurden mit dem Gesetz neben dem Beleidigungsstrafrecht auch andere Äußerungsdelikte modifiziert, jedoch hat das Beleidigungsstrafrecht die meisten Änderungen erfahren. Der Gesetzgeber ging noch einen Schritt weiter und fügte den § 192a StGB, die verhetzende Beleidigung, in den 14. Abschnitt des StGB mit Wirkung vom 22.09.2021 ein.

§ 189 StGB, die Verunglimpfung des Andenkens Verstorbener, stellt zwar ebenfalls einen kommunikativen Aggressionsakt dar, jedoch wurde diese Norm von der Untersuchung ausgeschlossen, weil vermutet wurde, dass die Fallzahlen sehr gering ausfallen würden. Nach der Strafverfolgungsstatistik lagen im Jahr 2020 insgesamt vier Verurteilungen vor. Basierend darauf wurde erkenntlich, dass § 189 StGB für die Strafzumessung bei Beleidigungsdelikten nicht aussagekräftig ist. Darüber hinaus ist sehr umstritten, welches Rechtsgut von § 189 StGB geschützt wird und ob die Norm überhaupt den Beleidigungsdelikten zugeordnet werden kann.[268]

Neben den ausgewählten Beleidigungsdelikten sollte des Weiteren die Strafzumessung in den Fällen kommunikativer Aggression untersucht werden, in denen § 130 StGB einschlägig ist.

Im Vergleich zu den Beleidigungsdelikten liegt bei der Volksverhetzung für das Jahr 2020 laut Strafverfolgungsstatistik mit insgesamt 664 Fällen nur eine geringere Anzahl von Verurteilungen vor. Empirische Untersuchungen der Strafzumessung bei Volksverhetzungsdelikten gibt es bisher nicht, sodass erste Erkenntnisse auch aus einer geringen Fallzahl gewonnen werden sollten. Trotz geringer Verurteilungszahlen hat die Volksverhetzung gem. § 130 StGB nicht an Relevanz verloren. Der dem Delikt innewohnende „Drohungs- und Aufforderungsgehalt“[269] und der Botschaftscharakter, wodurch alle Gruppenmitglieder durch die feindlichen Äußerungen betroffen sind, machen die Äußerungen, die gem. § 130 StGB strafbar sind, für die öffentliche Sicherheit gefährlich. Dadurch, dass nicht nur Einzelpersonen, sondern ganze Minderheiten als minderwertig dargestellt werden, sollte diese extreme Form der kommunikativen Aggression ebenfalls als Untersuchungsgegenstand gewählt werden.

---

[268] Ausführlich zum Streit um das geschützte Rechtsgut siehe MüKo-*Regge/Pegel* § 189 Rn. 1 ff.

[269] *Fischer,*StGB, § 130 Rn. 3 (69. Aufl.).

Tab. 3.4 Untersuchungsgegenstand

Potentielle Strafnormen	Betrachtete Strafnormen
§§ 185 ff. StGB	(+)
§ 130 StGB	(+)
§ 241 StGB	(−)
§ 184 Abs. 1 Nr. 6 StGB	(−)
§ 184k Abs. 1 StGB	(−)
§ 201a Abs. 1 Nr. 1,4,5, StGB	(−)
§ 33 Abs. 1 i.V.m. §§ 22 f. KunstUrhG	(−)

4 Materiell-rechtliche Einordnung

Da die Untersuchung auf die Strafzumessung bei den §§ 185–188 und § 130 StGB beschränkt wurde, soll in diesem Abschnitt eine materiell-rechtliche Einordnung stattfinden. Dieser Abschnitt verfolgt nicht das Ziel eine erschöpfende materiell-rechtliche Auseinandersetzung mit Kommunikationssituationen zu sein. Dieser Teil dient vielmehr dazu die materiell-rechtlichen Fundamente zu legen, die für die Erarbeitung und Erörterung der Forschungsfragen von Relevanz sind. Nach einer kurzen Darstellung der tatbestandlichen Voraussetzungen der Delikte werden sodann im Bereich der Beleidigungsdelikte verfolgte Reformvorhaben beleuchtet.

Vorab lässt sich festhalten, dass Äußerungen einen Kundgabecharakter haben müssen, damit sie unter das Strafrecht fallen. Die Äußerungen müssen einen bestimmten oder objektiv bestimmbaren Inhalt haben, sich an eine andere Person richten und zur Kenntnis durch andere bestimmt sein.[1] Selbstgespräche, die während eines Wutausbruchs geführt werden, sind zwar Formen kommunikativer Aggression, bleiben jedoch straflos, wenn sie an niemanden gerichtet sind. Ebenso verhält es sich mit privaten Niederschriften, wie z. B. Tagebucheinträgen, in denen Erlebnisse zur Verarbeitung wiedergegeben werden.

[1] *Wessels/Hettinger/Engländer,* Strafrecht BT I § 10 II 1 Rn. 436.

M. Schreinert, *Strafzumessung bei verbaler Gewalt*,
https://doi.org/10.1007/978-3-658-49491-9_4

4.1 Beleidigungsdelikte

Von der Beleidigung gem. § 185 StGB sind folgende drei Fälle umfasst, in denen ggü. dem Opfer ein ehrverletzendes Werturteil oder eine unwahre ehrverletzende Tatsachenbehauptung oder ggü. Dritten ein ehrverletzendes Werturteil kundgetan wird.[2]

§ 186 StGB stellt das Behaupten oder Verbreiten von nicht erweislich wahren, ehrverletzenden Tatsachenbehauptungen ggü. Dritten unter Strafe. Von § 187 StGB wird die unwahre Tatsachenbehauptung ggü. Dritten erfasst. § 188 StGB erweitert die §§ 185 ff. StGB als Qualifikation und stellt die Beleidigung, die üble Nachrede und die Verleumdung einer Person des politischen Lebens unter Strafe.

Für die Strafbarkeit von Kommunikationsakten ist neben einem Kundgabeverhalten somit entscheidend, was (Werturteil oder Tatsache) ggü. wem (Tatopfer oder Dritter) geäußert wird. Die Abgrenzung zwischen Tatsachenbehauptungen und Werturteilen kann jedoch im Einzelfall fließend und dadurch schwierig sein.[3] Tatsachen sind konkrete Geschehnisse oder Zustände der Vergangenheit oder Gegenwart, die sinnlich wahrnehmbar sind und dem Beweis zugänglich sind.[4] Absichten oder Motive, sog. „innere Tatsachen", gehören ebenso dazu, wenn sie zu äußeren Geschehnissen in Beziehung gesetzt werden können.[5] Werturteile sind hingegen durch Elemente der subjektiven Überzeugung und des Dafürhaltens geprägt und deshalb nicht wahr oder unwahr, sondern je nach der persönlichen Überzeugung nur falsch oder richtig.[6] Im Einzelfall ist für die Abgrenzung der objektive Sinngehalt der Äußerung, so wie er von dem angesprochenen Adressaten verstanden werden muss, maßgebend.[7]

Vorab ist auf einige prozessuale Besonderheiten hinzuweisen. Die Beleidigungsdelikte (§§ 185–189 StGB) sind gem. § 374 Abs. 1 Nr. 2 StPO Privatklagedelikte. D. h. die Geschädigten können selbst Anklage beim Strafrichter erheben.[8] Eine Ausnahme besteht für den Fall, dass die Beleidigungsdelikte gegen eine der in § 194 Abs. 4 StGB genannten politischen Körperschaften

---

[2] *Maurach et al.,*Strafrecht Besonderer Teil, S. 260.

[3] Vgl. *Fischer,*StGB § 186 Rn. 3.

[4] MüKo-*Regge/Pegel* § 186 Rn. 5.

[5] M.w.N. MüKo-*Regge/Pegel* § 186 Rn. 5.

[6] Schönke/H. Schröder-*Eisele/Schittenhelm* § 186 Rn. 3.

[7] Schönke/H. Schröder-*Eisele/Schittenhelm* § 186 Rn. 3.

[8] Gem. § 380 StPO ist vorab grds. ein erfolgloser Sühneversuch vor einer zuständigen Stelle erforderlich.

gerichtet sind. Die Staatsanwaltschaften verfolgen diese Delikte gem. § 376 StPO nur, wenn ein öffentliches Interesse vorliegt. Ein solches öffentliches Interesse kann sich aus Gründen ergeben, die mit der Natur der Tat, der Person des Täters oder der Täter-Opfer-Beziehung zusammenhängen.[9] Auf eine Anklageerhebung durch die Staatsanwaltschaft kann es sich bspw. auswirken, wenn zusätzlich zur Beleidigung weiteres Unrecht verwirklicht wurde oder der Täter mehrfach straffällig wurde. Darüber hinaus ist die Beleidigung gem. § 194 Abs. 1 S. 1 StGB grds. ein reines Antragsdelikt, d. h. sie wird nur auf Antrag verfolgt. Sofern ein Strafantrag endgültig nicht gestellt wird, liegt ein Prozesshindernis vor und das Verfahren muss eingestellt werden.[10] Ausnahmen von dem Antragserfordernis sind in § 194 Abs. 1 S. 2, 3 StGB für bestimmte Verhaltensweisen ggü. Minderheitsgruppierungen und Personen des politischen Lebens normiert.

4.1.1 Beleidigung gem. § 185 StGB

§ 185 StGB setzt als Tathandlung die Kundgabe einer eigenen Miss- oder Nichtachtung voraus.[11] Die Miss- oder Nichtachtung einer anderen Person wird zum Ausdruck gebracht, wenn Mängel nachgesagt werden, die im Falle ihres Vorliegens den grundsätzlichen uneingeschränkten Achtungsanspruch mindern.[12] Die Kundgabe kann mündlich, schriftlich, bildlich, symbolisch, durch Gesten, schlüssige Handlungen oder Tätlichkeiten erfolgen.[13] Neben verbalen Kommunikationsakten, d. h. durch das gesprochene oder geschriebene Wort, können somit auch nonverbale Kommunikationsformen, wie z. B. das Zeigen des Mittelfingers, eine Miss- oder Nichtachtung äußern.

---

[9] MüKo-StPO-*Daimagüler*, § 376 Rn. 2.

[10] Ein endgültiges Nichtvorliegen eines Strafantrags ist zu bejahen, wenn er nicht mehr gestellt werden kann oder ein bereits eingelegter Strafantrag zurückgenommen wird, siehe *Engländer/Volk*, Grundkurs StPO, § 14 Rn. 19. Abhängig von der Phase des Strafverfahrens wird das Verfahren gem. § 170 Abs. 2 StPO eingestellt (Ermittlungsverfahren) oder es wird die Eröffnung des Hauptverfahrens gem. § 204 StPO per Beschluss abgelehnt (Zwischenverfahren). Im Rahmen der Hauptverhandlung ist das Verfahren gem. § 260 Abs. 3 StPO durch Prozessurteil einzustellen, sofern nicht bereits feststeht, dass der Angeklagte freizusprechen wäre. In diesem Fall geht der Freispruch vor, siehe BGHSt 13, 268; 20, 333.

[11] *Wessels/Hettinger/Engländer*, Strafrecht BT I § 11 VI 1 Rn. 468.

[12] *BGH*, NStZ 1989, 528.

[13] M.w.N. MüKo-*Regge/Pegel* § 185 Rn. 8.

Da es keine Äußerung gibt, die per se den Tatbestand der Beleidigung erfüllt[14], wird unter Berücksichtigung der konkreten Umstände des Kommunikationsprozesses (z. B. der Ton, das Alter, die Stellung der Kommunikationspartner, die persönlichen Eigenschaften und Beziehungen untereinander, die Anschauungsweisen der beteiligten Kreise und ihre Gewöhnung an bestimmte Redewendungen, die Ortsüblichkeit bestimmter Ausdrücke und die Umstände unter denen die Äußerung erfolgt) der ehrverletzende Charakter ermittelt.[15] Es kommt somit nicht auf das Empfinden der betroffenen Person, sondern auf den objektiven Sinngehalt der Äußerung aus Sicht eines unvoreingenommenen Erklärungsempfängers an.[16] Eine Strafbarkeit gem. §§ 185 StGB wird neben dem „was" (Tatsache oder Werturteil) und dem „ggü. wem" (betroffenes Tatopfer oder Dritter) somit auch noch wesentlich durch die „konkreten Umstände des Kommunikationsprozesses" bestimmt.[17] Neben realweltlicher Kommunikation können auch digitale Kommunikationsformen i.S.d. § 185 StGB tatbestandsmäßig sein.[18] Der Strafrahmen ist beim Grundtatbestand gem. § 185 StGB Freiheitsstrafe bis zu einem Jahr oder Geldstrafe.

---

[14] BeckOK-StGB-*Valerius* § 185 Rn. 24.

[15] M.w.N. zu den Umständen siehe Schönke/H. Schröder-*Eisele/Schittenhelm* § 185 Rn. 8; vereinzelnd wird vertreten, dass die Würdigung bei Äußerungen im Internet ein grds. größerer Maßstab anzulegen sei, weil Kommunikation im Internet durch einen raueren und eigenen Umgang geprägt ist, vgl. MüKo-*Regge/Pegel* § 185 Rn. 12; dagegen spricht, dass sowohl realweltliche als auch digitale Äußerungen am Maßstab des § 185 StGB gemessen werden. Das, was realweltlich unter Strafe steht, muss auch digital sanktioniert werden, damit das Internet kein straffreier Raum wird. Dieser Gedanke entspricht auch der Rechtsprechung des Bundesverfassungsgerichts, wonach bei schriftlichen Äußerungen im Internet „ein höheres Maß an Bedacht und Zurückhaltung" erwartet werden kann, vgl. *BVerfG*, NJW 2020, 2622.

[16] *BVerfG*, NJW 1995, 3303, 3305; *OLG Düsseldorf*, NJW 1989, 3030; *BayObLG*, NJW 2005, 1291.

[17] Siehe auch *Wessels/Hettinger/Engländer,* Strafrecht BT I § 11 VI 1 Rn. 470.

[18] Die Frage, ob die nonverbalen Kommunikationsformen des „Likens" und des „Teilens" fremder beleidigender Beiträge auf sozialen Plattformen eine Strafe als Täter oder Teilnehmer begründen, wird nicht einheitlich bewertet. Zur Diskussion siehe *Eckel/Rottmeier*, NStZ 41 (2021), 1, 2 ff.; *Nussbaum*, KriPoZ 2021, 215, 216 ff.; *Reinbacher*, JZ 75 (2020), 558 ff.; *Krischker*, JA 2013, 488, 490 ff.; ausführlich zur Strafbarkeit von Kommentierungen von Statusmeldungen in sozialen Netzwerken *Tassis,* Die Kommentierung von Statusmeldungen, S. 143 ff.; vgl. auch *Roxin,* Täterschaft und Tatherrschaft, S. 432 ff.; *Roxin*, FS Rengier, 93 ff.

4.1.2 Üble Nachrede und Verleumdung, §§ 186, 187 StGB

Die §§ 186, 187 StGB setzen als Tathandlung das Behaupten oder Verbreiten voraus. Behaupten ist das nach als eigener Überzeugung wahr Hinstellen,[19] Verbreiten ist das Weitergeben einer Tatsachenbehauptung an Dritte als Gegenstand fremden Wissens oder Behauptens.[20] Die Tatsachenbehauptung muss bei beiden Delikten dazu geeignet sein, die betroffene Person verächtlich zu machen oder in der öffentlichen Meinung herabzuwürdigen. Ein Verächtlichmachen liegt dann vor, wenn durch die Tatsachenbehauptungen dargelegt wird, dass die betroffene Person ihren sittlichen Pflichten nicht nachkommt.[21] Ein Herabwürdigen meint das Schmälern des Rufes einer Person.[22]

Die Nichterweislichkeit der Tatsachenbehauptung ist bei § 186 StGB eine objektive Strafbarkeitsbedingung[23], bei § 187 StGB hingegen ist die Unwahrheit der Tatsachenbehauptung ein Tatbestandsmerkmal.[24] Das hat zur Konsequenz, dass sich bei § 187 StGB der Vorsatz des Täters (dolus directus 2. Grades) auf die Nichterweislichkeit beziehen muss, damit die Strafbarkeitsvoraussetzungen erfüllt sind.[25] Der Strafrahmen beträgt bei § 186 StGB wie bei § 185 StGB Freiheitsstrafe bis zu einem Jahr oder Geldstrafe und bei § 187 StGB Freiheitsstrafe bis zu zwei Jahren oder Geldstrafe.

4.2 Qualifikationen, §§ 185 ff. StGB

Neben den Grundtatbeständen sind in den §§ 185 ff. StGB Qualifikationen enthalten. Hier kann zwischen solchen unterschieden werden, die nur für § 185 StGB gelten und solchen, die für alle Beleidigungsdelikte Anwendung finden.

---

[19] Lackner/Kühl/Heger-*Kühl* § 186 Rn. 5.

[20] MüKo-*Regge/Pegel* § 186 Rn. 18.

[21] MüKo-*Regge/Pegel* § 186 Rn. 14.

[22] MüKo-*Regge/Pegel* § 186 Rn. 14.

[23] So die überwiegende Auffassung, statt vieler siehe Schönke/H. Schröder-*Eisele/Schittenhelm* § 186 Rn. 10; ausführlich zum Meinungsstand siehe MüKo-*Regge/Pegel* § 186 Rn. 24 ff.

[24] NK-StGB-*Kargl*, § 187 Rn. 4.

[25] *Fischer*,StGB § 187 Rn. 4.

4.2.1 Tätliche Beleidigung

Gem. § 185 Hs. 2 StGB qualifiziert die tätliche Beleidigung den Grundtatbestand. Der Strafrahmen erhöht sich auf bis zu zwei Jahren Freiheitsstrafe. Eine tätliche Beleidigung muss von der sog. symbolischen Beleidigung abgegrenzt werden, die der bloßen einfachen Beleidigung unterfällt, wodurch der Strafrahmen des Grundtatbestandes zur Anwendung kommt. Denn wie bereits ausgeführt, muss die Kundgabe der Miss- oder Nichtachtung nicht verbal erfolgen. Welche Anforderungen an die Tätlichkeit der Beleidigung zu stellen sind und schlussendlich wie die tätliche von der symbolischen Beleidigung abzugrenzen ist, ist umstritten.

Überwiegend wird gefordert, dass es sich bei der tätlichen Beleidigung um eine unmittelbar auf den Körper des Opfers einwirkende Handlung handeln muss, durch die der Täter zugleich seine Miss- oder Nichtachtung zum Ausdruck bringt.[26] Ein nur angedeuteter Schlag würde mangels unmittelbarer Einwirkung auf den Körper keine tätliche Beleidigung darstellen.

Andere Stimmen legen den Begriff der Tätlichkeit weiter aus und lassen es genügen, wenn die Handlung überhaupt gegen den Körper gerichtet ist, eine Berührung sei nicht erforderlich.[27] Nach dieser Ansicht würde die mangelnde Einwirkung auf den Körper des Opfers nicht zur Ablehnung der Qualifikation führen, solange ein nur angedeuteter Schlag auf den Körper des Opfers gerichtet ist. Beide Ansichten sind mit dem Wortlaut vereinbar. Die Vertreter eines weiteren Begriffsverständnisses deuten den Sinn und Zweck der Qualifikation so, dass die Kundgabe einer besonderen Missachtung sanktioniert werden soll, nicht hingegen der Eingriff in die körperliche Integrität.[28] Dem wird entgegnet, dass der Sinn und Zweck jedoch darin besteht, dass die besonders entwürdigende Einwirkung auf den Körper erfasst werden soll.[29] Gerade durch die körperliche Einwirkung werde die intensivierte Missachtung zum Ausdruck gebracht.[30] Dem Opfer wird vermittelt, dass es aufgrund seiner zugeschriebenen Minderwertigkeit

---

[26] *BGH*, NStZ-RR 2009, 172, 173; NK-StGB-*Zaczyk*, § 185 Rn. 20 (5. Aufl.); *Gössel/Dölling*,Strafrecht BT I, § 30 Rn. 71; *Maurach et al.*,Strafrecht Besonderer Teil, § 25 Rn. 14; BeckOK-StGB-*Valerius* § 185 Rn. 42; LK-StGB-*Hilgendorf*, § 185 Rn. 15; SK-StGB-*Rogall*, § 185 Rn. 40; NK-StGB-*Kargl*, § 185 Rn. 53 ff.

[27] Schönke/H. Schröder-*Eisele/Schittenhelm* § 185 Rn. 18; *Fischer*,StGB § 185 Rn. 18a; *Geppert*, Jura 1983, 580, 587 f.

[28] Schönke/H. Schröder-*Eisele/Schittenhelm* § 185 Rn. 18; Lackner/Kühl/Heger-*Kühl* § 185 Rn. 13.

[29] *Maurach et al.*,Strafrecht Besonderer Teil, § 25 Rn. 14.

[30] *OLG Karlsruhe*, NJW 2003, 1263, 1264.

die körperliche Einwirkung zu dulden habe.[31] Das engere Verständnis ist überzeugend, da so eine Abgrenzung zur bloß symbolischen Beleidigung ermöglicht wird. Jede symbolische Beleidigung würde sonst, sobald sie gegen den Körper des Opfers gerichtet ist, einem höheren Strafrahmen unterliegen.

4.2.2 Öffentliche Tatbegehung

Vor dem Gesetz zur Bekämpfung des Rechtsextremismus und der Hasskriminalität vom 30. März 2021 war die öffentliche Tatbegehung nur für die üble Nachrede und die Verleumdung qualifizierend. Die öffentliche Tatbegehung wird angenommen, wenn die Äußerung von einer größeren Anzahl von Personen, die nicht durch nähere Beziehungen zu einander verbunden sind, zur Kenntnis genommen wird.[32] Bei realweltlichen Tathandlungen ist notwendig, dass der Personenkreis, der Kenntnis von der Äußerung nehmen kann, auch tatsächlich anwesend war.[33] Wenn beleidigende Inhalte im Internet veröffentlicht werden, sind diese „öffentlich“ i.d.S., wenn die Äußerung ohne Weiteres abrufbar ist.[34] Fraglich ist jedoch, wann Äußerungen im Internet ohne Weiteres abrufbar sind. Hier wird zu differenzieren sein, wo und wie der ehrverletzende Inhalt geäußert wird. Bei einer Veröffentlichung einer ehrverletzenden Äußerung auf einem Blog oder in einem öffentlichen Forum ist die Äußerung mit dem Posten für jede Person mit Internetzugang wahrnehmbar und somit ohne Weiteres abrufbar. Bei Messenger-Diensten und Social-Media Plattformen kann diese Einschätzung anders zu bewerten sein.[35] Bei Äußerungen, die mittels Messenger-Diensten getätigt werden, werden Äußerungen entweder direkt an den Adressaten oder in eine Gruppe gesendet. Beim Versenden an den von der Ehrverletzung betroffenen Adressaten liegt logischerweise keine öffentliche Tatbegehung vor. Beim Versenden einer Nachricht in eine Gruppe ist es eine Frage des Einzelfalls, ob eine größere Anzahl von Personen angenommen werden kann und ob unter den Personen, die die Ehrverletzung wahrnehmen können, untereinander eine Beziehung besteht oder nicht. Mittlerweile ist es ebenfalls auf Messenger-Diensten möglich, etwas über die Funktion „Status“ mit allen Personen aus der eigenen Kontaktliste zu teilen. Hier

[31] *Fischer,* StGB § 185 Rn. 18.

[32] M.w.N. *Fischer,* StGB § 186 Rn. 16.

[33] *OLG Braunschweig*, NJW 1953, 875; BeckOK-StGB-*Valerius* § 186 Rn. 25.

[34] Schönke/H. Schröder-*Eisele/Schittenhelm* § 186 Rn. 19.

[35] Zur Öffentlichkeit bei E-Mails siehe *Fischer,* StGB § 186 Rn. 19.

würde es ebenfalls darauf ankommen, wie die Beziehungen unter den Kontakten ausgestaltet sind.

Bei Äußerungen auf Social-Media-Plattformen kommt es entscheidend auf die Privatsphäre-Einstellungen des Täters an. Grds. ist es jeder Person unproblematisch möglich, sich zu registrieren, um sodann selber eigene Inhalte zu veröffentlichen oder andere zu konsumieren, sodass ehrverletzende Äußerungen grds. ohne Weiteres abrufbar sind. Sich einen Account einzurichten stellt nur eine geringe Hürde dar. Wenn der Täter einen öffentlichen Account führt, wird jede Person mit Account freien Zugriff auf die veröffentlichten Inhalte haben. Bei Accounts mit Zugangsbeschränkungen wird es wieder im Einzelfall darauf ankommen, wie viele Personen in der „Freundesliste" sind und ob eine „große Anzahl" noch bejaht werden kann. Ferner muss sodann im Einzelfall nachgewiesen werden, dass die Personen, die die Äußerungen wahrnehmen können, nicht miteinander verbunden sind. Dadurch, dass meistens keine hohen Anforderungen an die Annahme einer Freundschaftsanfrage gestellt werden, kann dies, unter Berücksichtigung des Einzelfalls, wohl bejaht werden, weil keine näheren Beziehungen untereinander bestehen werden.

Mit der Gesetzesänderung qualifiziert nunmehr auch die öffentliche Tatbegehung die einfache Beleidigung gem. § 185 StGB. Seitens der Literatur gibt es bereits seit geraumer Zeit Reformvorschläge, die unter Berufung auf den erhöhten Unrechtsgehalt bei (internet-)öffentlichen Begehungsweisen die Umgestaltung des Beleidigungstatbestandes vorsehen. Einzelheiten sind jedoch umstritten. Die Literatur zu den folgenden Abschnitten zeigt, dass teilweise bereits angezweifelt wird, ob der Unrechtsgehalt bei einer (internet-)öffentlichen Beleidigung überhaupt erhöht ist. Ferner bestehen Uneinigkeiten hinsichtlich der Gestaltungsformen, sofern ein erhöhter Unrechtsgehalt bejaht wird. Teilweise wird vertreten, der Gesetzesänderung entsprechend, dass eine Qualifikation eingeführt werden soll. Daneben kommt aber auch die Einführung eines Regelbeispiels in Betracht. Schließlich stellt sich die Frage, welche Verhaltensweise die Strafverschärfung genau erfassen soll. So könnte an die Verwendung des Tatmittels Internet angeknüpft und für alle Beleidigungsdelikte eine Qualifikation für ehrverletzende Äußerungen im Internet eingeführt werden. Daneben kommt in Betracht nur die Beleidigung gem. § 185 StGB um eine Qualifikation, entweder für die internet-öffentliche oder die generell-öffentliche Beleidigung zu erweitern. All diese Fragen haben durch die Gesetzesreform erneut an Relevanz gewonnen und werden für die nachfolgende Erarbeitung der Forschungsfragen und Hypothesen entscheidend sein.

4.2.2.1 Erhöhter Unrechtsgehalt bei öffentlichen Beleidigungen

Zur Legitimierung einer Strafverschärfung, sei es in Form einer Qualifikation oder eines Regelbeispiels, ist es erforderlich, dass bei einer öffentlichen Beleidigung, verglichen mit einer einfachen Beleidigung, ein erhöhter Unrechtsgehalt vorliegt.

Angesichts der Systematik der Beleidigungsdelikte kann es sich bei einer öffentlichen Beleidigung gem. § 185 StGB nur um die Kundgabe von ehrverletzenden Werturteilen ggü. einer größeren Personenanzahl handeln. Tatsachenbehauptungen ggü. dem öffentlichen Adressatenkreis fallen unter die §§ 186, 187 StGB, die bereits einen erhöhten Strafrahmen aufweisen. Basierend auf der Systematik bzw. auf dem Unterschied zwischen Werturteilen und Tatsachen wird teilweise vertreten, dass kein erhöhter Unrechtsgehalt in der Verbreitung von Werturteilen an einen öffentlichen Kreis vorliegt. Die bisherige gesetzliche Regelung berücksichtige, dass sich Tatsachenbehauptungen eher eignen die Meinungsbildung Dritter zu beeinflussen, während für Dritte bei Werturteilen erkennbar sei, dass es sich um eine bloß subjektive Wertung handele und es dem Adressatenkreis obliege, wie sie sich zu dem Werturteil positionieren.[36] Gerade bei nicht nachvollziehbaren Werturteilen sei ein erhöhter Unrechtsgehalt durch eine öffentliche Tatbegehung nicht gegeben.[37]

Die Befürworter eines erhöhten Unrechtsgehalts setzen dem entgegen, dass aufgrund der Distanz zwischen Beleidiger und Adressaten auf der einen Seite und einer steigenden Personenanzahl auf der anderen Seite die Wahrscheinlichkeit steigt, dass der Anschein erweckt wird, dass die Beleidigung nicht unberechtigt ist und zumindest im Ansatz eine zutreffende Beurteilung darstellt.[38] Zusätzlich lässt sich anführen, dass die Strafrahmen der Grundtatbestände der Beleidigung gem. § 185 StGB und der üblen Nachrede gem. § 186 StGB identisch sind, obwohl bei § 185 StGB die Kundgabe einer subjektiven Wertung für den Adressaten erkennbar ist, während § 186 StGB eine Tatsachenbehauptung zum Gegenstand hat.[39] Diesem Argument ist zuzustimmen. Andernfalls würden die faktischen Gegebenheiten hinsichtlich Konsumverhaltens gerade in sozialen Medien unberücksichtigt bleiben. Man denke nur an die Social-Media Plattformen X (ehem. Twitter) oder

---

[36] *Großmann*, GA 167 (2020), 546, 550; *Großmann*, StV 2022, 408, 409; vgl. *Oğlakcıoğlu*, ZStW 132 (2020), 521, 543; vgl. *Reinbacher*, NK 32 (2020), 186, 190 f.; *Reum,*Cybermobbing, S. 237.

[37] *Hilgendorf/Valerius,*Computer- und Internetstrafrecht, Rn. 361, wonach die Öffentlichkeit aber im Rahmen der Strafzumessung zu berücksichtigen sei.

[38] *Großmann*, GA 167 (2020), 546, 550 f.; *Großmann*, StV 2022, 408, 409.

[39] *Doerbeck*, JR 2021, 54, 58.

Instagram, in denen man als Konsument von Mitteillungen in Form von Beiträgen und Werbung nahezu überhäuft wird. Vielfach wird innerhalb kürzester Zeit nur von einem Beitrag zum nächsten gescrollt und Informationen werden passiv aufgenommen, ohne dass diese vom Konsumenten hinterfragt werden. Gerade bei diffamierenden Beiträgen besteht dann die Gefahr, dass diese konsumierten Meinungen für richtig gehalten und übernommen werden.

Doerbeck führt zusätzlich an, dass die öffentliche Tatbegehung nicht nur im Rahmen der Strafzumessung berücksichtigt werden kann, da es die Höchststrafe bei der einfachen Beleidigung, eine Freiheitsstrafe bis zu einem Jahr oder eine Geldstrafe, nicht zulässt, die unterschiedlichen Schweregrade öffentlicher Beleidigungen zu berücksichtigen.[40] Bei diesem Argument stellt sich jedoch die Frage, inwieweit die Öffentlichkeit überhaupt noch im Rahmen der Strafzumessung strafschärfend berücksichtigt werden kann, wenn sie bereits als Qualifikation strafbegründend herangezogen wird und somit das Doppelverwertungsverbot einer weiteren Verwertung auf strafzumessungsrechtlicher Ebene entgegensteht.[41]

Außerdem spricht gegen dieses Argument, dass es bis dato keine empirischen Erkenntnisse zur Strafzumessungspraxis bei Beleidigungsdelikten gibt. Es ist völlig unklar, inwieweit von dem Strafrahmen Gebrauch gemacht wird, sofern eine öffentliche Begehungsweise vorliegt.

Vielfach wird für einen erhöhten Unrechtsgehalt bei öffentlichen Beleidigungen (im Internet) vorgebracht, dass bei einer Veröffentlichung von beleidigenden Beiträgen der Kreis der Adressaten unüberschaubar groß werden könne, sodass nie ganz klar sei, wie viele Personen den Beitrag zur Kenntnis genommen haben und darüber hinaus vielleicht sogar Screenshots angefertigt haben. Der beleidigende Inhalt verschwinde somit nicht zwingend mit der Löschung des ursprünglichen Beitrags und könne durch erneutes Hochladen jederzeit wiederaufleben. Dieser Umstand könne bei Tatopfern zu einer Art „Ohnmachtsgefühl" führen, da ungewiss sei, ob und wie ein ehrverletzender und rufschädigender Beitrag eingedämmt werden kann.[42] Der Kreis der Adressaten werde gerade im Internet durch Aktivitäten wie das „Liken" und „Teilen" des ehrverletzenden

---

[40] *Doerbeck*, JR 2021, 54, 59.

[41] Das Doppelverwertungsverbot ist in § 46 Abs. 3 StGB verankert und besagt, dass Umstände, die bereits strafbarkeitsbegründend wirken, nicht nochmal auf Ebene der Strafzumessung strafschärfend- oder mildernd berücksichtigt werden dürfen, siehe BeckOK-StGB-*Heintschel-Heinegg*, § 46 Rn. 140 ff.

[42] *Großmann*, GA 167 (2020), 546, 550 f.

Beitrags größer, da es so zu einer Weiterverbreitung komme.[43] Für das Opfer entstehe so der Eindruck, dass mehrere Personen die beleidigende Ansicht vertreten und dem Opfer gegenüberstehen, wodurch der Unrechtsgehalt erhöht sei.[44] An dieser Stelle wird jedoch kritisiert, dass die potentielle Weiterverbreitung durch Dritte nicht dem Täter zuzurechnen sei.[45] Immerhin handelt es sich beim „Liken", „Teilen" und bei Anschlussbeleidigungen um selbstständige Handlungen Dritter, die eigene Strafbarkeiten begründen können. Durch eine öffentliche Beleidigung schaffe der Täter zwar die Möglichkeit, dass es zu verbreitendem Verhalten oder Anschlussbeleidigungen durch Dritte kommt, jedoch wirke er nicht bestimmend auf die Entscheidung der Dritten ein, derart zu handeln. Es lässt sich anzweifeln, inwieweit diese Argumentationsweise, insbesondere wenn es überhaupt nicht zur Weiterverbreitung kommt, mit dem Schuldprinzip vereinbar ist, da der Täter nicht nur für das Unrecht haftet, dass er selbst begangen hat, sondern zusätzlich für potentielle Handlungen Dritter strafrechtlich einstehen soll.[46] Es erscheint durchaus fragwürdig, wieso eine Person für das abstrakt-mögliche Verhalten Dritter derart einstehen soll, wenn die Beleidigung kein abstraktes Gefährdungsdelikt ist.

Teilweise ist jedoch nicht nur unklar, wie viele Personen die Beleidigung wahrgenommen haben. Auch die Identität des Täters kann insbesondere im Internet auf den ersten Blick anonym erscheinen, wenn der Täter keine Anhaltspunkte zu seiner Identifizierung für Dritte sichtbar bereitstellt (z. B. durch die Verwendung eines anonymen Alias, eines Avatars oder eines falschen Profilfotos). Inwieweit die Anonymität beleidigendes Verhalten fördern kann, wurde bereits ausführlich erläutert. Vereinfacht ausgedrückt wird dem Täter durch die Distanz nicht vor Augen geführt, wie verletzend seine Taten und Worte für das Opfer wirklich sind. Die Anonymität im Internet stellt zusammengefasst einen Faktor dar, der für Täter enthemmend wirken kann und beleidigendes Verhalten fördern kann. Teilweise wird ein erhöhter Unrechtsgehalt ebenfalls mit der Anonymität begründet, da die Ungewissheit über die Identität des Täters für das Tatopfer einer Beleidigung zusätzlich psychisch belastend sei.[47] Gegen das Argument der Anonymität wurden in der Literatur vereinzelnd Zweifel geäußert. Einerseits wird

[43] *Preuß*, KriPoZ 2019, 97, 99; *Krischker*, JA 2013, 488, 490; umfassend zur Frage nach der Strafbarkeit dieser Verhaltensweisen siehe *Tassis,*Die Kommentierung von Statusmeldungen.

[44] *Tassis,*Die Kommentierung von Statusmeldungen, S. 142; *Krischker*, JA 2013, 488, 490 f.

[45] *Oğlakcıoğlu*, ZStW 132 (2020), 521, 542.

[46] Vgl. *Großmann*, GA 167 (2020), 546, 553; *Roxin/Greco,*Strafrecht AT I, S. 73.

[47] *Doerbeck*, JR 2021, 54, 55.

angeführt, dass das anonyme Handeln die Verletzungskraft der Beleidigung mindern kann, da die Geschädigten der Äußerung im Durchschnitt einen geringeren Wert beimessen. So sei es möglich, dass die Äußerung noch nicht einmal von einem Menschen, sondern durch Social-Bots technisch generiert wurde.[48] Darüber hinaus wird argumentiert, dass der „Enthemmung" in diesem Fall eine andere Bedeutung beigemessen wird als in anderen Fällen. Während Enthemmungen durch Drogenkonsum oder Alkoholisierungen sonst im Rahmen der §§ 20, 21 StGB eine strafmildernde Wirkung haben, wird die Enthemmung durch die Anonymität im Internet strafschärfend ausgelegt.[49]

Schlussendlich lässt sich zur Anonymität als Argument das Folgende festhalten: Es kann nicht mit abschließender Sicherheit festgestellt werden, dass die Anonymität den Unrechtsgehalt einer Beleidigung in einer derartigen Regelmäßigkeit erhöht, dass eine Strafschärfung in Form einer Qualifikation gerechtfertigt ist. Es wären weitere empirische Untersuchungen notwendig, um etwaige Zweifel auszuräumen. Hilfreich hierfür könnten z. B. Betroffenenbefragungen sein, in denen der Unrechtsgehalt oder der Schweregrad von anonymen Beleidigungen bewertet wird.[50]

Es erscheint darüber hinaus fraglich, ob die Anonymität nicht zu häufig im Lichte eines zu unbestimmten Phänomens betrachtet wird. Dass keine begriffliche Klarheit herrscht, wenn schädliche Kommunikationsformen thematisiert werden, wurde im ersten Abschnitt ausgiebig erörtert. Durch diese definitorische Unklarheit werden diverse Verhaltensweisen und somit mehrere Straftatbestände zusammen betrachtet. Zwar werden Beleidigungen häufig tateinheitlich mit Bedrohungen verwirklicht, jedoch hat die Anonymität auf die Bedrohung potentiell eine andere Wirkung als auf die Beleidigung. Bei einer Bedrohung kann abhängig von dem Bedrohungsinhalt im Einzelfall durch die Anonymität des Täters ein erhöhtes Unsicherheitsgefühl verursacht werden.[51] Das

---

[48] *Oğlakcıoğlu,* Strafbare Sprechakte, S. 606 f.

[49] *Oğlakcıoğlu,* Strafbare Sprechakte, S. 607.

[50] An dieser Stelle wird nicht verkannt, dass es bereits empirische Forschungen in Form von Befragungen gibt, die belegen, dass beim Phänomen Cyberbullying die Anonymität des Täters als belastender bewertet wird, siehe m.w.N. *Sticca/Perren*, Journal of Youth and Adolescence 42 (2013), 739, 746 f. Bei der Bewertung dieser Ergebnisse muss jedoch bedacht werden, dass primär untersucht wurde, wie sich die Anonymität auf die wahrgenommene Schwere bei einem bestimmten Phänomen, nämlich Cyberbullying, auswirkt. Die einfache Beleidigung kann nicht mit dem Phänomen gleichgesetzt werden. Zwar sind Beleidigungen regelmäßig ein Bestandteil, jedoch können weitere aggressive Kommunikationsformen darunterfallen.

[51] So kann der Eindruck eines nur abwartenden Angreifers entstehen, wenn z. B. typische Bewegungsmuster der Geschädigten in der Bedrohung aufgegriffen werden, damit für das

Gefährdungspotential hat Auswirkungen auf die Bedrohung, jedoch nicht auf die Beleidigung.

Oğlakcıoğlu, der einen pauschal erhöhten Unrechtsgehalt bei öffentlichen Beleidigungen verneint, trägt vor, dass die gravierenden Fälle nicht repräsentativ seien. „Nicht selten" knüpfe an einen ehrverletzenden Beitrag nämlich ein öffentlicher Meinungsaustausch an, der die ehrverletzende Wirkung relativiere.[52] Insbesondere Personen des öffentlichen Lebens, die eine große Reichweite haben, können auf die Beleidigungen des Täters öffentlich aufmerksam machen und das Fehlverhalten anprangern. Im Zuge dessen erfahren die Personen des öffentlichen Lebens oftmals viel Zuspruch durch ihre Follower. Durch diese Solidarisierung mit dem Tatopfer kann der ursprüngliche Effekt der Beleidigung durch eine Art „Widerstand" gegen den Täter abgeschwächt werden. Dem kann man allerdings entgegnen, dass die Fälle, in denen es zu einer Art „Widerstand" kommt, auch nicht zwingend repräsentativ sind. Nicht jede Person, die soziale Medien nutzt, verfügt über eine derart große Reichweite. Gerade angesichts der empirischen Studien zum „Silencing-Effekt" kann davon ausgegangen werden, dass sich viele Internet-Nutzer eben nicht für ein Tatopfer einstehend äußern, weil sie Angst haben, dass sie als nächstes Ziel eines Angriffs werden. Dieses Argument zeigt allerdings, dass wenn durch derartige Gegenmaßnahmen die verletzende Wirkung der öffentlichen Verwirklichung gemildert wird, dies bei den Voraussetzungen einer Qualifikation nicht berücksichtigt werden kann. Zwar kann dies im Rahmen der Strafzumessung strafmildernd berücksichtigt werden, jedoch kommt der erhöhte Strafrahmen zur Anwendung. Dies spricht im Ergebnis dafür, dass eine reine Berücksichtigung der Folgen einer öffentlichen Begehungsweise im Rahmen der Strafzumessung als der geeignetere Weg zu erachten ist.

Gegen die Strafverschärfung könnte die Natur der Beleidigung als „Bagatelldelikt" sprechen, die sie in der Strafrechtspraxis einnimmt. Unter diesem Gesichtspunkt erscheint das Einführen einer Strafverschärfung fraglich, da teilweise sogar die Entkriminalisierung gefordert wird.[53] Natürlich sind Beleidigungsdelikte nicht mit Delikten der schweren Kriminalität vergleichbar. So sind die Verletzungsfolgen bei Delikten wie Raub direkt sichtbar und einfacher zu messen. Dem entwendeten Eigentum kann ein Wert beigemessen werden und

---

Tatopfer der Eindruck entsteht, dass das ein Angriff in sonst alltäglichen und sicheren Situationen jederzeit möglich ist.

[52] Oğlakcıoğlu spricht in diesem Zug von „Gegen-Shitstorms", *Oğlakcıoğlu*, ZStW 132 (2020), 521, 543.

[53] *Kubiciel/Winter*, ZStW 113 (2001), 305, 312; *Frommel*, KJ 28 (1995), 402, 411; dagegen jedoch *Bemmann*, FS Wolff, 33, 34 f.; *Kargl*, FS Wolff, 189, 217 ff.

auch hinsichtlich körperlicher Verletzungen können leichte von schweren Verletzungen unterschieden werden. Das heißt jedoch nicht, dass bei ehrverletzendem Äußerungsverhalten keine Schäden entstehen. Der bisherige Gang der vorliegenden Untersuchung hat gezeigt, dass empirische Studien das Verletzungspotential von beleidigendem Verhalten belegen.[54] Gleichwohl spricht die Tatsache, dass Beleidigungen verletzen, an sich nicht unmittelbar für die Erhöhung des Strafrahmens. Dass die Beleidigung bereits gem. § 185 StGB unter Strafe steht, wird den potentiellen Verletzungsfolgen gerecht.

In der Diskussion um das Beleidigungsstrafrecht liest sich außerdem oft, dass die Fallzahlen der Beleidigungsdelikte regelmäßig steigen, was für Viele auf den ersten Blick für ein „Beleidigungsproblem" spricht, das mit Strafschärfungen angegangen werden muss. Durch den regelmäßigen Anstieg der Fallzahlen könnte man auch gegen den Bagatellcharakter argumentieren. Die Zunahme dieser Delikte ist jedoch wohl überwiegend auch darauf zurückzuführen, dass die Strafverfolgungsorgane geschulter bei der Strafverfolgung agieren und dass es dadurch zu einer höheren Aufdeckung und zu mehr Verurteilungen kommen kann.[55] Gerade der Aspekt einer effektiven Strafverfolgung ist für Straftäter abschreckend, nicht jedoch eine erhöhte Strafe. Die Veränderungen der Fallzahlen und auch die Verlagerung der Beleidigungsdelikte ins Internet ändern allerdings nichts an dem Charakter der Beleidigung als Bagatelle. Daraus wird deutlich, dass das Argument der „Bagatelle" weder für noch gegen eine Strafschärfung spricht. Die Beleidigungstaten sind nach wie vor im Bereich der Bagatelldelikte zu verorten. Jedoch zeigen empirische Studien, dass der Bagatellcharakter nicht gebraucht werden kann, um jegliche Notwendigkeit einer strafrechtlichen Sanktionierung zu hinterfragen. Die empirischen Ergebnisse zeigen wie gravierend verbale Gewalt sein kann. Die Natur der Beleidigung gem. § 185 StGB als „Bagatelldelikt" ist somit kein überzeugendes Argument gegen eine Strafverschärfung.

4.2.2.2 Zwischenergebnis

Die vorstehende Diskussion hat gezeigt, dass im Ergebnis nur wenige Argumente für einen erhöhten Unrechtsgehalt bei einer öffentlichen Tatbegehung sprechen. Dass bei öffentlich verbreiteten Werturteilen das Risiko besteht, dass sie für wahr gehalten werden und dass bei internet-öffentlichen Beleidigungen eine unkontrollierbare Weiterverbreitung eintreten kann, reichen alleine jedoch noch nicht aus, um einen derart erhöhten Unrechtsgehalt anzunehmen, der eine Qualifikation

[54] Siehe Abschnitt 3.8.

[55] Beachtlich sind an dieser Stelle die Schwerpunktstaatsanwaltschaften die gebildet wurden, um sich vor allem mit Äußerungsdelikten im Internet zu befassen.

rechtfertigt. Allen anderen Argumenten, die dafürsprechen, konnte widersprochen werden.

Zwar wäre es sinnvoller etwaige Folgen der öffentlichen Begehungsweise, die im Einzelfall vorliegen, im Rahmen der Strafzumessung zu berücksichtigen, da somit mehr Flexibilität gewonnen wird. Nichtsdestotrotz soll im Anschluss weiterhin darauf eingegangen werden, welche Gestaltungsmöglichkeiten zur Auswahl stehen und im Endeffekt gewählt werden. Im Anschluss daran wird darauf eingegangen, welche Verhaltensweise vorgeschlagen werden, die härter bestraft werden sollen.

4.2.2.3 Gestaltungsmöglichkeiten

Überwiegend wurde gefordert, dass die Strafverschärfung in Form einer Qualifikation für den § 185 StGB umgesetzt wird.[56] Dieser Ansicht folgte schlussendlich auch der Gesetzgeber mit dem Gesetz zur Bekämpfung des Rechtsextremismus und der Hasskriminalität vom 30. März 2021.

Krischker hingegen befürwortet die Einführung eines Regelbeispiels, weil dadurch im Vergleich zu einer Qualifikation mehr Flexibilität in der Fallbearbeitung gewonnen werde.[57] Der Unterschied zwischen Qualifikationen und Regelbeispielen liegt darin, dass Qualifikationen beim Vorliegen der Tatbestandsvoraussetzungen zwingend anzunehmen sind, während Regelbeispiele durch ihre Indizwirkung flexibler sind. So kann trotz Vorliegen der Voraussetzungen die Indizwirkung eines Regelbeispiel abgelehnt werden, wenn die Gesamtwürdigung der Tat- und Täterumstände dafürspricht.[58] In die andere Richtung kann ein unbenannter besonders schwerer Fall vorliegen, wenn das Unrecht und die Schuld sich deutlich vom Regelfall abheben.[59] Durch die gewonnene Flexibilität würde durch die zu erfolgende tatrichterliche Würdigung der Einzelfallumstände dem Argument Rechenschaft getragen werden, dass nicht jede öffentliche Beleidigung einen erhöhten Unrechtsgehalt aufweise.[60]

Gegen die Ausgestaltung als Regelbeispiel sprechen jedoch gewichtige Argumente. Einerseits wird beanstandet, dass Regelbeispiele oftmals zu unbestimmt

---

[56] *Sahl/Bielzer*, ZRP 53 (2020), 2; *Doerbeck*, JR 2021, 54, 58 f.; vgl. *Hilgendorf*, ZIS 2010, 208, 213; *S. Beck*, MMR 12 (2009), 736, 740; *Großmann*, GA 167 (2020), 546; vgl. *Doerbeck*,Cybermobbing, S. 340 ff.

[57] *Krischker*, JA 2013, 488, 493.

[58] *Rengier*,Strafrecht BT I, § 3 Rn. 3.

[59] *Rengier*,Strafrecht BT I, § 3 Rn. 4.

[60] So auch *Krischker*, JA 2013, 488, 493.

ausformuliert werden.[61] Als systematisches Argument lässt sich außerdem anführen, dass mit der Einführung eines Regelbeispiels ein Systembruch zu den anderen Strafschärfungen bei den Ehrverletzungsdelikten vorliegen würde. Die öffentliche Tatbegehung ist bei den §§ 186 f. StGB ebenfalls als Qualifikation geregelt. Es wäre somit widersprüchlich, die öffentliche Begehungsweise bei der Beleidigung gem. § 185 StGB als Regelbeispiel zu erfassen.[62] Die Argumente für die Verschärfung in Form einer Qualifikation überwiegen somit.

4.2.2.4 Inhalt der Qualifikation

Nachdem aufgezeigt wurde, dass die Argumente für die Strafschärfung in Form einer Qualifikation im Vergleich zur Einführung eines Regelbeispiels überzeugen, ist im Anschluss zu klären, welchen Inhalt die Strafschärfung haben soll bzw. welche Fälle umfasst werden sollen. Es wird im folgenden Abschnitt darauf eingegangen, ob die Einführung eines Qualifikationstatbestandes für die Verwendung des Tatmittels Internet angebracht ist oder ob die Erweiterung des Tatbestandes der einfachen Beleidigung gem. § 185 StGB zielführender ist. Hierbei kann zwischen der generell öffentlichen Tatbegehung, so wie es auch durch die Gesetzesreform erfolgte, und der internet-öffentlichen Tatbegehung unterschieden werden.

4.2.2.4.1 Qualifikation für ehrverletzende Äußerungen im Internet

In der Literatur lassen sich Stimmen erkennen, die die Einführung einer Qualifikation für ehrverletzendes Verhalten im Internet mit den gravierenden Folgen begründen, die mit diffamierendem Äußerungsverhalten im Internet einhergehen können.[63] Hierbei sollen die §§ 185 ff. StGB um eine Qualifikation erweitert werden, die an die Verwendung des Tatmittels Internet anknüpft. Manche Argumente sind bereits bekannt, da sie einerseits bei der Erläuterung des Verletzungspotentials von Online-Kommunikationshandlungen und andererseits bei der Frage des erhöhten Unrechtsgehalts der öffentlichen Beleidigung generell diskutiert wurden.

Eines der stärksten Argumente dieser Ansicht lässt sich unter dem Stichwort „Ubiquität" zusammenfassen, worunter man Folgendes versteht: Durch das Internet sind ehrverletzende Äußerungen weltweit ohne große Hürden und unabhängig

---

[61] *S. Beck*, MMR 12 (2009), 736, 740.

[62] *Doerbeck*,Cybermobbing, S. 347.

[63] *S. Beck*, MMR 12 (2009), 736, 740; vgl. *Hilgendorf*, ZIS 2010, 208, 215; vgl. *Krischker*, JA 2013, 488, 493; vgl. auch die Überlegung von *Reinbacher*, NK 32 (2020), 186, 191 f.

von zeitlichen und räumlichen Grenzen konsumierbar.[64] Sprachliche Barrieren bestehen aufgrund von Übersetzungsfunktionen oder Apps ebenfalls nicht mehr.[65] Das Opfer stehe in der Internet-Öffentlichkeit an einem „virtuellen Pranger".[66] Hinzu kommt, dass eine im Internet publizierte Beleidigung für jedermann nur schwer wieder kontrollierbar wird. Durch die einfache Zugriffsmöglichkeit von Dritten können einfach und schnell Duplikate in Form von Screenshots erstellt werden, die jederzeit erneut ohne Kenntnis des Opfers publiziert werden können.[67] All das führt dazu, dass der Adressatenkreis potentiell sehr groß werden kann. Von den Personen, die potentiell Kenntnis nehmen können, kann die ehrverletzende Wirkung des Ursprungsbeitrags durch „Likes", durch das Teilen oder durch eigenständig diffamierende Kommentare verstärkt werden. Dass dieses Anschlussverhalten jedoch nicht dem Täter zuzurechnen ist, wurde bereits erörtert.

Gegen einen erhöhten Unrechtsgehalt wird teilweise angeführt, dass das Handlungsunrecht bei Internet-Beleidigungen geringer sei. Dadurch, dass eine Ehrverletzung im Internet so leicht sei, setze eine Tatbegehung ein geringeres Maß an „krimineller Energie" voraus.[68] Denn eine Internet-Beleidigung bedürfe keiner besonderen Fähigkeiten und im Voraus keinerlei Vorbereitung, sodass der Kraft- und Zeitaufwand gering ist.[69] *Großmann* zufolge überzeugt das Argument des geringeren Handlungsunwerts hingegen nicht, da es absurd wäre, wenn die größtmögliche Bloßstellung des Opfers nur deshalb nicht qualifiziert wird, weil sie durch eine einfache Handlung verwirklicht wurde.[70] Die besondere Gefährlichkeit der internet-öffentlichen Beleidigung gehe gerade aus der Kombination der Schwere des Erfolgsunwerts und der simplen Umsetzung hervor.[71] Dieser Standpunkt überzeugt, zumal der geringe Handlungsunwert durch den hohen Erfolgsunwert ausgeglichen wird.

---

[64] *Hilgendorf*, ZIS 2010, 208, 213; *Krischker*, JA 2013, 488, 489; *S. Beck*, MMR 12 (2009), 736, 738; *Großmann*, GA 167 (2020), 546, 551.

[65] *Doerbeck*, JR 2021, 54, 55.

[66] *S. Markus Beck*, MMR 11 (2008), 77; *Reinbacher*, NK 32 (2020), 186, 191.

[67] *S. Beck*, MMR 12 (2009), 736, 739; *Großmann*, GA 167 (2020), 546, 551; vgl. *Hilgendorf*, ZIS 2010, 208, 213.

[68] *Reum*,Cybermobbing, S. 241; *Reinbacher*, NK 32 (2020), 186, 190 f.

[69] *Reum*,Cybermobbing, S. 241.

[70] *Großmann*, GA 167 (2020), 546, 552.

[71] *Großmann*, GA 167 (2020), 546, 552.

Doerbeck spricht sich gegen einen Qualifikationstatbestand für Beleidigungsdelikte aus, der explizit auf die Verwendung des Internets abstellt.[72] Überzeugend ist das Argument, dass die Internet-Beleidigung gem. § 185 StGB, die nicht öffentlich, sondern direkt zwischen Täter und Opfer stattfindet (z. B. über Messenger-Dienste), keinen höheren Unrechtsgehalt ggü. der analogen Beleidigung im Zwei-Personenverhältnis aufweist.[73] *Doerbeck* hebt darüber hinaus hervor, dass der erhöhte Erfolgsunwert nicht auf dem Tatmittel Internet beruhe, sondern durch Umstände (explizit durch die vermeintliche Anonymität der Täter und der Öffentlichkeit des Beitrags) hervorgerufen werde, die mit der Beleidigung im Internet einhergehen.[74] Dass diese Ansicht nicht zwingend ist und dass man durchaus an dem erhöhten Unrechtsgehalt zweifeln kann, wurde bereits dargestellt.

Weiterhin führt sie an, dass durch eine derartige Strafverschärfung für alle Beleidigungsdelikte das nach Unrechtsgraden ausdifferenzierte Rechtsfolgensystem umgangen würde.[75] Die unterschiedlichen Strafrahmen, die das Gesetz bereits vorsieht (bei der öffentlichen üblen Nachrede bis zu zwei Jahren Freiheitsstrafe und bei der öffentlichen Verleumdung bis zu fünf Jahren Freiheitsstrafe) würden durch einen Qualifikationstatbestand, der pauschal einen anderen Strafrahmen festlegt, nicht mehr zur Geltung kommen.[76] Viele Fälle sind somit bereits von den §§ 186, 187 StGB abgedeckt, da für diese Delikte die öffentliche Tatbegehung bereits einen erhöhten Strafrahmen vorsieht.

Angesichts all dessen erscheint die Einführung eines Qualifikationstatbestandes, der die ehrverletzende Kommunikation im Internet betrifft, nicht als ein geeignetes Mittel, um den (teilweise) erhöhten Unrechtsgrad von (internet-) öffentlichen Äußerungen zu erfassen.

4.2.2.4.2 Qualifikation für öffentliche Beleidigungen gem. § 185 StGB

Als Alternative bleibt somit die Möglichkeit, den Tatbestand der Beleidigung gem. § 185 StGB neben der tätlichen Beleidigung um eine Qualifikation zu erweitern. Diesen Weg wählte schlussendlich auch der Gesetzgeber mit dem Gesetz zur Bekämpfung des Rechtsextremismus und der Hasskriminalität vom 30. März 2021. Die Argumente, die vertreten werden, sollen an dieser Stelle nicht erneut

---

[72] *Doerbeck*, JR 2021, 54, 57; *Doerbeck,*Cybermobbing, S. 340 ff.

[73] So auch *Doerbeck*, JR 2021, 54, 57.

[74] *Doerbeck,*Cybermobbing, S. 344.

[75] *Doerbeck,*Cybermobbing, S. 345.

[76] *Doerbeck,*Cybermobbing, S. 345.

wiederholt werden. Es ist bereits deutlich gemacht worden, dass einige Autoren die Position vertreten, dass bei öffentlichen Beleidigungen ein erhöhter Erfolgsunwert und somit eine erhöhte Verletzungsintensität der Ehre vorliegt.[77] Von Interesse ist im Zuge dessen vielmehr, wie der Gesetzgeber die Qualifikation legitimiert hat.

Der erste Punkt, der auch in der Strafrechtsliteratur zurecht auf Kritik gestoßen ist, liegt in den angeführten Rechtsgütern, die durch die Qualifikation Schutz erfahren sollen. Der Gesetzgeber führt in seiner Gesetzbegründung nicht nur den Schutz der Ehre, sondern auch den Schutz des öffentlichen Diskurses an. Der öffentliche Diskurs sei gefährdet, weil sich Internetnutzer aus Angst vor Diffamierungen aus dem öffentlichen Meinungsaustausch zurückziehen würden.[78] Dass der Gesetzgeber diesen Aspekt zur Legitimation herangezogen hat, wurde vor allem von *Großmann* kritisiert.[79] Der Gesetzgeber stelle damit auf kollektive Interessen ab, was mit der Beleidigung gem. § 185 StGB als Delikt des Individualstrafrechts nicht vereinbar sei, da die einzelne öffentliche Beleidigung nicht abstrakt geeignet sei, den öffentlichen Diskurs in abstrakter Weise zu gefährden.[80]

Im Zuge dessen wurde darauf abgestellt, dass potentielle Folgeäußerungen von Dritten den Diskurs gefährden. Hierbei handelt es sich um ein Argument, mit dem sich bereits auseinandergesetzt wurde. Das Fehlverhalten Dritter ist dem einzelnen Täter jedoch nicht zuzurechnen. *Großmann* vergleicht diesen Ansatz mit sog. Kumulationsdelikten, bei denen es nicht auf die konkreten Verhaltensweisen des Einzelnen zur Gefährdung eines Rechtsguts ankommt, sondern darauf, ob es sich um eine Verhaltensweise handelt, die eine Gefährdung herbeiführt, wenn sie von vielen durchgeführt wird.[81] Hierin wird allerdings ein Verstoß gegen das Schuldprinzip gesehen, wenn man für abstrakt mögliches Verhalten Dritter strafrechtlich haften würde.[82]

Der Gesetzgeber stellt des Weiteren darauf ab, dass sich die betroffenen Tatopfer dem öffentlichen Meinungsaustausch aus Angst abkehren (sog. „individueller Silencing-Effekt"). Auch diesen Begründungspunkt kritisiert *Großmann*zurecht,

---

[77] Siehe Abschnitt 4.2.2.1.

[78] BT-Drs. 19/17741.

[79] *Großmann*, GA 167 (2020), 546; vgl. auch *Valerius*, KriPoZ 2023, 242, 244 f.

[80] *Großmann*, GA 167 (2020), 546, 553.

[81] *Großmann*, GA 167 (2020), 546, 553; zu dem Konzept der Kumulationsdelikte siehe *Kuhlen*, GA 133 (1986), 389, 399; *Kuhlen*, ZStW 105 (1993), 697, 716; *Hefendehl*, GA 149 (2002), 21, 27.

[82] Vgl. Fn. 326.

da sich aus der öffentlichen Begehungsweise allein nicht pauschal herleiten lasse, dass sich Betroffene nicht mehr öffentlich in Diskursen äußern.[83]

Der Regierungsentwurf zu dieser Gesetzesänderung war ebenfalls bereits Gegenstand von Kritik. So wurde negativ angemerkt, dass das Abstellen auf den „Hass" nicht zielführend sei, da der Hass als Emotion nicht das Problem sei. „Hass" sei facettenreich, worauf der Regierungsentwurf nicht genau eingehe.[84] Des Weiteren wird im Regierungsentwurf die Verrohung der Kommunikation in sozialen Medien als Argument angeführt. Hier entgegnet *Oğlakcıoğlu*, das nicht repräsentative Einzelfälle durch die Algorithmen ins Rampenlicht gezogen werden.[85] Zwar hänge verrohte Kommunikation mit Gewaltanwendung zusammen, jedoch stelle aggressive Kommunikation nur einen Aspekt dar, der zur Gewaltentstehung beiträgt.[86]

An dieser Stelle äußert *Oğlakcıoğlu* überdies noch die Kritik, dass soziale Medien überhaupt nicht zur öffentlichen Meinungsbildung genutzt werden, da man sich bloß in seiner Filterblase bewege und andere Meinungen teilweise sogar aktiv ausblende, indem man sie löscht oder blockiert. Soziale Medien seien vielmehr darauf ausgerichtet, dass man Inhalte konsumiert oder Inhalte herstellt und mit anderen teilt.[87]

Reinbacher kritisiert den Regierungsentwurf dahingehend, dass die Ausführungen überwiegend auf Beleidigungen im Internet zugeschnitten seien, während die Gesetzesänderung jedoch die öffentliche Beleidigung sanktionieren wolle.[88] Dass ein Qualifikationstatbestand für alle Beleidigungsdelikte, die im Internet begangen werden, nicht sinnvoll ist, wurde bereits erarbeitet. Man könnte allerdings überlegen, ob die Qualifikation auf internet-öffentliche Beleidigungen zu beschränken ist. Dagegen spricht jedoch die Systematik der Beleidigungsdelikte, da die Qualifikationen bei der üblen Nachrede gem. § 186 StGB und der Verleumdung gem. § 187 StGB nicht danach differenzieren, ob die öffentliche Äußerung analog oder im Internet stattfand. Die Einführung der öffentlichen Beleidigung wahrt somit die Systematik der Qualifikationen in den §§ 185 ff. StGB. Trotz der Verlagerung eines Großteils der Kommunikation ins Internet findet Kommunikation noch immer realweltlich statt. Die Qualifikation ausschließlich auf

---

[83] *Großmann*, StV 2022, 408, 410.

[84] *Oğlakcıoğlu*, ZStW 132 (2020), 521, 526; diese Argumentation deckt sich mit den Ausführungen zum digitalen Hass, siehe Abschnitt 3.3.

[85] *Oğlakcıoğlu*, ZStW 132 (2020), 521, 527 f.

[86] *Oğlakcıoğlu*, ZStW 132 (2020), 521, 528.

[87] *Oğlakcıoğlu*, ZStW 132 (2020), 521, 529 ff.

[88] *Reinbacher*, NK 32 (2020), 186, 191 f.

internet-öffentliche Begehungsweisen zu erstrecken würde diesem Umstand nicht gerecht werden. Ferner würde so verkannt werden, dass auch die realweltlich-öffentliche Äußerung von beleidigenden Werturteilen im Einzelfall einen erhöhten Unrechtsgehalt aufweisen kann. Die Aspekte, die den Erfolgsunwert bei internet-öffentlichen Begehungsweisen zusätzlich im Einzelfall erhöhen können, können sodann im Rahmen der Strafzumessung Berücksichtigung finden.

4.2.2.5 Zwischenergebnis und offene Fragen

Die öffentliche Beleidigung gem. § 185 StGB weist nicht per se einen erhöhten Unrechtsgehalt auf. Dafür spricht, dass obwohl die Äußerungen Werturteile zum Gegenstand haben, bei den Adressaten der Eindruck entstehen kann, dass sie einen wahren Kern haben, sodass sie rufschädigend sind. Dieser Effekt kann gerade bei Beleidigungen im Internet verstärkt werden, da die Verbreitungsmöglichkeiten uneingeschränkt sind. Die weiteren Argumente überzeugen jedoch nicht. Die Kritik an der Gesetzgebungsbegründung und dem Regierungsentwurf zeigen darüber hinaus, dass versucht wurde, mit einer Strafverschärfung die politische Handlungsfähigkeit gegen verbale Aggressionen (im Internet) zu symbolisieren. Dass es sich bei der Beleidigung allerdings um ein Delikt handelt, das ein Individualrechtsgut schützt, wurde dabei verkannt.

Ungeachtet dessen sprechen die besseren Argumente für die Einführung einer Qualifikation, die nur den § 185 StGB betrifft und nicht explizit auf die Verwendung des Tatmittels Internet abstellt. Andernfalls würde das bisherige Rechtsfolgensystem der §§ 185 ff. StGB außer Acht gelassen werden. Nach einer kritischen Würdigung sämtlicher Argumente ist festzuhalten, dass eine Würdigung der speziellen Folgen von öffentlichen Beleidigungen im Einzelfall auf Ebene der Strafzumessung die bevorzugte Lösung gewesen wäre.

Aus empirischer Sicht wurde das Problem der öffentlichen Beleidigung bisher jedoch noch nicht hinreichend beleuchtet. Hierbei stellt sich zunächst die Frage, wie oft Beleidigungen gem. § 185 StGB überhaupt öffentlich erfolgen und wie die strafgerichtliche Praxis diesen Umstand bewertet. D. h., einerseits ob die öffentliche Begehungsweise strafschärfend berücksichtigt wird und andererseits, ob die unterschiedlichen Schweregrade bei öffentlichen Beleidigungen im Rahmen der Strafzumessung angemessen berücksichtigt werden. Mit zunehmender Öffentlichkeit müsste somit der Erfolgsunwert steigen, da die Wahrscheinlichkeit der Verbreitung zunimmt. Zudem ist fraglich, ob der bisherige Strafrahmen in der Praxis vollends ausgeschöpft wurde, wenn eine Tat öffentlich begangen wurde. Aus empirischer Perspektive unbeantwortet ist überdies die Frage, ob sich die Umstände, die mit Äußerungen im Internet einhergehen und die nach einigen

Autoren den Erfolgsunwert erhöhen (bspw. die Anonymität des Täters) auf die Strafzumessung auswirken.

4.2.3 In einer Versammlung oder durch Verbreiten eines Inhalts

Die Tatbegehung in einer Versammlung stellt nunmehr eine Qualifikation für die §§ 185 ff. StGB dar, wodurch der Strafrahmen ebenfalls erhöht ist. Eine Versammlung ist eine räumlich zu einem bestimmten Zweck vereinigte Personenmehrheit.[89] Die Tatbegehung in einer Versammlung qualifizierte vor der Reform nur die Verleumdung gem. § 187 StGB. Der Unterschied zur öffentlichen Tatbegehung liegt darin, dass hiermit auch geschlossene Veranstaltungen, wie z. B. Mitgliederversammlungen eines Vereins, umfasst werden.[90]

Hinzu kommt die Erhöhung des Strafrahmens der §§ 185 ff. StGB, wenn die Beleidigung durch eine Verbreitung von Inhalten erfolgt. Gem. § 11 Abs. 3 StGB sind Inhalte solche, die in Schriften, auf Ton- oder Bildträgern, in Datenspeichern, Abbildungen oder anderen Verkörperungen enthalten sind oder auch unabhängig von einer Speicherung mittels Informations- oder Kommunikationstechnik übertragen werden. Für ein Verbreiten ist es ausreichend, wenn der Inhalt einem größeren, für den Täter nicht mehr kontrollierbaren, Personenkreis zugänglich gemacht wird.[91] Hierbei reicht bereits die Übertragung an eine Person aus, wenn der Täter damit rechnet, dass diese Person den Inhalt einem größeren Personenkreis zugänglich macht.[92]

Diese Erweiterung hat ebenfalls für Kritik gesorgt. So konstatiert *Reinbacher*, dass das „Verbreiten eines Inhalts" im Lichte des Charakters des Beleidigungsdelikts als höchstpersönliches Äußerungsdelikt betrachtet werden muss, d. h. dass die Grenzen zwischen Täterschaft und Teilnahme bei Äußerungsdelikten nicht verschwimmen dürfen.[93] Täter einer Beleidigung ist nur derjenige, der eine eigene Missachtung zum Ausdruck bringt. Die Qualifikation darf bei der Beleidigung nicht dazu führen, dass das Verbreiten von fremden Inhalten zu einer

---

[89] *BGH*, NJW 2005, 689, 691; BeckOK-StGB-*Heintschel-Heinegg* § 80a Rn. 9.

[90] *Reinbacher*, NK 32 (2020), 186, 193.

[91] M.w.N. MüKo-*Regge/Pegel* § 186 Rn. 37.

[92] *Fischer*,StGB § 184b Rn. 16; a.A. MüKo-*Regge/Pegel* § 186 Rn. 38, wonach mindestens drei Personen die Möglichkeit der Kenntnisnahme haben müssen.

[93] Vgl. *Reinbacher*, NK 32 (2020), 186, 195 f., der jedoch auf den Regierungsentwurf abstellt, wo es noch „Schriften" anstatt „Inhalten" hieß. Die Kernaussage ist jedoch übertragbar.

Bestrafung gem. § 185 StGB als Täter führt. Dahingehend besteht auch keine Gesetzeslücke. Täterschaft kann beim Verbreiten fremder Inhalte dann angenommen werden, wenn sich der Inhalt zu eigen gemacht wird und somit eine eigene Missachtung zum Ausdruck gebracht wird. Andernfalls besteht die Möglichkeit einer Teilnahmestrafbarkeit in Form der Beihilfe, wenn in dem Verbreiten des fremden Inhalts die Haupttat gefördert wird. *Reinbacher* führt ferner an, dass das Verbreiten von fremden Inhalten aus systematischer Sicht nur in explizit gesetzlich geregelten Fällen wie beim Verbreitungstatbestand der Volksverhetzung gem. § 130 Abs. 2 StGB zu einer täterschaftlichen Verantwortlichkeit führt. Der Unrechtsgehalt der Volksverhetzung gem. § 130 Abs. 2 StGB sei allerdings nicht mit dem beim Verbreiten einer einfachen Beleidigung vergleichbar.[94]

4.2.4 Ehrverletzungsdelikte gegen Personen des politischen Lebens, § 188 StGB

§ 188 StGB hat durch das Gesetz zur Bekämpfung des Rechtsextremismus und der Hasskriminalität gleich zwei maßgebliche Modifikationen erfahren. Vor dem Gesetz stellte § 188 StGB ebenfalls nur eine Qualifikation für die §§ 186, 187 StGB dar. Durch das Gesetz stellt nun ebenso § 185 StGB ein Grundtatbestand für § 188 StGB dar. Daneben wurde der Schutzbereich des § 188 StGB auf Kommunalpolitiker erstreckt, was vor der Reform in der Literatur umstritten war.[95]

Oğlakcıoğlu merkt in einer kritischen Auseinandersetzung hinsichtlich der Ausweitung auf die kommunale Ebene an, dass es keinen Grund für eine Privilegierung von Politikern gebe. Die Amtsträger müssten aufgrund ihrer Position in der Öffentlichkeit mit verbalen Angriffen rechnen, sei es bzgl. ihrer Person, ihres Äußeren oder ihrer Einstellungen.[96] Es sei nicht Sinn und Zweck „verärgerte oder psychisch labile Politiker/innen zu beschwichtigen".[97] Sinn und Zweck dieser Straferhöhung ist allerdings, dass dem besonderen Unrechtsgehalt bei diffamierenden Äußerungen begegnet werden soll, da es gerade durch diese Äußerungen zu einer „Vergiftung des politischen Lebens" komme.[98] Personen,

---

[94] *Reinbacher*, NK 32 (2020), 186, 195 f.

[95] Ablehnend: Schönke/H. Schröder-*Eisele/Schittenhelm* § 188 Rn. 2 f., da ihre politische Einflussnahme nicht ins Gewicht falle; bejahend: NK-StGB-*Zaczyk*, § 188 Rn. 3 f. (5. Aufl.).

[96] *Oğlakcıoğlu*, ZStW 132 (2020), 521, 541; *Oğlakcıoğlu*,Strafbare Sprechakte, S. 572 f.

[97] *Oğlakcıoğlu*, ZStW 132 (2020), 521, 541.

[98] BeckOK-StGB-*Valerius* § 188 Rn. 1; BT-Drs. 19/17741, S. 3.

die in der (Kommunal-)politik tätig sind oder sein wollen, sind zur Erfüllung ihrer Aufgaben gerade von ihrem Ruf in der Öffentlichkeit abhängig, sodass eine hervorzuhebende Verletzbarkeit dieser zu sehen ist.[99] Diese Form der Vulnerabilität rechtfertigt die Ausweitung der Qualifikation.

§ 188 enthält dahingehend eine tatbestandliche Einschränkung, dass nur solche Fälle strafbar sind, die geeignet sind, das öffentliche Wirken erheblich zu erschweren. Das wiederum ist der Fall, wenn das Vertrauen in die Integrität erschüttert werden kann, derer der Betroffene zu seinem öffentlichen Wirken bedarf.[100] Es sollen gerade nur solche Handlungen sanktioniert werden, die dazu geeignet sind, das politische Handeln zu verhindern. Durch diese Eingrenzung wird einer Ausweitung des Tatbestands entgegengewirkt.

Für die Einbeziehung von Kommunalpolitikern spricht weiterhin, dass sich „das politische Leben des Volkes" insbesondere auch auf kommunaler Ebene abspielt.[101] Dem ist zuzustimmen, da auf kommunaler Ebene in der Regel die Entscheidungen gefällt werden, die für die Bürger auf den ersten Blick direkt spürbar sein können, da sie das alltägliche Leben betreffen. Das politische Alltagsgeschehen auf kommunaler Ebene besteht zum Teil aus einem engeren, persönlicheren Austausch zwischen den Amtsträgern und den Bürgern. So ist ein Meinungsaustausch zwischen einem Bürgermeister und den Anwohnern eines Ortes über den Bau von Windrädern oder das Einführen autofreier Zonen in Innenstädten Teil der Amtsausführung. Ein direktes Gespräch von Bürgern mit einem Bundesminister über Reformvorhaben ist hingegen die Ausnahme.

Neben der Ausweitung auf die kommunale Ebene wird auch die Einbeziehung des § 185 StGB als taugliches Grunddelikt kritisiert. Nach *Simon* würde eine Strafbarkeit gem. §§ 185, 188 StGB oftmals an dem hohen Gewicht der Meinungsfreiheit im politischen Meinungskampf scheitern.[102] So sei bei der Abwägung zwischen den im Raum stehenden Grundrechten, der Meinungsfreiheit des Beleidigers einerseits und dem Ehrschutz des Opfers andererseits abzuwägen. Das Gewicht der Meinungsfreiheit sei nach der Rechtsprechung des Bundesverfassungsgerichts „umso höher, je mehr die Äußerung darauf zielt, einen Beitrag zur öffentlichen Meinungsbildung zu leisten, und umso geringer, je mehr es hiervon unabhängig lediglich um die emotionalisierende Verbreitung von Stimmungen gegen einzelne Personen geht".[103] Das Bundesverfassungsgericht betont

---

[99] NK-StGB-*Kargl*, § 188 Rn. 2; HK-GS-*H. Schneider*, § 188 Rn. 1.

[100] M.w.N. BeckOK-StGB-*Valerius* § 188 Rn. 8.

[101] *Simon*, JR 2020, 599, 602.

[102] *Simon*, JR 2020, 599, 602.

[103] *BVerfG*, NJW 2020, 2631, 2633; NJW 2020, 2622, 2626.

ebenfalls, dass die Meinungsfreiheit aus dem Bedürfnis der Machtkritik erwachsen sei und dass Bürger das Recht haben müssten, Amtsträger „in anklagender und personalisierter Weise für deren Art und Weise der Machtausübung angreifen [zu] können“, ohne dafür sanktioniert zu werden.[104] Es ist daher zu unterscheiden, ob die Privatsphäre des Betroffenen oder sein öffentliches Wirken Gegenstand der Äußerung ist. Sofern an dieser Stelle teilweise von einer „Vermutung für die Zulässigkeit der freien Rede“[105] im Zusammenhang mit öffentlichen Belangen gesprochen wurde, muss berücksichtigt werden, dass das Bundesverfassungsgericht klargestellt hat, dass daraus kein Vorrang der Meinungsfreiheit vor dem Ehrschutz abzuleiten sei.[106] Das Bundesverfassungsgericht betonte in seinen „Mai-Beschlüssen“ explizit, dass auch Amtsträger vor öffentlicher Verächtlichmachung und Hetze nicht vom Schutz ausgenommen seien. Auch hier habe eine Abwägung stattzufinden, in die einfließt, ob der Inhalt der Äußerung gegen die Person der Amtsträger gerichtet ist, welche Stellung die Amtsträger innehaben und wie sie öffentlich auftreten.[107] Teilweise wird sogar explizit hervorgehoben, dass einem Bundesminister Härteres zuzumuten sein können als einem Lokalpolitiker.[108] Zwar muss in der Abwägung der Meinungsfreiheit mit dem Ehrschutz der Amtsträger der Meinungsfreiheit ein hohes Gewicht zugesprochen werden, jedoch handelt es sich um eine Frage des Einzelfalls. Deswegen ist die Ausweitung des § 188 StGB, gerade auch angesichts der Folgen für das demokratische Handeln auf kommunaler Ebene, nicht pauschal mit dem Gewicht der Meinungsfreiheit zu kritisieren.

Ein persönlicher Ehrschutz vor ehrverletzenden Werturteilen oder Tatsachenbehauptungen muss für Amtsträger gewährleistet sein, denn nur dann kann eine Bereitschaft zur Mitwirkung in Staat und Gesellschaft erwartet werden.[109]

Das Argument, dass es sinnvoller sei, nur die §§ 186, 187 StGB als taugliche Grundtatbestände einzubeziehen, weil Amtsträger in ihrer politischen Aufgabenerfüllung durch ehrverletzende Tatsachenbehauptungen stärker beeinträchtigt sind als durch Werturteile, überzeugt ebenso nicht.[110] Auch an dieser Stelle wird damit

---

[104] *BVerfG*, NJW 2020, 2631, 2633; NJW 2020, 2622, 2626; vgl. NJW 2009, 3016, 3019.

[105] Vgl. *BVerfG*, NJW 1958, 257, 258; NJW 2003, 3760; NJW 2006, 3266, 3267; NJW 2009, 3016, 3017; vgl. *BGH*, NJW 1994, 124, 126.

[106] *BVerfG*, NJW 2020, 2631, 2632; NJW 2020, 2622, 2623; NJW 2020, 2629, 2630; NJW 2020, 2636, 2637.

[107] *BVerfG*, NJW 2020, 2622, 2626; NJW 2020, 2631, 2634.

[108] *BVerfG*, NJW 2020, 2622, 2626.

[109] Vgl. *BVerfG*, NJW 2020, 2622, 2626; NJW 2020, 2631, 2634; vgl. NJW 2020, 300, 310.

[110] *Simon*, JR 2020, 599, 602.

argumentiert, dass Werturteile offensichtlich subjektive Meinungen sind und dass es einem offensteht, wie man sich dazu positioniert. Bei Tatsachenbehauptungen sei hingegen die Wahrscheinlichkeit höher, dass die Meinungsbildung beeinflusst werde. Auch diesem Argument lässt sich allerdings entgegenhalten, dass öffentlich verbreitete Werturteile (z. B. digital) den Anschein erwecken, dass sie nicht unberechtigt sind und einen wahren Kern haben. Auch hiervon geht eine Gefahr für die politische Tätigkeit aus, da das Vertrauen der Bürger in den Amtsträger beeinträchtigt werden kann.

§ 188 Abs. 1 StGB sieht als Qualifikation für § 185 nunmehr einen Strafrahmen von bis zu drei Jahren Freiheitsstrafe vor. Bei § 186 StGB als Grunddelikt liegt der Strafrahmen gem. § 188 Abs. 2 bei Freiheitsstrafe von drei Monaten bis fünf Jahren, bei § 187 StGB bei sechs Monaten bis fünf Jahren.

Auch an diesem Punkt ergeben sich jedoch unbeantwortete Fragen. So ist aus empirischer Sicht unklar, wie die strafgerichtliche Praxis bisher mit Fällen des § 185 StGB ggü. Kommunalpolitikern umgegangen ist. Einerseits stellt sich die Frage, wie oft Kommunalpolitiker Opfer von Beleidigungen gem. § 185 StGB sind. Auf der anderen Seite stellt sich folgende zwei Fragen. Wird es im Rahmen der Strafzumessung bereits strafschärfend berücksichtigt, wenn Kommunalpolitiker betroffen sind? Inwieweit wird der Strafrahmen ausgeschöpft, wenn Kommunalpolitiker im Zusammenhang mit ihrer Amtsausübung zum Tatopfer werden?

4.2.5 Gruppenbezogene / menschenverachtende Beleidigungen

4.2.5.1 Erhöhter Unrechtsgehalt

Eine Expertengruppe hat sich mit den Gefahren und Folgen „digitalen Hasses“ auseinandergesetzt und als Reaktion darauf diverse Reformvorschläge der Beleidigungsdelikte entwickelt.[111] Ein zentraler Reformbedarf wurde vor allem bei gruppenbezogenen Beleidigungen gesehen. Diese Form der Beleidigung kennzeichnet sich durch die Ausgrenzung von vermeintlich „Andersartigem“. Dieser „anderen Gruppe“ werden sodann negative Eigenschaften zugesprochen. Damit eine Strafverschärfung in Form einer Qualifikation in Erwägung gezogen werden kann, müsste ein erhöhter Unrechtsgehalt ggü. individuellen Beleidigungen vorliegen, die eben keine Ausgrenzung durch ein Gruppenmerkmal vollziehen.

---

[111] Vgl. *Hoven*, KriPoZ 2023, 184.

Ein erhöhter Unrechtsgehalt wird in der Literatur damit begründet, dass die Geschädigten durch die Reduzierung auf ein Gruppenmerkmal entindividualisiert werden. Durch die Reduzierung auf das Gruppenmerkmal, wobei die Gruppenzugehörigkeit zugleich negativ konnotiert wird, werden der geschädigten Personen alle identitätsstiftenden Eigenschaften und Merkmale abgesprochen.[112] Die betroffenen Personen werden durch die Entindividualisierung als nicht gleichwertiges Mitglied der Gesellschaft eingestuft.[113] Dadurch werden die Geschädigten in ihrer Menschenwürde angegriffen. Legitimatorische Probleme dahingehend, dass der Schutzbereich des § 185 StGB in unzulässiger Weise ausgeweitet wird, bestehen hierbei nicht zwingend.[114] Einige Fragen bleiben hinsichtlich des Menschenwürdearguments dennoch unklar. Es wird an späterer Stelle darauf eingegangen, wie versucht wird, einen Angriff auf die Menschenwürde zu definieren, in welchem Verhältnis der Menschenwürdeangriff zur Ehrverletzung steht und wie geeignet dieses Argument schlussendlich ist.

Dem Argument der Entindividualisierung kann zunächst folgende Gegenüberlegung gegenübergestellt werden: Bis zu einem gewissen Grad ist jeder Beleidigung eine entindividualisierende Wirkung generell immanent. Auch individuelle Beleidigungen, die erfolgen, weil sich z. B. jemand im Straßenverkehr falsch verhalten hat, haben eine gewisse entindividualisierende Wirkung. Der Autofahrer, der sich im Straßenverkehr rücksichtslos verhält, wird in dem Moment der Beleidigung durch andere Verkehrsteilnehmer aufgrund seines sozialen Normverstoßes auf sein Fehlverhalten oder seine mangelnden Fahrkünste reduziert. Die beleidigte Person wird in diesem Moment nicht als facettenreiches Individuum, sondern nur als Falschfahrer gesehen. Damit soll keinesfalls relativiert werden, dass das Ausgrenzen aufgrund angeborener, strukturell marginalisierender Merkmale gravierender ist, weil man eben keinen Einfluss auf sie hat. Es soll lediglich aufgezeigt werden, dass bei jeder Beleidigung eine gewisse Form der Ausgrenzung durch Entindividualisierung stattfindet.

Ein weiterer Unterschied, der hingegen zwischen gruppenbezogenen und individuellen Beleidigungen gesehen wird, liegt in der Wirkung ggü. anderen Gruppenzugehörigen. Insbesondere wenn Beleidigungen mit einem Gruppenbezug öffentlich erfolgen, wird anderen unbeteiligten Gruppenzugehörigen ebenfalls

---

[112] *Rostalski/Weiss*, KriPoZ 2023, 199, 200; vgl. auch *Völzmann*, MMR 24 (2021), 619, 621.

[113] *Kusche*, KriPoZ 2023, 211; *Rostalski/Weiss*, KriPoZ 2023, 199, 200; vgl. *Großmann/Kubiciel*, KriPoZ 2023, 186, 188.

[114] Derartige Einwände ergeben sich erst recht dann nicht, wenn von einem interpersonalen Ehrbegriff ausgegangen wird, wonach die Ehre und die Menschenwürde eng miteinander verbunden sind, vgl. für eine Übersicht zu den Ehrbegriffen Schönke/H. Schröder-*Eisele/Schittenhelm*; so z. B. *Rostalski/Weiss*, KriPoZ 2023, 199.

vermittelt, dass sie keine ebenbürtigen Mitglieder der Gesellschaft wären (sog. „Botschaftscharakter").[115] Dass derartige Beleidigungen öffentlichkeitswirksam erfolgen, ist jedoch nicht zwingend der Regelfall, sodass nicht davon ausgegangen werden kann, dass der Unrechtsgehalt prinzipiell erhöht ist.

Teilweise wird argumentiert, dass das Recht auf Nichtdiskriminierung in einer das Erfolgsunrecht erhöhenden Weise verletzt werde.[116] Das Recht auf Diskriminierungsfreiheit weise einen engen Bezug zur „inneren Ehre", d. h. dem Achtungsanspruch als Individuum, vor.[117] Zwar mag es Überschneidungen zwischen dem Recht auf Nichtdiskriminierung aus Art. 3 Abs. 3 GG und dem Achtungsanspruch als Individuum geben, jedoch muss bedacht werden, dass § 185 StGB nur die Ehre als Rechtsgut schützt. Durch die stetige Ausweitung des Schutzguts des § 185 StGB werden Unsicherheiten bei der Reichweite der Norm nur verstärkt.[118]

Ähnlich dazu wird ein erhöhter Unrechtsgehalt dann angenommen, wenn die Diskriminierungsmerkmale des Art. 3 Abs. 3 GG in der Beleidigung aufgegriffen werden. Das habe den Grund, weil in diesen Beleidigungen auf Merkmale abgestellt werde, die bereits in der Vergangenheit zur Ausgrenzung von Personengruppen missbraucht wurden.[119] Dagegen wird in der Literatur argumentiert, dass das Strafrecht nicht verwendet werde sollte, um identitätspolitische Zielsetzungen durchzusetzen.[120] Vor allem spricht gegen dieses Argument aber, dass nicht nur historisch benachteiligte Gruppenangehörige in extremer Form beleidigt werden können. Dieser Ansatz verkennt zudem, dass es weitere marginalisierte Gruppen gibt, die nicht in Art. 3 Abs. 3 GG aufgelistet sind.

Eine weitere Annahme ist, dass der Täter bei einer menschenverachtenden Beleidigung eine gesteigerte Feindseligkeit in Form von Intoleranz ggü. den „Grundlagen des friedlichen Zusammenlebens in einer zivilisierten Gesellschaft" und ggü. der „Unantastbarkeit der Menschenwürde als Gemeinschaftswert" zum

---

[115] *Völzmann*, MMR 24 (2021), 619, 621.

[116] *Schmidt/Witting*, KriPoZ 2023, 190, 195; *Völzmann*, MMR 24 (2021), 619, 621 f.

[117] *Schmidt/Witting*, KriPoZ 2023, 190, 192.

[118] *Valerius*, KriPoZ 2023, 242, 245.

[119] *Völzmann*, MMR 24 (2021), 619, 621.

[120] *Rostalski/Weiss*, KriPoZ 2023, 199, 201 Fn. 15; vgl. auch *Allgayer,*Stellungnahme zu BT-Drs. 20/5913, 2, 7 f.; zu einem Überblick und einer Bewertung von identitätspolitischen Forderungen für die Rechtsordnung siehe *Hilgendorf*, JZ 76 (2021), 853.

Ausdruck bringe.[121] Dem könnte man allerdings entgegensetzen, dass bei anderen individualrechtsgutbezogen Delikten eine menschenfeindliche Zielsetzung nicht bereits auf Tatbestandsebene berücksichtigt wird. So wird bei Gewalttaten, z. B. bei der einfachen Körperverletzung gem. § 223 StGB ein antisemitischer Beweggrund ausschließlich im Rahmen der Strafzumessung strafschärfend berücksichtigt. Unklar bleibt somit, wieso die intolerante Einstellung des Täters, die sich in der Tat manifestiert, den Erfolgsunwert bei der Beleidigung so signifikant erhöht, dass eine Qualifikation gefordert wird, dies hingegen bei anderen Delikten, wie der einfachen Körperverletzung gem. § 223 StGB, nicht verlangt wird. Es erscheint fraglich, warum gerade eine andere Systematik bei der einfachen Beleidigung gem. § 185 StGB gelten soll.[122]

Überdies werden Gefahren für die Allgemeinheit befürchtet: Es verschiebe sich die Grenze des Sagbaren und strukturelle Diskriminierungen würden sich verfestigen.[123] Es wird somit versucht, das gesellschaftliche Klima als öffentliches Interesse zu schützen. Physische Attacken auf Angehörige von Minderheitsgruppen sollen nicht durch „Hassrede" befeuert werden. Diese Argumentationsweise verkennt allerdings ebenfalls die Natur des § 185 StGB als Delikt, das ein Individualrechtsgut schützt. Das lässt sich mit dem Strafantragserfordernis gem. § 194 StGB untermauern. Die Beleidigung ist als Delikt somit nicht geeignet, um öffentliche Interessen, wie in diesem Fall das gesellschaftliche Klima, zu schützen.

Teilweise wird überdies davon ausgegangen, dass eine (internet-)öffentliche Kundgabe von diskriminierenden Äußerungen erfolgsunrechtsmildernde Faktoren aufweisen kann. Einerseits werde durch eine derart öffentliche Kommunikationsform von diskriminierenden Inhalten die Gesellschaft hinsichtlich sprachlicher Ausgrenzungen und Anfeindungen sensibilisiert.[124] Es erscheint allerdings nicht richtig, die Sensibilisierung den Aggressoren zuzuschreiben. Dieser Umstand wird vielmehr an der medialen Berichterstattung und der Aufklärungsarbeit von Betroffenenorganisationen liegen. Andererseits begebe sich der Sprecher in die Gefahr der Gegenrede, was ebenfalls erfolgsunrechtsmildernd wirke.[125] Wie oft

---

[121] *Bayerisches Staatsministerium der Justiz,* Diskussionsentwurf für ein Gesetz zur nachdrücklichen strafrechtlichen Bekämpfung der Hassrede und anderer besonders verwerflicher Formen der Beleidigung, S. 21.

[122] Vgl. auch *Rostalski/Weiss*, KriPoZ 2023, 199, 208.

[123] *Völzmann*, MMR 24 (2021), 619, 621; vgl. auch *Bayerisches Staatsministerium der Justiz,* Diskussionsentwurf für ein Gesetz zur nachdrücklichen strafrechtlichen Bekämpfung der Hassrede und anderer besonders verwerflicher Formen der Beleidigung, S. 22.

[124] *Oğlakcıoğlu,* Strafbare Sprechakte, S. 604 f.

[125] *Oğlakcıoğlu,* Strafbare Sprechakte, S. 604 f.

es jedoch tatsächlich zu solchen Formen der Gegenrede kommt, kann nicht empirisch belegt werden und bleibt somit unklar.[126] Diese Argumente überzeugen somit nicht.

Der Unrechtsgehalt erscheint bei einer Beleidigung, die einen menschenverachtenden Inhalt hat und somit diskriminierend wirkt, teilweise erhöht. Dass der Unrechtsgehalt regelmäßig erhöht ist, kann allerdings bezweifelt werden. Die Berücksichtigung eines erhöhten Unrechtsgehalts ist bereits ausreichend im Rahmen der Strafzumessung möglich. Im Folgenden soll auf die Reformvorschläge eingegangen werden, die insbesondere im Rahmen einer Expertengruppe vorgestellt wurden. Hierbei zeigt sich ein weiteres Problem bei der Schaffung eines Qualifikationstatbestandes: die Ausgestaltung und die Reichweite eines Tatbestandes, der eine menschenverachtende Beleidigung erfassen soll, ist mit Schwierigkeiten verbunden.

4.2.5.2 Inhaltliche Ausgestaltung der Reformvorschläge

Inhaltlich lassen sich die Reformvorschläge grob in zwei Kategorien unterteilen: in solche, die auf einen gruppenbezogenen Inhalt abstellen und solche die stattdessen nur an einer Menschenwürdeverletzung bzw. Menschenwürdeangriff anknüpfen.

4.2.5.2.1 Inhaltsbezogene Vorschläge Gruppenbezogene Inhalte

Während der Diskussionsentwurf des *Bayerischen Staatsministeriums der Justiz* für ein Gesetz zur nachdrücklichen strafrechtlichen Bekämpfung der Hassrede und anderer besonders verwerflicher Formen der Beleidigung aus dem Jahr 2019 nicht nur auf den Inhalt der Äußerung, sondern auch auf die Beweggründe abstellt, stimmen die neueren Reformvorschläge dahingehend überein, dass im Rahmen einer Qualifikation nicht auf subjektive Beweggründe oder Motive abgestellt werden sollten.[127] Eine Berücksichtigung der Motivation des Täters auf Ebene der Tatbestandsmäßigkeit verkennt, dass § 46 StGB bereits eine strafschärfende Würdigung auf Strafzumessungsebene vorsieht. Im Falle der Beleidigungsdelikte würde dies dazu führen, dass eine Berücksichtigung der

---

[126] S.o. das Beispiel der Person des öffentlichen Lebens, die das Fehlverhalten des Täters öffentlich zur Schau stellt und kritisiert. Das dürfte aber insbesondere bei Privatpersonen nicht der Regelfall sein und ist nur wenigen prominenten Beispielen vorbehalten.

[127] *Bayerisches Staatsministerium der Justiz,* Diskussionsentwurf für ein Gesetz zur nachdrücklichen strafrechtlichen Bekämpfung der Hassrede und anderer besonders verwerflicher Formen der Beleidigung, S. 1 f.; siehe allerdings auch *Großmann*, GA 167 (2020), 546, 563, der ebenfalls noch eine Gleichstellung von menschenverachtenden Inhalten und Motivationen vertrat.

menschenverachtenden Beweggründe im Rahmen der Strafzumessung aufgrund des Doppelverwertungsverbots gem. § 46 Abs. 3 StGB nicht mehr möglich ist. Ferner spricht gegen eine Gleichstellung des menschenverachtenden Inhalts mit der menschenverachtenden Motivation, dass inhaltlich individuelle Äußerungen mit menschenverachtender Motivation einem erhöhten Strafrahmen unterliegen, obwohl nur das Handlungsunrecht gesteigert ist.[128]

Völzmann schlägt eine Qualifikation für Beleidigungen vor, die einen Bezug zu einem Diskriminierungsmerkmal aus Art. 3 Abs. 3 GG aufweisen.[129] Es erscheint jedoch zweifelhaft, dass mit diesen Diskriminierungsmerkmalen alle Fälle abgedeckt werden, die eine so schwere Beleidigung ausmachen können, dass von einer Verletzung der Menschenwürde ausgegangen werden kann. Für dieses Gegenargument spricht, dass die Diskriminierungsmerkmale, die in Art. 3 Abs. 3 GG aufgelistet sind, nicht vollständig sind.[130]

Großmann & Kubiciel liefern einen konkreten Formulierungsvorschlag, wonach

> *„mit Freiheitsstrafe bis zu zwei Jahren oder mit Geldstrafe bestraft wird, wer eine andere Person beleidigt und die Tat einen rassistischen, fremdenfeindlichen, antisemitischen, islamfeindlichen, sexistischen, homo- oder transphoben oder sonstigen menschenverachtenden Inhalt hat“.*[131]

---

[128] *S. Beck/Nussbaum*, KriPoZ 2023, 218; ebenfalls kritisch ggü. dem bayerischen Entwurf *Steinl/Schemmel*, GA 168 (2021), 86, 99, wonach es zu einer, mit der Meinungsfreiheit nur schwer vereinbaren, Standpunktdiskriminierung käme.

[129] *Völzmann*, MMR 24 (2021), 619, 623.

[130] So fehlt in der Aufzählung die sexuelle Orientierung bzw. Identität als Diskriminierungsmerkmal, *Rostalski/Weiss*, KriPoZ 2023, 199, 208.

[131] In ihrem Formulierungsvorschlag sehen die Autoren die grundsätzliche Entkriminalisierung von einfachen Beleidigungen vor, die nichtöffentlich und nicht systematisch zwischen Privatpersonen begangen werden. Diese Bagatellbeleidigungen werden in der Praxis in aller Regel auf den Privatklageweg verwiesen. So könne eine Entlastung der Justiz erreicht werden, siehe *Großmann/Kubiciel*, KriPoZ 2023, 186, 187. Zwar könnte der Fokus der überbelasteten Justiz so auf die schwerwiegenden Fälle gelenkt werden, jedoch erscheint es aus kriminalpolitischer Sicht fragwürdig, ob eine derartige Umsetzung durch den Gesetzgeber zukünftig zu erwarten ist. Darüber hinaus sprechen die empirischen Erkenntnisse zu den potentiellen Verletzungsfolgen von verbaler Gewalt gegen eine Entkriminalisierung, siehe Abschnitt 3.8. und 4.2.2.1.

Erfasst werden sollen so sämtliche Angriffe auf die Menschenwürde.[132] Erfolgt die Beleidigung mit menschenverachtendem Inhalt außerdem noch öffentlich, soll der Strafrahmen bei Freiheitsstrafe bis zu drei Jahren oder Geldstrafe liegen.[133]

Rostalski & Weiss verzichten hingegen auf eine Auflistung von geschützten Gruppen, weil jedem Menschen ein Achtungsanspruch als eigenständige Person innewohne, unabhängig davon, ob man einer Minderheitsgruppe oder einer privilegierten Gruppe zugeschrieben werde, und stellen in ihrem Vorschlag für eine Qualifikation des § 185 StGB darauf ab, dass die Beleidigung „mittels der Reduzierung auf die Zugehörigkeit zu einer Gruppe“ begangen wurde.[134] Der Qualifikationstatbestand ist in diesem Fall sehr weit gefasst und es erscheint fraglich, ob der Unrechtsgehalt bei jeder Reduzierung auf eine Gruppe erhöht ist. So wird eine Reduzierung einer Person aufgrund ihres hohen Einkommens keine erhöhten Unrechtsgehalt aufweisen. Es besteht somit die Gefahr, dass bei sämtlichen Beleidigungen, in denen eine Diskriminierung hineingelesen werden kann, ein erhöhter Strafrahmen zur Anwendung kommt.[135] Sofern die Gruppenzugehörigkeit für die Geschädigten kein verletzender Faktor sein sollte, könne dies als strafmildernder Faktor bei der Strafzumessung berücksichtigt werden, sodass das Strafmaß einer einfachen Beleidigung gelten würde.[136] Es wird nicht ersichtlich, wieso ein sehr weit gefasster Qualifikationstatbestand eingeführt werden sollte, der dann im Nachhinein regelmäßig auf Strafzumessungsebene korrigiert werden müsste.

Schmidt & Witting hingegen plädieren vorab für einen § 188 StGB n.F., der sämtliche Qualifikationen für die Beleidigungsdelikte gem. §§ 185 ff. StGB normiert. Mit Freiheitsstrafe bis zu drei Jahren oder Geldstrafe soll die Beleidigung gem. § 185 StGB bestraft werden, „die ableistisch, antisemitisch, rassistisch, sexistisch, die sexuelle Orientierung betreffend oder vergleichbar menschenverachtend ist“.[137] Umfasst sind nach diesem Vorschlag somit nur solche Beleidigungen, die entweder die explizit genannten Gruppen betreffen oder aber vergleichbar dazu sind, d. h. es muss sich um eine marginalisierte Gruppe handeln. Dabei wird jedoch nicht berücksichtigt, dass Individualbeleidigungen

---

[132] *Großmann/Kubiciel*, KriPoZ 2023, 186, 188; siehe auch *Großmann*, GA 167 (2020), 546, 555 ff.

[133] *Großmann/Kubiciel*, KriPoZ 2023, 186, S. 187, 189.

[134] *Rostalski/Weiss*, KriPoZ 2023, 199, 208 ff.

[135] *Valerius*, KriPoZ 2023, 242, 247.

[136] *Rostalski/Weiss*, KriPoZ 2023, 199, 208.

[137] *Schmidt/Witting*, KriPoZ 2023, 190, 193.

denkbar sind, die auch ohne Bezug zu einer Gruppenzugehörigkeit höchstverletzend sind. Andersherum wird befürchtet, dass Beleidigungen, die zwar einen Bezug zu einer marginalisierten Gruppe aufweisen, aber sich nicht zwingend durch einen erhöhten Unrechtsgehalt kennzeichnen, zu hart bestraft werden.[138]

4.2.5.2.2 Menschenwürdeverletzung

Bereits *Hörnle* regte die Einführung einer Qualifikation für Beleidigungen an, die nicht nur die Ehre, sondern auch die Menschenwürde der Geschädigten verletzt.[139] Auch in der Expertenrunde wurde dieser Weg vorgeschlagen, in dem auf eine zusätzliche explizite Auflistung von schutzwürdigen Gruppen verzichtet wurde und auf den reinen Menschenwürdeangriff abgestellt wurde.

In einem aktuelleren Beitrag schlugen *Beck & Nussbaum* eine Qualifikation für menschenwürdeangreifende Beleidigungen vor. So könne man auf der einen Seite schwere Angriffe, die auch ohne Gruppenbezug eintreten können, strafschärfend würdigen und auf der anderen Seite diskriminierende, jedoch die Menschenwürde nicht tangierende Äußerungen nicht ohne Grund mit einer unnötig höheren Strafe begegnen.[140] *Kusche* spricht sich ebenfalls für eine Qualifikation der §§ 185 ff. StGB aus, die auf eine Menschenwürdeverletzung abstellt und verzichtet auf einen Gruppenbezug.[141]

In den Ausführungen fand es nur teilweise Anklang, dass eine solche Abgrenzung zwischen Ehrverletzung und Menschenwürdeverletzung mit Schwierigkeiten verbunden ist.[142] Dahingehend bedarf es einer genaueren Betrachtung. *Hörnle* konstatiert, dass nicht in jeder Ehrverletzung zugleich ein Angriff auf die Menschenwürde liegt. Andersherum beinhaltet jede Äußerung, die die Menschenwürde verletzt, einen Ehrangriff.[143] Einer Abgrenzung dieser beider Rechtsgüter bedarf es sowohl aus strafrechtlicher als auch aus verfassungsrechtlicher Sicht.[144] Da nach den Befürwortern einer Qualifikation ein anderer Strafrahmen gelten soll, sofern die Menschenwürde betroffen ist, wäre eine Abgrenzung zwingend.

---

[138] *Großmann*, GA 167 (2020), 546, 558 f.; *S. Beck/Nussbaum*, KriPoZ 2023, 218, 219.

[139] *Hörnle*,Grob anstössiges Verhalten, S. 125.

[140] *S. Beck/Nussbaum*, KriPoZ 2023, 218, 218 f., 229.

[141] *Kusche*, KriPoZ 2023, 211, 217.

[142] *S. Beck/Nussbaum*, KriPoZ 2023, 218, 219.

[143] *Hörnle*,Grob anstössiges Verhalten, S. 122.

[144] Siehe zur Abgrenzung ebenfalls *Hörnle/Kremnitzer*, Israel Law Review 44 (2011), 143, 163 f.

Außerdem werde nur durch eine Abgrenzung die einzigartige Stellung der Menschenwürde aus Art. 1 GG im Kontext strafbarer Äußerungen verdeutlicht.[145] Nicht jede Diffamierung, die gem. § 185 StGB strafbar ist und eine reine Bagatelle darstellt, könne zugleich eine Verletzung des Grundrechts von höchstem Verfassungsrang bedeuten.[146] Des Weiteren sei bei einer Äußerung, die die Menschenwürde verletzt, eine Abwägung mit den Grundrechten des Täters (z. B. der Meinungsfreiheit) nicht mehr möglich.[147]

Dieser dadurch resultierende absolute Schutz der Menschenwürde sei im Bereich der Äußerungsdelikte nur angemessen, wenn der „Kernbereich menschlicher Existenz" betroffen sei.[148] Bei einer Äußerung, die die Menschenwürde verletzt, müsse der „Kernbereich der Persönlichkeit" betroffen sein, d. h. die Äußerung müsse sich gegen das „So-Sein der betroffenen Menschen richten" und dürfe nicht nur an Verhaltensweisen anknüpfen.[149] Wesensbestimmende Umstände des Menschen sind nach *Hörnle* solche, die entweder angeboren sind und die somit jeglichem Einfluss entzogen sind, oder solche, die für die Gruppenidentität von zentraler Bedeutung sind.[150] Als Beispiele sind Merkmale, wie die sexuelle Orientierung oder die Hautfarbe, zu nennen, da man auf diese angeborenen Merkmale keinen Einfluss hat. Sie beschreiben einen Teil der Identität der Personen und machen somit den Kernbereich der Persönlichkeit aus.

Die Abgrenzungsschwierigkeiten ergeben sich gerade in den Fällen, in denen der Täter in seiner beleidigenden Äußerung zwar auf ein derartiges Merkmal Bezug nimmt, aber die Menschenwürde nicht verletzt wird. So erscheint es fraglich, ob der Polizeibeamte, der bei der Durchführung einer Polizeimaßnahme von einem Beschuldigten als „Schwuchtel" bezeichnet wird, wirklich wegen seiner vermeintlichen sexuellen Orientierung verbal angegriffen wird. Der Beschuldigte will hier vielmehr seine Missgunst bzgl. des Polizeieinsatzes zum Ausdruck bringen, als den Polizeibeamten auf seine sexuelle Orientierung zu reduzieren und ihm durch Negierung des Existenzrechts die gleichwertige Stellung als Mitglied in der Gesellschaft abzusprechen.

---

[145] Siehe zur „Sonderstellung" der Menschenwürde im Grundgesetzt *Epping/Lenz/Leydecker,*Grundrechte, Rn. 591.

[146] Vgl. *Hörnle,*Grob anstössiges Verhalten, S. 121.

[147] Vgl. statt vieler *BVerfG*, NJW 2003, 1303, 1304.

[148] *Hörnle,*Grob anstössiges Verhalten, S. 121; Sachs-GG-*Höfling*, Art. 1 Rn. 17.

[149] *Hörnle,*Grob anstössiges Verhalten, S. 124.

[150] *Hörnle*, ZRph 2008, 41, 54 f.

Erschwert wird die Abgrenzung außerdem von einer weiteren Kategorie von Fällen, die in den bisherigen Erörterungen bereits erwähnt wurde: bei Beleidigungen, die ohne Gruppenbezug auskommen und die trotzdem die Menschenwürde betreffen. *Großmann* führt als Beispiel an, dass eine geschädigte Person zu Unrecht als „Kinderschänder" bezeichnet wird. Da der sexuelle Missbrauch von Kindern zutiefst den gesellschaftlichen Werten widerspricht, werde versucht, der beleidigten Person ihr gesellschaftliches Teilhaberecht abzuerkennen.[151] Nach *Hörnle* könne diese Kategorie allerdings keine Menschenwürdeverletzung darstellen, da Beleidigungen, die an individuellen Lebensentscheidungen oder konkrete Handlungen (eben auch strafbare Handlungen wie Kindesmissbrauch) anknüpfen, keinen höchstpersönlichen Achtungsanspruch betreffen.[152] Diese Konstellation zeigt somit zwei Probleme auf: einerseits erscheint es abhängig von der Argumentation so, dass auf den bloßen Gruppenbezug zur Feststellung eines menschenwürdetangierenden Charakters kein Verlass ist und, dass abstrakt betrachtet, die Unbestimmtheit der Anforderungen an eine Menschenwürdeverletzung (in Abgrenzung zur Ehrverletzung) zu verschiedenen Ergebnissen führt.[153] Es ist offensichtlich, dass eine zu weite Auslegung der Menschenwürdeverletzung zu einer Überdehnung des Strafrechts führt und schlussendlich die Kommunikationsfreiheiten der Betroffenen durch zu hohe Sanktionen einschränkt.[154] Durch die Unbestimmtheit der Norm wäre darüber hinaus denkbar, dass aus Angst vor Sanktionen von einer (öffentlichen) Meinungskundgabe zurückgeschreckt wird (sog. „chilling-effect").[155] Diese Rechtsunsicherheit hätte somit keine Förderung, sondern eine Hemmung des Diskurses zur Folge.

Hinzu kommt erschwerend die Eigenart der Äußerungsdelikte: es handelt sich um Kommunikationsvorgänge, die im Nachhinein beurteilt werden müssen.[156] Bereits die Frage, was überhaupt zu wem in welchem Kontext gesagt wurde, kann sich im Einzelfall als schwierig erweisen und entscheidet darüber, ob sich eine Person strafbar gemacht hat. Ob eine Verletzung der Menschenwürde vorliegt, ist ebenfalls ein Faktor, der anhand sämtlicher Kommunikationsmerkmale analysiert werden muss. Das ein derart schwierig ermittelbarer Faktor darüber entscheiden soll, ob einer Sanktion ein erhöhter Strafrahmen zugrunde gelegt

[151] *Großmann*, GA 167 (2020), 546, 559; siehe auch *S. Beck/Nussbaum*, KriPoZ 2023, 218 f.

[152] *Hörnle*,Grob anstössiges Verhalten, S. 124 f.; *Hörnle*, ZRph 2008, 41, 54.

[153] Ebenfalls zur Unbestimmtheit des Rechtsguts Menschenwürde im Strafrecht siehe *Kelker*, FS Puppe, 1673, 1687; *Hoerster*, JuS 23 (1983), 93, 94 f.

[154] So auch *Hörnle/Kremnitzer*, Israel Law Review 44 (2011), 143, 166.

[155] *Valerius*, KriPoZ 2023, 242, 247.

[156] Vgl. *Hörnle/Kremnitzer*, Israel Law Review 44 (2011), 143, 166.

wird, ist kritisch zu sehen. Der Beleidigungstatbestand an sich wird bereits durch die oftmals komplexe Frage geplagt, ob überhaupt eine Kundgabe einer Missachtung vorliegt. Die Norm mit einer Qualifikation zu überfrachten, dessen Vorliegen ebenfalls von Abgrenzungsschwierigkeiten gekennzeichnet sein würde, überzeugt somit nicht.

Als Gegenargument ließe sich anführen, dass es nicht Aufgabe des Strafrechts sei, den Begriff der Menschenwürde abschließend zu bestimmen und dass es nicht überzeuge in Fällen offensichtlicher Menschenwürdeverletzungen auf strafrechtlichen Schutz zu verzichten.[157] Dieses Argument verkennt allerdings, dass keine strafrechtliche Schutzlosigkeit besteht. Eine strafschärfende Würdigung von offensichtlichen Angriffen auf die Menschenwürde kann im Rahmen der Strafzumessung bei einer Verurteilung gem. §§ 185 ff. StGB strafschärfend berücksichtigt werden. Da keine Strafbarkeitslücke besteht und die das erfolgsunrechterhöhenden Umstände bei verbalen Angriffen auf die Menschenwürde im Einzelfall bereits ausreichend im Rahmen der Strafzumessung berücksichtigt werden können, würde es sich bei einer Qualifikation in diesem Bereich bloß um einen symbolischen Akt handeln, der die Handlungsfähigkeit des Staats verdeutlichen soll.

4.2.5.3 Zwischenergebnis

Zusammengefasst sprechen gegen eine Qualifikation für Beleidigungen mit menschenverachtendem Inhalt drei Gründe. Der Unrechtsgehalt ist nicht derart erhöht, dass ein höherer Strafrahmen gerechtfertigt ist. Zwar wird gesehen, dass extreme Beleidigungsformen die Menschenwürde der Geschädigten schädigen können. Die Diskursteilnehmenden werden in einer entindividualisierenden Weise einer negativ bewerteten Fremdgruppe zugeordnet und dadurch wird ihnen das Existenzrecht als gleichwertiges Mitglied in der Gesellschaft abgesprochen. Jedoch darf nicht übersehen werden, dass jeder Beleidigung eine gewisse entindividualisierende Wirkung innewohnt. Der Unterschied ist, dass bei menschenverachtenden Beleidigungen der Kern der Persönlichkeit angegriffen wird.

Zweitens wurde dargelegt, dass die Bestimmung einer Menschenwürde tangierenden Beleidigung in Abgrenzung zur einfachen Ehrverletzung mit Schwierigkeiten verbunden ist und somit das Risiko birgt, dass die Meinungsäußerungsfreiheit aus Art. 5 Abs. 1 GG in unverhältnismäßiger Weise eingeschränkt wird. Als dritter Grund spricht dagegen, dass es sich um bloße Symbolgesetzgebung handeln würde, wodurch der Gesetzgeber Handlungsfähigkeit beweisen will.

---

157 *Großmann*, GA 167 (2020), 546, 557.

Anlass gibt es für eine Qualifikation schon deshalb nicht, weil ein etwaig erhöhter Unrechtsgehalt im Rahmen der Strafzumessung strafschärfend berücksichtigt werden kann.

4.2.6 (Cyber)-Mobbing (und „Silencing")

Nicht erst seit kurzem wird diskutiert, ob es eines eigenen Cybermobbing-Tatbestandes bedarf.[158] Neuen Schwung erlangt die Diskussion im Rahmen dieser Untersuchung einerseits durch den bayerischen Diskussionsvorschlag und andererseits durch den Beitrag von *Großmann & Kubiciel*, die unter anderem eine Qualifikation für die Beleidigung gem. § 185 StGB in den Fällen fordern, in denen „die Tat Teil eines fortgesetzten und systematischen Ehrangriffes auf die beleidigte Person ist".[159] Den Autoren nach sollen dadurch zweierlei Ziele erreicht werden: einerseits sollen Fälle des Cybermobbings strafschärfend erfasst werden und andererseits soll durch den systematischen Ehrangriff Formen des „individuellen Silencings" erfasst werden.[160]

Die Diskussion um einen Cybermobbing-Tatbestand dreht sich zusammenfassend um die Frage, ob die Gefahren des Phänomens und der Unrechtsgehalt bereits ausreichend durch die bestehende Rechtslage erfasst werden. Die Argumente, die für einen eigenen Tatbestand vorgebracht werden, sind auf die Diskussion um eine Qualifikation der Beleidigung somit übertragbar.

Gegen die Notwendigkeit eines eigenständigen Cybermobbing-Tatbestandes (oder die Notwendigkeit einer Qualifikation) spricht, dass es neben definitorischen Problemen keine Notwendigkeit für einen eigenen Cybermobbing-Tatbestand gibt, da die Rechtslage dem Unrechtsgehalt des Phänomens ausreichend gerecht wird.[161] Der schädigende Effekt dadurch, dass viele Personen dauerhaft und wiederholend in dynamischer Weise das Opfer bloßstellen, kann

---

[158] Siehe auch *Reum,*Cybermobbing, S. 219 ff.

[159] *Bayerisches Staatsministerium der Justiz,*Diskussionsentwurf für ein Gesetz zur nachdrücklichen strafrechtlichen Bekämpfung der Hassrede und anderer besonders verwerflicher Formen der Beleidigung, S. 25 f.; *Großmann/Kubiciel*, KriPoZ 2023, 186, 187, 188 f.

[160] In der Literatur wird neuerdings vertreten, dass die Beleidigung gem. § 185 StGB nicht nur die Ehre als Rechtsgut, sondern auch die (individuelle) Meinungsäußerungsbereitschaft schützt, *Großmann/Kubiciel*, KriPoZ 2023, 186, 188; *Großmann*, StV 2022, 408, 409 f.; *Hoven/Witting*, NJW 74 (2021), 2397, 2399; siehe auch *LG Verden*, BeckRS 2022, 13851, Rn. 22.

[161] *Weber,*Cybermobbing, S. 115 f.

in ausreichender Form auf der Strafzumessungsebene berücksichtigt werden.[162] Wenn für einen eigenen Tatbestand argumentiert wird, dass eine derartige Normierung eine abschreckende Wirkung habe und dass das Phänomen dadurch stärker als gesamtgesellschaftliches Problem in den Fokus gerückt werde, überzeugt dies nicht.[163] Diese Argumente lassen sich dadurch entkräften, dass härtere Strafen nicht von der Tatbegehung abschrecken, sondern dass ein hohes Risiko von den Strafverfolgungsorganen entdeckt und von den Gerichten bestraft zu werden einflussreicher ist.[164] Des Weiteren ist es nicht Sinn und Zweck des Strafrechts jedes gesellschaftliche Problem durch Sanktionen zu lösen. Dadurch, dass die bisherige Rechtslage die Facetten des Phänomens hinreichend erfasst und somit ein gesetzlicher Schutz besteht, spricht auch das ultima-ratio-Prinzip gegen eine Strafschärfung.[165]

Es ist daher festzuhalten, dass die Argumente, die gegen einen eigenen Cybermobbing-Tatbestand sprechen, überwiegen. Die Umstände, die für einen erhöhten Unrechtsgehalt sprechen, können hinreichend im Rahmen der Strafzumessung berücksichtigt werden. Dementsprechend kann dem Vorschlag von *Großmann & Kubiciel* für eine Qualifikation der Beleidigung, die Cybermobbing-Fälle erfassen soll, nicht zugestimmt werden.

Dass die Autoren in ihrem Beitrag darüber hinaus vorsehen, dass durch den systematischen Ehrangriff zusätzlich dem individuellen Silencing, d. h. wenn Geschädigte durch gezielte Vorgehensweisen von der Diskursteilnahme abgeschreckt werden, begegnet wird, muss ebenfalls kritisch hinterfragt werden. Es erscheint fraglich, ob die Legitimation mit dem von § 185 StGB geschützten Rechtsgut vereinbar ist. Nach herrschender Auffassung schützt § 185 StGB die Ehre.[166] Betrachtet man nur den Wortlaut „systematischer Ehrangriff", so ergeben sich zunächst keine Probleme, da explizit auf eine Verletzung der Ehre in einer bestimmten Art und Weise abgestellt wird. Zur Legitimation wird jedoch darauf

---

[162] *Weber,*Cybermobbing, S. 116; *Doerbeck,*Cybermobbing, S. 324; anders *Cornelius*, ZRP 47 (2014), 164.

[163] Anders *Cornelius*, ZRP 47 (2014), 164, 167; *Katzer,*Cybermobbing, S. 75, 208.

[164] M.w.N. *Meier,*Strafrechtliche Sanktionen, S. 27 ff.

[165] Zum ultima ratio Prinzip siehe *BVerfG*, NJW 1975, 573; *Roxin/Greco,*Strafrecht AT I, § 2 Rn. 97; konkret zum Cybermobbing siehe *Weber,*Cybermobbing, S. 116 f.; zum außerstrafrechtlichen Schutz siehe *Doerbeck,*Cybermobbing, S. 318 ff.

[166] M.w.N. Lackner/Kühl/Heger-*Heger*, Vor. § 185 Rn. 1; die herrschende Auffassung geht von einem normativ-faktischen Ehrverständnis aus, wonach der aus dem inneren Wert des Menschen folgende Achtungsanspruch (innere Ehre) und der gute Ruf (äußere Ehre) geschützt werden. Für einen Überblick zur Meinungsvielfalt bzgl. des Inhalts der Ehre siehe m.w.N. Schönke/H. Schröder-*Eisele/Schittenhelm*, Vor. §§ 185 ff. Rn. 1.

abgestellt, dass so die Meinungsäußerungsbereitschaft der Betroffenen geschützt werden soll. Dafür müsste § 185 StGB als Rechtsgut neben der Ehre aber auch die Meinungsäußerungsbereitschaft schützen. Es wird sichtbar, dass auch dieser Reformansatz, wie bereits bei der Einführung der öffentlichen Beleidigung als Qualifikation, darauf hinausläuft, zur Legitimation des Vorhabens das Schutzgut des § 185 StGB zu erweitern.[167]

Befürworter begründen die Ausweitung des Schutzgutes des § 185 StGB auch auf die Meinungsäußerungsfreiheit mit den Charakteristika des „digitalen Hasses".[168] *Hoven & Witting* deuten die Ausführungen des Bundesverfassungsgerichts zu den Abwägungskriterien der Ehre mit der Meinungsfreiheit so, dass das Bundesverfassungsgericht neben der Ehre auch den Schutz von demokratischen Institutionen in den Schutzbereich des § 185 StGB hineinliest. Die Autorinnen gehen einen Schritt weiter und vertreten, dass daneben auch die Meinungsäußerungsbereitschaft miteinbezogen werden muss.[169]

Gegen eine derartige Ausweitung spricht jedoch, dass es sich bei den Ausführungen zweckmäßig nur um eine Übersicht der Kriterien handelt, die bei einer Abwägung wesentlich sein können. Dass die Folgen einer Äußerung in die Wertung einfließen ist freilich keine neue Erkenntnis. Folglich kann man dem entgegensetzen, dass es sich um kein Spezifikum des „digitalen Hasses" handelt, wenn neben der Ehre auch andere Rechtsgüter betroffen sind. *Valerius* führt in einem Beispiel die tätliche Beleidigung gem. § 185 Var. 3 StGB (n.F.) an, die neben der Ehre zusätzlich die körperliche Unversehrtheit tangiere.[170] Trotzdem wird nicht vertreten, dass die tätliche Beleidigung die Ehre und die körperliche Unversehrtheit schütze. Die Ausweitungen des Schutzes alleine mit den Folgen und Gefahren des „digitalen Hasses" zu begründen erscheint vor dem Hintergrund problematisch, dass sich die Ausführungen mit zukünftigen gesellschaftlichen Veränderungen, durch die Kommunikationsformen modifiziert werden, überholen.[171] *Valerius* geht in seiner Kritik noch einen Schritt weiter und zieht eine

[167] Bei der öffentlichen Beleidigung wurde teilweise darauf verwiesen, dass neben der Ehre auf die öffentliche Meinungsäußerungsbereitschaft und die demokratischen Institutionen von § 185 StGB geschützt werden, siehe Abschnitt 4.2.2.

[168] *Hoven/Witting*, NJW 74 (2021), 2397, 2399 ff.

[169] *Hoven/Witting*, NJW 74 (2021), 2397, 2400 f.; so auch *LG Verden*, BeckRS 2022, 13851, Rn. 22; *Eifert/Wienfort*, JZ 78 (2023), 270 vertreten aus grundrechtsdogmatischer Perspektive, dass das Allgemeine Persönlichkeitsrecht als komplementäre Ergänzung der Meinungsfreiheit und beide zusammen als Garanten der freien öffentlichen Meinungsbildung zu verstehen sind.

[170] *Valerius*, KriPoZ 2023, 242, 244.

[171] *Valerius*, KriPoZ 2023, 242, 244.

Parallele zur sog. „sexuellen Beleidigung“, durch die in der Rechtsprechungspraxis versucht wurde, sexuelle Handlungen unterhalb der Erheblichkeitsschwelle der Straftaten gegen die sexuelle Selbstbestimmung strafrechtlich zu erfassen.[172] Dort wurde fälschlicherweise die Ehre mit dem Persönlichkeitsrecht gleichgesetzt.[173] Eine Beleidigung liege somit nur noch vor, wenn die sexuelle Handlung über das gewöhnliche Erscheinungsbild hinausgehe und der Täter durch die Handlung zum Ausdruck bringe, dass die geschädigte Person einen die Ehre mindernden Mangel aufweise.[174] Übertragen auf die Fälle des Silencings bedeutet das, dass die Tangierung der Meinungsäußerungsbereitschaft nicht mit der Ehrverletzung gleichzusetzen ist. Sofern mehrere Rechtsgüter neben der Ehre betroffen sind, so muss dies von anderen Straftatbeständen erfasst werden.[175]

Aufgrund der gewichtigen Gegenargumente kann nicht der Ansicht gefolgt werden, wonach § 185 StGB neben der Ehre auch die Meinungsäußerungsbereitschaft schützt. Die Berücksichtigung des Rückzugs aus dem Diskurs als Folge der Beleidigung kann als strafschärfender Faktor im Rahmen der Strafzumessung berücksichtigt werden.[176]

4.2.7 „Hate Storms"

Neben Vorschlägen für gruppenbezogene Äußerungen, die die Menschenwürde verletzen, wurde im Rahmen der Expertenrunde zum „Digitalen Hass“ von *Schmidt & Witting*der Bedarf einer Qualifikation der §§ 185–187 StGB für massenhaft auftretende Herabwürdigungen, Bedrohungen oder anderer Einschüchterungsversuche (sog. „Hate Storms“) gesehen.[177]

Darunter sollen mehrere Situationen fallen. Im ersten Szenario fordert eine Person weitere Personen zur Beleidigung der Geschädigten auf. In der zweiten Situation beleidigt eine Person die Geschädigten mehrmals. In der dritten Situation gehen mehrere Personen aus eigenem Entschluss im Bewusstsein der

---

[172] *Valerius*, KriPoZ 2023, 242, 244 f.; als Beispiel zur damaligen Rechtsprechungspraxis siehe *BGH*, StV 1982, 14 ff.; NK-StGB-*Kargl*, § 185 Rn. 23 f.

[173] *Valerius*, KriPoZ 2023, 242, 244 f.; BeckOK-StGB-*Valerius*, § 185 Rn. 27; MüKo-*Regge/Pegel*, § 185 Rn. 14; Schönke/H. Schröder-*Eisele/Schittenhelm*, § 185 Rn. 4.

[174] M.w.N. Lackner/Kühl/Heger-*Kühl*, § 185 Rn. 6.

[175] *Valerius*, KriPoZ 2023, 242, 245.

[176] Vgl. *Valerius*, KriPoZ 2023, 242, 247 f.

[177] Für den Formulierungsvorschlag siehe *Schmidt/Witting*, KriPoZ 2023, 190, 193; dazu tendiert auch *Völzmann*, MMR 24 (2021), 619, 623.

Verhaltensweisen der Anderen gegen eine Person vor („schwarmförmiges Verhalten“).[178] Während der Unrechtsgehalt der ersten Situation bereits durch die öffentliche Aufforderung zu Straftaten gem. § 111 StGB und die zweite durch die Nachstellung gem. § 238 StGB erfasst werde, bestehe vor allem in der dritten Situation ein erhöhter Unrechtsgehalt, der nicht ausreichend de lege lata erfasst werde. Dieses schwarmförmige Verhalten sei oftmals mangels gemeinsamen Tatplans kein Fall der Mittäterschaft.[179] Dessen ungeachtet könne durch das Zusammenwirken in erheblicher Weise auf das Opfer schädigend eingewirkt werden, wobei eine Parallele unter anderem zu dem § 224 Abs. 1 Nr. 4 StGB gezogen wird. In diesem Fall ist die gemeinschaftliche Vorgehensweise ein Qualifikationsmerkmal, wobei ein bewusstes Zusammenwirken ausreicht; es muss kein Fall der Mittäterschaft vorliegen.[180] Das Element des bewussten Zusammenwirkens, das „Hate Storms“ kennzeichnet, rechtfertige es, die Tatbeiträge der anderen dem Täter zuzurechnen.[181] Gegen diese Argumentation spricht, dass auch bei § 224 Abs. 1 Nr. 4 StGB kein gemeinsames Handeln vorliegt, wenn durch das bewusste Zusammenwirkung keine Gefahrerhöhung eintritt. Explizit zum Cybermobbing führt *Hardtung* an, dass das, was mehrere veröffentlichen, im Normalfall ebenso gut von einer Person veröffentlicht werden kann und somit i. d. R. nicht für ein gemeinschaftliches Handeln i.S.d. § 224 Abs. 1 Nr. 4 StGB ausreicht.[182] Es ist für die geschädigte Person nicht zwingend abstrakt gefährlicher, von mehreren gemeinschaftlich verletzt zu werden, als nur von einem Täter.

In der Rechtsprechung ist es anerkannt, dass das Handeln als „Mitläufer“ strafzumessungsrechtlich anders zu bewerten ist als das gezielte Zusammenarbeiten zur Schädigung des Tatopfers, womit eine erhöhte Gefährlichkeit einhergeht.[183] Auf strafzumessungsrechtlicher Ebene müsste vielmehr überlegt werden, ob in dieser Hate Storm-Konstellation nicht sogar eine Strafmilderung gem. § 21 StGB in Betracht kommt.[184] In Einzelfällen kann das Vorliegen einer tiefgreifenden Bewusstseinsstörung durch gruppendynamische Einwirkungen auf den Täter in Frage kommen, wodurch es zu einer erheblichen Einschränkung der

---

[178] *Schmidt/Witting*, KriPoZ 2023, 190, 194.

[179] Zu den Voraussetzungen der Mittäterschaft gem. § 25 Abs. 2 StGB siehe *Rengier,* Strafrecht AT, § 44 Rn. 10 ff.

[180] *Fischer,* StGB, § 224 Rn. 23.

[181] *Schmidt/Witting*, KriPoZ 2023, 190, 194.

[182] MüKo-*Hardtung*, § 224 Rn. 38.

[183] Vgl. *BGH*, BeckRS 1993, 31080517; NStZ 2016, 525; siehe auch *Streng,* Strafrechtliche Sanktionen, S. 273.

[184] So auch *Oğlakcıoğlu,* Strafbare Sprechakte, S. 468.

Steuerungs- und/oder Einsichtsfähigkeit kommen kann. *Schumacher* fasst folgende fünf Indizien zusammen, die eine derartige Gruppendynamik begründen können.[185] Als erstes wird die „Persönlichkeitsfremdheit" genannt. Das meint, dass der Täter im Nachhinein selber nicht versteht, dass es zur Tathandlung in der Gruppe kommen konnte. Das zweite Merkmal ist die „Plötzlichkeit des Tatentschlusses", wonach der Tatentschluss schlagartig gebildet wurde, nicht hinterfragt wurde und für selbstverständlich erachtet wurde.[186] Dieser Faktor kann gerade bei der Hate Storm-Konstellation einschlägig sein. Der emotional aufgeladene Täter sieht, dass eine Gruppe von Leuten eine andere Person beleidigt und er entschließt sich spontan, dazu daran teilzunehmen, um sich zu emotional zu entladen. Den dritten Faktor macht die „Konformität des Tathandelns" aus. Demnach handeln die Täter eingebunden als Teil einer Gruppe. Dieses Merkmal erscheint nicht zwingend auf die in Frage stehende Hate Storm-Konstellation übertragbar, da vielfach eigenständige Beleidigungen geäußert werden. Anders ist die Situation zu bewerten, wenn der Täter unter Bezugnahme von fremden Beleidigungen zur Diffamierung ansetzt. Der vierte Faktor beschreibt die geringe „kognitive Beteiligung", d. h. es gibt keine Elemente der Planung, der Steuerung oder der Ausrichtung auf situative Gegebenheiten. Dieser Faktor ist ebenfalls auf Hate Storm oder Shitstorms übertragbar. Gerade wenn keine Absprachen getroffen werden und spontan „im Beisein" der anderen beleidigt wird, spricht dies für eine geringe kognitive Beteiligung. Der letzte Umstand, die „Primitivierung des Verhaltens", meint, dass das Tatverhalten von „groben" Verhaltensweisen, z. B. das Schreien von Parolen, primitives Schlagen oder Zerstören, geprägt ist. Übertragen auf die Hate Storm-Konstellation ist gerade in vulgären und derben Beleidigungen eine derartig grobe Verhaltensweise zu sehen. Im Ergebnis ist allerdings festzuhalten, dass es eine Frage des Einzelfalls ist, ob die gruppendynamische Wirkung eine Strafmilderung gem. § 21 StGB rechtfertigt.[187] In der Gesamtbetrachtung spricht dies gegen eine Strafschärfung.

Das Bedürfnis für eine Qualifikation wird darüber hinaus mit den Ergebnissen einer Interviewstudie vom Lehrstuhl Hoven begründet. Im Rahmen dessen gaben „viele" der 41 befragten Personen an, dass sie „Hate Storms" als äußerst intensiv erlebt hätten. Wie viele Personen das genau waren, geht aus den Forschungsergebnissen jedoch nicht hervor. Zwar lassen sich Tendenzen aus den

---

[185] *Schumacher*, StV 13 (1993), 549, 551.

[186] So auch *G. Schäfer/Sander/van Gemmeren,*Praxis der Strafzumessung, S. 222.

[187] Im Zweifel handelt es sich hierbei um eine Frage, die von einem Sachverständigen beantwortet werden muss, vgl. *Schumacher*, StV 13 (1993), 549, 552.

Ergebnissen der Forschungsarbeit herleiten, jedoch ist sie nicht quantitativ repräsentativ. Offen bleibt, wie oft das Phänomen „Hate Storms" überhaupt in der Gesellschaft verbreitet ist, da von den rund 100 angefragten Personen ein Großteil in der Öffentlichkeit steht bzw. stand und somit tendenziell bereits dadurch einem größeren Risiko verbaler Aggression (im Internet) ausgesetzt zu werden ist.[188]

4.2.8 Sexualbezogene Beleidigungen

Nach neueren Studienergebnissen kennzeichnen sich Beleidigungen insbesondere ggü. Frauen vor allem durch sexualbezogene Missachtungen.[189] Derbe, sexistische Schimpfwörter oder Aufforderungen zu sexuellen Handlungen an sich selbst oder Dritten drängen dabei den Betroffenen ungewollt die Sexualität des Täters auf. Durch diese Form der ungewollten Aufdrängung ist eine Ausprägung der sexuelle Selbstbestimmtheit der Geschädigten betroffen, was einen erhöhten Unrechtsgehalt ausmachen kann.[190] Für die Einführung einer Qualifikation wäre jedoch erforderlich, dass der Unrechtsgehalt bei sexualisierten Beleidigungen konstant erhöht ist und nicht nur in partiellen Einzelfällen. *Eisele* verneint dies im Fall sexualbezogener Beleidigungen und führt zurecht an, dass es im Einzelfall schwierig sei, nur anhand des Inhalts einer Beleidigung einen unterschiedlichen Unrechtsgehalt zwischen „normalen" und sexualbezogenen Beleidigungen festzustellen.[191] Eine Pauschalisierung sei anhand des Inhalts nicht möglich, entscheidend für den konkreten Unrechtsgehalt einer beleidigenden Äußerung seien zusätzlich sämtliche weitere Kommunikationsumstände. Diese Ansicht verdient

---

[188] Zum Erfordernis einer Qualifikation siehe *Schmidt/Witting*, KriPoZ 2023, 190, 195 f.; zur Methodik und den Ergebnissen der Interviewstudie, siehe *Heuser/Witting,* Digitaler Hass, 37, 40 ff., 53.

[189] Äußerungen mit sexuellem Inhalt unterfallen auch dem Phänomenbereich „Catcalling". In der Strafrechtswissenschaft wird diskutiert, ob es eines eigenen Straftatbestandes bedarf. Siehe zur Diskussion *Hoven/Rubitzsch/Wiedmer*, KriPoZ 2022, 175; für eine Einführung der Strafbarkeit der „verbalen sexuellen Belästigung" siehe *Eisele*, KriPoZ 2023, 230, 231 ff.; siehe auch *Deutscher Juristinnenbund e. V.,* Policy Paper: „Catcalling", https://www.djb.de/fileadmin/user_upload/presse/stellungnahmen/st21-09_policy_paper_catcalling.pdf.

[190] Zum Recht auf sexuelle Selbstbestimmung siehe BeckOK-GG-*H. Lang*, Art. 2 Rn. 88; *Valentiner,* Das Grundrecht auf sexuelle Selbstbestimmung, S. 392 f.; einen erhöhten Unrechtsgehalt bejahend *Deutscher Juristinnenbund e. V.,* Policy Paper: „Catcalling", https://www.djb.de/fileadmin/user_upload/presse/stellungnahmen/st21-09_policy_paper_catcalling.pdf; so auch *Hoven/Weigend*, FS Prittwitz, 653, 668.

[191] *Eisele*, KriPoZ 2023, 230, 234.

Zustimmung. Fälle, die sich dadurch kennzeichnen, dass der geschädigten Person in unrechtserhöhender Weise die Sexualität des Täters aufgezwungen wird, können im Rahmen der Strafzumessung gewürdigt werden.

4.3 Volksverhetzung, § 130 StGB

Während das ehrverletzende Verhalten unter die §§ 185 ff. StGB fällt, werden aufhetzende Äußerungsformen von § 130 StGB, der Volksverhetzung, erfasst. § 130 StGB setzt sich aus mehreren Einzeltatbeständen zusammen, die differenzierte Strafdrohungen aufweisen. Hierbei wird zwischen dem Äußerungstatbestand (Abs. 1), dem Verbreitungstatbestand (Abs. 2), dem Leugnungstatbestand (Abs. 3) und dem Billigungstatbestand (Abs. 4) unterschieden. Der Äußerungstatbestand sieht mit einer Freiheitsstrafe von drei Monaten bis zu fünf Jahren die härteste Sanktion vor. Seit dem 09.12.2022 gibt es darüber hinaus einen Tatbestand gem. § 130 Abs. 5 StGB (n.F.). Dadurch wird das öffentliche Billigen, Leugnen und gröbliche Verharmlosen von Völkermord, Verbrechen gegen die Menschlichkeit und Kriegsverbrechen unter Strafe gestellt.[192] In der juristischen Wissenschaft gibt es vielfach diskutierte Fragestellungen, die mit der Strafvorschrift des § 130 StGB zusammenhängen. Dies betrifft insbesondere die Frage, ob Deutsche ein geeignetes Angriffsobjekt i.S.d. § 130 StGB sein können.[193] Auf abstrakterer Ebene ist umstritten, inwieweit es sich bei der Volksverhetzung um ein Erfolgsdelikt handele.[194] Auf empirischer Ebene gibt es zudem keine Untersuchungen zu Tätern und zu der Strafzumessung bei Volksverhetzungstaten, während teilweise davon ausgegangen wird, dass in der Gesellschaft relativ genaue Vorstellungen zu den Tätern herrschen.[195] Da die Stichprobe dieser Untersuchung lediglich drei Fälle der verurteilten Volksverhetzung enthält, wird jedoch kein Forschungsschwerpunkt auf den materiell-rechtlichen Problemen und Änderungsvorschlägen sowie auf den empirischen Fragestellungen zur Volksverhetzung gesetzt.

[192] Für eine Auseinandersetzung mit dem neuen Tatbestand siehe *Mitsch*, KriPoZ 2023, 17.

[193] Bejahend *Mitsch*, JR 2011, 380; *Mitsch*, KriPoZ 2018, 198; verneinend Schönke/H. Schröder-*Sternberg-Lieben/Schittenhelm*, § 130 Rn. 3.

[194] Siehe vertiefend *Mitsch*, KriPoZ 2018, 198, 201 f.

[195] Vgl. *Mitsch*, KriPoZ 2018, 198 f.

4.4 Einführung des § 192a StGB und Kritik

Neben dem Gesetz zur Bekämpfung des Rechtsextremismus und der Hasskriminalität gab es noch ein weiteres Änderungsgesetz, das am 22.09.2021 in Kraft trat. Mit diesem Änderungsgesetz wurde der § 192a StGB eingeführt, der die verhetzende Beleidigung unter Strafe stellt. § 192a StGB ordnet eine Freiheitsstrafe bis zu zwei Jahren oder Geldstrafe an. Systematisch ist der neue Tatbestand aufgrund seiner Stellung im 14. Abschnitt wohl bei den Beleidigungsdelikten zu verorten. Da Sinn und Zweck der Einführung die Schließung einer Strafbarkeitslücke zwischen der Volksverhetzung und der Beleidigung sein soll, soll er an dieser Stelle kurz diskutiert werden. Ein Grund für die kurz gehaltene Auseinandersetzung mit der Norm ist, dass sich die empirische Untersuchung der Strafzumessung nicht hierauf erstrecken konnte. Das ist dem Umstand geschuldet, dass vermutet wurde, dass es zum Zeitpunkt der Datenerhebung nur wenige rechtskräftig abgeschlossene Verfahren gem. § 192a StGB gab. Des Weiteren bestand die Stichprobe aus rechtskräftig abgeschlossenen Verfahren aus dem Jahr 2020, d. h. zu einem Zeitpunkt, zu dem es § 192a StGB noch nicht gab.

Darüber hinaus hätte die Strafzumessung im weiten Sinne (d. h. das Einstellungsverfahren durch die Staatsanwaltschaften oder durch die Gerichte) ebenfalls Gegenstand der Aktenauswertung sein müssen, um das Bestehen einer Strafbarkeitslücke empirisch zu überprüfen. Was jedoch betrachtet werden sollte, war die Frage, ob und inwieweit es einer Strafverschärfung bedurfte, sofern die meisten einschlägigen Fälle des § 192a StGB bereits von den §§ 185 ff. und § 130 StGB erfasst wurden. In der Literatur wird diesbezüglich aus materiell-rechtlicher Sicht nur eine kleine Strafbarkeitslücke gesehen.[196] Sofern dies der Fall ist, kann in dieser Untersuchung empirisch überprüft werden, ob der bisherige Strafrahmen soweit ausgeschöpft wurde, dass eine Erhöhung des Strafrahmens überhaupt angemessen war.

---

[196] Vgl. *Jansen*, GA 169 (2022), 94, 103 ff.; *Kusche*, KriPoZ 2023, 211, 213; *Rostalski/Weiss*, KriPoZ 2023, 199, 202 f., die sogar eine Streichung des § 192a StGB vorschlagen; darüber hinausgehend wird in der Literatur unter anderem kritisiert, dass durch das Tatbestandsmerkmal „Gelangen lassen" es zu einer Strafbarkeitsvorverlagerung kommt, dass anstatt eines Verletzungsbegriffs ein Angriffsbegriff gewählt wurde und dass das „Geschlecht" nicht als geschütztes Merkmal mit aufgenommen wurde, vgl. *Nussbaum*, KriPoZ 2021, 335; siehe für weitere Kritik auch *S. Beck/Nussbaum*, KriPoZ 2023, 218, 227 ff.

4.4.1 Strafbarkeitslücke

Nach der Gesetzesbegründung sollte der § 192a StGB die Lücke zwischen der Beleidigung gem. § 185 StGB und der Volksverhetzung gem. § 130 StGB schließen, die bei der Zusendung von herabwürdigenden gruppenbezogenen Inhalten an entsprechende Gruppenangehörige bestand.[197] Sofern jedoch bereits aus materiell-rechtlicher Sicht keine Strafbarkeitslücke bestünde, würde der § 192a StGB seinen Zweck verfehlen.

Eine Strafbarkeit gem. § 130 Abs. 1 StGB scheitert in diesen Fällen i. d. R. daran, dass das Zusenden an einzelne Personen oder eine abgegrenzte Gruppe nicht geeignet ist, den öffentlichen Frieden zu stören. § 130 Abs. 2 StGB fordert keine Eignung zur Störung des öffentlichen Friedens, sondern erfordert eine öffentliche Verbreitung des Inhalts. Darunter fällt jedoch nicht das Übermitteln an Einzelne oder kleinere, abgegrenzte Gruppen.[198]

Bei der Prüfung einer Strafbarkeit gem. § 185 StGB bedarf es einer differenzierten Betrachtung. In Betracht kommt eine Beleidigung einer Personengemeinschaft oder einer Person unter einer Kollektivbezeichnung. Nach ständiger Rechtsprechung und Literatur sind Personengemeinschaften jedoch nur vom strafrechtlichen Ehrschutz erfasst, wenn sie einen rechtlich anerkannten Zweck erfüllen und einen einheitlichen Willen bilden können.[199] Die einzelnen Gruppierungen, wie z. B. alle Homosexuelle oder alle Ausländer, können keinen eigenen Willen bilden. Eine Ausnahme könnte bei Interessenverbänden der Gruppierungen bestehen, sofern der konkrete Interessenverband der Bezugspunkt der Beleidigung ist.[200] Ob allgemeingehaltene Diffamierungen mit einem Gruppenbezug diese enge Voraussetzung erfüllen, bleibt somit eine Frage des Einzelfalls.

---

[197] BT-Drs. 19/31115, S. 1, 14 f.

[198] *Jansen*, GA 169 (2022), 94, 103.

[199] Für die Rechtsprechung anstatt vieler *BGH*, NJW 1954, 1412; zustimmend in der Literatur: Schönke/H. Schröder-*Eisele/Schittenhelm*, Vor. §§ 185 ff. Rn. 3; LK-StGB-*Hilgendorf*, Vor. § 185 Rn. 27; *Maurach et al.,*Strafrecht Besonderer Teil, § 24 Rn. 17 ff.; *Rengier,*Strafrecht BT II, § 28 Rn. 10; ablehnend: SK-StGB-*Rogall*, Vor. § 185 Rn. 39; *Gössel/Dölling,*Strafrecht BT I, § 29 Rn. 26 ff.; NK-StGB-*Zaczyk*, Vor. §§ 185 ff. Rn. 12 (5. Aufl.).

[200] *Nussbaum*, KriPoZ 2021, 335, 336.

Ebenfalls möglich ist die Beleidigung von Einzelpersonen unter einer Kollektivbezeichnung. Hierbei werden alle Einzelpersonen zum Tatopfer der Beleidigung, wenn der Personenkreis klar umgrenzt und überschaubar ist und ein Bezug auf bestimmte, individualisierbare Personen, die aus der Allgemeinheit hervortreten, hergestellt wird.[201] Hinsichtlich der klaren Umgrenzung bestehen bei den meisten Minderheiten Bedenken.[202] Ferner darf die Diffamierung nicht nur in einem allgemeinen Werturteil liegen, wie z. B. „Alle Frauen …". In derartigen pauschalisierenden Konstellationen, in denen ein großer Personenkreis betroffen ist, verliert sich die Beleidigung in der Vielzahl der möglichen Bezugspersonen.[203] Eine Beleidigung einer Einzelperson unter einer Kollektivbezeichnung kann ebenfalls vorliegen, wenn die Einzelperson persönlich gemeint ist, d. h. sich die Äußerung bewusst individualisiert auf die Person bezieht. Pauschalisierende, allgemeine Werturteile können somit unter Berücksichtigung der Besonderheiten des Einzelfalls in der konkreten Tatsituation ein unmittelbarer Angriff auf die Ehre von Einzelpersonen sein.[204] In den Fällen des § 192a StGB lässt der Täter einen Inhalt an eine Person gelangen, die zu der Gruppe gehört, die beschimpft wird. Durch den Umstand, dass die Person, an die der Inhalt gesendet wird, der Gruppe angehört, die Bezugspunkt der Diffamierung ist, wird eine Individualisierung vorgenommen. In diesen Fällen liegt somit bereits eine Beleidigung unter einer Kollektivbezeichnung vor.[205]

---

[201] *Rengier,*Strafrecht BT II, § 28 Rn. 14 f.; Lackner/Kühl/Heger-*Heger*, Vor. § 185 Rn. 3.

[202] Zwar hat der BGH alle Juden, die in Deutschland leben und vom Nationalsozialismus verfolgt wurden als eng umgrenzte Gruppe bezeichnet, vgl. *BGH*, NJW 1958, 599; die Umgrenzung ergibt sich nach dem BGH in dieser Konstellation aus dem vom Nationalsozialismus auferlegten Schicksal in der Allgemeinheit. Abgesehen davon ist jedoch weiterhin für andere Minderheitsgruppierungen an den Voraussetzungen festzuhalten, da sich sonst die diffamierende Äußerung „in der Masse verliert und den einzelnen nicht mehr erreicht", vgl. Schönke/H. Schröder-*Eisele/Schittenhelm*, Vor. §§ 185 Rn. 7b.

[203] BeckOK-StGB-*Valerius*, 185 Rn. 10.

[204] *Rengier,*Strafrecht BT II, § 28 Rn. 19.

[205] *Jansen*, GA 169 (2022), 94; *Hestermann/Hoven/Autenrieth*, KriPoZ 2021, 204, Fn. 40.

Eine Straflücke wird somit nur in den Fällen gesehen, in denen derartige Äußerungen an Interessenverbände gesendet werden.[206] *Jansen* betont allerdings, dass es sich nur um eine geringe Strafbarkeitslücke handelt, da § 192a StGB voraussetzt, dass der Inhalt an Gruppenangehörige gesendet wird.[207] Wird der Inhalt an den gruppenzugehörigen Vorsitzenden adressiert, liegt durch die Adressierung eine Individualisierung und somit bereits eine Beleidigung unter einer Kollektivbezeichnung vor.[208] Nur, wenn der Inhalt an eine Gruppe versendet wird, ohne dass eine Person durch die konkreten Umstände der Tatsituation individualisiert wird, liegt keine Beleidigung gem. § 185 StGB und somit eine Strafbarkeitslücke vor.

4.4.2 Zwischenergebnis und offene Fragen

Die Strafbarkeitslücke, die § 192a StGB zwischen §§ 185 ff. und § 130 StGB schließen soll, erscheint aus materiell-rechtlicher Sicht nur gering. Trotzdem ging mit dem Änderungsgesetz eine Strafschärfung einher, obwohl viele der Fälle, die unter § 192a StGB fallen, bereits den Tatbestand der Beleidigung gem. § 185 StGB erfüllen.

Aus empirischer Sicht wäre somit zunächst interessant, ob das Einstellungsverhalten der Staatsanwaltschaften und der Gerichte die materiell-rechtliche Strafbarkeitslücke widerspiegelt. Von Relevanz wären die Fälle, in denen ein Interessenverband in unspezifischer Weise Adressat einer pauschalen Diffamierung wird und dadurch ein Verfahren eingestellt werden muss, weil sowohl die Strafbarkeitsvoraussetzungen gem. § 130 StGB als auch der Beleidigung gem. § 185 StGB nicht vorliegen. Die Untersuchung bezieht sich jedoch auf die Strafzumessung im engeren Sinne, d. h. die Verfahren, die mit Freiheits- oder Geldstrafe oder sonstigen Nebenstrafen abgeschlossen wurden.

---

[206] *Jansen*, GA 169 (2022), 94, 105; *Nussbaum*, KriPoZ 2021, 335, 337.

[207] *Jansen*, GA 169 (2022), 94, 105.

[208] *Hestermann/Hoven/Autenrieth*, KriPoZ 2021, 204, Fn. 40; *Jansen*, GA 169 (2022), 94, 104; *Hoven/Witting*, NStZ 42 (2022), 589, 591 f.; *Rostalski/Weiss*, KriPoZ 2023, 199, 203; anders hingegen *S. Beck/Nussbaum*, KriPoZ 2023, 218, 221, wonach aus der bloßen Adressierung eines Gruppenangehörigen nicht zwingend eine Individualisierung vorgenommen wird; *Nussbaum*, KriPoZ 2021, 335, 337.

Die Schnittmenge der Fälle, die einerseits unter § 185 StGB fallen, weil sie eine Beleidigung unter einer Kollektivbezeichnung eines persönlich gemeinten Einzelnen darstellen, und andererseits unter § 192a StGB fallen, unterliegt gem. § 192a StGB mit bis zu zwei Jahren Freiheitsstrafe oder Geldstrafe im Vergleich zur einfachen Beleidigung gem. § 185 StGB mit bis zu einem Jahr Freiheitsstrafe oder Geldstrafe einem höheren Strafrahmen. Der Strafrahmen des § 192a StGB entspricht somit dem der qualifizierten Beleidigung gem. § 185 StGB. Ob die Erhöhung des Strafrahmens aus empirischer Sicht geboten ist, ist ungeklärt. So ist aus empirischer Sicht von Interesse, wie oft derartige Kollektivbeleidigungen vorliegen, bei denen auf ein Minderheitsmerkmal abgestellt wird. Darüber hinaus stellt sich auch hier die Frage, inwieweit der Strafrahmen bei der einfachen Beleidigung dann bisher ausgeschöpft wurde und ob es somit eines erhöhten Strafrahmens bedurfte. Da in der Stichprobe keine Kollektivbeleidigungen in der spezifischen Form vorliegen, konnten keine Erkenntnisse zur Strafzumessungspraxis in diesem Bereich gewonnen werden. Hiermit besteht somit weiterer Forschungsbedarf.

5 Strafzumessungsrechtliche Grundlagen

Nachdem erarbeitet wurde, welche Delikte die aggressiven Kommunikationsakte erfüllen und auf welche Delikte sich die Untersuchung hinsichtlich der Strafzumessung beschränkt, wird im nächsten Schritt die strafzumessungsrechtliche Grundlage gelegt. Unter Strafzumessung wird der Vorgang verstanden, bei dem das Tatgericht aus den in Betracht kommenden Strafarten und Strafhöhen diejenige Strafe auswählt, die für den konkreten Einzelfall angemessen ist.[1] Unterschieden wird zwischen der Strafzumessung im weiteren Sinne, die auch die Art der Sanktionsform mitumfasst, und der Strafzumessung im engeren Sinne, die sich nur die Bestimmung der Strafhöhe zum Gegenstand hat.[2] In den nächsten Abschnitten werden die Strafarten, die für Beleidigungs- und Volksverhetzungsdelikte relevant sind, sowie die Maßgaben zur Bestimmung einer konkreten Sanktionsform und der Strafhöhe erörtert. Das ist für die Erarbeitung der Forschungsfragen der Strafzumessungsanalyse bei den §§ 185 ff. StGB maßgebend.

5.1 Sanktionsformen

Zu der Frage, welche Sanktionsform in Betracht kommt, liefert der jeweilige Tatbestand eine erste Antwort. So ist in den §§ 185 ff., § 130 StGB die Freiheitsstrafe und die Geldstrafe wörtlich als Strafart genannt. Bei der Freiheitsstrafe und der Geldstrafe handelt es sich um die Hauptstrafen, die das Strafgesetzbuch vorsieht.

[1] *Kropp*, JA 32 (2000), 700 ff.

[2] *Kett-Straub/Kudlich,*Sanktionenrecht, § 9 Rn. 3; *Streng,*Strafrechtliche Sanktionen, S. 233.

M. Schreinert, *Strafzumessung bei verbaler Gewalt*,
https://doi.org/10.1007/978-3-658-49491-9_5

5.1.1 (Kurze) Freiheitsstrafe

Die Freiheitsstrafe ist mit ihren einschneidenden Folgen für den Verurteilten die schwerste Sanktionsform, die das Strafgesetzbuch kennt. Unterscheiden lassen sich die zeitige und die lebenslange Freiheitsstrafe, wobei letztere explizit vom Gesetz angeordnet sein muss, vgl. § 38 Abs. 1 StGB. Zudem besteht die Möglichkeit, die Vollstreckung der Freiheitsstrafe zur Bewährung auszusetzen, sofern die Voraussetzungen gem. § 56 StGB vorliegen. Mit einer Freiheitsstrafe wird nicht nur die Fortbewegungsfreiheit offensichtlich eingeschränkt, vielmehr geht mit ihr einher, dass der Verurteilte seiner bisherigen Umgebung entrissen und zwangsweise in einer geschlossenen Einrichtung, der Vollzugsanstalt, untergebracht wird.[3] Wird der Verurteile durch diese desintegrierende Wirkung von kriminalitätsfördernden Strukturen getrennt, kann darin ein positiver Effekt gesehen werden.[4] Durch den Verlust jeglicher Bindungen kann die angestrebte Resozialisierung jedoch erschwert werden, da eine Reintegration in die Gesellschaft alleine ohne soziales Umfeld mit Schwierigkeiten verbunden ist.[5] Auch hinsichtlich des Gefängnisses als geschlossene und zielführende Einrichtung bestehen Bedenken. Gem. § 2 S. 1 StVollzG ist der Gefängnisaufenthalt auf die Resozialisierung des Täters angelegt. In der Realität gehen vom Gefängnis jedoch Gefahren dahingehend aus, dass in der Einrichtung unter den Gefangenen eigene Subkulturen mit eigenen Wertvorstellungen und Gepflogenheiten bestehen, die von denen der Gesellschaft in Freiheit divergieren. Ausgeprägte und gefestigte Subkulturen führen dazu, dass das Resozialisierungsziel gefährdet wird.[6] Darüber hinaus tritt mit der Verbüßung einer Freiheitsstrafe ein Stigmatisierungseffekt ein, d. h. die Gesellschaft hat Vorurteile ggü. den Entlassenen, wodurch eine Wiedereingliederung in die Gesellschaft erschwert werden kann.[7]

Bei bis zu zwei Jahren Freiheitsstrafe kann das Gericht die Vollstreckung der Freiheitsstrafe nach § 56 StGB zur Bewährung aussetzen. Das ist für den Verurteilten meistens mit Auflagen und Weisungen verbunden, die vom Verurteilten erfüllt werden müssen. Wenn diese nicht erfüllt werden, wird die Aussetzungsentscheidung widerrufen und die Freiheitsstrafe vollstreckt.

---

[3] *Meier,* Strafrechtliche Sanktionen, S. 88; *Streng,* Strafrechtliche Sanktionen, S. 133.

[4] *Meier,* Strafrechtliche Sanktionen, S. 88; *Kett-Straub/Kudlich,* Sanktionenrecht, § 7 Rn. 8.

[5] *Meier,* Strafrechtliche Sanktionen, S. 88; *Kett-Straub/Kudlich,* Sanktionenrecht, § 7 Rn. 8; zusätzlich erschwerend wirkt sich darüber hinaus der Verlust des Arbeitsplatzes oder der Lehrstelle aus, siehe *Streng,* Strafrechtliche Sanktionen, S. 133.

[6] *Meier,* Strafrechtliche Sanktionen, S. 88 f.; *Kett-Straub/Kudlich,* Sanktionenrecht, § 7 Rn. 9.

[7] *Streng,* Strafrechtliche Sanktionen, S. 133.

Die Verhängung von Freiheitsstrafen unter einem Monat ist unzulässig, vgl. § 38 Abs. 2 StGB. Bei Freiheitsstrafen von einem Monat bis zu sechs Monaten spricht man von der sog. kurzen Freiheitsstrafe gem. § 47 StGB. Da, wenn es überhaupt zu einer Freiheitsstrafe kommt, die verhängten Freiheitsstrafen zumindest bei den Beleidigungsdelikten eher in dieser Dauer angesiedelt sind, wird anschließend genauer auf die Voraussetzungen der kurzen Freiheitsstrafe eingegangen.

5.1.1.1 Voraussetzungen

Die kurze Freiheitsstrafe, d. h. eine Freiheitsstrafe unter sechs Monaten, darf nur unter den Voraussetzungen von § 47 StGB verhängt werden. Gem. § 47 Abs. 1 StGB müssen besondere Umstände, die in der Tat oder der Persönlichkeit des Täters liegen, die Verhängung einer Freiheitsstrafe zur Einwirkung auf den Täter oder zur Verteidigung der Rechtsordnung unerlässlich machen. Derartige besondere Umstände liegen vor, wenn entweder bestimmte Tatsachen die konkrete Tat in einer bestimmten Beziehung aus dem Durchschnitt der Taten dieser Art herausheben oder wenn bestimmte Eigenschaften oder Verhältnisse bei dem Täter diesen von durchschnittlichen Tätern solcher Taten unterscheiden.[8] Als Beispiel kann als besonderer Umstand die Art der Tatausführung, das Maß der Pflichtwidrigkeit, die verschuldeten Folgen der Tat, oder die einschlägige Vorstrafenbelastung herangezogen werden.[9]

Diese besonderen Umstände sind dann zur Einwirkung auf den Täter unerlässlich, wenn die kurze Freiheitsstrafe bei einer Gesamtwürdigung aller die Tat und den Täter kennzeichnenden Umstände unverzichtbar ist, um den Täter dazu zu bringen, sich künftig straffrei zu verhalten. Es findet folglich eine Sanktionsprognose statt, bei der verglichen werden muss, ob eine Sanktion in Form der Geldstrafe nicht den gleichen Erfolg verspricht wie eine Freiheitsstrafe.[10] Die Gesamtwürdigung erfolgt auf Grundlage der Einzelfallumstände, wodurch sich schematische Lösungen verbieten.[11] Der Gesetzgeber bringt mit diesen Voraussetzungen zum Ausdruck (wie auch bereits in der amtlichen Überschrift von § 47 StGB), dass die Freiheitsstrafe nur in Ausnahmefällen der Geldstrafe vorzuziehen ist. Während bei der Einwirkung auf den Täter spezialpräventive Wertungen im Vordergrund stehen, geht es bei der Verteidigung der Rechtsordnung um generalpräventive Wertungen.

---

[8] St. Rspr.: *BayObLG*, NJW 1996, 798; Lackner/Kühl/Heger-*Heger*, § 47 Rn. 2.

[9] M.w.N. LK-StGB-*U. Schneider*, § 47 Rn. 15 f.

[10] *Meier,* Strafrechtliche Sanktionen, S. 94 f.

[11] *Streng,* Strafrechtliche Sanktionen, S. 82.

Eine Freiheitsstraße zur Verteidigung der Rechtsordnung ist nur dann unerlässlich, wenn es angesichts der Einzelfallumstände für das allgemeine Rechtsempfinden schlechthin unverständlich erscheinen und das Vertrauen in die Unverbrüchlichkeit des Rechts erschüttern würde, wenn anstelle einer (kurzen) Freiheitsstrafe eine Geldstrafe verhängt werden würde.[12] So ist die Verhängung einer kurzen Freiheitsstrafe nach oberlandesgerichtlicher Rechtsprechung rechtmäßig, wenn der lokalen Häufung von gleichartigen Straftaten nicht anders begegnet werden kann.[13] Beleidigungs- und Volksverhetzungstaten haben nach der Strafverfolgungsstatistik in den letzten Jahren zugenommen. Angesichts der Tatsache, dass Beleidigungs- und Volksverhetzungsdelikte gemäß der Strafverfolgungsstatistik in den letzten Jahren zugenommen haben, stellt sich vielfach die Frage, ob Bagatelldelikte, zu denen zumindest die Beleidigungsdelikte gem. § 185 ff. StGB zählen, mit einer kurzen Freiheitsstrafe zu sanktionieren sind oder ob darin ein Verstoß gegen das Übermaßverbot liegt.

5.1.1.2 Kurze Freiheitsstrafe bei Bagatelldelikten

Bei Bagatelldelikten handelt es sich um Straftaten, bei denen das „Handlungs- und Erfolgsunrecht sowie die dem Unrecht regelmäßig korrespondierende Schuld nur geringfügig sind".[14] Gerade bei den Beleidigungsdelikten handelt es sich um alltägliche Delikte mit einer hohen Dunkelziffer, die jedoch überwiegend nur eine geringe Bedeutung haben und demnach überwiegend als Bagatelldelikte zu verorten sind.[15] Dogmatisch wird unter der Voraussetzung der „Unerlässlichkeit" bei der Verhängung einer kurzen Freiheitsstrafe diskutiert, ob die Wahl dieser Sanktionsart angesichts des Bagatellcharakters, z. B. von Beleidigungsdelikten, mit dem Übermaßverbot in Einklang zu bringen ist.

Nach der oberlandesgerichtlichen Rechtsprechung ist die Verhängung einer kurzen Freiheitsstrafe bei Bagatelldelikten nicht prinzipiell ausgeschlossen.[16] Nach dem von den erkennenden Gerichten zu beachtenden Übermaßverbot muss

---

[12] MüKo-*Maier*, § 47 Rn. 39.

[13] *OLG Celle*, StV 1993, 195, 196; *OLG Stuttgart*, NJW 1971, 629; bei der Bezugnahme auf Kriminalitätsentwicklungen von bestimmten Delikten muss der Tatrichter den Ist-Zustand mit dem früheren Zustand basierend auf statistischem Material vergleichen und im Urt. feststellen, siehe *OLG Hamburg*, StV 2000, 353, 354.

[14] *Dreher*, FS Welzel, 917.

[15] *Dreher*, FS Welzel, 917; *Hoven*, JuS 54 (2014), 975; *Hoven/Strobl/Kinzig*, KriPoZ 2019, 206.

[16] Statt vieler vgl. *OLG Hamm*, NStZ-RR 2015, 205; explizit für die Beleidigung gem. § 185 StGB siehe *OLG Bamberg*, Urt. v. 24.09.2014 – 3 Ss 94/14 (erhältlich in juris).

die Strafe in einem gerechten Verhältnis zur Schuld stehen.[17] Hierbei kommt es im Einzelfall auf den Unrechts- und Schuldgehalt der konkreten Tat an. Ein schematisches Abstellen auf einschlägige Vorstrafen und ein Bewährungsversagen entspricht nicht der umfassenden Würdigung des Einzelfalls und erfüllt somit nicht diese Anforderungen.[18] Im Bereich der Vermögensdelikte, insbesondere beim Diebstahl geringwertiger Sachen, wurde teilweise unter Berufung auf die Geringwertigkeit der Sache und das somit niedrige Tatunrecht begründet, dass die Verhängung einer (kurzen) Freiheitsstrafe unverhältnismäßig sei.[19] Das BayObLG vertritt hingegen, dass unabhängig von der Schadenshöhe bei einschlägigen Vorstrafen eines entsprechenden Bewährungsbrechers ebenfalls eine kurze Freiheitsstrafe verhängt werden dürfe.[20] Dieser Aspekt verdient Zustimmung, da das bloße Abstellen auf eine Schadenshöhe eine schematische Strafzumessung darstellt.[21] Das wird allerdings nicht den Konstellationen gerecht, in denen der Handlungs- den Erfolgsunwert überwiegt.[22] Das Element der Schadenshöhe ist außerdem kein taugliches Kriterium für andere Bagatelldelikte wie die Beleidigungsdelikte.

Krumm liefert sowohl für Vermögensdelikte, als auch für sonstige Delikte, die keine messbare Schadenshöhe aufweisen, einen Vorschlag, der zur Orientierung dienen soll bei der Frage, ob eine kurze Freiheitsstrafe bei einem Bagatelldelikt angemessen ist.[23] Das Gericht solle sich bei einem Bagatelldelikt, das nicht in Geld messbar sei, an einem „Idealtäter" orientieren, der geständig, unrechtseinsichtig und unbestraft sei.[24] Wenn sich bei einem solchen Täter eine Einstellung gem. § 153 StPO aufdränge, liege ein Bagatellfall vor, bei dem, wenn keine strafschärfenden Umstände hinzutreten, auch bei Vorliegen von einschlägigen Vorstrafen und bei Tatbegehung unter laufender Bewährung, eine Freiheitsstrafe verzichtbar sei.[25] Dieser Vorschlag lässt sich ebenfalls auf die Verhängung von kurzen Freiheitsstrafen bei Beleidigungsdelikten übertragen. So können

---

[17] *BVerfG*, NJW 1979, 1039.

[18] Vgl. *BGH*, BeckRS 2014, 12418, Rn. 6; *OLG Hamburg*, BeckRS 2006, 11755.

[19] *OLG Stuttgart*, NJW 2002, 3188, 3189; *OLG Braunschweig*, NStZ-RR 2002, 75.

[20] *BayObLG*, NJW 2003, 2926, 2927; vgl. auch *OLG Hamm*, Beschluss v. 10.01.2008 – 3 Ss 491/07 (erhältlich in BeckRS); so auch *OLG Stuttgart*, NJW 2006, 1222, 1223.

[21] *Beuermann,*Die kurze Freiheitsstrafe, S. 157.

[22] *OLG Hamburg*, NStZ-RR 2004, 72, 73; *Beuermann,*Die kurze Freiheitsstrafe, S. 156 f.

[23] Für Vermögensdelikte mit Bagatellcharakter siehe *Krumm*, NJW 57 (2004), 328, 329.

[24] *Krumm*, NJW 57 (2004), 328, 330.

[25] *Krumm*, NJW 57 (2004), 328, 330; zustimmend auch *Beulke*, FS Heinz, 594, 606 f.

Umstände, die einerseits im Einzelfall das Tatunrecht erhöhen (z. B. öffentliche Begehungsweisen, menschenverachtende Aussagen) und andererseits die das Handlungsunrecht (Motive und Gesinnungen, Vorstrafen) betreffen, gewürdigt werden.

Auch wenn kurze Freiheitsstrafen bei Bagatelldelikten nicht kategorisch gegen das Übermaßverbot verstoßen, kann selbiges allerdings die Dauer der Freiheitsstrafe einschränken.[26]

5.1.1.3 Zwischenergebnis

Trotz der einschneidenden Wirkungen ist es nach der Rechtsprechungspraxis rechtmäßig und mit dem Übermaßverbot im Einklang, wenn bei Bagatelldelikten kurze Freiheitsstrafen verhängt werden. Vergangene Entscheidungen, die nur basierend auf der Wertigkeit von Gegenständen einen Verstoß gegen das Übermaßverbot bei Bagatelldelikten mit Vermögensbezug verneint haben, überzeugen nicht. Einerseits stellen sie schematische Lösungen dar, die zu den sonstigen Einzelfallentscheidungen im Straf- und Strafzumessungsrecht in Widerspruch stehen. Auf der anderen Seite ist bei Bagatelldelikten, die nicht in Geld messbar sind, mit dem Kriterium der Wertigkeit keine Abhilfe geschaffen. Auch Bagatelldelikte sollten einer gleichen, aber nicht schematischen, strafzumessungsrechtlichen Würdigung unterzogen werden, wobei bei Vermögensdelikten unter anderem selbstverständlich auch auf die Wertigkeit der Sache abgestellt werden muss. Der Vorschlag von *Krumm* liefert eine hilfreiche Leitlinie, die sowohl Umstände des Tat- als auch des Handlungsunwerts miteinbeziehen.

5.1.2 Geldstrafe

Als häufigste Sanktionsform tritt bei den Beleidigungsdelikten die Geldstrafe in Erscheinung.[27] Die Geldstrafe soll den Verurteilten durch den Entzug von

[26] So können das Übermaßverbot und der gerechte Schuldausgleich, unter Berücksichtigung aller Einzelfallumstände, es gebieten, dass bei einer Verhängung einer kurzen Freiheitsstrafe gem. § 47 StGB bei Bagatellschäden nur auf die Mindeststrafe erkannt wird, siehe *OLG Köln*, BeckRS 2018, 7681.

[27] Laut der Strafverfolgungsstatistik wurden im Bezugsjahr 2020 für die Delikte §§ 185–200 StGB von insgesamt 25.533 Verurteilungen 96,14 % Geldstrafen verhängt. Zur Strafzumessungspraxis bei der Volksverhetzung konnte keine Aussage getroffen werden, da in der Strafverfolgungsstatistik die §§ 80–168 StGB zusammengefasst wurden.

Geldmitteln zwingen, zweitweise auf Konsum und Bedürfnisbefriedigung zu verzichten.[28] Verglichen zur Freiheitsstrafe handelt es sich bei der Geldstrafe um eine mildere Sanktionsform, da die Fortbewegungsfreiheit nicht eingeschränkt wird und der Verurteilte somit nicht aus seinem Umfeld entrissen wird. Durch die Geldstrafe wird der Verurteilte, neben dem Zwang zur Konsumeinschränkung, vielmehr vor der Begehung von weiteren Straftaten gewarnt und abgeschreckt.[29] Vereinzelt ist auch die Geldstrafe mit der Einschränkung der Fortbewegungsfreiheit verbunden, wenn es zur sog. Ersatzfreiheitsstrafe gem. § 43 StGB kommt.

Die Geldstrafe wird nach dem Tagessatzsystem bemessen, das eine zumindest annähernde Opfergleichheit bei den zu Geldstrafen Verurteilten ermöglichen soll.[30] Nach dem Tagessatzsystem gliedert sich die Festsetzung einer Geldstrafe in folgenden drei Phasen: die Bestimmung der Tagessatzanzahl, die Bestimmung der Tagessatzhöhe und die Entscheidung über Zahlungserleichterungen gem. § 42 StGB.[31] Die Anzahl der Tagessätze, die verhängt wird, wird nach den allgemeinen Grundsätzen der Strafzumessung bemessen, d. h. entsprechend dem Unrechts- und Schuldgehalt der zur Verurteilung führenden Tat.[32] Dem Tatgericht steht gem. § 40 Abs. 1 S. 2 StGB ein Rahmen von mindestens fünf bis höchstens 360 Tagessätzen zur Auswahl bzw. gem. § 54 Abs. 2 S. 2 StGB bis höchstens 720 Tagessätzen im Falle einer Gesamtstrafenbildung.

Gem. § 40 Abs. 2 S. 1 StGB berücksichtigt die Höhe eines Tagessatzes die persönlichen und wirtschaftlichen Verhältnisse des Täters. Bei der Berechnung wird von dem Nettoeinkommen ausgegangen, dass der Täter durchschnittlich an einem Tag hat oder haben könnte, § 40 Abs. 2 S. 2 StGB. Die Höhe eines Tagessatzes kann zwischen einem und maximal 30.000 Euro variieren, § 40 Abs. 2 S. 3 StGB. Der Nettoeinkommensbegriff i.S.d. § 40 StGB ist rein strafrechtlich zu verstehen. Unter das Nettoeinkommen fallen die Einnahmen des Täters (grds. alle Einkünfte aus selbstständiger oder unselbständiger Arbeit, gesetzliche oder private Versorgungsleistungen aus Versicherungen, Unterhaltsleistungen, staatliche Leistungen

[28] *Meier,*Strafrechtliche Sanktionen, S. 64; MüKo-*Radtke*, § 40 Rn. 11.

[29] Das wird teilweise auch als „Denkzettelfunktion" bezeichnet, siehe *Meier,*Strafrechtliche Sanktionen, S. 64; MüKo-*Radtke*, § 40 Rn. 12; BT-Drs. 14/9358, 11.

[30] *BGH*, NJW-RR 2017, 382, 384; MüKo-*Radtke*, § 40 Rn. 2; Schönke/H. Schröder-*Kinzig*, § 40 Rn. 1.

[31] Schönke/H. Schröder-*Kinzig*, § 40 Rn. 1; *Meier,*Strafrechtliche Sanktionen, S. 68 ff.; *Bruns/Güntge,*Das Recht der Strafzumessung, S. 76.

[32] *Meier,*Strafrechtliche Sanktionen, S. 68; MüKo-*Radtke*, § 40 Rn. 1.

oder Erträge, die angelegte Vermögen abwerfen), von denen die Steuern, die Sozialabgaben, vergleichbare Ausgaben für die private Alters- oder Krankenversicherung, Betriebsausgaben und Werbungskosten abzuziehen sind.[33] Maßgeblicher Berechnungszeitpunkt ist die letzte tatrichterliche Hauptverhandlung.[34] Etwaige Vermögensbestände dürften nach dem Sinn und Zweck der Geldstrafe, nämlich die zeitweise Beschränkung der üblichen Lebensführung, nicht berücksichtigt werden, da dafür an das Einkommen angeknüpft werden muss.[35] Um jedoch dem Grundsatz der Opfergleichheit gerecht zu werden, kann bei Angeklagten mit sehr guter Vermögenslage das Vermögen bei der Bemessung der Höhe eines Tagessatzes zu berücksichtigen sein.[36]

Im Anschluss hat das Gericht von Amts wegen über Zahlungserleichterungen gem. § 42 StGB zu entscheiden.[37] Ist es dem Verurteilten unmöglich oder unzumutbar die gesamte Geldstrafe sofort zu bezahlen, so gewährt das Gericht eine Zahlungsfrist oder eine Ratenzahlung, § 42 StGB.

5.1.3 Zusammenfassung

Sowohl die Beleidigungsdelikte gem. §§ 185 ff. StGB als auch die Volksverhetzung gem. § 130 StGB ordnen als Sanktionen die Geld- oder die Freiheitsstrafe an. Die Geldstrafe ist im Vergleich zur Freiheitsstrafe die mildere Sanktion, die nach der Strafverfolgungsstatistik weit häufiger verhängt wird. Die Freiheitsstrafe

---

[33] Unterhaltsverpflichtungen ggü. Dritten sind vom Nettoeinkommen ebenso abzuziehen. Inwieweit sonstige Verbindlichkeiten berücksichtigt werden, ist im Einzelnen umstritten. Überwiegend wird darauf abgestellt, ob die zur Lebensführung erforderlichen Verbindlichkeiten angemessen sind. Kritisch hierzu *Meier,*Strafrechtliche Sanktionen, S. 71 ff.; NK-StGB-*Albrecht*, § 40 Rn. 24, 34.

[34] Eine Ausnahme wird dann gemacht, wenn sich bereits im Zeitpunkt der Verurteilung sicher abzeichnet, dass sich die Vermögenslage des Täters in dem Zeitraum der Tagessatzzahl verändert, siehe *Meier,*Strafrechtliche Sanktionen, S. 72; Schönke/H. Schröder-*Kinzig*, § 40 Rn. 10.

[35] *Streng,*Strafrechtliche Sanktionen, S. 67 f.

[36] Lackner/Kühl/Heger-*Kühl*, § 40 Rn. 12; *Frank*, MDR 1979, 99, 100 f.

[37] Es wird nicht einheitlich beurteilt, wie die Entscheidung über Zahlungserleichterung eingeordnet wird. Teilweise wird vertreten, dass es sich um einen dritten Akt der Geldstrafenzumessung handelt, siehe MüKo-*Radtke*, § 42 Rn. 6; vgl. auch BeckOK-StGB-*Heintschel-Heinegg*, § 42 Rn. 1; andere ordnen die Entscheidung als ein Akt vorweggenommener Strafvollstreckung ein, siehe *Meier,*Strafrechtliche Sanktionen, S. 76; NK-StGB-*Albrecht*, § 42 Rn. 10.

ist in ihrer Wirkung durch ihren isolierenden und stigmatisierenden Effekt einschneidender als die Geldstrafe, die als Strafübel eine zeitweise Beschränkung des üblichen Lebensstandards zufügt. Generell gilt für das Strafrecht und seine Sanktionsmittel das „ultima-ratio"-Prinzip, demzufolge bei gleicher Effektivität die weniger eingriffsintensive Sanktion gewählt werden muss.[38] Insbesondere im Bereich der Bagatelldelikte bringt der Gesetzgeber mit § 47 StGB zum Ausdruck, dass die Geldstrafe einen Vorrang vor der Freiheitsstrafe hat. Eine kurze Freiheitsstrafe ist nur unter den Voraussetzungen von § 47 StGB zu verhängen, namentlich, wenn besondere Tat- oder Täterumstände die Verhängung der Freiheitsstrafe zur Einwirkung auf den Täter oder zur Verteidigung der Rechtsordnung unerlässlich machen. Die Verhängung einer kurzen Freiheitsstrafe bei Bagatelldelikten, wie der einfachen Beleidigung gem. § 185 StGB, stellt ebenfalls prinzipiell keinen Verstoß gegen das Übermaßverbot dar.

5.2 Der Strafrahmen

Nachdem die Strafarten, die bei Beleidigungs- und Volksverhetzungsdelikten in Betracht kommen, dargelegt wurden und bevor auf die Maßgaben, die zur Bestimmung der Strafart und der Strafhöhe erforderlich sind, eingegangen werden kann, muss ein weiterer Einschub erfolgen. Dieser betrifft den Strafrahmen, der bei der Straffindung vom Tatrichter zugrunde gelegt wird. Bei der Betrachtung der Strafzumessung als Prozess, der aus mehreren Schritten besteht, stellt die Feststellung des Strafrahmens eine Phase dar, die am Anfang der Straffindung erfolgt.[39] Die folgenden Ausführungen legen hierbei den Fokus auf die Beleidigung gem. § 185 StGB, da sie die absolute Mehrheit in der ausgewerteten Stichprobe darstellt.

5.3 Der Normalstrafrahmen

Die vorliegende Untersuchung hat darlegen können, welche Strafen und welchen Strafrahmen die Beleidigung gem. § 185 StGB vorsieht. Für das Grunddelikt (§ 185 Var. 1 StGB) ist eine Freiheitsstrafe bis zu einem Jahr oder eine Geldstrafe vorgesehen, während bei den Qualifikationen (§ 185 Var. 2 StGB) eine Freiheitsstrafe bis zu zwei Jahren oder Geldstrafe gilt. Strafschärfungen in Form

[38] *J. Kaspar,* Verhältnismäßigkeit und Grundrechtsschutz im Präventionsstrafrecht, S. 243 f.

[39] *G. Schäfer/Sander/van Gemmeren,* Praxis der Strafzumessung, S. 317 ff.; *Meier,* Strafrechtliche Sanktionen, S. 167 ff.

von Regelbeispielen (z. B. beim Diebstahl § 243 StGB) sind der Systematik der Beleidigungsdelikte gem. §§ 185 ff. StGB fremd. Neben diesen explizit in § 185 StGB vorgegebenen Strafrahmen werden teilweise andere Strafrahmen der Entscheidung zugrunde gelegt bspw. im Falle der Tateinheit oder Tatmehrheit, was zu einer Strafschärfung führt. Des Weiteren gibt es Strafverschiebungen „nach unten", sofern Milderungsgründe vorliegen. Da es konkret bei den Beleidigungsdelikten auch keine privilegierenden Tatbestände (z. B. vergleichbar mit der Tötung auf Verlangen§ 216 StGB) oder „minder schwere Fälle (z. B. vergleichbar mit dem Raub § 249 Abs. 2 StGB) gibt, beschränken sich die folgenden Ausführungen auf die Strafverschärfungen, die sich durch konkurrenzrechtliche Erwägungen und durch allgemeine Strafmilderungsgründe ergeben können.

5.3.1 Strafrahmenverschiebungen durch konkurrenzrechtliche Erwägungen

Wie die Strafe in Fällen, in denen mehrere Straftatbestände verwirklicht werden, bestimmt wird und welche Strafrahmen somit zur Anwendung kommen, ist in den §§ 52 ff. StGB geregelt.

5.3.1.1 Tateinheit, § 52 StGB

Liegt ein Fall der Tateinheit vor, so wird gem. § 52 Abs. 1 StGB nur auf eine Strafe erkannt (sog. „Absorptionsprinzip"). Ob ein Strafgesetz mehrmals (sog. „gleichartige Idealkonkurrenz") oder mehrere Strafgesetze (sog. „ungleichartige Idealkonkurrenz") verwirklicht werden, beeinflusst den Strafrahmen, der im Rahmen der Strafzumessungsentscheidung zugrunde gelegt wird. In Fällen der gleichartigen Idealkonkurrenz, z. B. wenn ein Täter ein homosexuelles Paar bei einem Spaziergang auf der Straße als „abartige Schwuchteln" bezeichnet und somit zwei Personen vorsätzlich, rechtswidrig und schuldhaft in ihrer Ehre verletzt, wird der Strafrahmen des § 185 Var. 1 StGB zugrunde gelegt.[40]

Liegt hingegen ein Fall der ungleichartigen Idealkonkurrenz vor, z. B. wenn im eben genannten Beispiel nicht nur die Beleidigung geäußert wird, sondern zusätzlich noch ein Faustschlag in das Gesicht eines Tatopfers erfolgt, wird gem. § 52 Abs. 2 S. 1 StGB der Strafrahmen angewendet, der die höchste Strafe anordnet, vorliegend § 223 Abs. 1 StGB. Das Strafgesetz, das den milderen Strafrahmen hat, im Beispielsfall wäre es die Beleidigung gem. § 185 Var. 1 StGB, sorgt gem.

[40] RGSt 66, 1.

§ 52 Abs. 2 S. 2 StGB dafür, dass die verhängte Strafe nicht milder sein darf, als das, was die Beleidigung gem. § 185 Var. 1 StGB gesetzlich androht.

Bei der gleichartigen Idealkonkurrenz können die Gerichte es außerdem strafschärfend heranziehen, dass der Täter dasselbe Strafgesetz mehrfach verletzt hat.[41] Bei der ungleichartigen Idealkonkurrenz kann es sich ferner strafschärfend auswirken, dass der Täter durch die Verletzung mehrerer Strafgesetze unterschiedliche Rechtsgüter tangiert hat.[42]

5.3.1.2 Tatmehrheit und die Gesamtstrafe, §§ 53 ff. StGB

In den Fällen der Tatmehrheit wird gem. § 53 Abs. 1 StGB eine Gesamtstrafe gebildet, wenn die Taten gleichzeitig abgeurteilt werden. Dabei muss für jede Tat eine Einzelstrafe entsprechend der allgemeinen Strafzumessungsregeln gebildet werden. Strafrahmenmilderungen, die Einzeltaten betreffen, werden bereits bei der Bildung der Einzelstrafe berücksichtigt.[43] Sofern einer Einzeltat eine tateinheitliche Begehungsweise zugrunde liegt, wird die Einzelstrafe gem. § 52 StGB gebildet.[44] Im Anschluss wird eine Gesamtstrafe gebildet. Hierbei bildet die höchste Einzelstrafe den Ausgangspunkt, weshalb sie auch als „Einsatzstrafe" bezeichnet wird.[45] § 54 StGB regelt die Bildung der Gesamtstrafe. Sofern keine lebenslange Freiheitsstrafe vorliegt, wird die Gesamtstrafe durch Erhöhung der Einsatzstrafe gebildet (sog. „Asperationsprinzip"), vgl. § 54 Abs. 1 S. 1, 2 StGB. Dabei gilt, dass die Gesamtstrafe mindestens eine Strafeinheit höher sein muss als die Einsatzstrafe. „Nach oben" darf die Gesamtstrafe die Summe der Einzelstrafen nicht erreichen und bei zeitigen Freiheitsstrafen 15 Jahre und bei Geldstrafen 720 Tagessätze nicht überschreiten, § 54 Abs. 2 S. 1, 2 StGB. Treffen als Einzelstrafen Freiheits- und Geldstrafen aufeinander, so gilt gem. § 54 Abs. 3 StGB, dass die Einsatzstrafe die höchste Strafe der schwersten Strafart ist.[46]

---

[41] *G. Schäfer/Sander/van Gemmeren,* Praxis der Strafzumessung, S. 322; *Meier,* Strafrechtliche Sanktionen, S. 186; MüKo-*Heintschel-Heinegg*, § 52 Rn. 113; Schönke/H. Schröder-*Sternberg-Lieben/Bosch*, § 52 Rn. 33.

[42] *G. Schäfer/Sander/van Gemmeren,* Praxis der Strafzumessung, S. 323 f.; *Meier,* Strafrechtliche Sanktionen, S. 186; MüKo-*Heintschel-Heinegg*, § 52 Rn. 124 f.; siehe m.w.N. Schönke/H. Schröder-*Sternberg-Lieben/Bosch*, § 52 Rn. 47.

[43] *Meier,* Strafrechtliche Sanktionen, S. 186.

[44] *Meier,* Strafrechtliche Sanktionen, S. 186.

[45] *Maurach et al.,* Strafrecht AT II, § 56 Rn. 31; *G. Schäfer/Sander/van Gemmeren,* Praxis der Strafzumessung, S. 432 f.

[46] Eine Ausnahme von der Gesamtstrafenbildung in solchen Fällen ist gem. § 53 Abs 2 S. 2 StGB normiert, wonach zwei Einzelstrafen verhängt werden können, siehe m.w.N.

§ 54 Abs. 1 S. 3 StGB ordnet an, dass bei der Gesamtstrafenbildung die Person des Täters und die einzelnen Straftaten zusammenfassend gewürdigt werden. Es handelt sich bei dem Prozess um einen selbstständigen Strafzumessungsakt.[47] Unter die Würdigung der einzelnen Straftaten fällt zunächst das Verhältnis der Taten untereinander, d. h. die größere oder geringere Selbstständigkeit der Taten, die Gleichheit oder Verschiedenheit der betroffenen Rechtsgüter und die Begehungsweise.[48] Im Falle der Beleidigungsdelikte kann es sich somit strafmildernd auswirken, wenn durch eine weitere Straftat ebenfalls die Ehre verletzt wird.[49] Ein enger zeitlicher, sachlicher und situativer Zusammenhang zwischen den Straftaten wirkt sich ebenfalls strafmildernd aus.[50] Im Einzelfall kann die Begehung mehrerer Straftaten aber auch Ausdruck einer Rechtsfeindlichkeit oder einer erhöhten „kriminellen Energie“ sein, was sich strafschärfend auswirkt.[51] Bei der Würdigung der Persönlichkeit des Täters kann von Relevanz sein, ob es sich um einen Ersttäter handelt oder welche Folgen eine hohe Gesamtstrafe auf das zukünftige Leben (z. B. wirtschaftliche und berufliche Folgen) hat.[52]

Gem. § 55 StGB kann die Gesamtstrafe auch nachträglich gebildet werden. Bedingung dafür ist, dass die Strafen auch in einem früheren Verfahren hätten verhängt werden können, woran im Anschluss eine Gesamtstrafe gebildet worden wäre. Anders ausgedrückt, ist es notwendig, dass die Strafe aus dem ersten Urteil noch nicht vollständig vollstreckt worden ist und, dass die Straftat, die Gegenstand der zweiten Verurteilung ist, zeitlich vor der ersten Verurteilung begangen

---

*G. Schäfer/Sander/van Gemmeren,*Praxis der Strafzumessung, S. 439; *Meier,*Strafrechtliche Sanktionen, S. 188.

[47] *BGH*, NJW 1972, 454, 455; BeckRS 2008, 26961; NStZ 2011, 32; *Maurach et al.,*Strafrecht AT II, § 56 Rn. 36; *G. Schäfer/Sander/van Gemmeren,*Praxis der Strafzumessung, S. 434; *Meier,*Strafrechtliche Sanktionen, S. 186.

[48] *BGH*, NJW 1972, 454, 456; BeckRS 2014, 1560; *G. Schäfer/Sander/van Gemmeren,*Praxis der Strafzumessung, S. 434 ff.; *Meier,*Strafrechtliche Sanktionen, S. 187.

[49] Vgl. *G. Schäfer/Sander/van Gemmeren,*Praxis der Strafzumessung, S. 434.

[50] *BGH*, NStZ 1988, 126 (Ls); NStZ-RR 2003, 272; NStZ-RR 2010, 238 (Ls); *Theune*, NStZ 6 (1986), 153, 158; *G. Schäfer/Sander/van Gemmeren,*Praxis der Strafzumessung, S. 434; kritisch ggü. der Rechtsprechungspraxis *Reichenbach*, JR 2012, 9, 11, wonach der „hartnäckige Wiederholungstäter“ privilegiert werde; siehe auch *Maurach et al.,*Strafrecht AT II, § 56 Rn. 37.

[51] *BGH*, NStZ-RR 2007, 72.

[52] *BGH*, BeckRS 2015, 17563; *G. Schäfer/Sander/van Gemmeren,*Praxis der Strafzumessung, S. 437.

worden ist.[53] Aus prozessualer Sicht ist die Bildung einer nachträglichen Gesamtstrafe einerseits in der Verhandlung möglich, die dem ersten Urteil nachfolgt. Andernfalls ist die Bildung auch im Vollstreckungsverfahren durch Beschluss möglich (§§ 460, 462a Abs. 3 StPO), d. h. zeitlich nach der zweiten Verurteilung. Die Bildung einer nachträglichen Gesamtstrafe ist für die Gerichte zwingend. Die Durchführung im Vollstreckungsverfahren soll grds. die Ausnahme sein und vielmehr nur stattfinden, wenn sie per Urteil nicht möglich ist (z. B. aufgrund von nicht vorliegenden Verfahrensakten zum Zeitpunkt der Hauptverhandlung).[54] Die Gründe, wieso eine nachträgliche Gesamtstrafenbildung nicht vorgenommen wurde, sind im Urteil vom Tatrichter anzugeben.[55]

5.3.2 Strafrahmenverschiebungen durch (fakultative) Milderungsgründe

Die Milderungsgründe, die im Allgemeinen Teil des Strafgesetzbuches vorzufinden sind und auf § 49 Abs. 1 StGB verweisen, knüpfen jeweils an unterschiedliche Tatvoraussetzungen an (sog. „vertypte Milderungsgründe"), bei deren Vorliegen es zwingend oder fakultativ zu einer Strafrahmenverschiebung kommt. Für die Stichprobe sind insbesondere die fakultativen Strafrahmenverschiebungen von Relevanz, z. B. im Falle der erheblich verminderten Schuld gem. § 21 StGB. Ein Fall der erheblich verminderten Schuldfähigkeit setzt voraus, dass ein biologisches Merkmal des § 20 StGB vorliegt, das zu einer erheblichen Beeinträchtigung der Einsichts- oder Steuerungsfähigkeit führt.[56] Von besonderer Bedeutung ist im Rahmen der vorliegenden Untersuchung der alkoholbedingte Rausch, der eine krankhafte seelische Störung in Form einer akuten Intoxikationspsychose darstellen kann.[57] Die BAK des Täters zum Tatzeitpunkt stellt keine feste Grenze dar, bei deren Überschreitung die verminderte Schuldfähigkeit bejaht

---

[53] Ausführlich siehe *G. Schäfer/Sander/van Gemmeren,*Praxis der Strafzumessung, S. 442 ff.; *Meier,*Strafrechtliche Sanktionen, S. 188.

[54] *BGH*, NStZ-RR 2013, 7; BeckRS 2013, 19759; *G. Schäfer/Sander/van Gemmeren,*Praxis der Strafzumessung, S. 441.

[55] *BGH*, BeckRS 1999, 30076044; *Detter*, NStZ 20 (2000), 184, 189.

[56] Ausführlich zu den Voraussetzungen, insbesondere bei alkoholbedingtem Rausch, siehe *G. Schäfer/Sander/van Gemmeren,*Praxis der Strafzumessung, S. 343 ff.

[57] *Lackner/Kühl/Heger*, § 20 Rn. 4; *Rengier,*Strafrecht AT, § 24 Rn. 8.

wird. Sie ist vielmehr ein gewichtiges Indiz.[58] Bei der Bewertung fließen neben der BAK weitere, forensische Umstände ein.[59]

Die Vornahme einer fakultativen Minderung ist im Ergebnis eine Ermessensentscheidung des Tatrichters.[60] Die Frage, welche Kriterien bei der Entscheidung berücksichtigt werden können, wird nicht einheitlich beantwortet. In der Strafrechtsliteratur wird ein enger Ansatz vertreten, wonach nur Umstände berücksichtigt werden sollen, die ihren Grund in dem jeweiligen Milderungsgrund haben, d. h. im Fall des § 21 StGB z. B. der Grad der Einschränkung der Einsichts- oder Steuerungsfähigkeit.[61] Die Rechtsprechung vertritt einen vergleichsweise weiten Ansatz und führt eine Gesamtbetrachtung aller Tat- und Täterumstände durch.[62] Zwar kommen bei dieser Gesamtbetrachtung den Umständen, die sich aus dem Milderungsgrund ergeben, besonderes Gewicht zu, jedoch können sie durch sonstige erhebliche strafschärfende Faktoren ausgeglichen werden.[63] Die Literaturansicht führt zu recht an, dass bei einem engeren Ansatz der Vorteil besteht, dass die Anwendung des Milderungsgrundes trotz Ermessensentscheidung der Gerichte von relativ klaren Kriterien abhänge.[64] Darüber hinaus könnten solche gravierenden Umstände, die in keinem Zusammenhang mit dem Milderungsgrund stehen und die nach Ansicht der Rechtsprechung zur Verneinung der Strafrahmenmilderung führen können, auch im Rahmen eines gemilderten Strafrahmens strafschärfend berücksichtigt werden.[65] Das bedeutet, dass nach der Rechtsprechungspraxis bei einem derart alkoholisierten Täter, der die Voraussetzung des § 21 StGB soweit erfüllt, eine Strafrahmenmilderung im Einzelfall deswegen versagt werden kann, weil eine erhebliche Vorstrafenbelastung vorliegt.[66] Wird im Falle einer Beleidigung gem. § 185 StGB hingegen eine fakultative Minderung angenommen, darf gem. § 49 Abs. 1 Nr. 2 StGB höchstens auf drei Viertel des angedrohten Höchstmaßes erkannt werden.

---

[58] *BGH*, StV 1998, 257 (Ls); NStZ 2012, 262 (Ls).

[59] Für eine Auflistung von möglichen Umständen siehe *G. Schäfer/Sander/van Gemmeren,*Praxis der Strafzumessung, S. 348 f.

[60] M.w.N. *Fischer,*StGB, § 49 Rn. 3.

[61] *Streng,*Strafrechtliche Sanktionen, S. 340 f.; *Meier,*Strafrechtliche Sanktionen, S. 183; *Lackner/Kühl/Heger*, § 49 Rn. 4; Schönke/H. Schröder-*Kinzig*, § 49 Rn. 7.

[62] *BGH*, NJW 1962, 355 (Ls); NStZ 1985, 357 f.; NJW 1986, 793 f.; so auch teilweise in der Literatur: *Kett-Straub/Kudlich,*Sanktionenrecht, S. 95; MüKo-*Maier*, § 49 Rn. 13.

[63] *G. Schäfer/Sander/van Gemmeren,*Praxis der Strafzumessung, S. 328 f.

[64] *G. Schäfer/Sander/van Gemmeren,*Praxis der Strafzumessung, S. 328.

[65] *Streng,*Strafrechtliche Sanktionen, S. 341.

[66] Siehe auch BGH NStZ 2018, 273.

5.4 Maßgaben zur Bestimmung der Strafart und Strafhöhe

5.4.1 Die (Strafzumessungs-) Schuld als Grundlage der Strafzumessung, § 46 Abs. 1 S. 1 StGB

Anders als bei der Frage danach, unter welchen Voraussetzungen man sich wegen eines bestimmten Delikts strafbar macht, liefern die Strafnormen im Strafgesetzbuch durch vorgegebene Strafrahmen nur einen Anhaltspunkt dafür, zwischen welchen Extremen die konkrete Strafe anzusiedeln ist. Auch ein Blick in den allgemeinen Teil des Strafgesetzbuchs hilft nur bedingt weiter. Zur Bestimmung einer konkreten Sanktionsform und der jeweiligen Strafhöhe im Einzelfall, gibt das Gesetz in § 46 Abs. 1 S. 1 StGB vor, dass die Schuld des Täters die Grundlage für die Zumessung der Strafe bildet.[67] Zwar sind in § 46 Abs. 2 StGB einzelne Tatsachen aufgelistet, die das Gericht im Rahmen der Strafzumessung gegeneinander abzuwägen hat. Bereits der Wortlaut zeigt allerdings, dass es sich um keinen abschließenden Katalog handelt („namentlich"). Durch den in § 46 Abs. 1 StGB enthaltenen gesetzgeberischen Hinweis auf die Schuld des Täters ist darüber hinaus nicht viel gewonnen, denn das Konzept der Schuld erfüllt im Strafrecht mehrere Funktionen. So wird für das gesamte Strafrecht unter der „Schuldidee" die Schuld eines Täters als notwendige Voraussetzung und Grundlage für das generelle Bestrafen von Unrecht vorausgesetzt.[68] Neben dieser Leitfunktion hat sie im Einzelfall eine begründende (sog. „Strafbegründungsschuld") und eine limitierende Funktion (sog. „Strafzumessungsschuld").[69] Der Schuldbegriff der Strafzumessungsschuld ist nicht mit dem der strafbegründenden Schuld identisch, jedoch knüpft er an diesen an.[70] Die Strafzumessungsschuld wird maßgeblich durch das verwirklichte Tatunrecht geprägt, wodurch teilweise

---

[67] Die Gefährlichkeit des Täters stellt hingegen keinen passenden Anknüpfungspunkt für die Strafzumessung dar, siehe *Frisch,*Zur Bedeutung von Schuld, Gefährlichkeit und Prävention im Rahmen der Strafzumessung, 3 ff.

[68] MüKo-*Radtke*, Vorb. § 38 Rn. 14; Schönke/H. Schröder-*Eisele*, Vorb. §§ 13 ff. Rn. 107 ff.

[69] *Achenbach,*Historische und dogmatische Grundlagen der strafrechtssystematischen Schuldlehre, S. 2 ff.

[70] *G. Schäfer/Sander/van Gemmeren,*Praxis der Strafzumessung, S. 208; *Achenbach,*Historische und dogmatische Grundlagen der strafrechtssystematischen Schuldlehre, S. 2 ff. MüKo-*Maier*, § 46 Rn. 31; vgl. auch *Bruns/Güntge,*Das Recht der Strafzumessung, S. 187 ff., m.w.N. zur Kritik an der Trennung der Strafbegründungs- und der Strafzumessungsschuld.

auch die Bezeichnung als „Tatschuld“ gewählt wird.[71] Ungeklärt ist an dieser Stelle noch, was unter dem Unrecht konkret zu verstehen ist, das für die Strafzumessungsschuld maßgeblich ist.

5.4.2 Das Unrecht als Anknüpfungspunkt der Strafzumessungsschuld

Die Strafzumessungsschuld richtet sich nach dem vorwerfbar verwirklichten Unrecht. Was genau das Unrecht ausmacht, wird nicht einheitlich beurteilt. Während teilweise vertreten wird, dass das Unrecht auf der Rechtsgutsbeeinträchtigung und somit weitestgehend auf der Schwere der Tat liege[72], wird auf der anderen Seite darauf abgestellt wie stark der Rechtsfrieden durch den Normbruch gestört wurde.[73] Zur Entscheidung dieser Diskussion wird maßgeblich mit der Legitimation von Strafe und dem Zweck der Strafe argumentiert.[74] Auf die herrschende Straftheorie wird im nächsten Abschnitt eingegangen, wenn erörtert wird, inwieweit Strafzwecke im Rahmen der Strafzumessung berücksichtigt werden.

In der Rechtsprechung wird ebenfalls ein umfassenderer, weiterer Ansatz vertreten, der sowohl das Tatgeschehen als auch die Täterpersönlichkeit berücksichtigt.[75] So findet die Schwere der Tat ihre Grundlage in ihrer Bedeutung für die verletzte Rechtsordnung und in dem Grad der persönlichen Schuld des Täters.[76] Die Rechtsprechung berücksichtigt insoweit bei der Strafzumessung wie sich die Persönlichkeit des Täters in der Tat niederschlägt. Mit anderen Worten müssen die

---

[71] M.w.N. *Meier,*Strafrechtliche Sanktionen, S. 190 f.

[72] *Hörnle,*Tatproportionale Strafzumessung, S. 211 ff; siehe auch *Frisch/A.* von *Hirsch/ Albrecht* (Hrsg.), Tatproportionalität, S. 1 ff; kritisch ggü. diesem Ansatz, wonach vor allem präventive Aspekte keine Strafzumessungsrelevanz mehr hätten, siehe *Meier,*Strafrechtliche Sanktionen, S. 175 f; zur weiteren Kritik siehe *Streng,*Strafrechtliche Sanktionen, S. 315 ff; NK-StGB-*Streng*, § 46 Rn. 112.

[73] *Frisch*, ZStW 99 (1987), 349, 388; *G. Schäfer/Sander/van Gemmeren,*Praxis der Strafzumessung, S. 208; *Frisch*, GA 2015, 65, 67 f; *Frisch*, FS Müller-Dietz, 237, 252 f; MüKo-*Maier*, § 46 Rn. 31.

[74] Ausführlich *Frisch*, FS Müller-Dietz, 237, 252 ff.

[75] *BGH*, NStZ 1981, 389.

[76] *BGH*, NJW 1987, 2685, 2686; Schönke/H. Schröder-*Kinzig*, § 46 Rn. 4.

inneren Einstellungen des Täters aufgrund ihrer engen Beziehung zum Tatgeschehen Schlüsse auf den Unrechtsgehalt zulassen bzw. eine „konkrete Sinneinheit" mit dem Tatgeschehen bilden.[77]

Parallel dazu wird in der Strafrechtswissenschaft teilweise eine Unterteilung in den Erfolgs- und Handlungswert vorgenommen, um das verwirklichte Unrecht näher zu konkretisieren.[78] Der Erfolgsunwert umfasst dabei das Ausmaß der Gefährdung oder Verletzung des jeweiligen Schutzobjekts, während der Handlungsunwert die Art und Weise der Tatbegehung umschreibt. Die Art und Weise der Tatbegehung kann sich auf die Verletzung der Tatbestandsvoraussetzungen und auf die in der Person des Täters liegenden Unrechtsmerkmale beziehen.[79]

5.4.3 Die Strafzwecke und die Strafzumessung

Fest mit der Frage nach der Berücksichtigung der Strafzwecke im Rahmen der Strafzumessung verbunden ist die Frage nach dem Zweck des staatlichen Strafens. Nach der von der Rechtsprechung vertretenen Vereinigungstheorie, die die Ansätze der general- und spezialpräventiven Theorien kombiniert, bedarf die Strafe zu ihrer Rechtfertigung eines verfassungslegitimen Zwecks, der im präventiven Rechtsgüterschutz liegt.[80] Für die Strafzumessungspraxis ist somit die Vereinigungstheorie wesentlich. Da in dieser Arbeit die Strafzumessungspraxis empirisch untersucht wird, wird dieser Arbeit allein diese Ansicht zugrunde

---

[77] Schönke/H. Schröder-*Kinzig*, § 46 Rn. 4; *BGH*, NStZ-RR 2001, 295; NStZ-RR 2010, 25; auch die Rechtsprechung erteilt durch die Anforderungen den Lehren von der Charakter-, Persönlichkeits- und Lebensführungsschuld eine Abfuhr. Zu diesen Theorien siehe *Herzberg*, FS Achenbach, 157, 184 ff; diese Theorien erscheinen darüber hinaus nicht vertretbar, da gesetzlich nicht verankert ist, dass bestimmte Charakterzüge oder bestimmte Lebensstile verboten sind. Da mit dem Strafrecht immer Grundrechtseingriffe verbunden sind, würde es an einer gesetzlichen Grundlage dahingehend bedürfen. Eine solche wäre allerdings verfassungswidrig, siehe *Meier*, Strafrechtliche Sanktionen, S. 191.

[78] MüKo-*Maier*, § 46 Rn. 31 f; teilweise wird nicht zwischen Erfolgs- und Handlungsunwert differenziert, sondern nur nach tat- und täterbezogenen Strafzumessungsmerkmalen, vgl. *Bruns/Güntge*, Das Recht der Strafzumessung, 183 ff., 197 ff; *Meier*, Strafrechtliche Sanktionen, S. 190 Fn. 54; darüber hinaus gibt es eine Gegenansicht, nach der das Unrecht der Tat nur durch das Handlungsunrecht konstituiert wird, siehe *Zielinski*, Handlungs- und Erfolgsunwert im Unrechtsbegriff, S. 128 ff.

[79] Welchen Inhalt der Erfolgs- und der Handlungsunwert haben, wird in der Literatur nicht einheitlich beurteilt, siehe *Meier*, Strafrechtliche Sanktionen, S. 191.

[80] *Meier*, Strafrechtliche Sanktionen, S. 35 f; MüKo-*Radtke* Vor. § 38 Rn. 51 f; *Roxin/Greco*, Strafrecht AT I, § 3 Rn. 37 ff; für die Rechtsprechung siehe nur *BVerfG*, NJW 1967, 1654, 1657; *BGH*, NJW 1971, 439.

gelegt. Durch die Strafe kann die Allgemeinheit an die fortdauernde Geltung verletzten Rechts erinnert werden. Gleichzeitig dient die Strafe zur Abschreckung vor rechtswidrigem Verhalten.[81] Auf den Verurteilten soll durch die Strafe derart eingewirkt werden, dass er keine weiteren Straftaten begeht und eine Resozialisierung ermöglicht werden kann.[82] Damit ist somit die Gefahr gemeint, ob weitere Rechtsgüter vom Täter verletzt werden.

Ob und inwieweit präventive Faktoren im Rahmen der Strafzumessung berücksichtigt werden, ist umstritten und hängt von der jeweiligen Strafzumessungstheorie ab.[83] Zwar gibt es Strafzumessungstheorien, wie die Stellenwerttheorie, wonach sich die Höhe der Strafe ausschließlich nach der Schuld bestimmt und präventive Umstände nur bei der Frage, welche Strafart gewählt wird, relevant werden.[84] Jedoch werden nach der herrschenden Spielraumtheorie spezial- und generalpräventive Gesichtspunkte bei der Strafzumessung bei der Bestimmung der schuldangemessenen Strafe einbezogen. Nach besagter Theorie wird die im Einzelfall schuldangemessene Strafe wie folgt bestimmt: zunächst wird vom Tatrichter über die Schuldwertung ein Schuldrahmen gebildet, innerhalb dessen unter Präventionsgesichtspunkten die Strafe bestimmt wird.[85] Der Schuldrahmen wird sowohl nach unten als auch nach oben durch das Gebot der schuldangemessenen Strafe bestimmt. Innerhalb dieses Schuldrahmens hat der Tatrichter somit eine Art Spielraum, um präventive Gesichtspunkte strafschärfend oder -mildernd zu berücksichtigen. Der Tatrichter muss den Schuldrahmen nicht zahlenmäßig

[81] *Meier,* Strafrechtliche Sanktionen, S. 36.

[82] *Meier,* Strafrechtliche Sanktionen, S. 36.

[83] Folgt man der Lehre von der Tatproportionalität, so finden präventive Erwägungen überhaupt keine Berücksichtigung, siehe *Hörnle,* Tatproportionale Strafzumessung, 75, 387 ff. Zur Kritik an dieser Theorie siehe Fn. 558.

[84] SK-StGB-*Wolters*, § 46 Rn. 33 ff., wonach präventive Umstände nur entscheidend werden, wenn es darum geht, in welcher Art die schuldangemessene Strafe verhängt und ob die Strafe tatsächlich vollstreckt wird; die Stellenwerttheorie ist jedoch mit dem Gesetz nicht vereinbar, da § 46 Abs. 1 S. 2 StGB explizit anordnet, dass die Wirkung der Strafe bei der Strafbemessung zu berücksichtigen ist, *G. Schäfer/Sander/van Gemmeren,* Praxis der Strafzumessung, S. 295.

[85] Vgl. *BGH*, NJW 1965, 2016, 2017; MüKo-*Radtke*, Vorb. zu § 38 Rn. 60 ff.; m.w.N. NK-StGB-*Streng*, § 46 Rn. 97 ff.

im Urteil angeben.[86] Die Grenzen des Schuldrahmens dürfen weder über- noch unterschritten werden.[87]

5.4.4 Strafzumessungserhebliche Tatsachen bei Äußerungsdelikten

Strafzumessungserhebliche Tatsachen sind die Sachverhaltsumstände, die im Rahmen der Strafzumessung für die Bestimmung der Strafart und -höhe herangezogen werden. Zwar listet § 46 StGB bereits die häufigsten Tatsachen auf, jedoch wird daraus weder deutlich, wo die Grenzen der Tatsachen zu ziehen sind, noch ist die Auflistung abschließend. Nach dem bisher Festgestellten sind die Umstände des Falls relevant, die eine Aussage über die Schuld des Täters und/ oder über präventive Aspekte erlauben.[88] Dieser Abschnitt orientiert sich an den bereits in § 46 StGB aufgelisteten Merkmalen. Angesichts des Schwerpunkts der Untersuchung werden die Merkmale in den folgenden Abschnitten aus der Perspektive der Beleidigungs- und der Volksverhetzungsdelikte beleuchtet. Darüber hinaus werden die Merkmale danach aufgeteilt, ob sie den Erfolgs- oder den Handlungsunwert kennzeichnen.

5.4.4.1 Erfolgsunwert

5.4.4.1.1 Art und Ausmaß der Rechtsgutsverletzung

Ein für die Strafzumessung maßgebender Faktor ist zunächst die Art und das Ausmaß der Rechtsgutsverletzung und der außertatbestandlichen Folgen. In welchem Ausmaß bei den §§ 185 ff. StGB die Ehre als geschütztes Rechtsgut durch die Kundgabe der Missachtung verletzt wurde, ist nicht derart greifbar oder messbar, wie es z. B. bei Vermögensdelikten möglich ist. Wie bereits auf Tatbestandsebene bei der Frage, ob überhaupt eine Ehrverletzung vorliegt, wird auch auf der Ebene der Strafzumessung bei der Ermittlung des Ausmaßes der Ehrverletzung die gesamte Kommunikationssituation maßgeblich sein.[89] Dazu gehört auch, wie viele Personen durch die Kundgabe der Missachtung zum Opfer

---

[86] *G. Schäfer/Sander/van Gemmeren,*Praxis der Strafzumessung, S. 297.

[87] *BGH*, NJW 1965, 2016, 2017; NJW 1971, 61 f.; JR 1977, 159, 160; MüKo-*Radtke*, Vor. §§ 38 ff. Rn. 57; *Kett-Straub/Kudlich,*Sanktionenrecht, § 9 Rn. 13; für eine potentielle Unterschreitung siehe hingegen *Roxin/Greco,*Strafrecht AT I, § 3 Rn. 54; *Roxin*, FS Schultz, 463, 473; *Meier,*Strafrechtliche Sanktionen, S. 171 f.

[88] Vgl. *Meier,*Strafrechtliche Sanktionen, S. 196.

[89] Ausführlicher zu den Umständen, die die Kommunikationssituation prägen, siehe Abschnitt 3.1.1.

der Ehrverletzung werden.[90] Dem steht auch nicht das sog. Doppelverwertungsverbot entgegen, das aus § 46 Abs. 3 StGB abgeleitet wird. Zwar kann das tatbestandsmäßige Verhalten, d. h. konkret das kommunikative Verhalten, keine strafzumessungsrelevante Tatsache darstellen. Jedoch sind quantitative und qualitative Abstufungen bei der Tatbestandsverwirklichung heranzuziehen. Im Falle von Äußerungsdelikten wird diese Tatbestandsverwirklichung durch die konkrete Kommunikationssituation geprägt.[91] Ebenso verhält es sich bei der Volksverhetzung. Auch hier ist eine Verletzung des Rechtsguts nicht direkt wahrnehmbar. Das Ausmaß der Verletzung des öffentlichen Friedens und der (teilweisen) Verletzung der Menschenwürde muss ebenfalls anhand der Äußerungssituation ermittelt werden. Es wirkt sich z. B. strafschärfend aus, wenn eine öffentliche Äußerung auf Beifall stößt und nicht nur „wirkungslos verhallt".[92]

5.4.4.1.2 Außertatbestandliche Folgen

Neben dem Ausmaß der Verletzung des Rechtsguts finden auch außertatbestandliche Folgen Berücksichtigung, vgl. § 46 Abs. 2 StGB. Dabei handelt es sich um solche, die nicht unmittelbar vom Tatbestand umfasst sind und teilweise erst nach der Tatverwirklichung eintreten. Sie stellen unter Umständen strafzumessungsrelevante Tatsachen dar, wobei es genügt, wenn hinsichtlich derartiger Folgen Fahrlässigkeit vorliegt und sie somit vorhersehbar waren.[93]

Bei diesen Folgen kann unterschieden werden, ob diese vom Schutzbereich der Norm umfasst sind oder nicht. Bei der Analyse der empirischen Forschungsergebnisse bzgl. der Prävalenz und der Folgen konnte erarbeitet werden, welche Kurz- und Langzeitfolgen bei den verschiedenen Phänomenen auftreten können. Gerade bei dem beleidigenden Verhalten kann es hierbei somit um psychische und psychosomatische Krankheitsbilder in Form von Depressionen, Angstzuständen oder in Einzelfällen sogar Suizidversuchen gehen. Hierbei handelt es sich um Folgen, die dem Schutzbereich der §§ 185 ff. StGB zugeordnet werden können, solange die seelischen Verletzungen durch die Ehrverletzungen hervorgerufen werden. Sie müssen das Tatbild prägen und in einem inneren Zusammenhang mit dem Tatbild stehen.[94]

---

[90] *BayObLG*, 15.07.1993 – 3St RR 154/92 (erhältlich in juris).

[91] Vgl. *Meier,* Strafrechtliche Sanktionen, S. 231 f; *G. Schäfer/Sander/van Gemmeren,* Praxis der Strafzumessung, S. 251.

[92] *LG Bochum*, Urt. v. 09.09.2005 – 1 KLs 33 Js 248/04 (erhältlich in juris).

[93] *BGH*, NStZ-RR 2006, 372; *G. Schäfer/Sander/van Gemmeren,* Praxis der Strafzumessung, S. 215.

[94] MüKo-*Maier*, § 46 Rn. 250.

Anders könnte es bei den Vorwürfen sein, dass durch Beleidigungen im Internet die Kommunikation verrohe, die Meinungsäußerungsbereitschaft durch Angst vor verbalen Angriffen betroffen sei, dass durch eine mangelnde Meinungsvielfalt der Diskurs eingeschränkt werde, dass das Unsagbare sagbar werde und dass Beleidigungen und weitere Formen der verbalen (digitalen) Gewalt einen Nährboden für physische Gewalttaten im realweltlichen Leben schaffen würden. Zu bedenken sind ebenfalls die Fälle, in denen aus einer Amtsstellung heraus eine Ehrverletzung oder Volksverhetzung vorgenommen wurde. Inwieweit kann der schlechte Ruf, der auf die Amtsstellung zurück geht, im Rahmen der Strafzumessung berücksichtigt werden? Hierbei handelt es sich um Folgen, die in keinem Zusammenhang zur einzelnen Tat mehr stehen und somit nicht vom Schutzbereich der Norm umfasst sind. Ob die Folgen vom Schutzbereich der Norm umfasst sein müssen, damit sie im Rahmen der Strafzumessung berücksichtigt werden können, ist umstritten. Während innerhalb der Strafrechtsliteratur nur vereinzelt vertreten wird, dass kein Bezug zum Normzweck erforderlich ist und überwiegend von einem solchen Erfordernis ausgegangen wird, ist die Frage innerhalb der Rechtsprechung des BGH ebenfalls umstritten.[95] Nur der 4. Strafsenat des BGH forderte in einem Beschluss in Übereinstimmung zur herrschenden Auffassung in der Literatur ebenfalls einen Bezug zum Schutzzweck der Norm.[96] Diese Meinung wurde nicht von den anderen Strafsenaten geteilt. Sowohl der 3. als auch der 1. Strafsenat teilen die Auffassung, dass es ausreiche, wenn hinsichtlich der außertatbestandlichen Folgen Vorhersehbarkeit vorlag.[97]

Zur Begründung wurde vom 3. Strafsenat lediglich angebracht, dass Bedenken gegen eine solche, „die Strafzumessung einengende Auslegung des § 46 Abs. 2 StGB" bestehen.[98] Dabei verkennt die Rechtsprechung des BGH allerdings, dass es sowohl auf der Tatbestands- als auch auf der Strafzumessungsebene um die Frage geht, inwieweit Folgen einer Tat dem Täter zuzurechnen sind, weshalb es gerechtfertigt ist, nicht nur auf der Tatbestands- sondern auch auf der Strafzumessungsebene auf den Schutzzweck der Norm abzustellen.[99] Das würde für die einfache Beleidigung gem. § 185 StGB als Delikt, das dem Schutz von einem Individualrechtsgut dient, bedeuten, dass gesellschaftliche Auswirkungen

---

[95] Gegen einen Bezug zum Schutzzweck: *Maurach et al.,*Strafrecht AT II, § 63 Rn. 27; für einen Bezug zum Schutzzweck: *Frisch*, ZStW 99 (1987), 751, 753 f.; *Meier*, StV 23 (2003), 442; *Streng,*Strafrechtliche Sanktionen, Rn. 558, m.w.N. Fn. 1940; *Kett-Straub*, NStZ 37 (2017), 577, 579; *Meier,*Strafrechtliche Sanktionen, S. 199.

[96] *BGH*, NStZ 1993, 337 f.

[97] *BGH*, NStZ 2002, 645; NStZ-RR 2006, 372.

[98] *BGH*, NStZ 2002, 645.

[99] *Meier*, StV 23 (2003), 442, 443.

einer Straftat, wie z. B. die vermeintliche Verrohung des Diskurses oder das Verursachen eines Gewaltklimas, nicht berücksichtigungsfähig sind.[100] Dieses Ergebnis deckt sich ebenfalls mit den Ausführungen dazu, inwieweit eine Strafschärfung der Beleidigungsdelikte für die öffentliche Begehungsweise mit dem Schutz gesamtgesellschaftlicher Werte legitimiert werden kann. Auch dort wurde eine derartige Begründung für nicht vertretbar gefunden.

Bei einer Zugrundelegung der Rechtsprechungsmaßstäbe könnte man grds. zu einem anderen Ergebnis gelangen. So ist es für Beleidigungstäter durchaus vorhersehbar, dass sie mit ihren strafbaren Äußerungen einen Beitrag dazu leisten, dass verbale Aggressionen einen Teil des Diskurses im Internet ausmachen. Die Verschlechterung des Diskursklimas und eine eingeschränkte Meinungsvielfalt stehen zwar in keinem unmittelbaren Zusammenhang zur einzelnen Beleidigung, prägen jedoch das Tatbild. Scheitern könnte eine Berücksichtigung nach der überwiegenden Rechtsprechungsansicht jedoch dadurch, dass die Auswirkungen der Tat als strafzumessungserhebliche Tatsachen bestimmt festgestellt und belegt werden müssen.[101] Nicht nur bei gesamtgesellschaftlichen Folgen, sondern auch bei Rufschädigungen, die bei einer Beleidigungstat ebenfalls für das Tatbild prägend sein können und wohl grds. für den Täter bei der Tatbegehung vorhersehbar sind, bleibt nach den Rechtsprechungsgrundsätzen unklar, wie sie im Justizalltag gemessen und vor Gericht bewiesen werden sollen.[102]

Es bleibt festzuhalten, dass die Argumente für eine Berücksichtigung des Schutzzwecks der Norm, entgegen der Rechtsprechungsansichten einzelner BGH-Senate, zu befürworten sind. Einerseits gibt es keinen überzeugenden Grund die Frage nach der Zurechnung von Tatfolgen auf der Strafzumessungsebene anders zu bewerten als auf der Tatbestandsebene. Andererseits können so die unpraktikablen Anforderungen des BGH umgangen werden. Die häufig zur Debatte stehenden Folgen von schädigendem Kommunikationsverhalten, insbesondere für die Gesellschaft, sind somit im Rahmen der Strafzumessung als außertatbestandliche Folgen nicht berücksichtigungsfähig.

---

[100] Vgl. *Meier*, StV 23 (2003), 442, 443.

[101] Zur st. Rspr. siehe nur *BGH*, NStZ-RR 2009, 306; so die Begründung des BGH bei einer Rufschädigung der Polizei als außertatbestandliche Folge, siehe NStZ 2017, 577.

[102] Vgl. *Kett-Straub*, NStZ 37 (2017), 577, 578.

5.4.4.2 Handlungsunwert

5.4.4.2.1 Art der Tatausführung

Die Art der Tatausführung ist die Realisierung des Täterwillens.[103] Für die Tatausführung sind mehrere Kriterien prägend: Der Tatort, die Tatzeit und die Dauer der Tat werden neben den Tatmitteln, der eigentlichen Tathandlung und der Beziehung zwischen Täter und Opfer[104] berücksichtigt. Der bereits vielfach diskutierte Umstand der öffentlichen Tatbegehung kennzeichnet die Tatausführung und kann im Einzelfall bei einer Strafbarkeit gem. § 185 StGB strafschärfend gewürdigt werden.[105] Speziell bei internet-öffentlichen Beleidigungen können die im Einzelfall den Unrechtsgehalt erhöhenden Umstände berücksichtigt werden, wie z. B. die unkontrollierbare Weiterverbreitung einer Äußerung. Wie bereits auf Tatbestandsebene, kann auch an dieser Stelle die gesamte Kommunikationssituation für die Strafzumessung maßgebend sein. Neben der öffentlichen Tatbegehung gibt es weitere diskussionswürdige Umstände, die im Zusammenhang mit der Tathandlung stehen, die berücksichtigungsfähig sein könnten.

Gerade im Zusammenhang mit dem Vorwurf, dass der gesellschaftliche Diskurs verrohe, tut sich die Frage auf, ob die konkrete Ausdrucksweise und der Inhalt Faktoren darstellen können, die für die Strafzumessung maßgebend sein können. So könnte man davon ausgehen, dass derjenige, der sein Opfer mit vulgären Ausdrucksweisen oder wüsten Schimpfwörtern verbal attackiert, härter bestraft wird als jemand, der sich auf eloquente Art und Weise ehrverletzend ausdrückt. Das wiederum hätte allerdings zur Folge, dass der Intellekt und die typische Ausdrucksweise einer Person entscheidend für das Strafmaß wären, was eine Benachteiligung für Personen aus weniger gebildeten Schichten bedeutet. Ausgehend vom Bildungsstand und der Sozialisierung können die Ausdrucksfähigkeiten divergieren. Eine Einzelfallbetrachtung ist somit auch im Rahmen der Strafzumessung unerlässlich, da der soziale Kontext und die Äußerungssituation maßgebend sein können.

Es kann ebenfalls von Bedeutung sein, ob lediglich eine beleidigende Äußerung getätigt wird oder ob das Tatopfer über einen anhaltenden Zeitraum

---

[103] *G. Schäfer/Sander/van Gemmeren,*Praxis der Strafzumessung, S. 224.

[104] Siehe z.B. *AG Hamburg-Barmbek*, Beschluss v. 13.07.2018 – 846 Ds 92/17 (erhältlich in juris), wo die Beleidigung im Rahmen einer Partnerschaft als strafschärfend bewertet wurde, da sich mit besonderem Vertrauen und Respekt zu begegnen sei. Fällt die Beleidigung im Laufe eines heftigen Streits, kann dies strafmildernd wirken.

[105] *AG Pasewalk*, Urt. v. 20.05.2015 – 711 Js 10447/14 (erhältlich in juris); *AG Düsseldorf*, Urt. v. 07.06.2016 – 137 DS 63/16 (erhältlich in juris); *AG Zossen*, Urt. v. 28.07.2016 – 10 Ds 181/15, 10 Ds 496 Js 32612/14 (181/15) (erhältlich in juris); *AG Kassel*, Urt. v. 03.08.2020 – 246 DS – 1622 Js 25245/17 (erhältlich in juris).

hinweg in einem Gespräch mit einer hohen Anzahl an Beleidigungen überhäuft wird.[106] Maßgeblich dafür ist, dass der Geschehensablauf im Rahmen der Hauptverhandlung rekonstruiert werden kann.

Überdies kann neben der Formulierungsweise und der Anzahl von Äußerungen auch deren Inhalt Auswirkungen auf die Strafzumessung haben. An dieser Stelle ist an solche Äußerungen zu erinnern, die mittels menschenverachtender oder sonstiger Inhalte die Menschenwürde der Geschädigten angreifen.[107] Zu bedenken sind auch Beleidigungen, durch die den Betroffenen in ungewollter Weise die Sexualität des Täters aufgedrängt wird. All diese Inhalte, die den Unrechtsgehalt im Einzelfall erhöhen können, können somit im Rahmen der Strafzumessung Berücksichtigung finden. All dies steht auch nicht im Widerspruch zum Doppelverwertungsverbot gem. § 46 Abs. 3 StGB: es wird im Rahmen der Strafzumessung nicht strafschärfend gewürdigt, dass beleidigt wird. Der Schwerpunkt liegt vielmehr auf der Art und Weise, wie die Beleidigung mit welchen Mitteln geäußert wurde.

Bei der Volksverhetzung gem. § 130 StGB wirkt es sich strafschärfend aus, wenn es sich um eine lange Äußerung oder Rede handelt, die gesamte Äußerung und nicht nur Teile von einem menschenfeindlichen Kern geprägt ist und die Anzahl der Zuhörer nicht gering ist.[108] Strafschärfend kann es sich außerdem auswirken, wenn Beiträge über einen längeren Zeitraum hinweg im Internet verbreitet werden.[109] Zwar wirkt es sich strafbarkeitsbegründend aus, wenn die Aussage zur Störung des öffentlichen Friedens geeignet ist. Auf Strafzumessungsebene wirkt es sich hingegen strafmildernd aus, wenn aufgrund mangelnder Erkenntnisse zum Verbreitungserfolg von einer nur geringen Anzahl an Adressaten ausgegangen wird.[110]

5.4.4.2.2 Beweggründe und Ziele des Täters

Ebenfalls in § 46 Abs. 2 StGB genannt sind die Beweggründe und Ziele des Täters, wobei rassistische, fremdenfeindliche, antisemitische und sonstige menschenverachtende Motive explizit hervorgehoben wurden. Je stärker der

---

[106] *AG Kassel*, Urt. v. 03.08.2020 – 246 DS – 1622 Js 25245/17 (erhältlich in juris), Rn. 114; *AG Frankfurt am Main*, Urt. v. 15.02.2021 – 907 Cs 7680 Js 229740/19 (erhältlich in juris), Rn. 29.

[107] *AG Zossen*, Urt. v. 28.07.2016 – 10 Ds 181/15, 10 Ds 496 Js 32612/14 (181/15) (erhältlich in juris), Rn. 26.

[108] *LG Bochum*, Urt. v. 09.09.2005 – 1 KLs 33 Js 248/04 (erhältlich in juris).

[109] *LG Bonn*, Urt. v. 18.09.2020 – 51 Ns-555 Js 306/13–19/20 (erhältlich in juris).

[110] *AG Frankfurt am Main*, Urt. v. 06.01.2022 – 907 Ds 6111 Js 250180/19 (erhältlich in juris).

Beweggrund des Täters ausgeprägt ist, desto höher ist sein Gewicht im Rahmen der Strafzumessung.[111] Rechtlich anerkannte Motive wirken sich strafmildernd aus, während solche, die nicht im Einklang mit dem Gesetz stehen, strafschärfender Natur sind.[112] Ob es sich um rechtlich anerkannte und vertretbare Motive handelt, ist insbesondere nach verfassungsrechtlichen Grundwerten, Art. 1 und 3 GG, zu beurteilen.[113] Bei Äußerungsdelikten gewinnen derartige menschenverachtende Motive insbesondere an Relevanz, wenn es um strafbare Hate Speech-Konstellationen geht. Wird ein Tatopfer aufgrund einer bloßen Gruppenzugehörigkeit bzw. wegen eines Gruppenmerkmals, beleidigt, so kann das dadurch verkörperte, menschenverachtende Motiv im Rahmen der Strafzumessung strafschärfend berücksichtigt werden. Bei der Volksverhetzung gem. § 130 StGB kann die menschenverachtende Motivation an sich bei der Strafzumessung nicht berücksichtigt werden, weil die Gruppenzugehörigkeit bereits Teil des Tatbestands ist, vgl. § 130 Abs. 1 und 2.[114] Andernfalls würde ein Verstoß gegen das Doppelverwertungsverbot vorliegen.

5.4.4.2.3 Die Gesinnung, die aus der Tat spricht

Des Weiteren sind die Tatgesinnung und der bei der Tat aufgewendete Wille berücksichtigungsfähig. Die Gesinnung des Täters, d. h. die Einstellung des Täters ggü. der Rechtsordnung, kann im Rahmen der Strafzumessung nur dann berücksichtigt werden, wenn sie in einem Zusammenhang zur Tat steht bzw. sie sich in der Tat manifestiert hat.[115] Andernfalls würde es zu einer Bestrafung von Lebensstilen kommen, was mit dem herrschenden Tatstrafrecht nicht in Einklang zu bringen ist.[116] Auch bei diesem Strafzumessungsaspekt ist bei der Bemessung der Strafe bei der Volksverhetzung gem. § 130 Abs. 2 Nr. 1 StGB das Doppelverwertungsverbot zu berücksichtigen. Dort ist die „böswillige" Begehungsweise bereits Teil des Tatbestandes und darf somit gem. § 46 Abs. 3 StGB nicht mehr bei der Strafzumessung berücksichtigt werden. Täter, die aus politischen, religiösen oder sittlichen Gründen eine feindliche Einstellung ggü.

---

[111] *G. Schäfer/Sander/van Gemmeren,* Praxis der Strafzumessung, S. 218.

[112] *BGH*, NJW 1995, 340 f.; *G. Schäfer/Sander/van Gemmeren,* Praxis der Strafzumessung, S. 218.

[113] *BGH*, NJW 1995, 340, 341.

[114] Schönke/H. Schröder-*Kinzig*, § 46 Rn. 15c; MüKo-*Maier*, § 46 Rn. 211; anders hingegen *Finger,* Homophobie und Strafrecht, S. 232 f., wonach auf Tatbestandsebene bei der Prüfung der volksverhetzenden Äußerung ein objektiver Maßstab zugrunde gelegt werden muss, sodass die Motivation i.R.d. Strafzumessung noch berücksichtigt werden kann.

[115] *Meier,* Strafrechtliche Sanktionen, S. 203 f.

[116] *BGH*, NJW 1954, 1416; *Meier,* Strafrechtliche Sanktionen, S. 204.

der Rechtsordnung hegen und deswegen Straftaten begehen, werden auch als Überzeugungstäter bezeichnet.[117]

Der bei der Tat aufgewendete Wille meint die Intensität des Täterwillens und hängt davon ab, wie hartnäckig der Täter sein Handlungsziel verfolgt hat, was sich in der konkreten Tatausführung widerspiegelt. In diesem Zusammenhang wird oftmals von dem Begriff der „kriminellen Energie" Gebrauch gemacht, der jedoch in der Literatur vermehrt kritisiert wird.[118]

Insbesondere im Bereich der Beleidigungsdelikte kann der Zusammenschluss mehrerer Personen zur Tatbegehung relevant werden. Hier ist eine differenzierte Betrachtung angebracht. Schließen sich mehrere Personen zur gemeinsamen Drangsalierung eines Geschädigten zusammen, unmittelbar mit der Zielfassung in einem stärkeren Maße zu verletzen, handelt es sich um einen strafschärfenden Umstand.[119] Ergibt sich die Planung und Ausführung der Tat hingegen zufällig, handelt es sich um einen gruppendynamischen Prozess, der strafmildernd wirken kann, wenn die Betroffenen alleine niemals straffällig geworden wären.[120] Gerade in Fallkonstellationen des (Cyber-)Mobbings werden diese Erwägungen relevant, da sich oftmals mehrere Personen zusammenschließen und eine andere Person schikanieren. Da Cybermobbing regelmäßig wiederholt vorkommt und über einen längeren Zeitraum stattfindet, ist ein strafschärfender Umstand anzunehmen. Anders könnte es sich bei Situationen verhalten, wo Täter sich im Rahmen von internet-öffentlichen Diskussionen einer Beleidigung anschließen. Hier ist im Einzelfall zu bewerten, ob der Wille zur Tatausführung der plötzlichen Gruppendynamik entsprang und strafmildernd berücksichtigt werden kann.[121]

5.4.4.2.4 Maß der Pflichtwidrigkeit

Das Maß der Pflichtwidrigkeit, ein Aspekt der in der Regel bei Fahrlässigkeits- und unechten Unterlassungsdelikten relevant wird, spielt im Bereich der Beleidigungs- und Volksverhetzungsdelikte eine eher untergeordnete Rolle. Die berufliche Stellung des Täters ist an dieser Stelle bedeutsamer. Diese können bei

---

[117] *Meier,*Strafrechtliche Sanktionen, S. 205.

[118] Zur Kritik an dem Begriff der „kriminellen Energie" im Zusammenhang mit strafzumessungsrechtlichen Bewertungen vgl. *Meier,*Strafrechtliche Sanktionen, S. 206; *G. Schäfer/Sander/van Gemmeren,*Praxis der Strafzumessung, S. 619; *Hörnle,*Tatproportionale Strafzumessung, S. 57 ff.

[119] Vgl. MüKo-*Maier*, § 46 Rn. 226.

[120] *BGH*, BeckRS 1993, 31080517; NStZ 2016, 525; *G. Schäfer/Sander/van Gemmeren,*Praxis der Strafzumessung, S. 222; vgl. MüKo-*Maier*, § 46 Rn. 243.

[121] Siehe ausführlich zur „Mitläufer"-Problematik Abschnitt 4.7.2.

der Strafzumessung nur berücksichtigt werden, wenn sie eine unmittelbare Beziehung zur Straftat haben, bzw. wenn durch die Stellung für das verletzte Rechtsgut erhöhte Pflichten begründet sind.[122] Dieser unmittelbare Zusammenhang muss auch im Rahmen der Strafzumessung deutlich werden, um zu vermeiden, dass berufliche Pflichtenstellungen in moralisch bewertender Weise als Strafschärfungsgrund genutzt werden.[123] Demnach wirkt es sich z. B. strafschärfend aus, wenn Polizeibeamte während des Einsatzes rassistische Beleidigungen ggü. Tatopfern kundgeben, da sie bei der Durchführung von polizeilichen Maßnahmen eine Machtposition innehaben. In diesem Moment sind sie Repräsentanten des Staates und haben eine Vorbildfunktion.[124]

5.4.4.2.5 Vor- und Nachtatverhalten

Als strafzumessungsrelevant werden ebenso das Vor- und Nachtatverhalten eingestuft.[125] Beim Vortatverhalten lässt sich zwischen dem Verhalten, welches unmittelbar vor der Tat stattgefunden hat und dem Vorleben des Täters unterscheiden. Während der Tat unmittelbar vorgelagerte Geschehensabläufe, wie z. B. Konfliktsituationen, unstrittig in die Strafzumessungswertung einfließen können, ist beim Vorleben und beim Nachtatverhalten des Täters insbesondere in der Literatur umstritten, wie die strafzumessungsrechtliche Relevanz begründet wird und schlussfolgernd in welchem Umfang sie berücksichtigt werden.[126] Als Begründungsansätze lassen sich Folgende unterscheiden: Das Vor- und Nachtatverhalten wird entweder als schuld- oder präventionsrelevant verordnet.[127] Bei den Ansätzen, die von einer Schuldrelevanz ausgehen, wird zudem zwischen einer unmittelbaren oder mittelbaren Auswirkung unterschieden.[128] Die Rechtsprechung und ein Teil der Literatur gehen von mittelbaren Schuldrelevanz aus und plädieren für eine sog. „Indizlösung". Umstände vor und nach der Tat sind

---

[122] *BGH*, NStZ 1981, 258 (Ls); NJW 2000, 154, 157; BeckOK-StGB-*Heintschel-Heinegg*, § 46 Rn. 55.

[123] NK-StGB-*Streng*, § 46 Rn. 55.

[124] So zumindest das LG Gießen bei einer Verurteilung wegen Volksverhetzung, siehe *LG Gießen*, Urt. v. 29.07.2022 – 4 Ns – 6110 Js 261186/18 (erhältlich in juris).

[125] *Kunz,* Vorleben und Nachtatverhalten, 135 ff.

[126] Zur Berücksichtigung der Vorgeschichte bei Konflikttaten siehe *G. Schäfer/Sander/van Gemmeren,* Praxis der Strafzumessung, S. 228; beim Vorleben des Täters darf die Grenze zur Bestrafung einer Lebensführungsschuld nicht überschritten werden, siehe *BGH*, NStZ 1984, 259; *Hörnle,* Tatproportionale Strafzumessung, S. 40 ff.

[127] Für einen präventionsrelevanten Ansatz siehe *Dölling*, FS Frisch, 1181, 1184 ff.

[128] Eine unmittelbare Schuldrelevanz vertretend siehe *Meier*, GA 162 (2015), 443, 446 f.; *Streng*, ZStW 101 (1989), 273, 326 f.

nach diesem Ansatz nur dann berücksichtigungsfähig, wenn sie in einem inneren Zusammenhang mit dem konkreten Schuldvorwurf stehen und somit Schlüsse auf den Täter und seine Einstellung zur Tat zulassen.[129] Da durch die „Indizlösung" nur solche Lebensumstände erfasst werden, die einen Rückschluss auf den Schuldvorwurf zulassen, wird eine Sanktionierung von bloß fragwürdigen Lebensentscheidungen des Täters somit vermieden.

Bzgl. des Vorlebens des Täters sind im Rahmen der Strafzumessungspraxis vor allem die Vorstrafen von Interesse. Nach ständiger Rechtsprechung des BGH wirkt es sich strafmildernd aus, wenn der Täter bisher strafrechtlich nicht in Erscheinung getreten ist und unbestraft ist.[130] Vorstrafen hingegen wirken sich überwiegend strafschärfend aus.[131]

Bei den der Tat vorgelagerten Konfliktsituationen wirkt es strafschärfend, wenn der Täter den Konflikt selbst herbeigeführt hat oder sich der Situation bewusst nicht entzogen hat, obwohl er weiß, dass er in derartigen Situationen straffällig wird.[132] Gerade bei Beleidigungsdelikten, die innerhalb von Beziehungen stattfinden, kann es sich strafmildernd auswirken, wenn Täter und Opfer eine ungesunde Beziehung führen, in der sich beide Partner regelmäßig streiten und beleidigen.

Beim Nachtatverhalten ist zunächst das Geständnis hervorzuheben. Zwar soll ein Geständnis im Idealfall nur strafmildernd wirken, wenn der Täter sich zu der Tat bekennt und seine Unrechtseinsicht zum Ausdruck bringt.[133] Da eine derartige Motivation im Justizalltag nicht in der Form nachvollziehbar ist, wird grds. jedes Geständnis strafmildernd berücksichtigt.[134] Die Art und die Umstände des Geständnisses können allerdings einen Einfluss auf den Grad der Strafmilderung haben. Exemplarisch hierfür ist ein Geständnis, das der Täter in der bloßen Erwartung einer geringeren Strafe tätigt. Strafmildernd kann es sich dabei immer noch auswirken, wenn, auch durch ein prozesstaktisches Geständnis, die Beweisaufnahme verkürzt wird und dem Tatopfer dadurch ein erneutes belastendes Durchleben des Tatgeschehens erspart bleibt.[135] Erfolgt das Geständnis

---

[129] Siehe die st. Rspr. *BGH*, NJW 1979, 1835; NStZ-RR 2002, 364; zu den Lösungsvorschlägen in der Literatur über einen erweiterten Tatbegriff oder über die Ablehnung der Indizlösung und der somit uneingeschränkten Einbeziehung des Vorlebens und Nachtatverhaltens des Täters siehe außerdem *Bruns/Güntge,*Das Recht der Strafzumessung, S. 278 ff.

[130] St. Rspr. siehe *BGH*, NStZ 1988, 70.

[131] Zum empirischen Nachweis siehe Abschnitt 5.5.

[132] *G. Schäfer/Sander/van Gemmeren,*Praxis der Strafzumessung, S. 228.

[133] *BGH*, NStZ-RR 2017, 105, 106.

[134] *G. Schäfer/Sander/van Gemmeren,*Praxis der Strafzumessung, S. 243.

[135] *Streng,*Strafrechtliche Sanktionen, S. 283; MüKo-*Maier*, § 46 Rn. 317 f.

allerdings erst nach der Beweisaufnahme, so nimmt die strafmildernde Wirkung ab, da insbesondere für das Tatopfer keine Vorteile entstehen.[136] Das strafmildernde Gewicht ist ebenfalls geringer, wenn der Täter einer erdrückenden Beweislage gegenübersteht und nur aufgrund dessen ein Geständnis abgibt.[137] Ein Teilgeständnis kann sich ebenfalls strafmildernd auswirken.[138]

Im Kontext des prozessualen Verhaltens ist ebenfalls das Schweigen und Bestreiten des Täters zu nennen, worunter auch ein fehlendes Geständnis fällt. Zulässiges Verteidigungsverhalten, wozu das Schweigen und das einfache Leugnen einer Tat zählen, dürfen nicht strafschärfend herangezogen werden.[139] Dass keine Entschuldigung durch den Täter erfolgt, darf ebenfalls nicht strafschärfend gewürdigt werden.[140]

Ferner sind weitere ausfallende und dreiste Äußerungen im Rahmen der Hauptverhandlung nicht im Rahmen der Strafzumessung zu berücksichtigen, da diese Verhaltensweisen in keinem Zusammenhang mit dem Schuldvorwurf bzgl. der vorgeworfenen Tat stehen.[141]

Eine etwaige Stabilisierung der Lebensverhältnisse, z. B. in Form von Drogen- und Alkoholabstinenz, Lösung von dubiosen Freundes- oder Bekanntenkreisen oder dem Beginn einer Erwerbstätigkeit, wirken sich strafmildernd aus, wenn der Angeklagte dadurch zeigt, dass er einen neuen, straffreien Lebensabschnitt beginnen möchte.[142]

5.4.4.2.6 Verminderte Einsichts- und Steuerungsfähigkeit

Die verminderte Einsichts- und Steuerungsfähigkeit ist bei strafbaren, verbalen Entgleisungen ebenfalls ein relevanter Faktor. Dass die verminderte Einsichts- und Steuerungsfähigkeit gem. § 21 StGB ein Milderungsgrund darstellen kann, wodurch eine Strafrahmenverschiebung stattfindet, wurde bereits erörtert. Voraussetzung des § 21 StGB ist jedoch, dass es sich um eine erhebliche Einschränkung handeln muss. Gemeint sind daher jene Fälle, in denen die Erheblichkeitsschwelle

---

[136] *G. Schäfer/Sander/van Gemmeren,* Praxis der Strafzumessung, S. 243; *Streng,* Strafrechtliche Sanktionen, S. 283.

[137] *BGH*, BeckRS 2018, 13154.

[138] Vgl. *BGH*, NStZ-RR 2010, 237; MüKo-*Maier*, § 46 Rn. 319.

[139] HK-GS-*Kempfer*, § 46 Rn. 32; *Fischer,* StGB, § 46 Rn. 53; Verteidigungsverhaltensweisen sind nur dann anders zu bewerten, wenn sie Ausdruck der besonderen Rechtsfeindlichkeit und Gefährlichkeit des Täters sind, siehe *BGH*, NStZ 2014, 396 f.

[140] MüKo-*Maier*, § 46 Rn. 310.

[141] *G. Schäfer/Sander/van Gemmeren,* Praxis der Strafzumessung, S. 242.

[142] NK-StGB-*Streng*, § 46 Rn. 78.

nicht erreicht wurde, die Einsichts- und Steuerungsfähigkeit jedoch trotzdem vermindert ist. Dabei handelt es sich um einen Umstand, der bei der Strafzumessung grds. strafmildernd ins Gewicht fallen kann.[143] Durch die enthemmende Wirkung von Rauschmitteln, insbesondere von Alkohol, kann es zu einer Einschränkung der Einsichts- und Steuerungsfähigkeit kommen. Einer Strafmilderung würde es allerdings entgegenstehen, wenn der Täter aufgrund von Erfahrungswerten wusste, dass er unter dem Einfluss von Alkohol zur Begehung von Straftaten neigt und trotzdem konsumierte.[144]

5.4.4.2.7 Sonstige Strafzumessungsfaktoren

Da die Auflistung der Strafzumessungsfaktoren in § 46 Abs. 2 StGB nicht abschließend ist, soll vereinzelt auf weitere relevante Umstände eingegangen werden.

Von Interesse ist dabei zunächst, inwieweit die berufliche Stellung des Tatopfers strafzumessungsrelevant werden kann, z. B. wenn ein Polizist oder ein Politiker beleidigt wird. In der Regel scheint es sich dabei um einen Umstand zu handeln, der keinen Einfluss auf die Strafzumessung hat, auch dann nicht, wenn es sich um eine Berufsgruppe handelt, die verglichen zu anderen stärker gefährdet ist.[145] Ausgehend davon kann eine Beleidigung ggü. einem Polizisten oder einem Politiker nicht per se strafschärfend bewertet werden. Einen allgemeinen Grundsatz, wonach es sich strafschärfend auswirkt, wenn Individualrechtsgüter eines „Repräsentanten des Staates" verletzt werden, gibt es nicht.[146] Das deutsche Strafrecht differenziert beim Schutz von Individualrechtsgütern nicht zwischen Amtsträgern und Bürgern.[147] Etwas anderes ergibt sich nur dann, wenn die Tat demonstrativ an einen Angehörigen der Berufsgruppe gerichtet ist.[148] Sofern ein Polizeibeamter somit außerhalb der Dienstzeit und ohne Polizeiuniform beleidigt wird, kommt grds. keine Strafschärfung in Betracht. Wird die geschädigte Person jedoch während der Dienstzeit beleidigt, z. B. während des Vollzugs einer

---

[143] *BGH*, BeckRS 1990, 31085185; NStZ 1992, 381; Beschluss v. 19.02.1998 – 4 StR 28/98 (erhältlich in juris).

[144] *G. Schäfer/Sander/van Gemmeren,*Praxis der Strafzumessung, S. 218. Siehe dazu auch ausführlich Abschnitt 8.3.1.3.1.

[145] *Fischer,*StGB, § 46 Rn. 44a; MüKo-*Maier*, § 46 Rn. 341.

[146] *Isfen*, HRRS 15 (2014), 88, 91 f.

[147] *BGH*, HRRS 2014, Nr. 28, vgl. Rn. 14, wonach Gewalttätigkeiten, die im Rahmen eines Landfriedensbruchs gegen Unbeteiligte oder sonstige Dritte begangen werden, keine „geringere" Schuld als Gewalt gegen Polizeibeamte verwirklichen; *Isfen*, HRRS 15 (2014), 88, 91 f.

[148] *Fischer,*StGB, § 46 Rn. 44a.

polizeilichen Maßnahme, so ist das Tatgeschehen von den Tatgerichten danach zu bewerten, ob Indizien dafürsprechen, dass die Beleidigung sich unmittelbar gegen die Institutionszugehörigkeit richtet.

Zuletzt ist die Strafempfindlichkeit des Täters zu nennen, die einen Einfluss auf die Strafe haben kann. Demnach ist bei der Strafzumessung zu berücksichtigen, wie hart die Strafe den Angeklagten aufgrund persönlicher Dispositionen im Einzelfall treffen mag. Dabei gilt, dass nur eine erhebliche erhöhte Strafempfindlichkeit zu einer Herabsetzung der Strafe führen kann.[149] Das ist z. B. bei schwer erkrankten Angeklagten der Fall, deren Lebenserwartung durch die Krankheit deutlich herabgesetzt ist.[150] Eine reine Alkohol- oder Drogenabhängigkeit reicht hierfür nicht aus.

5.5 Bisherige Erkenntnisse aus der empirischen Strafzumessungsforschung

Die empirische Strafzumessungsforschung stellt einen Forschungszweig der kriminologischen Wissenschaft dar. Ziel ist es, die Strafzumessungspraxis zu beleuchten. Üblicherweise fokussieren sich Strafzumessungsuntersuchungen auf bestimmte Deliktsbereiche, deren Strafzumessung genauer analysiert wird. Inwieweit diese Ergebnisse auf andere Deliktsarten übertragbar sind, ist jeweils im Einzelfall zu betrachten, wobei die Eigenarten der Deliktstypen berücksichtigt werden müssen.

Schöch untersuchte in seiner Untersuchung z. B. die Strafzumessungspraxis bei der Trunkenheit im Verkehr. Er kam zu dem Ergebnis, dass die folgenden Umstände strafschärfender Natur sind: eine erhöhte Blutalkoholkonzentration in Verbindung mit dem Wissen des Täters noch Auto fahren zu müssen, die erhöhte Gefahr wegen zunehmender Verkehrsdichte, die beträchtliche Höhe fremder Sachschäden und eine längere Fahrstrecke mit Alkoholeinfluss.[151] Strafmildernd wurde es u.a. hingegen gewertet, wenn keine Vorstrafen vorhanden waren, wenn der Täter in der Hauptverhandlung Reue und Schuldeinsicht gezeigt hat und wenn nur ein geringer Schaden entstanden ist.[152]

---

[149] MüKo-*Maier*, § 46 Rn. 292.

[150] *BGH*, BeckRS 2007, 11156; NStZ-RR 2008, 105.

[151] *Schöch,*Strafzumessungspraxis und Verkehrsdelinquenz, S. 116 ff.

[152] *Schöch,*Strafzumessungspraxis und Verkehrsdelinquenz, S. 118 f.

Albrecht widmete sich der Strafzumessung bei schwerer Kriminalität. Der Schwerpunkt lag auf der Strafzumessung bei Vergewaltigungs-, Raub- und Einbruchsdiebstahlsdelikten. Beim Raub standen die Gewalt, der Alkoholkonsum, die kriminelle Energie und der eingetretene Schaden strafschärfend im Vordergrund.[153] Bei den Vergewaltigungsdelikten wurden die Täter-Opfer-Beziehung, ebenfalls die kriminelle Energie sowie die Verletzungsfolgen im Rahmen der Strafzumessungsbegründung angeführt.[154] *Hoppenworth* untersuchte in ihrer Untersuchung ebenfalls die Strafzumessungspraxis beim Raub und stellte fest, dass vor allem die Tatausführung, die gegenwärtigen Lebensverhältnisse und die Entstehungs- und Beweggründe des Täters explizit im Rahmen der Strafzumessung genannt werden.[155]

Die strafrechtliche Vorstrafenbelastung, die bereits als einflussreiche Strafzumessungstatsache anklang, wurde darüber hinaus in weiteren Untersuchungen auf ihre Strafzumessungsrelevanz untersucht.[156] Dass sich die Vorstrafenbelastung als solche strafschärfend auswirkt, wäre angesichts des Forschungsstands zur Strafzumessungspraxis zu vereinfacht ausgedrückt. *Kolsch* kam zu dem Ergebnis, dass sich neben einer offenen Bewährungsstrafe, die Vorstrafenbelastung dann strafschärfend auf die Verhängung einer Geld- anstelle einer Freiheitsstrafe auswirke, wenn ihnen einschlägige Taten zugrunde lagen.[157] Hinsichtlich der Strafhöhe kam *Kolsch* zu folgenden Ergebnissen: Auf die Anzahl der Tagessätze wirke sich die allgemeine Vorstrafenbelastung aus.[158] Die Dauer der Freiheitsstrafe werde hingegen durch offene Bewährungsstrafen beeinflusst.[159] Hinsichtlich der Strafhärte wirken sich sowohl die einschlägige Vorstrafenbelastung als auch die Bewährungsstrafen strafschärfend aus.[160] *Meier* konnte hingegen keinen Einfluss

---

[153] *Albrecht,*Strafzumessung bei schwerer Kriminalität, S. 426.

[154] *Albrecht,*Strafzumessung bei schwerer Kriminalität, S. 426.

[155] *Hoppenworth,*Strafzumessung beim Raub, S. 142.

[156] *Meier,*Die Bestrafung von Rückfalltätern in der Bundesrepublik Deutschland und in den USA, S. 196; *Hoppenworth,*Strafzumessung beim Raub, S. 144 ff.; *Schöch,*Strafzumessungspraxis und Verkehrsdelinquenz, S. 122 ff.; m.w.N. *Albrecht,*Strafzumessung bei schwerer Kriminalität, 170 ff., 426; *Verrel,*Schuldfähigkeitsbegutachtung, S. 224 ff.

[157] *Kolsch,*Sozioökonomische Ungleichheit im Strafverfahren, S. 355 f.

[158] *Kolsch,*Sozioökonomische Ungleichheit im Strafverfahren, S. 363.

[159] *Kolsch,*Sozioökonomische Ungleichheit im Strafverfahren, S. 364.

[160] *Kolsch,*Sozioökonomische Ungleichheit im Strafverfahren, S. 365 f.

der einschlägigen Vorstrafenbelastung auf die Höhe der Freiheitsstrafen feststellen.[161] Er stellte jedoch einen Einfluss der allgemeinen Vorstrafenbelastung fest, wobei der größte Einfluss von der Deliktsstärke der bereits verurteilten Taten ausgehe.[162] *Hoppenworth* kommt in ihrer Untersuchung zu dem Ergebnis, dass nur eine strafrechtliche Vorbelastung in Form der Freiheitsstrafe ohne Bewährung einen Einfluss auf die Strafhöhe bei Raubtaten habe.[163] Die generelle Vorstrafenbelastung weise hingegen keine große Relevanz bei nach allgemeinem Strafrecht verurteilten Raubtätern auf.[164] *Weiterer* kommt zu dem Ergebnis, dass sich die allgemeine Vorstrafenbelastung auf die Sanktionsart und die einschlägige Vorstrafenbelastung auf die Strafhöhe bei Taten gem. § 323a StGB strafschärfend auswirke.[165] Einschlägige Vorstrafen verstand sie einerseits als solche, die sich auf die im Rausch begangenen Taten bezogen, und andererseits solche, die generell unter Rauschmitteleinfluss begangen wurden.[166] Die Forschungsergebnisse der verschiedenen Untersuchungen zeigen, dass der Einfluss der strafrechtlichen Vorstrafenbelastung auf die Art und die Höhe der verhängten Strafe auch von der untersuchten Deliktsart abhängt und divergieren kann.

Ein weiterer Umstand, der vor allem für Beleidigungsdelikte von Relevanz sein kann, ist die verminderte Schuldfähigkeit gem. § 21 StGB, angesichts der Vermutung, dass unter dem Einfluss von Alkohol vermehrt beleidigende Äußerungen getätigt werden. Wie bereits erörtert, kann § 21 StGB zu einer Strafrahmenverschiebung führen. Die Untersuchungen, die Erkenntnisse zum Einfluss verminderter Schuldfähigkeit liefern, beziehen sich nicht auf Bagatelldelikte, wie es bei den Beleidigungsdelikten den Fall ist. *Behnsen* stellt in ihrer Untersuchung von abgeurteilten Neonatiziden fest, dass sich die rechtskräftige Feststellung der verminderten Schuldfähigkeit gem. § 21 StGB strafmildernd auf die Strafhärte auswirke.[167]

---

161 *Meier,*Die Bestrafung von Rückfalltätern in der Bundesrepublik Deutschland und in den USA, S. 189.

162 *Meier,*Die Bestrafung von Rückfalltätern in der Bundesrepublik Deutschland und in den USA, S. 189 f.

163 *Hoppenworth,*Strafzumessung beim Raub, S. 259.

164 *Hoppenworth,*Strafzumessung beim Raub, S. 260.

165 *Weiterer,*Strafzumessung bei Vollrausch, S. 340.

166 *Weiterer,*Strafzumessung bei Vollrausch, S. 340.

167 *Behnsen,*Strafzumessung bei Neonatizid, S. 218 ff.; siehe auch *Hoppenworth,*Strafzumessung beim Raub, S. 258 f., wonach bei sich der Strafrahmen auf die Strafhöhe bei Raubtaten auswirkt.

5.6 Zwischenergebnis

Die Sanktionsart und die konkrete Höhe der Strafe bestimmen sich im Einzelfall nach der Schuld des Täters, welche durch das verwirklichte Unrecht geprägt wird. Das Unrecht wiederum kann durch den Erfolgs- und den Handlungsunwert beschrieben werden. Die Umstände, die den Erfolgs- und Handlungsunwert einer Tat ausmachen, sind sog. strafzumessungserheblichen Tatsachen. § 46 Abs. 2 S. 2 StGB enthält eine nicht abschließende Auflistung von Umständen, die strafschärfend- oder strafmildernd wirken können. Neben diesen Umständen finden nach der herrschenden Spielraumtheorie auch präventive Gesichtspunkte bei der Strafzumessung Berücksichtigung. Welche Umstände besonders für die Strafzumessung maßgeblich sind, unterscheidet sich nach Erkenntnissen der empirischen Forschung je nach der Deliktsart, bspw. beim Raub oder bei der Trunkenheit im Verkehr. Etwaige strafrechtliche Vorbelastungen des Täters werden hingegen deliktsübergreifend als strafschärfender Gesichtspunkt gewertet. Konkrete empirische Strafzumessungsuntersuchungen zur Entscheidungspraxis bei Beleidigungs- und Volksverhetzungsdelikten sind hingegen noch nicht vorhanden. Diese Lücke soll diese Arbeit schließen.

6 Forschungshypothesen und Forschungsfragen

Die Erörterung der materiellen Rechtslage und der umgesetzten Reformen hat einige offene Fragen bzgl. der Strafzumessungspraxis bei bestimmten Tatbegehungsweisen (z. B. die öffentliche Tatbegehung, die gruppenbezogene / menschenverachtende Beleidigung, die Beleidigung mit Sexualbezug) der Beleidigungsdelikte aufgeworfen. Diese Fragestellungen werden in diesem Abschnitt zusammengefasst und im Anschluss durch empirische Forschungsmethoden differenziert beantwortet. Der Überblick über die bisherigen Forschungsergebnisse der empirischen Rechtstatsachenforschung zeigt, dass es noch keine Untersuchung zur Strafzumessungspraxis bei Delikten der verbalen Gewalt, explizit der Beleidigungs- oder der Volksverhetzungsdelikte, gibt. Angesichts dessen, dass Phänomene der verbalen Gewalt immer häufiger Gegenstand von Reformvorschlägen des materiellen Strafrechts sind, soll diese Untersuchung die bestehende Forschungslücke schließen und erste Einblicke in die Strafzumessungspraxis bei Delikten der verbalen Gewalt liefern. Insgesamt soll somit untersucht werden, inwieweit die bisherige Gesetzeslage dazu in der Lage ist, dem Phänomen der strafbaren, verbalen Gewalt in seinen Facetten gerecht zu werden ob und inwieweit gesetzliche Änderungen notwendig erscheinen. Bereits erfolgte Gesetzesänderungen sollen hingegen danach untersucht werden, ob sie aus empirischer Sicht notwendig waren.

Die Fragen, die sich durch die Würdigung der materiellen Rechtslage ergeben, werden in den folgenden Forschungsfragen und – unterfragen zusammengefasst, zu denen jeweils relevante Forschungshypothesen[1] gebildet wurden, soweit

[1] Eine Hypothese postuliert einen Zusammenhang zwischen mindestens zwei Variablen, vgl. *Schnell/Hill/Esser,* Methoden der empirischen Sozialforschung, S. 46f; *Kuckartz et al.,* Statistik, S. 144.

M. Schreinert, *Strafzumessung bei verbaler Gewalt,*
https://doi.org/10.1007/978-3-658-49491-9_6

dies möglich ist. Die Hypothesen werden als sog. Alternativ- und Nullhypothesen formuliert. Alternativhypothesen (H1) geben den vermuteten Zusammenhang wieder, während Nullhypothesen (H0) so formuliert sind, dass sie den postulierten Zusammenhang negieren.[2] Die Alternativhypothesen wurden als gerichtete Zusammenhangshypothesen formuliert.[3] Die Nullhypothesen sind deswegen von Interesse, da nach diesem Muster auch die statistische Prüfung des vermuteten Zusammenhangs untersucht wird. Mit anderen Worten: Im Rahmen der statistischen Überprüfung eines Zusammenhangs wird geprüft, ob die entgegenstehende Nullhypothese falsifiziert werden kann.

6.1 Die Beleidigungsdelikte

Der Fokus des Forschungsvorhabens liegt auf der Beleuchtung der Strafzumessungspraxis bei den Beleidigungsdelikten. Wie die bisherige Ausarbeitung zeigen konnte, werden hier, insbesondere bei der einfachen Beleidigung gem. § 185 StGB, die meisten Reformvorschläge vorgebracht, die Straferhöhungen für bestimmte Kommunikationsphänomene und Verhaltensweisen vorsehen. Als Erstes lässt sich als deskriptives Forschungsanliegen somit die Frage aufstellen, wie oft die in Frage stehenden Phänomene strafgerichtlich abgeurteilt werden.

Konkrete Verhaltensweisen, denen unrechtsgehalterhöhende Wirkungen zugesprochen werden, werden ebenfalls vermehrt für Forderungen nach Strafverschärfungen bei der Beleidigung gem. § 185 StGB zum Anlass genommen. Die öffentliche Begehungsweise, die in der Literatur in letzter Zeit häufig diskutiert wurde, wurde sogar vom Gesetzgeber zu einer Qualifikation heraufgestuft. Insbesondere den Kommunikationsgegebenheiten im Internet wird vielfach eine verletzendere Wirkung zugesprochen. Aufgrund dessen stellen sich die Fragen, welchen Anteil öffentliche Beleidigungen ausmachen, wie oft sie internet-öffentlich erfolgen und wie die Strafzumessungspraxis bisher damit verfahren ist.

---

[2] *N. Döring,*Forschungsmethoden und Evaluation in den Sozial- und Humanwissenschaften, S. 150f; *Kuckartz et al.,*Statistik, S. 145 f.

[3] Zusammenhangshypothesen untersuchen den Zusammenhang zwischen mindestens zwei Variablen. Sie sind gerichtet, weil sie bereits eine Angabe über die Richtung des vermuteten Zusammenhangs beinhalten, vgl. *Kuckartz et al.,*Statistik, S. 146 f.

Forschungsfrage Nr. 1: Wie viele der Delikte werden öffentlich begangen?

H1: Die öffentliche Begehungsweise erfolgt häufiger als die private Beleidigung.
H0: Die öffentliche Begehungsweise erfolgt nicht häufiger als die private Beleidigung.

Forschungsfrage Nr. 2: Wie viele der Delikte werden im Internet begangen?

H1: Der Großteil der Äußerungsdelikte wird im Internet begangen.
H0: Der Großteil der Äußerungsdelikte wird nicht im Internet begangen.
H2: Sofern die Äußerungen im Internet begangen werden, erfolgen sie internet-öffentlich.
H0: Sofern sie im Internet begangen werden, erfolgen sie nicht internet-öffentlich.

Forschungsfrage Nr. 3: Wie häufig ist (Cyber-)Mobbing Gegenstand von strafrechtlichen Verurteilungen von Beleidigungsdelikten? Wie oft treten diese Phänomene im Internet auf und wie oft analog? Wie wirken sich die Phänomene auf die Strafzumessung aus?

Sodann stellt sich die Frage, wie die Gerichte die systematische und auf Dauer angelegte Begehungsweise im Rahmen der Strafzumessung berücksichtigen.

H1: Cybermobbing wirkt sich strafschärfend auf die Strafzumessung aus.
H0: Cybermobbing wirkt sich nicht strafschärfend auf die Strafzumessung aus.

Forschungsfrage Nr. 4: Wie wird die öffentliche Begehungsweise im Rahmen der Strafzumessungspraxis von den Gerichten gewürdigt? Inwieweit wird sie von den Gerichten strafschärfend herangezogen?

H1: Die öffentliche Tatbegehung hat einen strafschärfenden Einfluss im Rahmen der Strafzumessung.
H0: Die öffentliche Tatbegehung hat keinen strafschärfenden Einfluss im Rahmen der Strafzumessung.

Menschenwürdeverletzende Beleidigungen werden in der Strafrechtsliteratur ebenfalls teilweise als Grund für Strafschärfungen gesehen. Denn auch dort wird partiell ein erhöhter Unrechtsgehalt gesehen. Auch hier stellt sich die Frage, wie die Gerichte bisher damit umgehen.

Forschungsfrage Nr. 5: Wie wird die menschenwürdeangreifende Beleidigung von den Gerichten gewürdigt? Handelt es sich um einen Umstand, der im Rahmen der Strafzumessung bereits strafschärfend von den Gerichten gewürdigt wird? An welche Gruppenmerkmale werden in den Beleidigungen angeknüpft?

H1: Beleidigungen mit menschenverachtendem Inhalt haben einen strafschärfenden Einfluss auf die Strafzumessung.
H0: Beleidigungen mit menschenverachtendem Inhalt haben keinen strafschärfenden Einfluss.

Beleidigungen, die den Geschädigten in ungewollter Weise die Sexualität des Täters aufdrängen, werden teilweise ebenfalls als unrechtsgehaltserhöhend erachtet.

Forschungsfrage Nr. 6: Wie würdigen die Gerichte Beleidigungen mit sexuellem Inhalt?

H1: Beleidigungen mit sexuellem Inhalt haben einen strafschärfenden Einfluss.
H0: Beleidigungen mit sexuellem Inhalt haben keinen strafschärfenden Einfluss.

§ 188 StGB wurde ebenfalls reformiert und ausgeweitet. § 185 StGB ist nun ebenfalls ein mögliches Grunddelikt für die Qualifikation. Des Weiteren wurden Kommunalpolitiker als potentielle Tatopfer hinzugefügt. Daraus ergeben sich die Forschungsfragen und Unterfragen Nr. 7.

Forschungsfrage Nr. 7: Welchen Anteil machen öffentliche Beleidigungen gegen Personen des politischen Lebens aus? Sofern Personen des politischen Lebens betroffen sind, handelt es sich um Politiker auf Bundes-, Landes- oder Kommunalebene? Welchen Einfluss hat der Umstand, dass das Tatopfer Kommunalpolitiker ist und im Zusammenhang mit seinem politischen Wirken beleidigt wird, auf die Strafzumessung?

H1: Die öffentliche Beleidigung gegen eine Person des politischen Lebens auf kommunaler Ebene dergestalt hat einen strafschärfenden Einfluss.
H0: Die öffentliche Beleidigung gegen eine Person des politischen Lebens auf kommunaler Ebene hat keinen strafschärfenden Einfluss.

Abgesehen von den Fragestellungen, die sich im Hinblick auf die Strafschärfungen ergeben, stellen sich allgemeine, die Strafzumessung bei verbalen Gewaltdelikten betreffende Fragen.

Forschungsfrage Nr. 8: Zunächst stellt sich die Frage, welche Strafzumessungstatsachen von den Gerichten in den Urteilsbegründungen explizit angeführt werden. Im Anschluss daran ist zu erwägen, welche Faktoren in tatsächlicher Hinsicht signifikante Einflüsse auf die Strafzumessung (d. h. die Strafart und Strafhöhe) haben. Daran anknüpfend tut sich an dieser Stelle die Frage auf, inwieweit es Übereinstimmungen und Unterschiede zwischen den geschrieben und ungeschriebenen Strafzumessungstatsachen gibt.

Forschungsfrage Nr. 9: Im Rahmen der theoretischen Ausführungen wurden Faktoren herausgearbeitet, die die Verletzungskraft von Äußerungen beeinflussen können. Es stellt sich die Frage, inwieweit diese Umstände einen Einfluss auf die Strafzumessung haben.

H1: Die Faktoren, die die Verletzungskraft erhöhen können, wirken sich strafschärfend im Rahmen der Strafzumessung aus.
H0: Die Faktoren, die die Verletzungskraft erhöhen können, wirken sich nicht strafschärfend im Rahmen der Strafzumessung aus.

Forschungsfrage Nr. 10: Wie hoch ist der Anteil der Beleidigungen ggü. Polizisten, die sich im Dienst befinden? Wirkt sich dieser Umstand auf die Strafzumessung aus?

H1: Der Umstand, dass ein Polizist im Rahmen einer Dienstausübung, hat strafschärfenden Einfluss.
H0: Der Umstand, dass ein Polizist im Rahmen der Dienstausübung beleidigt wird, hat keinen strafschärfenden Einfluss.

Forschungsfrage Nr. 11: Hinsichtlich des Strafmaßes stellt sich die Frage, inwieweit der den Gerichten zur Verfügung stehende Strafrahmen bei der Strafzumessung ausgeschöpft wird, sofern öffentliche Beleidigungen, öffentliche Beleidigungen gegen Kommunalpolitiker, Beleidigungen mit sexuellem Inhalt oder menschenwürdeangreifende Beleidigungen vorliegen.

H1: Der zur Verfügung stehende Strafrahmen wird voll ausgeschöpft.
H0: Der zur Verfügung stehende Strafrahmen wird nicht voll ausgeschöpft.

Forschungsfrage Nr. 12: Bzgl. der verhängten Strafart stellt sich die Frage, wie die Verteilung von Geld- und Freiheitsstrafen ausfällt. Angesichts der Reglungen zur kurzen Freiheitsstrafe gem. § 47 StGB wird vermutet, dass deutlich mehr Geldstrafen verhängt werden. Sofern eine Freiheitsstrafe verhängt wird, ist der Anteil an Bewährungsstrafen von Interesse. Angesichts dessen stellt sich die Frage, welche Begründungen für Bewährungsstrafen explizit von Gerichten angeführt werden.

H1: Geldstrafen werden häufiger verhängt als Freiheitsstrafen.
H0: Geldstrafen werden nicht häufiger als Freiheitsstrafen verhängt.

Forschungsfrage Nr. 13: Ist ein typisches Tatbild- und Täterbild bei Äußerungsdelikten erkennbar? Inwieweit gibt es hinsichtlich Täterstrukturen Übereinstimmungen zu körperlichen Gewaltdelikten? Bzgl. des Tatgeschehens stellt sich die Frage, inwieweit Formen der verbalen mit Formen der physischen Gewalt kombiniert werden.

6.2 Die Volksverhetzung

Da es im Bereich der Volksverhetzung bislang noch keine empirische, quantitative Untersuchung der Strafzumessung gibt, bestehen mehrere offene Forschungsfragen. Da die Volksverhetzungsdelikte jedoch schlussendlich nur einen sehr geringen Anteil der Zufallsstichprobe ausgemacht haben, konnten keine spezifischen Forschungsfragen und -hypothesen zu diesem Äußerungsdelikt beantwortet werden. Hinsichtlich der Strafzumessungspraxis, d. h. hinsichtlich der Umstände, die sich strafschärfend und strafmildernd auf die Strafart und die Strafhöhe auswirken, besteht insofern weiterer Forschungsbedarf.

7 Methodische Grundlagen der Untersuchung

7.1 Vorgehensweise bei der Datenerhebung

7.1.1 Die Aktenanalyse als Erhebungsmethode

Die Analyse von Strafverfahrensakten über rechtskräftige Verfahren wird als die geeignete Erhebungsmethode betrachtet, um die Forschungsfragen und –hypothesen zu beantworten. Gerade im Bereich der Strafzumessungsforschung handelt es sich bei der Aktenanalyse um eine häufig gewählte Forschungsmethode. Das liegt daran, dass Strafverfahrensakten den Vorteil bieten, dass sie das gesamte strafrechtliche Erkenntnisverfahren dokumentieren, also von der Anzeigeerstattung bis hin zum Verfahrensabschluss durch Einstellung oder Verurteilung einschließlich der Strafvollstreckung.

Bei der Interpretation von Aktenanalysen muss stets der mit der Aktenführung verfolgte Zweck berücksichtigt werden. Zweck der Aktenführung ist, dass alle für die Verfahrenshandlungen bedeutsamen Umstände dokumentiert werden, damit staatliches Handeln nachvollziehbar und legitimierbar bleibt.[1] Hierdurch kann es zu einer verzerrten Darstellung der Realität kommen, da nur die Umstände

[1] *Dölling,*Probleme der Aktenanalyse, 265, 270; *Leuschner/Hüneke*, MschrKrim 99 (2016), 464, 467.

Ergänzende Information Die elektronische Version dieses Kapitels enthält Zusatzmaterial, auf das über folgenden Link zugegriffen werden kann https://doi.org/10.1007/978-3-658-49491-9_7.

M. Schreinert, *Strafzumessung bei verbaler Gewalt*,
https://doi.org/10.1007/978-3-658-49491-9_7

verschriftlicht werden, die zweckdienlich sind. Des Weiteren sind nicht alle Verfahrensabläufe dokumentationspflichtig.[2] Im Urteil muss bei sog. abgekürzten Verfahren z. B. nicht explizit niedergeschrieben werden, welche Umstände strafschärfend und welche strafmindernd berücksichtigt wurden. Außerdem gebietet es die Aktenführung teilweise, dass Sachverhalte vereinfacht dargestellt werden.[3] Gerade im Bereich der Beleidigungsdelikte werden nicht zwingend sämtliche ehrverletzenden Äußerungen bei der Anzeigeerstattung, der Anklagerhebung oder auch im Urteil übernommen, insbesondere wenn sie mehrfach wiederholt werden. Dennoch ist durch die Grundrechtseingriffsintensität, die durch das Strafrecht erfolgt, mit einer derart ausgeprägten Dokumentation zu rechnen, die einen bestmöglichen Informationsgewinn verspricht.[4] Weitere Verzerrungen könnten, unabhängig vom Zweck der Aktenführung, durch die Personen entstehen, deren Handlungen Gegenstand der Akten ist.[5] Für eine Aktenanalyse spricht trotz möglicher Verzerrungen das Forschungsvorhaben an sich. Es soll die Strafzumessung untersucht werden und strafzumessungsrechtliche Entscheidungen werden weitestgehend auf Grundlage der Realität getroffen, die die Akten wiedergeben.[6]

Auch verglichen mit anderen Forschungsmethoden wie der Beobachtung oder der Befragung ist die Aktenanalyse die besser geeignete Methode, um quantitative Ergebnisse über die Strafzumessung bei strafbarem, verbal aggressivem Verhalten zu erzielen. Beobachtungen von Gerichtsverhandlungen wären mit einem unverhältnismäßigen Aufwand verbunden gewesen, da nur rechtskräftige Verfahren als Untersuchungsgegenstand in Betracht kamen. Man hätte bei dieser Methode zudem verfolgen müssen, ob Rechtsmittel eingelegt wurden und ob sie Erfolg hatten. Des Weiteren hätte man Richtern fiktive Fälle vorlegen können, die sie dann strafzumessungsrechtlich bewerten sollen. Diese Vorgehensweise kam ebenfalls aus forschungsökonomisch und methodologischen Gründen nicht in Betracht kam. Es wäre nur mit unverhältnismäßig hohem Aufwand möglich gewesen den Befragungsteilnehmern derart viele Informationen über die Tat- und Täterumstände zu präsentieren und schlussendlich quantitative Schlussfolgerungen zu ziehen.[7] Zudem soll untersucht werden, wie die Gerichte ausgewählte Verhaltensweisen i.R.d. Strafzumessung bislang bewerteten. Zum Teil erfolgten aber bereits Reformen durch den Gesetzgeber, die Strafverschärfungen z. B. für die

---

[2] *Leuschner/Hüneke*, MschrKrim 99 (2016), 464, 467.

[3] *Leuschner/Hüneke*, MschrKrim 99 (2016), 464, 468.

[4] *Dölling,*Probleme der Aktenanalyse, 265, 271.

[5] *Leuschner/Hüneke*, MschrKrim 99 (2016), 464, 468.

[6] Vgl. *Albrecht,*Strafzumessung bei schwerer Kriminalität, S. 216.

[7] Vgl. *Albrecht,*Strafzumessung bei schwerer Kriminalität, S. 217.

öffentliche Beleidigung einführten. Es wäre möglich gewesen, dass die Richter von dieser Umsetzung durch den Gesetzgeber beeinflusst gewesen wären. Das hätte zu Verzerrungen führen können. Die Aktenanalyse ist somit das erfolgversprechendste Verfahren, das im Rahmen dieser Untersuchung in Betracht kam.

7.1.2 Die Stichprobe

Die Stichprobe besteht aus rechtskräftigen Verurteilungen von Beleidigungs- und Volksverhetzungsdelikten (§§185–188; § 130 StGB) aus dem Jahr 2020, die im BZR vermerkt sind. Verurteilungen, die Jugendstrafrecht zum Gegenstand hatten, werden ausgeschlossen, da in der Strafzumessung dieser Verfahren der Erziehungsgedanke im Vordergrund steht (vgl. § 2 Abs. 1 S. 2 JGG). Es sollen somit nur Verurteilungen nach Erwachsenenstrafrecht untersucht werden. Fälle, die von vornherein im Strafbefehlsverfahren abgeurteilt wurden, wurden ebenfalls ausgeschlossen, da sie keine Strafzumessungsbegründungen enthalten, vgl. § 409 Abs. 1 StPO.[8] Ebenfalls nicht von der Abfrage umfasst sind die Verfahren, in denen Beleidigungs- oder Volksverhetzungsdelikte begangen worden waren, deren Verfolgung aber gem. § 154 Abs. 1, 2 StPO eingestellt wurde. Den Verfahren liegen nicht zwingend Fälle vor, in denen „nur" ein Delikt verwirklicht wurde. Es ist möglich, dass die Bezugsdelikte in Tateinheit oder in Tatmehrheit begangen wurden. Die gegenständlichen Verfahren stammen aus Niedersachsen und Hessen. In Niedersachsen wurden Verfahren aus den Landgerichtsbezirken Hannover und Göttingen erhoben. In Hessen wurden die Landgerichtsbezirke Frankfurt am Main und Gießen gewählt. Das sollte dem Zweck der länderübergreifenden Vergleichbarkeit und der Steigerung der Qualität der Stichprobe dienen.

Zur Ziehung einer Zufallsstichprobe musste zunächst die Grundgesamtheit ermittelt werden. Dafür wurde beim Bundesamt für Justiz (BfJ) im März 2022 eine Liste angefragt, die sämtliche Verurteilungen aufzählt, die den Kriterien entsprachen. Im Oktober 2022 wurde die Liste mit 827 Fällen nach etlichen Verzögerungen vom BfJ übermittelt, die die Aktenzeichen und die Gerichtsorte enthielten. Beim Bilden der Zufallsstichprobe ist sodann aufgefallen, dass

[8] Sofern Strafbefehlsverfahren in der Stichprobe vorkommen, wurden sie gem. § 408a StPO nach Eröffnung des Hauptverfahrens durchgeführt. D. h., dass eine Hauptverhandlung anberaumt war, sie jedoch wegen eines Hindernisses nicht durchgeführt wurde. Hindernisse in dieser Form ergaben sich einerseits durch die COVID-19 Pandemie, wodurch zur Begrenzung der Virusausbreitung soziale Kontakte auf das Minimum beschränkt wurden oder dadurch, dass die Angeklagten unentschuldigt nicht zur Hauptverhandlung erschienen.

einige Aktenzeichen mehrfach vorkamen. Da bei einer Zufallsstichprobe alle Fälle der Grundgesamtheit die gleiche Chance haben müssen, ausgewählt zu werden und dies bei mehrfachem Vorkommen vereinzelter Fälle nicht möglich gewesen wäre, musste die Liste zunächst eigenständig bereinigt werden. Doppelungen oder Mehrfachnennungen von Verfahren wurden eliminiert, bis sie nur noch einmal vorkamen. Nach der Bereinigung enthielt die Liste 715 Fälle, die fortan die zugrunde liegende Grundgesamtheit verkörpern. Hieraus wurde dann mithilfe eines Zufallszahlengenerators eine Zufallsstichprobe ($n = 350$) gezogen. Dadurch, dass die Liste des BfJ neben den Aktenzeichen auch die Gerichtsstandorte enthielt, konnten die jeweiligen Verfahren bei den zuständigen Staatsanwaltschaften beantragt werden.

Zusätzlich zur Zufallsstichprobe wurde eine Sonderstichprobe mit allen Verfahren gebildet, die erstinstanzlich landgerichtliche Entscheidungen zum Gegenstand hatten und die nicht bereits Teil der Zufallsstichprobe waren. Diese Fälle wurden händisch aus der Liste des BfJ herausgesucht. Die angeforderte Fallzahl der Sonderstichprobe lag bei 10 Verfahren. So sollten, zumindest deskriptiv, Unterschiede zu den Verfahren ermittelt werden, die erstinstanzlich am Amtsgericht entschieden wurden. Insgesamt wurden somit von 360 Strafverfahren Verfahrensakten angefordert.[9]

7.1.2.1 Pretest

Mit den ersten 17 Akten, die die Staatsanwaltschaft Göttingen übersandte, wurde sodann ein Pretest durchgeführt. Hierbei fiel bereits auf, dass die Liste vom BfJ neben Verurteilungen nach Erwachsenenstrafrecht auch fälschlicherweise solche enthielt, die jugendstrafrechtliche Entscheidungen zum Gegenstand hatten. Von den 17 übermittelten Akten enthielten sechs Fälle jugendstrafrechtliche Verurteilungen. Es wurde jedoch davon ausgegangen, dass mit den Verurteilungen aus den anderen Erhebungsorten weiterhin genug Sanktionierungen nach Erwachsenenstrafrecht in der Zufallsstichprobe enthalten sein würden, um aussagekräftige Erkenntnisse durch die Aktenanalyse zu gewinnen. Des Weiteren kam aus forschungsökonomischen Gründen ein erneutes Anfordern einer neuen Liste der Grundgesamtheit beim BfJ nicht in Betracht. Dadurch, dass das Forschungsvorhaben als Dissertationsprojekt durchgeführt wurde, standen keine weiteren sieben Monate als Wartezeit auf eine neue Liste zur Verfügung. Um die bereits gebildete Zufallsstichprobe nicht zu verfälschen, konnte ebenfalls nicht die Liste des BfJ,

[9] Die Summe besteht aus der Zufallsstichprobe (350) und der Sonderstichprobe (10). $350 + 10 = 360$.

die die Grundgesamtheit abbildet, mit der Bitte nur Verurteilungen nach Erwachsenenstrafrecht zu übersenden an die Staatsanwaltschaften geschickt werden. Ein Faktor, der dabei bedacht werden musste, war die akute Überbelastung der Staatsanwaltschaften. Im Regelfall gibt es für die Bearbeitung von Forschungsanträgen (d. h. das Organisieren der Verfahrensakten innerhalb der Staatsanwaltschaften und die Versendung an die Forschungseinrichtung) keine gesonderten Stellen. Vielmehr wird die Arbeit mehr oder weniger zusätzlich zum Alltagsgeschäft verrichtet. Aufgrund des grds. hohen Arbeitspensums sollte eine Überbelastung gerade im Hinblick auf die zeitliche Begrenztheit des Forschungsprojekts vermieden werden.

Der Pretest wurde darüber hinaus genutzt, um das Erhebungsinstrument, ein standardisierter Erhebungsbogen, zu testen und anzupassen.

7.1.2.2 Rücklauf

Die Anträge auf Akteneinsicht wurden im Januar 2023 an die Staatsanwaltschaften Hannover, Göttingen, Frankfurt am Main und Gießen versandt. Von den 360 angeforderten Verfahren wurden insgesamt 272 übermittelt, sodass den Forschungsanträgen überwiegend (75,56 %) entsprochen wurde. Von den 350 angeforderten Verfahren der Zufallsstichprobe wurden 268 Fälle übermittelt. Von den zehn Verfahren der Sonderstichprobe wurden vier Fälle übermittelt.

Die Summe der nicht übersandten Verfahren lag bei 88 (24,44 %), wobei der Großteil mit 45 Verfahren auf die Staatsanwaltschaft Gießen zurückfällt (Tabelle 7.1). Die Staatsanwaltschaft Gießen hat bis zur Beendigung der Datenerhebungsphase keine Verfahrensakten übermittelt, sodass sie letztlich nicht Teil der Auswertung waren.[10] Die restlichen Verfahren waren zu dem Zeitpunkt der Datenerhebung in laufenden Strafverfahren eingebunden und somit für die Staatsanwaltschaften nicht entbehrlich.

Von den 272 übermittelten Verfahrensakten konnten schlussendlich 162 zur Auswertung herangezogen werden: Diese Summe setzt sich aus 158 verwertbaren Verfahrensakten aus der Zufallsstichprobe sowie allen vier Fällen aus der Sonderstichprobe der erstinstanzlich landgerichtlichen Entscheidungen zusammen. Bestandteil der 158 Fälle der Zufallsstichprobe sind auch 33 Fälle, in denen zwar ursprünglich eine Hauptverhandlung angesetzt war und die folglich mit einem

[10] Die Phase der Datenerhebung wurde im September 2023, d. h. neun Monate nach Versendung der Anträge auf Akteneinsicht an die Staatsanwaltschaften, beendet.

Urteil enden sollten, aber schlussendlich keine Hauptverhandlung stattfand und somit ein Strafbefehl gem. § 408a StPO ergangen ist. Trotz fehlender Strafzumessungserwägungen wurden diese Fälle dennoch erhoben, da zu erwarten war, dass die Fälle vom Unrechtsgehalt her der restlichen Stichprobe entsprechen, da ja ursprünglich eine Hauptverhandlung vorgesehen war.

Die Zusammensetzung der 110 Fehlakten zeigt Tabelle 7.2. Der überwiegende Teil der nicht berücksichtigungsfähigen Verfahren enthielt, wie bereits durch den Pretest erwartet, jugendstrafrechtliche Entscheidungen, die nicht Gegenstand der Untersuchung waren. Fünf Verfahrensakten enthielten keine rechtskräftigen Entscheidungen aus dem Bezugsjahr 2020. Ein Verfahren wurde im Jahr 2014 und die anderen Vier im Jahr 2021 rechtskräftig, sodass sie nicht der Stichprobe entsprachen. Zwei Verfahrensakten waren unvollständig, da das Urteil kein Bestandteil der Verfahrensakte war, sodass sie von der Erhebung ausgeschlossen wurden.

Tab. 7.1 Nicht übermittelte Verfahren verteilt auf die Staatsanwaltschaften

Staatsanwaltschaft	Anzahl der Verfahren
Gießen	45
Göttingen	10
Hannover	6
Frankfurt am Main	27
n	88

Tab. 7.2 Verteilung der Fehlakten

Grund	n
Jugendstrafrecht	103
Rechtskraft 2021	4
Rechtskraft 2014	1
Urteil/Strafbefehl fehlt	2

7.1.2.3 Repräsentativität der Stichprobe

Eine Stichprobe ist repräsentativ, wenn eine Zufallsstichprobe die Merkmalszusammensetzungen der untersuchten Population widerspiegelt.[11] Die Repräsentativität der Stichprobe muss hier in zweierlei Hinsicht untersucht werden. Da eine Zufallsstichprobe von Verurteilungen gem. §§ 185 ff. und § 130 StGB in den Landgerichtsbezirken Hannover, Göttingen, Frankfurt am Main und Gießen gebildet wurde, stellt sich die Frage, ob die Verurteilungen die Entscheidungspraxis der untersuchten Landgerichtsbezirke und bundesweit widerspiegeln. Informationen über soziodemographische Merkmale der Verurteilten und zu den im Durchschnitt verhängten Strafarten in bestimmten Deliktsbereichen können durch die Strafverfolgungsstatistiken gewonnen werden, die jährlich von den Justizministerien der Bundesländer veröffentlicht werden. Die niedersächsische Strafverfolgungsstatistik für das Bezugsjahr 2020 ist online nicht verfügbar. Es wird vom Niedersächsischen Justizministerium lediglich eine Pressemitteilung veröffentlicht, die hinsichtlich Beleidigungsdelikten vermerkt, dass im Jahr 2020 ein Anstieg der Verurteilungen zu verzeichnen war.[12] Genauere soziodemographische Erkenntnisse zu den Verurteilten oder Informationen zu den verhängten Sanktionen konnten nicht gewonnen werden. Anders hingegen die Strafverfolgungsstatistik für das Jahr 2020 vom hessischen Justizministerium, die online abrufbar ist.[13] Tabelle 7.3 zeigt die Verteilung des Geschlechts der Verurteilten im Vergleich zwischen dem Bundesland Hessen und der vorliegenden Stichprobe. Insgesamt wurden im Jahr 2020 im Bundesland Hessen 1.322 Personen auf Grund von §§ 185–200 StGB verurteilt. Hiervon wurde in 93,72 % der Fälle (n = 1.239) Erwachsenenstrafrecht angewandt. 3,78 % machen Heranwachsende aus (n = 50), wobei die Statistik keine Anhaltspunkte dafür liefert, ob in diesen Fällen eine Verurteilung nach Erwachsenen- oder Jugendstrafrecht erfolgt ist. Von den 1.322 Personen waren 13,54 % weibliche Verurteile (n = 179). Die Stichprobe der vorliegenden Untersuchung zeigt ein vergleichbares Bild: mit 11,4 % sind annähernd gleich viele weibliche Verurteilte gegeben. Hinsichtlich der Verteilung des Merkmals Geschlecht entspricht die hier verwendete Zufallsstichprobe den Strukturen der hessischen Verurteilungspopulation.

---

[11] *N. Döring,*Forschungsmethoden und Evaluation in den Sozial- und Humanwissenschaften, S. 299f; siehe zum Begriff der "Repräsentativität" von Stichproben auch *Schnell/Hill/Esser,*Methoden der empirischen Sozialforschung, S. 279 ff.

[12] https://www.mj.niedersachsen.de/startseite/aktuelles/presseinformationen/vorstellung-der-strafverfolgungsstatistik-2020-204400.html.

[13] https://www.statistischebibliothek.de/mir/servlets/MCRFileNodeServlet/HEHeft_derivate_00010416/BVI1_j20_a.pdf.

Tab. 7.3 Vergleich der Geschlechterverteilung zwischen Verurteilungen gem. §§ 185 StGB aus Hessen in 2020 mit Stichprobe

		N	%
Hessen	**Männlich**	1.143	86,46
	Weiblich	179	13,54
	Gesamt[14]	1.322	100
Stichprobe	**Männlich**	140	88,6
	Weiblich	18	11,4
	Gesamt	158	100

Die Strafverfolgungsstatistik des Bundes für das Jahr 2020 zeigt, dass für die Beleidigung gem. § 185 StGB insgesamt 24.926 Geld- und Freiheitsstrafen nach allgemeinem Strafrecht verhängt wurden. Hiervon waren 968 Freiheitsstrafen (3,88 %) und 23.958 Geldstrafen (96,12 %). In der untersuchten Stichprobe zeichnete sich für § 185 StGB folgendes Bild ab: 68 Verfahren endeten mit einer Freiheitsstrafe (44,7 %) und 84 mit einer Geldstrafe (55,3 %). Der höhere Anteil an Freiheitsstrafen dürfen dem Umstand geschuldet sein, dass die Verfahren, die von vornherein im Strafbefehlsverfahren geführt wurden, ausgeschlossen wurden. Vergleicht man somit die Ergebnisse zur Entscheidungsform zwischen der Stichprobe und der Strafverfolgungsstatistik des Bundes für das Jahr 2020, so lässt sich keine Übereinstimmung feststellen. Aufgrund des Ausschlusses der Strafbefehlsverfahren ist ein Vergleich der Stichprobe mit der Strafverfolgungsstatistik des Bundes hinsichtlich der Sanktionsarten nicht zulässig. Dahin gehend ist keine Repräsentativität nachweisbar.

Anders sieht es hingegen aus, wenn man sich die Verteilung der Strafart in Bezug auf das Geschlecht der Verurteilten vor Augen führt. Auch hierzu sind in der Strafverfolgungsstatistik des Bundes aus dem Bezugsjahr 2020 Informationen enthalten. Wie der Tabelle 7.4 zu entnehmen ist, sind bundesweit 85 % bei einer Verurteilung zu einer Geldstrafe wegen Beleidigung gem. § 185 StGB männliche Personen. Bei Freiheitsstrafen liegt der Anteil bei 92 %. Diese bundesweite Verteilung entspricht der in der vorliegenden Stichprobe: In der Stichprobe sind

[14] Hier wurde die Gesamtsumme, bestehend aus erwachsenen, heranwachsenden und jugendlichen Verurteilten verwendet, weil Letztere nur einen verhältnismäßig kleinen Bestandteil ausmachen, sodass von keiner Verzerrung der Zahlen auszugehen ist.

ca. 85 % der Verurteilten im Falle einer Geldstrafe männlich und im Falle einer Freiheitsstrafe ca. 92 %.

Tab. 7.4 Verteilung Strafart für § 185 StGB nach allgemeinem Strafrecht und Geschlecht im Vergleich 2020

		Geldstrafe	Freiheitsstrafe
Bundesweit	**Männlich**	20.420 (85,23 %)	891 (92,05 %)
	Weiblich	3.538 (14,77 %)	77 (7,95 %)
	Gesamt	23.958 (100 %)	968 (100 %)
Stichprobe[15]	**Männlich**	71 (84,52 %)	63 (92,65 %)
	Weiblich	13 (15,48 %)	5 (7,35 %)
	Gesamt	84 (100 %)	68 (100 %)

Zwar zeigen die Ausführungen, dass die Merkmale der Stichprobe nicht mit allen vorhandenen Merkmalen, die zu der Verurteilungspraxis bei § 185 StGB aus der Strafverfolgungsstatistik für das Jahr 2020 gewonnen werden konnten, übereinstimmen. Ein Vergleich mit der Verurteilungspraxis in Niedersachsen war nicht möglich. Da jedoch teilweise Merkmalsübereinstimmungen vorliegen, ist von einer, wenn auch nur eingeschränkten, bundesweiten Repräsentativität der Untersuchung auszugehen.

7.1.3 Operationalisierung

Insbesondere einige der vorerst konzeptionell diskutierten Begriffe aus Kapitel 3 müssen vorab operationalisiert werden. Die Operationalisierung dient dazu latente Sachverhalte, die nicht direkt beobachtbar sind, messbar zu machen, sodass sie erhoben werden können.[16] Hierbei werden beobachtbare Indikatoren festgelegt, bei deren Vorliegen die latenten Begriffe angenommen werden.

---

[15] Die Werte für die Stichprobe umfassen alle Bezugsdelikte und nicht nur die für die Beleidigung gem. § 185 StGB. Es wurde an dieser Stelle nicht weiter zwischen den Bezugsdelikten differenziert, da in 156 von 162 Fällen die Beleidigung gem. § 185 StGB das Bezugsdelikt war. Andere Beleidigungsdelikte gem. §§ 186, 187 StGB oder die Volksverhetzung gem. § 130 StGB waren nur sehr selten vertreten. Die geringen Fallzahlen führen zu keinen Verzerrungen. Für einen ausführlichen Überblick zu den Bezugsdelikten siehe Abschnitt 8.1.3.

[16] *Häder*, Empirische Sozialforschung, 48, 53.

7.1.3.1 Hate Speech

Die Operationalisierung von Hate Speech hängt maßgeblich von der gewählten Definition ab, da so die Indikatoren zur Messung bestimmt werden können. *Sponholz* teilt das Phänomen in drei Modelle ein, die zur Erfassung von Hate Speech herangezogen werden können. Das „lokutionäre Modell“ stellt darauf ab, was gesagt oder geschrieben wurde. Der verwendete Wortschatz ist somit der Indikator.[17] Als zweites Modell nennt *Sponholz* das „Illokutionäre“, wo die Intention des Hate Speakers im Vordergrund steht. Die Herabsetzung der Gruppe muss somit das verfolgte Ziel der Äußerung sein.[18] Daneben gibt es das sog. „perlokutionäre Modell“, welches auf die Folgen der Kommunikation, wie z. B. gewaltsame Auseinandersetzungen, abstellt.[19] Bei der Operationalisierung musste auch der Untersuchungsgegenstand berücksichtigt werden. Die Strafakten, aus denen die Daten erhoben wurden, sind Verfahrensakten, die primär darauf gerichtet sind, das strafrechtliche Erkenntnisverfahren zu dokumentieren. Bei der strafrechtlichen Beurteilung einer Äußerung wird der Kommunikationskontext herangezogen, sodass in jedem Fall Zugang zu den gesprochenen oder geschriebenen Äußerungen garantiert war. Informationen zu den Beweggründen oder den Folgen der Äußerungen waren nicht zwingend in den Akten enthalten, sodass sich im Rahmen dieser Untersuchung für ein lokutionäres Modell entschieden wurde. Primär wurde auf das gesagte oder geschriebene Wort abgestellt. Wenn daneben in der Strafakte, z. B. im Hauptverhandlungsprotokoll oder sogar im Urteil, auf Motive oder Auswirkungen der Aussagen abgestellt wurde, wurde dies ergänzend berücksichtigt.[20]

Ein Indikator für Hate Speech war somit, dass die sanktionierte Äußerung einen Bezug zu einer historisch strukturell unterworfenen Gruppe aufwies. Es reichte somit nicht aus, wenn ein Tatopfer zwar einer Gruppe zugehörig war, die ehrverletzende Äußerung jedoch individueller Natur ist und gerade nicht an der Gruppenzugehörigkeit anknüpfte. So konnte eine Abgrenzung zu individuellen Beleidigungen ermöglicht werden.

---

[17] *Sponholz,* Hate Speech in den Massenmedien, S. 66.

[18] *Sponholz,* Hate Speech in den Massenmedien, S. 70.

[19] *Sponholz,* Hate Speech in den Massenmedien, S. 76 f.

[20] Vgl. auch *Sponholz,* Hate Speech in den Massenmedien, S. 66, wonach lokutionären Akten auch Intentionen und Folgen innewohnen können.

7.1.3.2 (Cyber)Stalking

Stalking wird in dieser Untersuchung entsprechend der Untersuchung von *Mullen et al.* operationalisiert.[21] Damit Stalking bejaht werden kann, bedarf es wiederholte (mindestens 10 Mal) und andauernde (mindestens 4 Wochen) unerwünschte Versuche, sich dem Opfer anzunähern oder mit ihm zu kommunizieren.[22] In den Fällen, in denen zwischen dem Stalker und der betroffenen Person sozialer Kontakt besteht, muss von der betroffenen Person ein klares Signal gesetzt werden, dass die Kontaktaufnahmen unerwünscht sind. Dieses Signal muss vom Stalker missachtet werden.[23] Die obsessiven Verfolgungs- und Belästigungshandlungen können dabei sowohl digital als auch analog erfolgen.

7.1.3.3 (Cyber-)Mobbing

(Cyber-)Mobbing wird entsprechend der Definition aus Abschnitt 3.7.2 operationalisiert. Das von der Definition geforderte Machtungleichgewicht besteht in realweltlichen Konstellationen durch ein Über- und Unterordnungsverhältnis in Arbeitsverhältnissen oder durch körperliche Stärke. In Cybermobbing-Konstellationen hingegen reicht es bereits aus, wenn ein Ungleichgewicht durch technisches Know-How[24] vorhanden ist oder der Täter ggü. dem Opfer anonym[25] auftritt. Zudem muss das Opfer wiederholt angegriffen werden. Hierfür kann der Täter selbst wiederholt beleidigend handeln. Denkbar sind allerdings auch Konstellationen, in denen der Täter einen beleidigenden Inhalt online stellt, der sodann von Dritten geteilt und/oder kommentiert wird.[26]

7.1.3.4 Öffentliche Begehungsweise

Da untersucht wird, wie sich die öffentliche Begehungsweise bisher auf die Strafzumessung, insbesondere bei der Beleidigung gem. § 185 StGB auswirkt, muss die öffentliche Tatbegehung operationalisiert werden. Bei Betrachtung der juristischen Definition, die der Qualifikation zugrunde gelegt wird, ist nicht selbstverständlich, wie der Begriff erfasst wird. Wann genau eine größere Anzahl an Personen vorliegt, die nicht durch nähere Beziehungen zu einander in Verbindung stehen, die die beleidigende Äußerung zur Kenntnis nehmen müssen, ist

---

[21] *Mullen et al.*, The American Journal of Psychiatry 156 (1999), 1244.

[22] *Hoffmann,*Stalking, S. 2 f.

[23] *Hoffmann,*Stalking, S. 3.

[24] *Hinduja/Patchin*, Journal of School Violence 6 (2007), 89, 91.

[25] *Festl,*Täter im Internet, S. 31.

[26] *Festl,*Täter im Internet, S. 29 f., die im Zusammenhang dessen von einem “Schneeball-Verfahren” spricht.

anhand der bloßen Definition nicht ersichtlich. Es muss daher ein Kompromiss für die Operationalisierung geschaffen werden: Die öffentliche Begehungsweise wird dann bejaht, wenn die beleidigende Äußerung ggü. mehr als einer Person geäußert wird. Diese Definition ist lediglich eine Annäherung an die der Qualifikation, jedoch kann durch die aus den Strafakten gewonnenen Informationen in nur 14,6 % eine Aussage zu den Beziehungen zwischen den Personen getroffen werden. Des Weiteren ist in nur 12,4 % der Fälle der Personenkreis bestimmbar. Durch diese Form der Operationalisierung kann trotz der weiten Definition immerhin eine Tendenz gewonnen werden, wie mit öffentlichen Begehungsweisen umgegangen wird.

7.1.3.5 Menschenwürdeangriff

Weiterhin einer Operationalisierung bedürftig sind die Menschenwürdeangriffe. Es wurde in den bisherigen Ausführungen bereits deutlich, dass Menschenwürdeangriffe einerseits dann vorliegen können, wenn in der Beleidigung auf die (vermeintliche) Zugehörigkeit zu einer marginalisierten Gruppe abgestellt wird. Die Betonung liegt auf „können". Es wurde verdeutlicht, dass ebenfalls Konstellationen denkbar sind, in denen trotz Gruppenbezug keine Menschenwürdeverletzung vorliegt. Darüber hinaus sind Fälle denkbar, in denen die Beleidigung komplett ohne Gruppenbezug auskommt und trotzdem so massiv ausfällt, dass die Menschenwürde betroffen ist. Problematisch ist an dieser Stelle somit, dass die Abgrenzung zwischen einem Angriff auf die Menschenwürde und einer einfachen Ehrverletzung im Einzelfall schwierig sein kann. Da aus den Strafverfahrensakten nur bis zu einem gewissen Grad Informationen zum Kommunikationsgeschehen gewonnen werden können, wurde ebenfalls ein inhaltsbezogener und enger Ansatz gewählt. Aufgrund des eingeschränkten Informationszugangs wurde ein Angriff auf die Menschenwürde dann bejaht, wenn in der Beleidigung ein Gruppenbezug vorgenommen wurde. Die Operationalisierung des Menschenwürdeangriffs deckt sich somit mit den Ausführungen zur Operationalisierung von Hate Speech.

7.1.3.6 Sanktionshärteindex

Einer Operationalisierung bedarf es weiterhin beim Sanktionshärteindex, der genutzt wird, um die verhängten Sanktionen untereinander zu vergleichen. Denn Vergleichbarkeit zwischen den Sanktionsarten ist nicht per se gegeben.[27] So sind z. B. eine vollstreckte Freiheitsstrafe und eine zur Bewährung ausgesetzte Freiheitsstrafe nicht gleich schwerwiegend. Auch innerhalb der Sanktionsform der

[27] Siehe auch *Behnsen,* Strafzumessung bei Neonatizid, S. 168 f., 173 f.

unbedingten Freiheitsstrafe bestehen Zweifel bzgl. der Vergleichbarkeit. Zwar ist eine sechs monatige Freiheitsstrafe länger als eine drei Monatige, unklar bleibt jedoch, ob sie für die Betroffenen auch doppelt so hart bzw. schwer wiegt.

Bei dem Vorhaben, Sanktionen vergleichbar zu machen, stellen sich die folgenden Probleme. Einerseits muss bestimmt werden, ob sich ein subjektiver oder objektiver Zugang gewählt wird. Andererseits ist fraglich, in welches Verhältnis die Strafarten zu bringen sind. Beim ersten Problem geht es primär darum, inwieweit das Strafempfinden der Verurteilten von Relevanz sein soll. Da eine Befragung aller Verurteilten nicht möglich war, wurde ein objektiver Zugang gewählt.

Zur Verhältnissetzung der Strafarten kann nicht auf die gesetzliche Wertung abgestellt werden, wo an mehreren Stellen von einem 1:1 Verhältnis ausgegangen wird.[28] Hiergegen spricht bereits, dass der Gesetzgeber aufgrund der besonderen Schwere der Freiheitsstrafe von einem Vorrang der Geldstrafe vor der kurzen Freiheitsstrafe ausgeht, vgl. § 47 StGB. Des Weiteren wiegen 30 Tage verbüßte Freiheitsstrafe schwerer als 30 Tagessätze einer Geldstrafe.[29] In der Literatur werden noch andere Verhältnisse zwischen Geldstrafe und Freiheitsstrafe vertreten, wie z. B. 2:1[30] oder 3:1.[31] Unklar bleibt bei diesen Verhältnissetzungen jedoch, wieso gerade der gewählte Faktor nicht willkürlich ist und das Verhältnis zutreffend beschreibt.[32] Überzeugend ist somit der Strafhärteindex, der von *Oswald*[33] und *Langer*[34] im Rahmen von Untersuchungen des KFN mittels einer Befragung von 29 Richtern an Amtsgerichten entwickelt wurde. Dabei wurde die „Magnitude-Skalierung" verwendet.[35]

Die befragten Richter sollten vorgegebene Sanktionen auf einer 100er-Skala einordnen, wobei vorab festgelegt wurde, dass eine folgenlose Einstellung gem.

---

[28] Vgl. nur §§ 43 S. 2, 47 Abs. 2 S. 2, 54 Abs. 3 StGB; ein Verhältnis von 1:1 nimmt im Ergebnis auch der logarithmische Ansatz von Grundies an. Siehe *Grundies,*Regionale Unterschiede in der gerichtlichen Sanktionspraxis, 295, 298.

[29] *Giannoulis,*Studien zur Strafzumessung, S. 213; *Behnsen*, MschrKrim 103 (2020), 45, 46.

[30] *Jescheck/Weigend,*Lehrbuch des Strafrechts, S. 776.

[31] *Tröndle*, ZStW 86 (1974), 545, 578f; *Albrecht,*Strafzumessung bei schwerer Kriminalität, S. 335f; *Hörnle,*Tatproportionale Strafzumessung, S. 171f; ausführlich *Giannoulis,*Studien zur Strafzumessung, S. 214 f. m.w.N.

[32] *Kolsch,*Sozioökonomische Ungleichheit im Strafverfahren, S. 197; *Behnsen*, MschrKrim 103 (2020), 45, 47.

[33] *Oswald,*Psychologie des richterlichen Strafens, S. 103 ff.

[34] *Langer,*Staatsanwälte und Richter, S. 187 ff.

[35] Dazu *Schnell/Hill/Esser,*Methoden der empirischen Sozialforschung, S. 182 ff.

§ 153 Abs. 2 StPO den Wert 0 und eine zweijährige unbedingte Freiheitsstrafe den Wert 100 verkörpert.[36] Im Anschluss wurde für jede Sanktionsart eine Potenzfunktion (f(x) = kx^b) gebildet, mit der für jede Sanktion ein Strafhärtewert errechnet werden kann. In den Untersuchungen des KFN wurden die Konstanten k und b nicht veröffentlicht. *Kolsch* hat im Rahmen ihrer Untersuchung aus den Beispielangaben von *Oswald* und *Langer* mittels einer Regression „Strafhärtefunktionen" geschätzt, um Strafhärtewerte zu errechnen.[37] Dabei gilt:

Geldstrafe: $f(x) = 1{,}128x^{0{,}6217}$ (x = Anzahl der Tagessätze)

Bedingte Freiheitsstrafe: $f(x) = 11{,}09x^{0{,}588}$ (x = Anzahl der Monate)

Unbedingte Freiheitsstrafe: $f(x) = 18{,}599x^{0{,}527}$ (x = Anzahl der Monate)

Diese Funktionen werden auch für diese Untersuchung genutzt, sodass sich für die drei Strafarten folgende Strafhärtewerte ergaben (Tabelle 7.5):

Tab. 7.5 Relative Sanktionshärte ausgewählter Strafen[38]

Geldstrafe		Bedingte Freiheitsstrafe		Unbedingte Freiheitsstrafe	
Tagessatz	Strafhärte	Monate	Strafhärte	Monate	Strafhärte
10	4,72	1	11,09	1	18,56
20	7,26	2	16,67	2	26,74
40	11,118	3	21,16	3	33,11
60	14,38	4	25,06	4	38,53
80	17,20	5	28,57	5	43,34
100	19,76	6	31,8	6	47,71
120	22,96	8	37,67	8	55,52
160	26,46	12	47,81	12	68,75

7.1.3.7 Deliktsschwere

Ebenfalls von Interesse ist die Gegenüberstellung der Deliktsschwere zur Schwere der konkret verhängten Strafe. Wie die Schwere eines Delikts im Einzelfall in

[36] Die Strafhärteskalierung von Lange und Oswald erfasst somit nur folgenlose Verfahrenseinstellungen bis zu unbedingten Freiheitsstrafen von 2 Jahren. Für Strafhärtewerte für hohe Freiheitsstrafen und Jugendstrafen siehe *Behnsen*, MschrKrim 103 (2020), 45, 49 ff.

[37] *Kolsch,*Sozioökonomische Ungleichheit im Strafverfahren, S. 198 f.

[38] *Kolsch,*Sozioökonomische Ungleichheit im Strafverfahren, S. 199.

einen empirisch messbaren Wert übersetzt wird, hängt von dem zu untersuchenden Delikt ab. So wird z. B. bei der Körperverletzung gem. § 223 StGB die Schwere des Taterfolgs basierend auf der Verletzung bestimmt.[39]

Die Deliktsschwere, gerade bei den Beleidigungsdelikten, setzt sich nach theoretischen Vorüberlegungen aus verschiedenen Faktoren bzw. Indikatoren zusammen, sodass die Bildung eines Index in Betracht kam.[40] Als Indikatoren kommen die Umstände in Betracht, die bereits im Rahmen der Verletzungskraft und der Strafzumessung erörtert wurden, wie z. B. die Öffentlichkeit der Äußerung, der Beziehungsgrad zwischen den Personen und das Abstellen auf Gruppenmerkmale. Das Problem besteht jedoch darin, dass nicht verallgemeinert werden kann, welche Faktoren im konkreten Einzelfall eine Äußerung verletzend erscheinen lassen. Die Deliktsschwere ist in der konkreten Untersuchung somit keiner Operationalisierung bzw. keiner Darstellung als Index zugänglich. Allerdings werden einzelne Faktoren erhoben, die sich auf die Deliktsschwere auswirken können. Des Weiteren wird im Anschluss berechnet, ob von diesen einzelnen Merkmalen ein messbarer Einfluss auf die Strafzumessung vorhanden ist.

[39] Siehe *Kolsch,* Sozioökonomische Ungleichheit im Strafverfahren, S. 193 ff., die eine Unterteilung in Anlehnung an Schmerzensgeldtabellen vorgenommen hat und die Schwere der Verletzung somit ordinal skalieren konnte.

[40] Ein Index ist eine Variable, die mehrere Einzelindikatoren zusammenfasst, siehe *Schnell/ Hill/Esser,* Methoden der empirischen Sozialforschung, S. 146 f.

8 Ergebnisse der empirischen Auswertung

In diesem Kapitel werden die Ergebnisse der empirischen Auswertung vorgestellt. Zu Beginn erfolgt die deskriptive Darstellung der Untersuchungsergebnisse bzgl. Parameter, die die Verurteilten, die Geschädigten und die Tatausführung ausmachen. Im Anschluss werden die Ergebnisse für die Sonderstichprobe dargestellt und mit denen der Zufallsstichprobe verglichen. Sofern nicht anderweitig darauf hingewiesen wird, wird in der Auswertung keine Trennung zwischen den einzelnen möglichen Bezugsdelikten vorgenommen. Das ist dem Umstand geschuldet, dass neben der Beleidigung gem. § 185 StGB die anderen in Betracht kommenden Bezugsdelikte nur äußerst selten einschlägig waren, sodass davon keine Verzerrungen ausgehen.[1]

8.1 Deskriptive Auswertung

8.1.1 Die verbal-aggressive Straftat

Die möglichen verbal-aggressiven Straftaten wurden durch die Eingrenzung des Untersuchungsgegenstands auf die §§ 185 ff., 130 StGB beschränkt. Als Bezugsdelikt eines Verfahrens wurde immer das schwerste Äußerungsdelikt gewählt.

[1] Siehe zur Verteilung ausführlich Abschnitt 8.1.1.

Ergänzende Information Die elektronische Version dieses Kapitels enthält Zusatzmaterial, auf das über folgenden Link zugegriffen werden kann https://doi.org/10.1007/978-3-658-49491-9_8.

M. Schreinert, *Strafzumessung bei verbaler Gewalt*, https://doi.org/10.1007/978-3-658-49491-9_8

Dem überwiegenden Anteil an Strafverfahren (n = 152) lag mit 96,2 % eine Verurteilung gem. § 185 StGB zugrunde. Hierbei wurde nur in zehn Fällen wegen tätlicher Beleidigung gem. § 185 Var. 2 StGB verurteilt; in den restlichen 142 Verfahren lag das Grunddelikt gem. § 185 Var. 1 StGB vor. Wegen Volksverhetzung gem. § 130 Abs. 1 StGB wurde in drei Verfahren verurteilt. Die üble Nachrede (n = 1) und Verleumdung (n = 2) gem. §§ 186, 187 StGB waren ebenfalls sehr selten vertreten. Es überrascht nicht, dass die Beleidigung gem. § 185 StGB so häufig vorlag, da es sich ausweislich der Strafverfolgungsstatistik für das Jahr 2020 im Verhältnis zu den anderen Delikten der Stichprobe um das am häufigsten abgeurteilte Delikt handelt.

Die Bezugsdelikte wurden zu 61,4 % tateinheitlich mit weiteren Delikten verwirklicht. Tatmehrheit lag ebenfalls in zwei Drittel der Fälle in 67,1 % vor. In 36,1 % wurden weitere Delikte sowohl in Tateinheit als auch in Tatmehrheit begangen.

Abbildung 8.1 verdeutlicht die Verteilung der Anzahl der weiteren Delikte in Tatein- und in Tatmehrheit. Im Durchschnitt wurde ein Bezugsdelikt tateinheitlich mit 1,11 und tatmehrheitlich mit 2,65 weiteren Delikten begangen.[2] Ein Delikt wurde in 31 % (n = 49) und zwei Delikte in 18,4 % (n = 29) der untersuchten Verfahren in Tateinheit verwirklicht. Es ist klar zu erkennen, dass die Anzahl der weiteren Delikte in Tateinheit abnimmt. Ähnlich gelagert sind die Fälle, in denen Tatmehrheit vorlag: in 24,1 % (n = 38) wurde ein Delikt und in 12,7 % wurden zwei Delikte (n = 20) verwirklicht. Das Maximum an in Tateinheit verwirklichten Delikten wurde mit sechs weiteren Delikten erreicht, bei der Tatmehrheit waren es zwölf. In den Fällen der tateinheitlichen Deliktsverwirklichung lag mit 77,3 % (n = 75) eine ungleichartige Tateinheit vor. Eine gleichartige Tateinheit lag in nur 10,3 % der Fälle (n = 10) vor, während sowohl ein gleichartiges als auch ein ungleichartiges tateinheitliches Konkurrenzverhältnis in 12,4 % der Fälle (n = 12) gegeben war. Ausgehend von den Fällen, in denen eine tatmehrheitliche Begehungsweise vorlag, war eine gleichartige Tatmehrheit hingegen nur in 1,9 % vor (n = 2), eine ungleichartige Tatmehrheit in 74,5 % (n = 79) und eine Kombination aus beidem in 23,6 % (n = 25) gegeben.

[2] Tateinheit: Med. = 1; S.D. = 1,203; Tatmehrheit: Med. = 2; S.D. = 2,147.

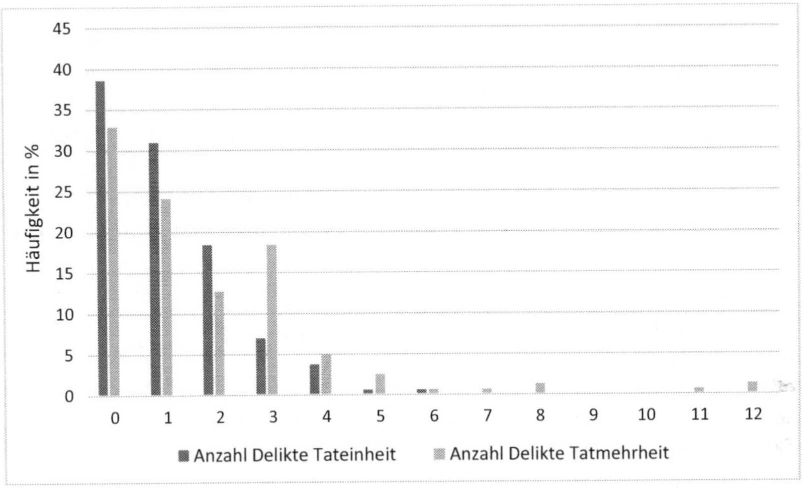

Abb. 8.1 Anzahl der Delikte in Tateinheit und Tatmehrheit. (Tateinheit (n = 158; a.M. = 1,11; Med. = 1; S.D. = 1,20); Tatmehrheit (n = 158; a.M. = 1,78; Med. = 1; S.D. = 2,16))

Tabelle 8.1–8.2 zeigen die Verteilung der verschiedenen Deliktsarten, die sowohl in Tateinheit als auch in Tatmehrheit zu den Bezugsdelikten stehen. Da mehrere Deliktsarten verwirklicht werden konnten, liegt ein Mehrfachantwortenset vor. Es ist zudem festzuhalten, dass bei der Codierung der Deliktsarten nicht unterschieden werden konnte, ob die weiteren Delikte, die in Tateinheit oder in Tatmehrheit standen, nur versucht oder vollendet wurden.

Aus tateinheitlicher Perspektive wurden am häufigsten Delikte gegen die Staatsgewalt, d. h. §§ 113 ff. StGB, als weitere Delikte begangen. Dieses Ergebnis deckt sich mit den Ausführungen zu den Geschädigten, in denen bereits festgestellt wurde, dass ein großer Anteil als Polizist tätig war. An zweiter Stelle stehen Körperverletzungsdelikte gem. §§ 223 ff. StGB. Hieran zeigt sich, dass verbale mit physischer Gewalt oftmals kombiniert wird. Des Weiteren wurden die Beleidigungsdelikte teilweise durch weitere Formen verbaler Gewalt ergänzt, nämlich in Form von Nötigungen und Bedrohungen gem. §§ 240 f. StGB. Verbale Gewalt in Form von Beleidigungsdelikten wurden somit, sofern Tateinheit vorlag, mit körperlichen und weiteren verbalen Ausprägungen von Gewalt kombiniert.

Bei Betrachtung der weiteren, tatmehrheitlich begangenen Delikte zeichnet sich ein ähnliches Bild ab: Am häufigsten standen Körperverletzungsdelikte (20,8 %) und weitere Beleidigungsdelikte (14,1 %) in Tatmehrheit zum Bezugsdelikt. Straftaten gem. §§ 240 f. StGB (13 %) und Delikte gegen die Staatsgewalt (n = 12,3 %) traten ungefähr gleich häufig in Tatmehrheit zum Bezugsdelikt auf. Einen nicht unerheblichen Anteil machten außerdem Eigentums- und Vermögensdelikte aus (19,7 %). Es zeigt sich somit, dass auch in Fällen der Tatmehrheit überwiegend Formen der verbalen und physischen Gewalt als zusätzliches Unrecht vorlagen, das sanktioniert wurde.

Es fällt auf, dass die Beleidigungsdelikte der Stichprobe häufig mit weiteren Delikten in Tateinheit oder in Tatmehrheit verwirklicht wurden. Diesbezüglich sind folgende Erklärungsansätze möglich: Zunächst erscheint es plausibel, dass viele Strafverfahren wegen „einfacher" Beleidigungen gem.§ 185 StGB wegen Geringfügigkeit bereits im Ermittlungsverfahren gem. § 153 Abs. 1 StPO eingestellt werden. Des Weiteren ist an die Teileinstellung gem. § 154 Abs. 1, 2 StPO zu denken. Zudem ist es möglich, dass das Strafverfahren gem. § 170 Abs. 2 StPO in den Fällen eingestellt wird, in denen kein Strafantrag gem. § 194 Abs. 1 S. 1 StGB gestellt wird und das öffentliche Strafverfolgungsinteresse (§ 194 Abs. 1 S. 2, 3 StGB) verneint wird. In diesen Fällen liegt sodann ein Verfahrenshindernis vor. Zwar werden die Geschädigten dabei auf den Privatklageweg verwiesen, jedoch ist diese Vorgehensweise mit einem Kostenrisiko verbunden (vgl. § 471 Abs. 2 StPO). Viele Geschädigte könnten dann von einer weiteren Strafverfolgung absehen, wodurch „einfache" Beleidigungen seltener vertreten sind. Darüber hinaus wurden solche Verfahren, die von vornherein im Strafbefehlsverfahren abgeurteilt werden, von der Stichprobe ausgeschlossen. Da einfache Beleidigungen vermutlich vielfach prozessual so behandelt werden, könnte dies ebenfalls eine Ursache gewesen sein.

Tab. 8.1 Häufigkeiten der Deliktsarten in Tateinheit

		Antworten		Prozent der Fälle
		n	%	
Deliktsarten in Tateinheit (maximal 6)	Verwenden verfassungsw. Kennzeichen	2	1,2 %	2,1 %
	Widerstand gg. Staatsgewalt	57	33,3 %	58,8 %
	Beleidigungsdelikte	24	14 %	24,7 %
	Verletzung persönl. Lebensbereich	1	0,6 %	1 %
	Körperverletzungsdelikte	46	26,9 %	47,4 %
	Nötigung und Bedrohung	31	18,1 %	32,1 %
	Eigentums- und Vermögensdelikte	6	3,6 %	6,2 %
	Sonstige	4	2,4 %	4 %
Gesamt		171	100 %	176,3 %

Tab. 8.2 Häufigkeiten der Deliktsarten in Tatmehrheit

		Antworten		Prozent der Fälle
		n	%	
Deliktsarten in Tatmehrheit (maximal 12)	Verwenden verfassungsw. Kennzeichen	6	2,1 %	5,7 %
	Widerstand gg. Staatsgewalt	35	12,3 %	33 %
	Beleidigungsdelikte	40	14,1 %	37,7 %
	Verletzung persönl. Lebensbereich	2	0,7 %	1,9 %
	Körperverletzungsdelikte	59	20,8 %	55,7 %
	Nötigung und Bedrohung	37	13 %	34,9 %
	Eigentums- und Vermögensdelikte	56	19,7 %	52,9 %
	Straßenverkehrsdelikte	13	4,6 %	12,3 %
	Sonstige	36	12,7 %	33,8 %
Gesamt		284	100 %	267,9 %

Die Beleidigungs- und Volksverhetzungstaten hatten im Durchschnitt, sofern die Tat durch gesprochenes oder geschriebenes Wort verwirklicht wurde und dies aus der Akte hervorging (n = 131), eine Wörteranzahl in Höhe von 15,15.[3] Die längste schädigende Äußerung umfasste 302 Wörter. Ungefähr die Hälfte aller geschriebenen oder gesprochenen Äußerungen bestand jedoch aus bis zu vier Wörtern.[4]

Konkret zu den Merkmalen, die die Bezugstaten ausgemacht haben, lässt sich Folgendes festhalten: 39,2 % der Äußerungen (n = 62) kennzeichneten sich dadurch, dass die Verurteilten eine auffallend vulgäre oder gewalthaltige Ausdrucksweise wählten.[5] 24,7 % aller verbal-aggressiver Äußerungen (n = 39) weisen einen Bezug zu sexuellen Handlungen auf. Hiervon sind keine sexuellen Beleidigungswörter, wie z. B. „Hure" oder „Fotze" umfasst, sondern Äußerungen, die zu sexuellen Handlungen aufforderten oder in denen Vergewaltigungsphantasien zum Ausdruck gebracht wurden. Bei einer Gegenüberstellung mit den Geschlechtern der Geschädigten, zeigte sich, dass Männer häufiger betroffen waren als Frauen (Tabelle 8.3). Allerdings ist die Anzahl der männlichen Geschädigten, verglichen zu den Weiblichen, generell größer. Betrachtet man das Vorkommen sexueller Inhalte innerhalb der vertretenen Geschlechter, fällt auf, dass die Differenz zwischen Männern und Frauen bei 9,5 % liegt und somit nicht groß ist. Es konnte kein signifikanter Zusammenhang festgestellt werden.

[3] Med. = 4; S.D. = 38,211.

[4] Die Informationen hierzu wurden primär aus den Urteilen und aus den Anklageschriften gewonnen.

[5] An dieser Stelle ist zu beachten, dass „nur" ein Beleidigungswort wie „Fotze" für die Bejahung dieses Merkmals noch nicht ausreichte. Zwar handelt es sich bei dieser Beleidigung um eine durchaus vulgäre Form der Diffamierung. Sie kam jedoch sehr häufig vor und es sollte sich auf herausstehende Formen brutaler Tatausführungen fokussiert werden. Hiervon sollten Fälle erfasst werden, die z. B. durch wiederholt-beleidigendes Verhalten, dem Tonfall (z. B. in Form von Anschreien) und gewalthaltiger Inhalte gekennzeichnet waren.

Tab. 8.3 Kreuztabelle Äußerungsinhalt und Geschlecht der Geschädigten

		Geschlecht			
		Männlich		Weiblich	
		n	%	n	%
Sexueller Inhalt	Ja	28	**27,7 %**	10	**18,2 %**
	Nein	73	**72,3 %**	45	**81,8 %**
n		**156**			
p		**0,19**			
Phi		**−0,11**			

Daneben wurde erhoben, ob Äußerungen einen menschenfeindlichen Inhalt aufwiesen. Das war bei 17,7 % der Äußerungen der Fall (n = 28). Den größeren Anteil machen somit die Fälle aus, in denen kein menschenverachtender Äußerungskern vorlag. Lediglich in einem Fall wurde an mehr als nur ein menschenfeindlicher Inhalt thematisiert. Tabelle 8.4 zeigt die Verteilung der Inhalte. Lässt man den großen Anteil an Fällen, in denen kein menschenverachtender Inhalt vorlag, außer Betracht, so machen Inhalte, die an die Hautfarbe, die Sprache oder die Herkunft der Geschädigten anknüpfen, den größten Anteil der Nennungen aus. Danach folgen identitätsstiftende Merkmale wie die (vermeintliche) sexuelle Orientierung und das Geschlecht der Betroffenen. Neben diesen Merkmalen wurde, wenn zwar auch sehr selten, die (vermeintliche) körperliche Behinderungen, das körperliche Erscheinungsbild und die religiöse Orientierung genutzt, um eine Andersartigkeit und Minderwertigkeit der Geschädigten zum Ausdruck zu bringen und diese schlussendlich zu diffamieren.

Tab. 8.4 Verteilung menschenfeindlicher Inhalte

		Antworten		Prozent der Fälle
		n	%	
Menschenverachtender Inhalt (max. 2)	Kein menschenverachtender Inhalt	287	90,8 %	181,6 %
	Hautfarbe, Sprache, Herkunft	12	3,8 %	7,6 %

(Fortsetzung)

Tab. 8.4 (Fortsetzung)

		Antworten n	Antworten %	Prozent der Fälle
	Geschlecht	4	1,3 %	2,5 %
	Sexuelle Orientierung	8	2,5 %	5,1 %
	Behinderung	1	0,3 %	0,6 %
	Körperliches Erscheinungsbild	2	0,6 %	1,3 %
	Religiöse Orientierung	2	0,6 %	1,3 %
Gesamt		316	100 %	200 %

In 14,6 % der erhobenen Fälle (n = 23) brachte der Täter (teilweise zusätzlich zu Beleidigungswörtern) seine Missachtung durch das Spucken zum Ausdruck. In neun Fällen spuckte der Täter die geschädigte Person unmittelbar an, z. B. ins Gesicht. In vier Fällen erfolgte das Spucken nur mittelbar, d. h. auf die Kleidung. In den restlichen zehn Fällen wurde zwar in die Richtung der Betroffenen gespuckt, jedoch nicht getroffen.

In nur wenigen Fällen verwendete der Täter (zusätzlich) Bildmaterial zur Diffamierung der geschädigten Person. Hierbei konnte danach unterschieden werden, ob das Bildmaterial die geschädigte Person selbst (n = 2) oder aber Dritte, z. B. in Form von „Memes" (n = 2), gezeigt hat.

In den meisten Konstellationen (n = 112) kannten sich die Verurteilten und die Geschädigten nicht. Sofern sie sich kannten, konnte unter anderem wie folgt differenziert werden: Teilweise waren sie miteinander verheiratet oder in einer festen Partnerschaft (n = 6), getrennt oder geschieden (n = 11), oder sie standen zueinander in einem lockeren Bekanntschaftsverhältnis (n = 9).

Daneben wurde die Situation erfasst, in der die verbale Gewalt erfolgte. Zur Verdeutlichung dient Abbildung 8.2: In etwa der Hälfte aller Fälle (51,9 %; n = 82) wurde ein Äußerungsdelikt bei Polizeieinsätzen oder Streifen der Polizei- und des Ordnungsamts begangen. Dieser Umstand stellt keine Überraschung dar, da ein Großteil der Geschädigten Polizisten waren und somit vermutlich im Zusammenhang mit dem Vollzug von polizeilichen Maßnahmen verbal (und auch physisch) angegriffen wurden. Darüber hinaus konnte ein signifikanter Zusammenhang zwischen der Alkoholisierung der Täter zum Zeitpunkt der Tatbegehung und verbalen Angriffen explizit ggü. Polizeibeamten im Einsatz festgestellt werden. Die Ergebnisse stellt Tabelle 8.5 dar. Sofern die Täter durch vorherigen Konsum während der Tat alkoholisiert waren, waren die Geschädigten zu 70,1 % Polizisten im Einsatz. Umgekehrt ist der Anteil an Polizisten als Tatopfer vergleichsweise gering, wenn kein vorheriger Alkoholkonsum auf der Täterseite vorlag (24,3 %). Es besteht ein hochsignifikanter Zusammenhang von mittlerer Stärke. Dieses Ergebnis bestätigt, dass Alkohol enthemmend wirkt und zu Konfrontationen mit Polizeibeamten führen kann. Welchen Einfluss der Grad der Alkoholisierung hat, konnte nicht festgestellt werden, da die genaue BAK nur selten erfasst wurde.

Tab. 8.5 Kreuztabelle Alkoholisierung der Täter während der Tat und geschädigte Polizeibeamten im Einsatz

		Alkoholisierung während der Tat			
		Ja		Nein	
		n	%	n	%
Polizist als Geschädigter	Ja	61	**70,1 %**	9	**24,3 %**
	Nein	26	**29,9 %**	28	**75,7 %**
n		**124**			
p		**<,001**			
Phi		**0,42**			

Bzgl. des Alkoholkonsum konnten weitere Feststellungen getroffen werden. Allgemein lässt sich festhalten, dass über die Hälfte aller erfassten Taten (55 %; n = 87) unter dem Einfluss vom Alkohol verwirklicht wurden, wobei nur in 21,5 % der Fälle (n = 34) die BAK festgestellt wurde. Der niedrigste erfasste BAK-Wert lag bei 0,80 ‰ und der höchste bei 2,99 ‰. Der durchschnittliche BAK-Wert lag bei 1,83 ‰.[6] Ca. 60 % der gültigen Fälle wiesen einen BAK-Wert bis zu ca. 2,0 ‰ auf. Dass in mehr als der Hälfte der codierten Verfahren die Verurteilten zum Tatzeitpunkt Alkohol konsumiert hatten, unterstreicht die enthemmende Wirkung von Alkohol. Alkohol Konsumierende werden anfälliger für impulsives, aggressives Verhalten, das strafbar sein kann.

15,8 % der Fälle (n = 25) wurden als Beziehungsstreitigkeit oder als Streit mit Familienmitgliedern bzw. Freunden erfasst. Einsätze von Rettungskräften, Sanitätern oder medizinischem Personal wurden hingegen selten als Tatsituation codiert (n = 2). Ebenso selten waren Behördengänge als Tatsituation gegeben (n = 1). Verkaufssituationen, die von einem hohen Maß an Kundenkontakt geprägt sind,

[6] Med. = 1,92; S.D. = 0,51208.

wie z. B. der Kassiervorgang in Supermärkten, lagen in 5,1 % der Fälle (n = 8) vor. Zu nennen sind ebenfalls die Verfahren, die mit dem Personentransport zusammenhängen: 5,1 % der Bezugsdelikte fanden im Straßenverkehr (n = 8) und 3,2 % im öffentlichen Personennahverkehr (n = 5) statt.

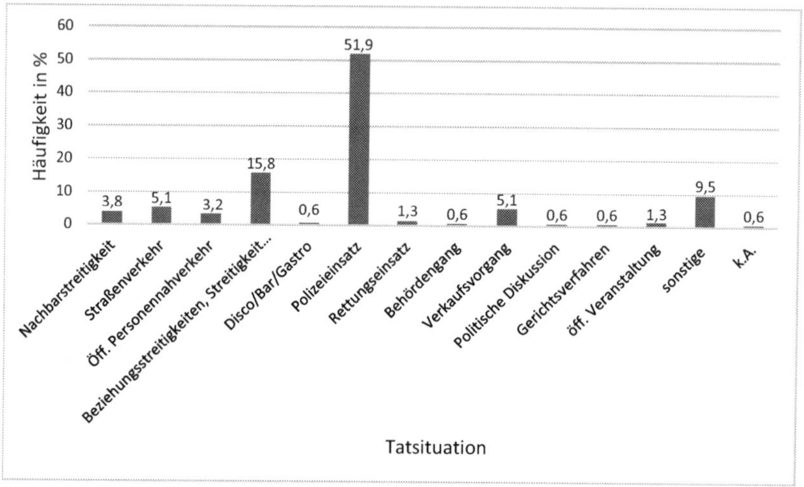

Abb. 8.2 Verteilung Tatsituation. (n = 158)

Die Äußerungen erfolgten mit fast 89,9 % ausschließlich analog und nicht mittels digitaler Kommunikationsmittel (n = 142). Lediglich drei der digitalen Äußerungen wurden öffentlich getätigt. Bei digitalen Äußerungen konnte mehr als ein Kommunikationsmedium verwendet werden, wobei nicht mehr als zwei genutzt wurden. Instant-Messenger (44,4 %; n = 8) und soziale Netzwerke (22,2 %; n = 4) kamen hierbei häufig zum Einsatz. Als Instant-Messenger wurde Whatsapp (n = 5), der Facebook-Messenger (n = 2) und iMessage (n = 1) genutzt. Sofern die strafbare Aussage in den sozialen Netzwerken getätigt wurde, wurde Facebook (n = 2) oder die Internetseite vk (n = 1) genutzt. Des Weiteren wurden die schädigenden Äußerungen als SMS übermittelt (n = 3), durch einen Anruf oder auf einem Anrufbeantworter hinterlassen (n = 2) oder durch Videotelefonie (n = 1) begangen.

Etwas mehr als die Hälfte der verbal-aggressiven Äußerungen erfolgte mit 59,5 % (n = 94) öffentlich. In den Konstellationen der öffentlichen Äußerungen konnte ein Personenkreis zahlenmäßig jedoch nur in 20 Fällen bestimmt werden. In neun Fällen bestand der öffentliche Adressatenkreis aus zwei Personen, was auch dem Durchschnitt entsprach, und in sieben Fällen aus nur einer weiteren Person.[7] Der zahlenmäßig größte öffentliche Personenkreis wurde in einem Fall mit fünf Personen erreicht. Der Personenkreis war in 18 Fällen allerdings durch persönliche Beziehungen untereinander verbunden.

8.1.2 Die Geschädigten

Die geschädigten Personen lassen sich wie folgt einteilen: zu 58,9 % handelte es sich um eine Einzelperson (n = 93), zu 38,6 % um mehrere Einzelpersonen (n = 61) und zu 1,3 % um (mehrere) einzelne Betroffene unter einer Kollektivbezeichnung (n = 2).[8] Personengemeinschaften kamen in der Stichprobe nicht als Geschädigte vor. Unter Betrachtung der Einzelpersonen lässt sich beobachten, dass der überwiegende Anteil aus nur einer geschädigten Person bestand. Zwei Geschädigte kamen mit 24,1 % (n = 38) und drei mit 7 % (n = 11) vor. Die größte Summe an Geschädigten machte ein Fall mit neun Betroffenen aus. Im Durchschnitt lagen pro Fall 1,75 geschädigte Personen vor. Im Durchschnitt waren die Geschädigten 37,8 Jahre alt.[9] Die jüngste geschädigte Person war elf Jahre alt, die Älteste 85.

Die Geschädigten setzten sich zu 63,9 % aus Männern (n = 101) und zu 34,8 % aus Frauen (n = 55) zusammen. Der überwiegende Anteil hatte die deutsche Staatsangehörigkeit (77,2 %; n = 122) und wurde in Deutschland geboren (75,3 %; n = 119).

Im Gegensatz zu den Verurteilten waren die Geschädigten mehrheitlich (78,5 %; n = 124) berufstätig. Nur in fünf Fällen wurde eine Erwerbsuntätigkeit festgestellt. Abbildung 8.3 gibt Auskunft über die ausgeübten Berufe der Geschädigten. Aus dem Säulendiagramm geht hervor, dass kein anderer Beruf so oft ausgeübt wurde wie der des Polizisten: Fast die Hälfte der Geschädigten (n = 77) waren in diesem Beruf tätig. Damit kann bereits ein Teil der Forschungsfrage 9 beantwortet werden. Zwar nur selten vertreten, aber ebenfalls der staatlichen Ebene zugehörig sind Richter und Staatsanwälte (n = 1), Politiker

[7] Med. = 2; S.D. = 1,076.

[8] In zwei Fällen der Volksverhetzung gem. § 130 StGB lag kein direktes Tatopfer vor.

[9] Med. = 34; S.D. = 13,586.

(n = 1), Beschäftigte im Außendienst des Ordnungsamts (n = 2) sowie sonstige Beschäftigte in der öffentlichen Verwaltung (n = 4). Verkaufspersonal, wie z. B. Kassierer, waren im Vergleich zur Polizei mit sieben Fällen ebenfalls gering vertreten. Medizinische Berufe, d. h. Ärzte und Krankenpflegepersonal, waren mit jeweils zwei Fällen vorhanden.

Es fällt somit auf, dass ein Großteil der Geschädigten in der Stichprobe einen Beruf im öffentlichen Dienst, vor allem bei der Polizei, ausübt. Diese Beobachtung deckt sich mit den Befunden der Untersuchungen, die Gewalterfahrungen von Polizisten im Berufsalltag erforschen, wonach Beleidigungen und Beschimpfungen sehr regelmäßig erlebt werden und dementsprechend auch häufig zur Anzeige gebracht werden.

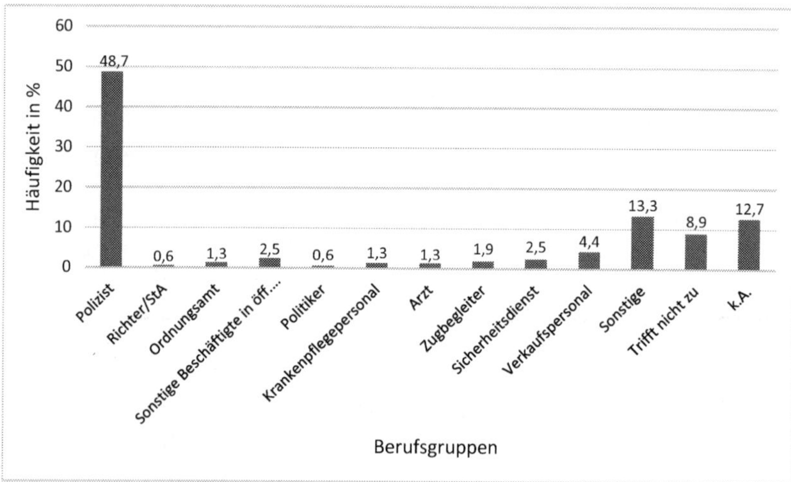

Abb. 8.3 Berufsgruppen der Geschädigten. (n = 158)

Zu (vermeintlichen) Minderheitsmerkmalen konnten kaum Aussagen aus den Verfahrensakten gewonnen werden. Die Hautfarbe der Geschädigten konnte z. B. nur in insgesamt 21 Fällen ermittelt werden, wenn Fotos von den Betroffenen als Beweismittel Teil der Verfahrensakte waren. Aufgrund dessen konnten nur vier P.o.C. ermittelt werden. Ähnlich verhielt es sich bzgl. der Erfassung der sexuellen Orientierung der Betroffenen. Anhaltspunkte konnten nur auf Grundlage der Zeugenaussagen im Rahmen der Vernehmungen bei der Polizei oder vor Gericht gewonnen werden. So gab es in 40 Fällen (25,3 %) Indizien für eine heterosexuelle Orientierung der Betroffenen. Lediglich in einem Fall gab es Anhaltspunkte für eine homosexuelle Lebensführung.

8.1.3 Die Täter

Die Stichprobe besteht zu 88,6 % aus männlichen und zu 11,4 % aus weiblichen Angeklagten. Verbale Gewalt wurde somit von einem größeren Anteil männlicher Personen ausgeübt. Im Durchschnitt waren die Angeklagten 37,62 Jahre alt, der Median lag bei 35 Jahren. Der jüngste männliche Angeklagte war zum Zeitpunkt der Verurteilung 20 Jahre alt, während der Älteste 75 Jahre alt war.[10] Der Median liegt bei den männlichen Tätern bei 35 Jahren. Bei den weiblichen Personen war die jüngste Täterin 22 und die Älteste 76 Jahre alt. Das Durchschnittsalter bei weiblichen Täterinnen liegt, ähnlich zu dem der männlichen Täter, bei einem Median von 33 Jahren. Es fällt auf, dass verbale Gewalt überwiegend von jungen Männern im Erwachsenenalter als auch von Männern in ihren 30ern verübt wird (vgl. Abbildung 8.4). Diese Struktur stimmt teilweise mit den Erkenntnissen zur Täterstruktur bei körperlichen Gewaltdelikten überein.[11]

[10] Das jüngste Alter von 20 Jahren lässt sich trotz Stichprobe, die nur Fälle nach Erwachsenenstrafrecht erfassen sollte, damit erklären, dass ein Fall vorkam, in dem ein Heranwachsender nach Erwachsenenstrafrecht verurteilt wurde. Dieser Fall wurde ebenfalls codiert.

[11] Vgl. auch *Kolsch,*Sozioökonomische Ungleichheit im Strafverfahren, S. 205 ff., wo der Anteil von 21–30 Jahre alten Beschuldigten allerdings fast doppelt so hoch war als bei 31–40-Jährigen; zur Struktur der Gewaltkriminalität siehe auch *Brettel,*Gewaltkriminalität, 474, 480 f.

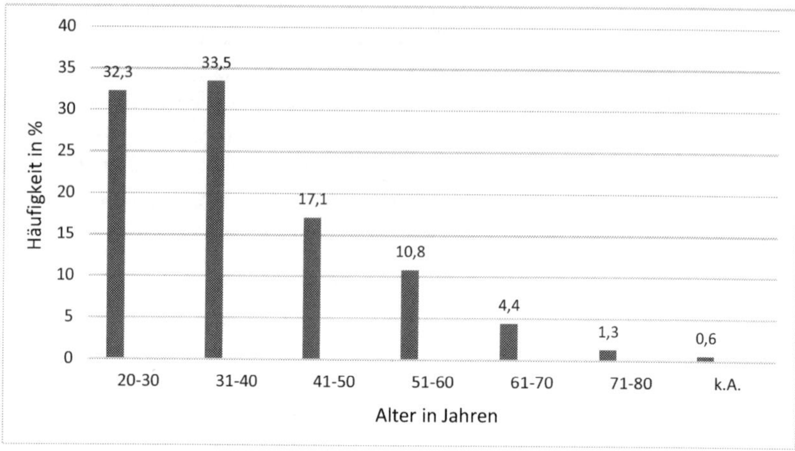

Abb. 8.4 Alter der Angeklagten gruppiert. (n = 157; a.M. = 37,62; Med. = 35; S.D. = 11,90)

Der Großteil der Täter (n = 119) hatte mit 75,3 % die deutsche Staatsagehörigkeit und wurde in Deutschland geboren (n = 118; 74,7 %). Ebenfalls mit 9,5 % vertreten sind Staatsangehörigkeiten von osteuropäischen Ländern (n = 15) oder mit 8,2 % von Ländern, die dem Nahen und Mittleren Osten zugeordnet wurden (n = 13). 11,4 % der Verurteilten wurden in einem osteuropäischen Land geboren (n = 18) und 9,5 % in einem Land im nahen oder mittleren Osten (n = 15). Der Anteil der Nichtdeutschen liegt mit 24,1 % über dem der Nichtdeutschen in der Gesamtbevölkerung von 12,7 %.[12] Mehr als die Hälfte der Angeklagten waren mit 65,2 % zum Zeitpunkt der Verurteilung ledig (n = 103). 14,6 % waren verheiratet (n = 23) und 12 % waren geschieden (n = 19). Der Anteil der ledigen Angeklagten war im Vergleich zu denen der Gesamtbevölkerung von 43,40 % überrepräsentiert. Die verheirateten Angeklagten waren hingegen unterrepräsentiert; der Anteil von der Gesamtbevölkerung beträgt für das Jahr 2020 42,29 %.[13]

[12] *Destatis,*Bevölkerung nach dem Gebietsstand und Durchschnittsalter 1990 bis 2022, https://www.destatis.de/DE/Themen/Gesellschaft-Umwelt/Bevoelkerung/Bevoelkerungsstand/Tabellen/bevoelkerungsstand-gebietsstand-werte.html.

[13] *Destatis,*Bevölkerung nach Familienstand 2011 bis 2022 Deutschland, https://www.destatis.de/DE/Themen/Gesellschaft-Umwelt/Bevoelkerung/Bevoelkerungsstand/Tabellen/familienstand-jahre-5.html.

Zur Frage, ob die Täter ein potentiell unterhaltsberechtigtes Kind haben, konnten in 79,7 % der Fälle (n = 126) Informationen gewonnen werden. Der Anteil derjenigen, die ein unterhaltsberechtigtes Kind hatten und derjenigen, die keine hatten, war gleich. Zu den Wohnverhältnissen der Angeklagten konnte Folgendes festgestellt werden: Die Mehrzahl konnte mit 75,9 % zum Zeitpunkt der Verurteilung einen festen Wohnsitz aufweisen. 14,6 % waren in Haft (n = 23) und 3,8 % hatten keinen festen Wohnsitz.

Zu den beruflichen Tätigkeiten konnte in 86,7 % (n = 137) aller Fälle eine Aussage getroffen werden. In mehr als der Hälfte dieser Fälle konnten die Angeklagten mit 54 % keine Berufsstätigkeit zum Zeitpunkt der Verurteilung aufweisen und waren somit arbeitslos. Es fiel auf, dass die Arbeitslosenquote verglichen zu dem Anteil in der Gesamtbevölkerung des Jahres 2020 mit 5,3 % sehr hoch war. Nur 32,8 % der Angeklagten waren berufstätig. Basierend auf den Fällen, in denen Informationen zum Nettoeinkommen der Verurteilten gewonnen werden konnten, konnte ein Durchschnittseinkommen von ungefähr 1.050 € pro Monat errechnet werden.[14] Darin nicht mit einbezogen waren 32 Fälle, in denen von den Gerichten pauschal ALG II angenommen wurde.

Die Verfahrensakten wurden ebenfalls zur gesundheitlichen Verfassung der Verurteilten untersucht. Zu suchtproblematischem Verhalten konnten in 69 % der Fälle (n = 109) eine Aussage getroffen werden; ungefähr die Hälfte (n = 53) wies davon eine Suchtproblematik auf. Von den Personen, die eine Suchtproblematik aufwiesen, bestand bei 43,4 % eine Alkoholabhängigkeit (n = 23), bei 28,3 % eine Drogenabhängigkeit (n = 15) und in 26,4 % der Fälle bestand sowohl eine Drogen- als auch Alkoholabhängigkeit (n = 14). Anhaltspunkte zu psychischen Störungen, die nur angenommen wurden, wenn aus der Verfahrensakte ersichtlich wurde, dass sie ärztlich nach ICD-Codes diagnostiziert wurden, gab es selten. Von 126 Fällen wiesen nur 8,7 % der Verurteilten (n = 11) psychisch diagnostizierte Störungen auf, die zumindest Eingang in die Verfahrensakte gefunden haben. Von den insgesamt 15 aufgeführten Krankheitsbildern lag eine Form von psychischen und Verhaltensstörungen durch psychotrope Substanzen am häufigsten vor (n = 5). Darunter können verschiedene Krankheitsbilder fallen, wobei die Gemeinsamkeit insbesondere darin besteht, dass ein Gebrauch von einer oder mehreren Substanzen, die die Psyche beeinflussen, im Zusammenhang dazu steht. Persönlichkeits- und Verhaltensstörungen (n = 4) kamen ebenfalls vor.[15]

---

[14] Med. = 1.000.

[15] Ausführlich zur Klassifizierung siehe *Deutsches Institut für Medizinische Dokumentation und Information,* Psychische und Verhaltensstörungen, https://www.dimdi.de/static/de/klassifikationen/icd/icd-10-gm/kode-suche/htmlgm2018/chapter-v.htm.

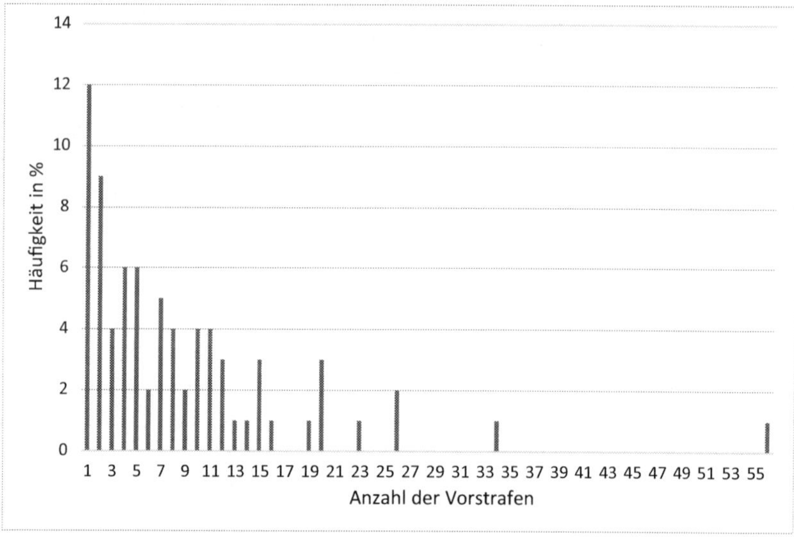

Abb. 8.5 Anzahl der Vorstrafen bei vorbestraften Angeklagten. (n = 76; a.M. = 8,49; Med. = 6; S.D. = 8,90)

Die überwiegende Mehrheit der Angeklagten war bereits vorbestraft (70,9 %; n = 112).[16] Einschlägig vorbestraft wegen einer Tat gem. §§ 185 ff., 130 StGB waren 33,5 % (n = 53).[17] Abbildung 8.5 zeigt die Verteilung der Vorstrafenanzahl derjenigen, die bereits generell vorbestraft waren. Von den 112 Fällen, in denen Vorstrafen bestanden, konnten in insgesamt 76 Fällen (n = 48,1 %) eine Aussage zur Anzahl der Vorstrafen getroffen werden.[18] Am häufigsten lagen hierbei eine (15,8 %; n = 12) bzw. zwei Vorstrafen (11,8 %; n = 9) vor. Das Maximum erreichte ein Täter mit insgesamt 56 Vorstrafen. Im Durchschnitt hatten die hier

---

[16] In 22 Fällen konnten aus den Strafverfahrensakten keine Informationen zur Vorstrafenbelastung gewonnen werden (13,9 %).

[17] Die Quote der fehlenden Werte lag bei 31 % (n = 49). Dass der Erkenntnisgewinn zur Anzahl der generellen, aber auch der einschlägigen Vorstrafen, verhältnismäßig gering ist, wurde dadurch bedingt, dass die Auszüge auf dem BZR nicht regelmäßig Bestandteil der Strafakten waren. Siehe ausführlicher zu den fehlenden Werten bei den Vorstrafen und wie im Laufe der Untersuchung damit umgegangen wurde Abschnitt 8.3.2.1.3.

[18] 15,2 % der Täter (n = 24) waren nicht vorbestraft und in 36,7 % der Fälle (n = 58) enthielt die Strafakte keine Informationen zur Anzahl der Vorstrafen.

relevanten Angeklagten 8,49 Vorstrafen und ungefähr die Hälfte der Täter hatten bis zu 6 Vorstrafen.

Bei denjenigen, die einschlägig vorbestraft waren (n = 53), konnte in 44 Fällen Informationen zur Anzahl einschlägiger Vorstrafen erhoben werden. Im Durchschnitt hatten die hier relevanten Täter 2,5 einschlägige Vorstrafen.[19] Als einschlägige Straftat lag mit eindeutiger Mehrheit (n = 44) eine Beleidigung gem. § 185 StGB vor. Die üble Nachrede gem. § 186 StGB (n = 1) und die Volksverhetzung gem. § 130 StGB (n = 1) waren nur sehr selten vorhanden. Die einschlägigen Delikte der Vorstrafen wurden bisher durch Geldstrafen (n = 48), bedingte (n = 14) und unbedingte Freiheitsstrafen (n = 4) sanktioniert. An dieser Stelle zeigt sich der Bagatellcharakter der Beleidigungsdelikte deutlich. Die Beleidigung gem. § 185 StGB war mit Abstand am häufigsten vertreten und wurde überwiegend mit Geldstrafen bestraft. Nur in 95 Fällen konnte überhaupt eine Aussage darüber getroffen werden, ob die Verurteilten zum Zeitpunkt der Tatbegehung unter Bewährungs- oder Führungsaufsicht standen. Dies war bei 33,7 % der Verurteilten (n = 31) der Fall.

8.1.4 Die verhängte Sanktion

Die Beschreibung der verbal-aggressiven Straftat zeigte bereits, dass häufig mehrere Gesetzesverstöße vorlagen.[20] Den verhängten Sanktionen der Stichprobe lag in 69 % der Fälle (n = 109) eine Gesamtstrafe gem. §§ 53, 54 StGB zugrunde. Eine nachträgliche Gesamtstrafe gem. § 55 StGB wurde in 7,6 % der Fälle (n = 12) gebildet. Inwieweit mehrere Gesetzesverstöße einen Einfluss auf den der Entscheidung zugrunde liegenden Strafrahmen haben, wurde bereits dargestellt. Die Fälle, in denen mehrere Gesetzesverstöße vorlagen, wurden wie folgt codiert: Die Gerichte erkannten in den Fällen, in denen weitere Delikte im Verhältnis der (gleichartigen oder ungleichartigen) Tateinheit zum Bezugsdelikt begangen wurden, nur auf eine Strafe. Diese Strafe wurde i.R.d. Datenerhebung codiert. In den Fällen der Tatmehrheit, in denen von den Gerichten mehrere Einzelstrafen gebildet wurden, wurde die schwerste Einzelstrafe als Bezugsdelikt codiert. In den Fällen der nachträglichen Gesamtstrafenbildung wurde ebenfalls die Einzelstrafe für das jeweilige Bezugsdelikt codiert.

---

[19] Med. = 2,0; S.D. = 2,48.

[20] Siehe Abschnitt 8.1.1.

8.1.4.1 Die Geldstrafe

8.1.4.1.1 Die Tagessatzanzahl

Abbildung 8.6 gibt Auskunft über die von den Gerichten festgesetzten Tagessätze. Mit 56,3 % wurde in etwas mehr als der Hälfte der Fälle (n = 89) eine Geldstrafe verhängt. Die Tagessatzzahl variiert in der untersuchten Stichprobe von 15 bis zu 170 Tagessätzen, wobei die Gerichte im Durchschnitt 58,88 Tagessätze bestimmt haben.[21] Am öftesten wurden 30 Tagessätze festgelegt (n = 15). Eine Tagessatzzahl in Höhe von 40 (n = 12) und 20 (n = 10) kamen ebenfalls häufig vor. Etwas mehr als die Hälfte der Geldstrafen (62,9 %) bewegten sich mit einer Tagessatzanzahl zwischen 15–60 Tagessätzen in eben diesem Bereich. Bei Betrachtung der Normalverteilungskurve im Histogramm fällt auf, dass die Variable „Anzahl der Tagessätze“ nicht normalverteilt ist. Der Ursache dafür liegt darin, dass einige Anzahlen an Tagessätzen (20, 30 und 40 Tagessätze) vergleichsweise oft verhängt werden. Sehr niedrige und sehr hohe Tagessatzanzahlen werden hingegen nur selten verhängt. In Anbetracht dessen, dass es sich bei den Beleidigungsdelikten um Bagatelldelikte handelt, fällt die Anzahl der Tagessätze vergleichsweise hoch aus. Dies kann folgenden Grund haben: Es ist einerseits denkbar, dass die hohe Anzahl der Tagessätze dadurch beeinflusst wurde, dass Strafbefehlsverfahren bei der Stichprobenbildung ausgeschlossen wurden. Demnach könnte es sein, dass den Verfahren in der Stichprobe vermehrt schwerere Delikte zugrunde lagen. So lag z. B. in über der Hälfte der Fälle eine tateinheitliche Verwirklichung weiterer Delikte vor. Von diesen Fällen lag in wiederum 77,3 % ein Fall der ungleichartigen Tateinheit vor. Werden die Beleidigungsdelikte somit in Tateinheit mit einer Körperverletzung gem. § 223 Abs. 1 StGB begangen, wird nur eine Strafe gebildet. Im Rahmen dessen wird derjenige Strafrahmen zugrunde gelegt, der die schwerste Strafe androht. Bei der Festsetzung der konkreten Strafhöhe ist die tateinheitliche Begehungsweise dann ein strafschärfender Faktor. Dieser Umstand könnte die hohen Tagessatzanzahlen erklären. Diese Frage wird bei Betrachtung der Strafhärte erneut aufgegriffen.

[21] Med. = 50; S.D. = 36,297.

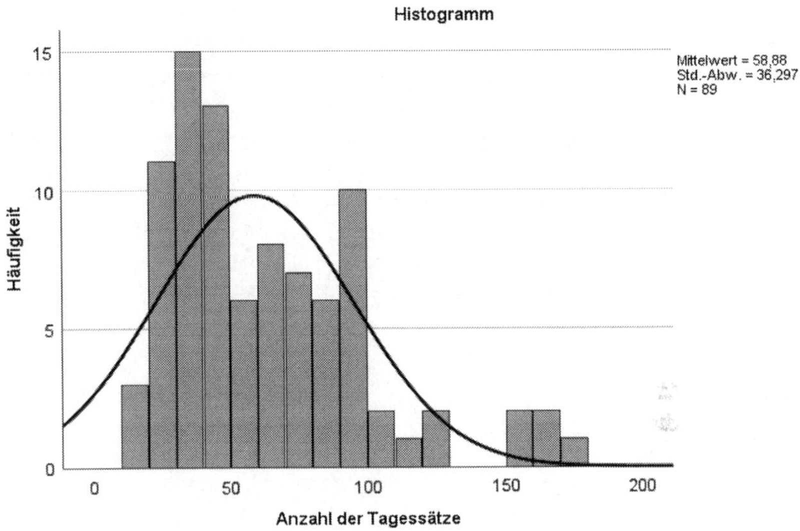

Abb. 8.6 Histogramm Anzahl der Tagessätze

Dieses Ergebnis wird auch durch den Boxplot in Abbildung 8.7 verdeutlicht. Boxplots sind Diagramme, die den Median und die Streuung von Daten grafisch darstellen.[22] Die Box selbst zeigt den Interquartilsabstand, d. h. den Bereich, in dem die mittleren 50 % aller Werte liegen.[23] Innerhalb der Box wird eine Linie angezeigt, die den Median kennzeichnet.[24] Bei der Tagessatzanzahl liegt der Median bei 50 Tagessätzen. Die untere Linie der Box definiert das 1. Quartil, die obere Linie das 3. Quartil.[25] Aus dem 1. Quartil lässt sich schließen, dass 25 % der Fälle unterhalb von 30 Tagessätzen liegen. Die restlichen 75 % liegen darüber. Das 3. Quartil sagt aus, dass 75 % der Fälle unter 80 Tagessätzen und 25 % darüber liegen. Der Interquartilsabstand beträgt bei der Tagessatzanzahl 50 Tagessätze. Ausgehend von der Box gibt es nach unten und nach oben gerichtete Fühler (sog. „Whisker").[26] Die Whisker haben die 1,5-fache Länge der Box

---

[22] *Kuckartz et al.*,Statistik, S. 74.

[23] *Kuckartz et al.*,Statistik, S. 74.

[24] *Kuckartz et al.*,Statistik, S. 74.

[25] *Janssen/Laatz*,Statistische Datenanalyse mit SPSS, S. 740.

[26] *Janssen/Laatz*,Statistische Datenanalyse mit SPSS, S. 704.

und kennzeichnen durch Punkte die Minimal- und Maximalwerte, die keine Ausreißer sind.[27] Der Maximalwert liegt bei 170 Tagessätzen. Extremwerte, die drei Interquartilsabstände vom Median entfernt sind und durch einen Stern gekennzeichnet sind, gibt es bei der Tagessatzanzahl keine. Ausreißer nach unten gibt es keine, was daran liegen kann, dass sich die Box bereits innerhalb der Skala im unteren Bereich ansiedelt.[28] Abgesehen von einzelnen Extremwerten zeichnet sich auch hiernach die Tendenz ab, dass die Tagessatzanzahl in einem grds. niedrigen Bereich liegt. In Anbetracht der Tatsache, dass es sich um Bagatelldelikte handelt, erscheint die Tagessatzanzahl jedoch verhältnismäßig hoch, da nur 25 % der Fälle unter 30 Tagessätzen liegen.

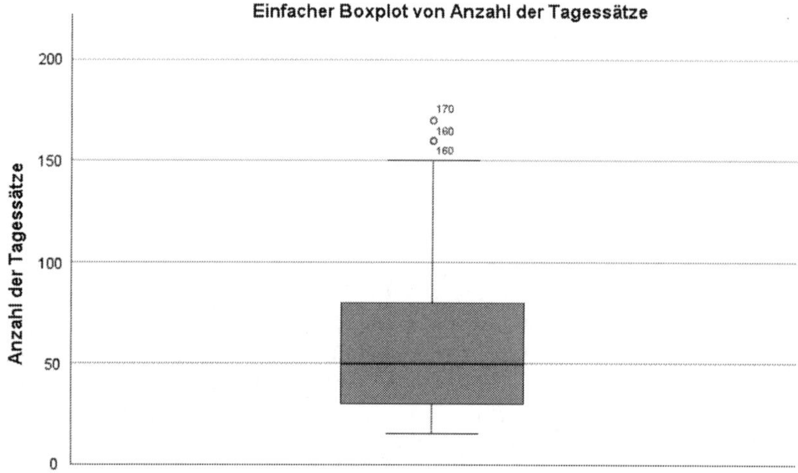

Abb. 8.7 Boxplot Anzahl der Tagessätze

[27] *Kuckartz et al.,*Statistik, S. 74.

[28] Während Extremwerte mit einem Stern gekennzeichnet sind, sind Ausreißer mit einem Kreis gekennzeichnet *Janssen/Laatz,*Statistische Datenanalyse mit SPSS, S. 741.

8.1.4.1.2 Die Tagessatzhöhe

Die Höhen der Tagessätze, die durch die Gerichte bestimmt wurden, werden durch Abbildung 8.8 verdeutlicht.

Die Tagessatzhöhen lagen in der Stichprobe zwischen 5–100 Euro, wobei die durchschnittliche Höhe 22,40 Euro betrug.[29] Tagessätze in Höhe von 10 Euro (n = 32) und 15 Euro (n = 21) wurden am häufigsten festgesetzt. In zwei Drittel der Fälle (66,3 %) liegt die Tagessatzhöhe genau in diesem Bereich (5–15 Euro). Da die Bestimmung der Tagessätze unter Berücksichtigung der persönlichen und wirtschaftlichen Verhältnisse des Täters bestimmt werden (§ 40 Abs. 2 S. 1 StGB), überraschen die niedrigeren Tagessatzhöhen angesichts der bereits festgestellten hohen Arbeitslosenquote in der Stichprobe nicht.

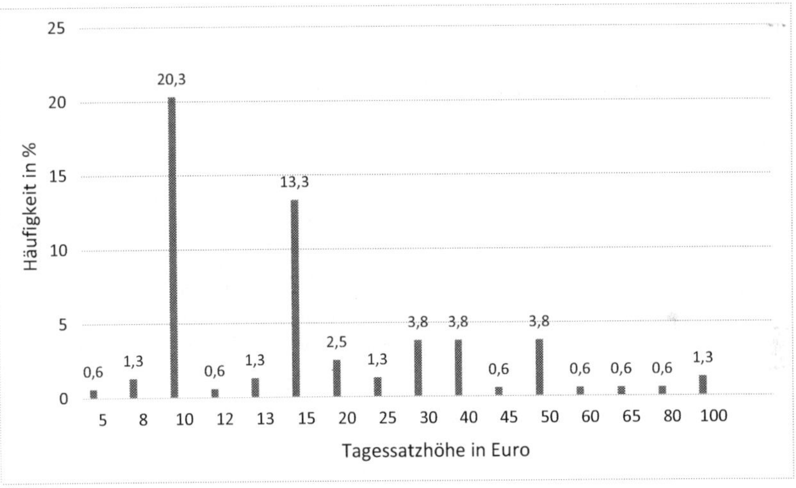

Abb. 8.8 Verteilung der Höhe der Tagessätze. (n = 89)

[29] Med. = 15; S.D. = 19,361.

In den Fällen, in denen weitere Äußerungsdelikte in Tatmehrheit gem. § 53 StGB vorlagen, wurde in 16 Fällen für das zweitschwerste Delikt eine Tagessatzanzahl festgesetzt. In diesen Fällen lag die Anzahl Tagessätze zwischen 15 und 80 Tagessätzen, wobei auch hier ungefähr etwas mehr als die Hälfte (62,5 %) zwischen 15 und 30 angesiedelt war. Dass ein dritter Tagessatz für ein weiteres Beleidigungsdelikt verhängt wurde, war eher selten der Fall. Nur in acht Fällen kam es dazu: Die Tagessatzanzahl lag hier zwischen 15 und 40 Tagessätzen.

Die Gerichte gewährten den Verurteilten im Falle einer Geldstrafe vereinzelt auch Zahlungserleichterungen i.S.d. § 42 StGB. Hierbei wurde in 19 Fällen eine Ratenzahlung gestattet. Die Erteilung einer Zahlungsfrist kam als Zahlungserleichterung hingegen nicht vor.

8.1.4.2 Die Freiheitsstrafe

Die Freiheitsstrafe macht 43,7 % der erfassten Sanktionen aus (n = 69). Abbildung 8.9 zeigt die Verteilung der Dauer der Freiheitsstrafen. Sofern eine Freiheitsstrafe verhängt wurde, war sie im Durchschnitt 4,25 Monate lang.[30] Die kürzeste Freiheitsstrafe betrug, entsprechend des Mindestmaßes gem. § 38 Abs. 2 StGB, einen Monat. Die längste Freiheitsstrafe wurde mit 19 Monaten verzeichnet. Mit 8,2 % wurde die Dauer der Freiheitsstrafe am häufigsten (n = 13) auf zwei Monate festgelegt. Ungefähr die Hälfte der Freiheitsstrafen (50,7 %) wiesen eine Dauer zwischen einem und drei Monaten auf. Bei einem Großteil der Freiheitsstrafen (71 %) handelt es sich um kurze Freiheitsstrafen i.S.d. § 47 StGB, d. h. solche mit einer Dauer unter sechs Monaten.

Weitere Freiheitsstrafen für zweitschwerste (n = 15) und drittschwerste (n = 3) Delikte kamen selten vor. Für die zweitschwersten Delikte lag die Freiheitsstrafe zwischen einem und sechs Monaten, wobei sie im Durchschnitt 2,95 Monate betrug.[31] In den wenigen Fällen eines drittschwersten Delikts betrug die Dauer der Freiheitsstrafe entweder drei oder vier Monate.

Wie bereits bei der Anzahl der Tagessätze bei der Geldstrafe, zeigt die Normalverteilungskurve bei der Dauer der Freiheitsstrafe, dass die Variable nicht normalverteilt ist. Der Grund dafür liegt darin, dass die Freiheitsstrafen überwiegend im niedrigen Bereich liegen. Die Freiheitsstrafen in Höhe von zwei Monaten stellen einen Ausreißer bei den Häufigkeiten dar.

[30] Med. = 3; S.D. = 3,293.

[31] Med. = 2; S.D. = 1,687.

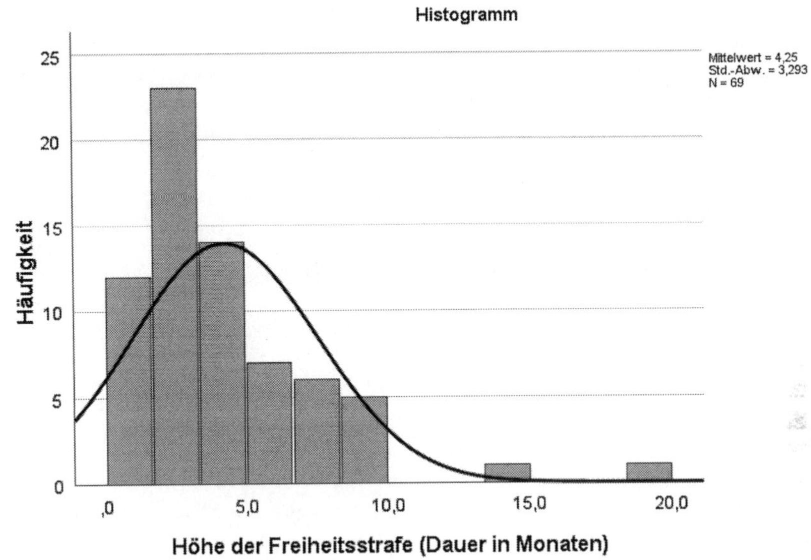

Abb. 8.9 Histogramm Dauer der Freiheitsstrafe

Auch bei der Dauer der Freiheitsstrafe verdeutlicht der Boxplot dieses Ergebnis. 25 % der Freiheitsstrafen haben eine Dauer unter zwei Monaten und 75 % liegen darüber. 75 % der Fälle weisen eine Freiheitsstrafe unterhalb von sechs Monaten auf und liegen somit im Bereich der kurzen Freiheitsstrafen gem. § 47 StGB. Nur 25 % liegen über sechs Monaten. Der Median liegt mit drei Monaten ebenfalls im Bereich der kurzen Freiheitsstrafen. Der Maximalwert liegt bei 15 Monaten und ist noch nicht als Ausreißer einzustufen. Lediglich eine Freiheitsstrafe ist mit einer Dauer von 19 Monaten als derartiger Extremwert vorhanden. Überwiegend handelt es sich um Beleidigungsdelikte gem. § 185 Var. 1 StGB, wonach Freiheitsstrafe bis zu einem Jahr angedroht wird. Sowohl der Extremwert als auch der Ausreißer übersteigen diesen Strafrahmen jedoch. Es ist deswegen davon auszugehen, dass es sich bei diesen beiden Höchstwerten um tateinheitliche Begehungsweisen handelt, wonach der Strafrahmen einer Norm mit schwererer Strafe entnommen wurde. Aus dem Boxplot lässt sich darüber hinaus die Forschungsfrage Nr. 11 beantworten. Es wurde danach gefragt, inwieweit bei konkreten Tatbegehungen, wie z. B. der öffentlichen Beleidigung, der öffentlichen Beleidigung von Kommunalpolitikern oder der menschenwürdeangreifenden Beleidigung, der Strafrahmen ausgeschöpft wird. Zwar wird im Boxplot in Abbildung 8.10 nicht die Verteilung der Freiheitsstrafen für diese konkreten Verhaltensweisen, sondern für die gesamte Stichprobe angezeigt. Jedoch kann bereits aus der Gesamtbetrachtung geschlussfolgert werden, dass der Strafrahmen bei den konkreten Verhaltensweisen nicht voll ausgeschöpft wird. Die vorhandenen Extremwerte konnten bereits erklärt werden.

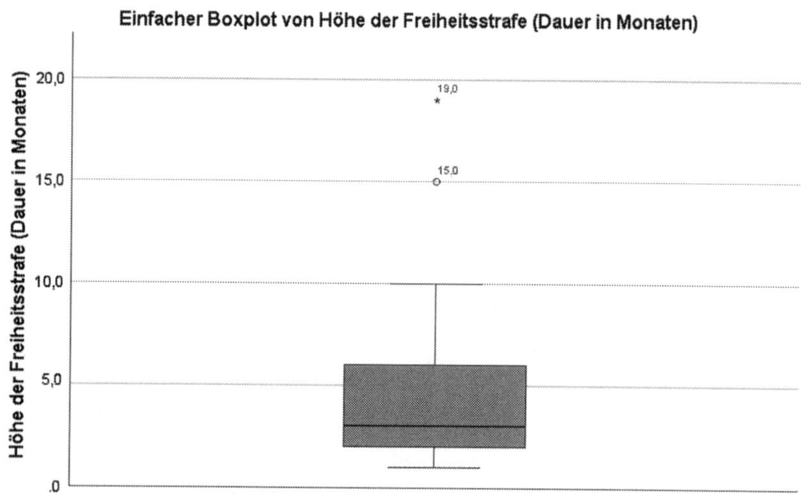

Abb. 8.10 Boxplot Dauer der Freiheitsstrafe

8.1.4.2.1 Aussetzung des Vollzugs der Freiheitsstrafe zur Bewährung

Von den verhängten Gesamtfreiheitsstrafen, die unter zwei Jahren lagen (n = 69) wurden in zwei Drittel der Verfahren mit 66,7 % (n = 46) die Freiheitsstrafen zur Bewährung ausgesetzt, während in ungefähr einem Drittel der Fälle die Aussetzung zur Bewährung vom Gericht versagt wurde (n = 23). Einen Überblick über die Dauer der Bewährungszeiten gibt Abbildung 8.11. Die Dauer der Bewährungszeit lag dabei zwischen 24 und maximal 60 Monaten, wobei 36 Monate am häufigsten beschlossen wurden (n = 29). Im Durchschnitt betrug die Bewährungszeit 37,33 Monate.

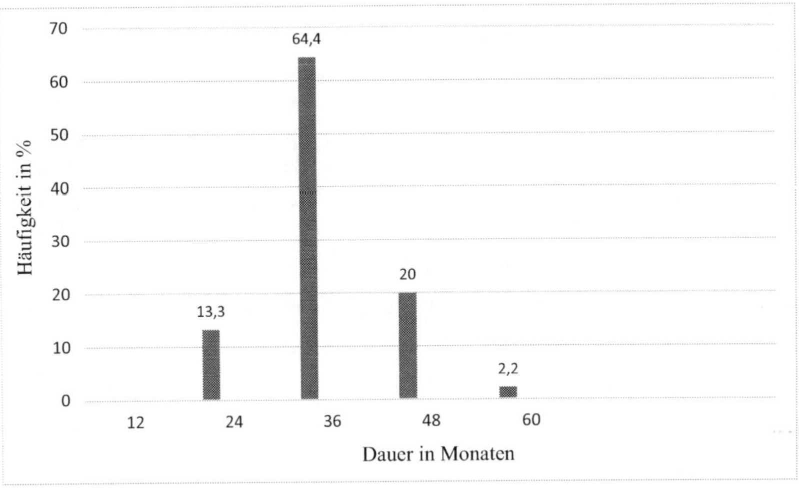

Abb. 8.11 Dauer der Bewährungszeit. (n = 45; a.M. = 37,33; Med. = 36; S.D. = 7,769)

Es wurde ebenfalls erfasst, welche Argumente für und gegen die Aussetzung der Freiheitsstrafe zur Bewährung von den Gerichten angeführt wurden. Von den 46 Fällen, in denen eine Bewährungsstrafe erteilt wurde, wurde in 25 Verfahren mindestens ein Argument angeführt, das positiv für die Erteilung einer Bewährungsstrafe bewertet wurde. Von den 23 Verfahren, in denen keine Bewährung erteilt wurde, wurde in 17 Verfahren mindestens ein Argument angeführt, das gegen die Aussetzung zur Bewährung sprach. Die Argumente wurden als Mehrfachantwortenset codiert, da von den Gerichten mehrere Argumente angeführt werden konnten.

Der Tabelle 8.6 sind die Argumente zu entnehmen, die von den Gerichten für eine Bewährungsstrafe angeführt wurden. Die Ausprägungen wurden im Sinne der Übersichtlichkeit und Verständlichkeit zu Kategorien zusammengefasst. Die erste Kategorie fasst sämtliche Umstände zusammen, die die Lebensverhältnisse des Angeklagten betreffen. Darunter fällt die Berufstätigkeit, die Ausbildung, der feste Wohnsitz und die familiäre oder sonstige soziale Eingebundenheit des Angeklagten. Sofern Argumente für die Erteilung einer Bewährungsstrafe angeführt wurden, machten Argumente dieser Art den größten Anteil aus. Die Gruppe, die den zweitgrößten Anteil der Argumente ausmachen, beschreibt die Ansätze, die zur Stabilisierung der Lebensverhältnisse von den Angeklagten unternommen wurden. Die nachfolgende Gruppe umfasst die Thematik der Vorstrafen. Darunter fällt auf der einen Seite die positive Bewertung einer fehlenden generellen Vorstrafenbelastung und auf der anderen Seite der Umstand, dass es sich um die erste Freiheitsstrafe handelt. Relativ kleine Anteile machten die Argumente hinsichtlich des Unrechtseinsicht und bzgl. des Strafverfahrens aus. Die Unrechtseinsicht umfasst die Schadenswiedergutmachung sowie Reue und Scham. Argumente, die mit dem Strafverfahren zusammenhängen, stellen darauf ab, dass das Strafverfahren an sich den Angeklagten bereits ausreichend beeindruckt hat, die Tat bereits länger zurück liegt und die letzte Verurteilung bereits längere Zeit zurückliegt.

Tab. 8.6 Argumente für die Aussetzung der Freiheitsstrafe zur Bewährung. (gruppiert nach Themen)

		Antworten		Prozent der Fälle
		n	%	
Argumente Pro Bewährung (max. 2)	Lebensverhältnisse	15	16,3 %	32,6 %
	Vorstrafen	7	7,6 %	15,2 %
	Stabilisierungsmaßnahmen	9	9,8 %	19,6 %
	Unrechtseinsicht	4	4,3 %	8,7 %
	Strafverfahren	5	5,4 %	10,9 %
	k.A./nichts positiv bewertet	52	56,5 %	113 %
Gesamt		92	100 %	200 %

Tabelle 8.7 zeigt einen Überblick über die gruppierten Argumente, die von den Gerichten gegen eine Bewährungsstrafe angeführt wurden. Die vorgenommene Einteilung ähnelt dabei der Vorstehenden. Am häufigsten wurden Argumente im Bereich der Vorstrafen gegen eine Bewährungsstrafe angeführt. Explizit wurde von den Gerichten negativ bewertet, dass der Täter bereits einschlägig oder generell vorbestraft war, dass in der Vergangenheit bereits Freiheitsstrafen verhängt wurden und dass der Angeklagte zum Zeitpunkt der Tatbegehung bereits unter Bewährung stand (sog. Bewährungsbrecher). Des Weiteren wurden Argumente im Bereich der Suchtproblematik und bzgl. der Lebensverhältnisse fast gleich häufig genannt. Die Suchtproblematik fasst zusammen, dass eine andauernde Suchtproblematik bestand oder dass ein Rückfall vorlag. Zu den Lebensverhältnissen zählen folgende Umstände: keine Berufstätigkeit oder Ausbildung, kein fester Wohnsitz, fehlende familiäre oder soziale Einbindungen und instabile Lebensverhältnisse. Nur ein Argument kann dem Oberbegriff „Strafverfahren" zugeordnet werden. In diesem Fall wurde negativ bewertet, dass der Angeklagte

vom Strafverfahren gänzlich unbeeindruckt blieb. Während die Lebensverhältnisse den größten Anteil der Pro-Argumente ausmachen, spielen sie bei den Contra-Argumenten hinsichtlich der Häufigkeit eine untergeordnete Rolle.

Tab. 8.7 Argumente gegen die Aussetzung der Freiheitsstrafe zur Bewährung. (gruppiert nach Themen)

		Antworten		Prozent der Fälle
		n	%	
Argumente Contra Bewährung (max. 2)	Lebensverhältnisse	7	15,2 %	30,4 %
	Suchtproblematik	9	19,6 %	39,1 %
	Vorstrafen	13	28,3 %	56,5 %
	Strafverfahren	1	2,2 %	4,3 %
	k.A./nichts negativ bewertet	16	34,8 %	69,6 %
Gesamt		46	100 %	200 %

Teilweise wurden für die Dauer der Bewährungszeit Auflagen und Weisungen erteilt (n = 43). Tabelle 8.8 zeigt Auflagen und Weisungen, die von den Gerichten angeordnet wurden. Davon macht die Anordnungen, die sich gem. § 56c Abs. 1 Nr. 1 StGB auf den Aufenthalt, die Ausbildung, die Arbeit oder die Freiheit beziehen, den größten Anteil aus. Im Rahmen dessen wurde vielfach die Weisung ausgesprochen, dass jeder Wechsel des Wohn- und Aufenthaltsorts dem Gericht anzuzeigen ist. Danach folgt die Auflage, eine sonstige gemeinnützige Leistung im Sinne des § 56b Abs. 2 Nr. 3 StGB zu erbringen. Lediglich die Antiaggressionstherapie wurde als nicht explizit aufgelistete Weisung, wenn auch selten, von den Gerichten angeordnet. Von den Fällen, in denen eine Geldzahlung angeordnet war, lag der Betrag zwischen 300 und 5.000 Euro. Das arithmetische Mittel liegt bei 1.409,09 Euro.[32] In den Fällen, in denen die Vollstreckung der Freiheitsstrafe zur Bewährung ausgesetzt wurde, wurde in 26 Fällen die Aufsicht durch einen Bewährungshelfer angeordnet.

[32] Med. = 1200; S.D. = 1350,892.

Tab. 8.8 Erteilte Auflagen und Weisungen bei Bewährungsstrafen

		Antworten		Prozent der Fälle
		n	%	
Auflagen (max. 3)	keine	108	57,4 %	168,8 %
	Schadenswiedergutmachung (§ 56b Abs. 2 Nr. 1 StGB)	4	2,1 %	6,3 %
	Geldzahlung an gemeinnützige Einrichtung (§ 56b Abs. 2 Nr. 2 StGB)	6	3,2 %	9,4 %
	Sonstige gemeinnützige Leistung (§ 56b Abs. 2 Nr. 3 StGB)	15	8,0 %	23,4 %
	Geldzahlung zugunsten Staatskasse (§ 56b Abs. 2 Nr. 4 StGB)	1	0,5 %	1,6 %
	Anordnung z. B. bzgl. Aufenthalt (§ 56c Abs. 2 Nr. 1 StGB)	34	18,1 %	53,1 %
	„Kontaktverbot" (§ 56c Abs. 2 Nr. 3 StGB)	1	0,5 %	1,6 %
	Heilbehandlung (§ 56 Abs. 3 Nr. 1 StGB)	7	3,7 %	10,9 %
	Antiaggressionstherapie	3	1,6 %	4,7 %
	k.A.	9	4,8 %	14,1 %
Gesamt		188	100 %	293,8 %

8.1.4.3 Die Strafhärte

Abbildung 8.12 zeigt das Histogramm und die Normalverteilungskurve für die Strafhärte.[33] Die Strafhärte nimmt auf der Skala Werte zwischen 6,07 und 62,64 Schweregraden ein. Am häufigsten liegt der Schweregrad bei 9,35 (n = 15), 11,18 (n = 12), 7,26 (n = 10) und 16,67 (n = 10). Im Durchschnitt liegt der Strafhärtewert bei 20,20 Schweregraden. Durch die Häufigkeiten und durch das geringe Vorkommen von extrem hohen Härtewerten, liegt keine Normalverteilung vor. Dieses Ergebnis wird durch die Normalverteilungskurve bestätigt, die eine linkssteile Kurve zeigt. Ein möglicher Erklärungsansatz für die linkssteile Normalverteilungskurve ist der Folgende. Bei der Strafhärte werden die Fälle der Geld- und der Freiheitsstrafe zusammen betrachtet. In der Stichprobe wurde

[33] Die Strafhärte wurde entsprechend der Ausführungen im Abschnitt 7.1.3.6 berechnet.

von den Gerichten häufiger eine Geldstrafe verhängt. In den Fällen der Freiheitsstrafen wurde häufig eine Bewährungsstrafe verhängt. Bei der Berechnung der Strafhärtewerte erzielen Geldstrafen und Freiheitsstrafen, deren Vollzug zur Bewährung ausgesetzt werden, geringere Werte als unbedingte Freiheitsstrafen. Dadurch, dass der Großteil der Fälle somit im Bereich der Geldstrafen und der bedingten Freiheitsstrafen liegt, fallen die Strafhärtewerte auf den ersten Blick überwiegend moderat aus. Hier erscheint eine weiterführende Einordnung sinnvoll.

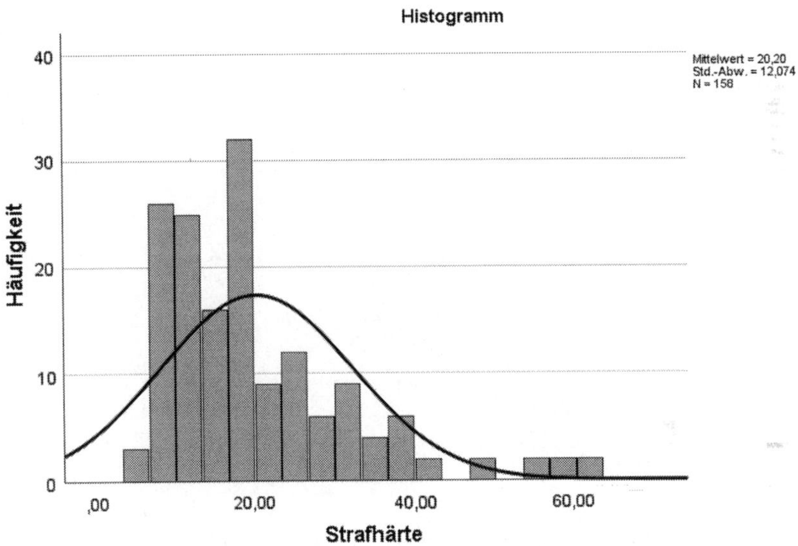

Abb. 8.12 Histogramm Strafhärte

Abbildung 8.13 zeigt den Boxplot für die Variable Strafhärte. Bei der Strafhärte liegt das 1. Quartil bei 11,18 Härtegraden. Demnach liegen 25 % der Fälle unter und 75 % über diesem Wert. Der Median liegt bei einem Wert von 16,67. Das 3. Quartil liegt bei einem Wert von 25,15, wonach 75 % der Fälle unter diesem Wert liegen. 25 % der Strafen siedeln sich über diesem Härtegrad an. Der Interquartilsabstand beträgt somit 8,48 Härtegrade und ist als gering einzustufen. Der obere Whisker zeigt, verglichen zu den Boxplots der Geld- und der Freiheitsstrafe, dass mehrere Maximalwerte vorhanden sind, die aber keine extremen Ausreißer darstellen. Der Grund für die vermehrten Maximalwerte liegt darin, dass Geld- und Freiheitsstrafen zusammen betrachtet werden, wodurch einige Werte zu Maximalwerten aufsteigen. Die geringe Größe des Interquartilsabstand trägt zudem dazu bei. Extreme Ausreißer sind hingegen überhaupt nicht vorhanden, was sich dadurch erklären lässt, dass der extreme Ausreißer bei den Freiheitsstrafen durch die Gesamtbetrachtung von Geld- und Freiheitsstrafen relativiert wird.

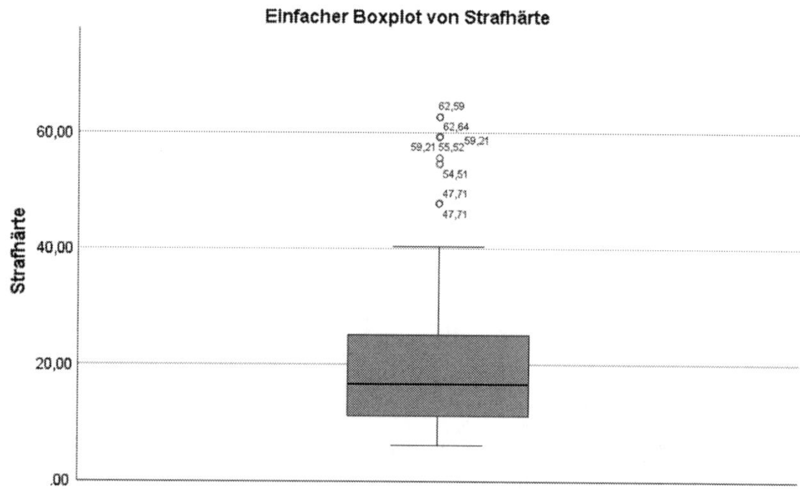

Abb. 8.13 Boxplot Strafhärte

Unter Berücksichtigung der gewonnenen Erkenntnisse zur verhängten Strafart fällt auf, dass die Sanktionen angesichts der Tatsache, dass es sich bei Beleidigungen um Bagatelldelikte handelt, verhältnismäßig hoch ausfallen. Dieser Umstand kann auf die vielfache tateinheitliche Begehungsweise zurückgeführt werden. Dieses Ergebnis wird durch Abbildungen 8.14–8.15 veranschaulicht, die das Histogramm und den Boxplot für die Verurteilungen gem. § 185 StGB zeigen, in denen die ungleichartige Tateinheit ausgeschlossen wird. Herausgefiltert werden somit die Fälle, in denen im Rahmen der Strafzumessung der Strafrahmen eines schwereren Delikts als der Beleidigung gem. § 185 StGB zur Anwendung kam. In den Abbildungen sind 69 Fälle enthalten, in denen entweder nur eine einzige Beleidigung abgeurteilt wurde, in denen ein Fall der gleichartigen Idealkonkurrenz vorlag, oder in denen ein Fall der Realkonkurrenz vorlag, für den die Einzelstrafe der Beleidigung erhoben wurde.[34]

Abbildung 8.14 zeigt, dass sich die Strafhärtewerte für die Beleidigung in einem kleineren Abschnitt (6,07–33,11) verteilen, wenn die ungleichartige Idealkonkurrenz ausgeschlossen wird. Der durchschnittliche Strafhärtewert ist mit 13,47 ungefähr 7 Härtegrade geringer als in der vorangegangenen Analyse.

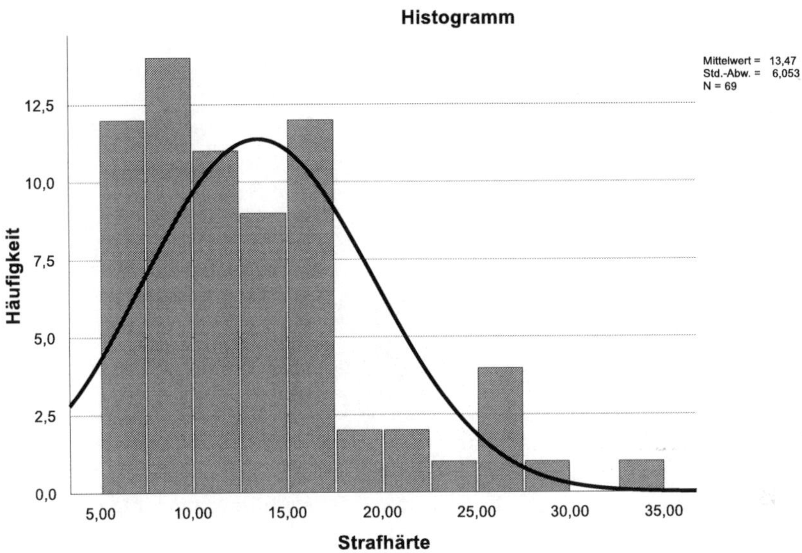

Abb. 8.14 Histogramm Strafhärte; § 185 StGB unter Ausschluss der ungleichartigen Idealkonkurrenz

Abbildung 8.15 verdeutlicht ebenfalls, dass die Strafhärte beim Ausschluss der ungleichartigen Idealkonkurrenz sinkt. 25 % der Fälle siedeln sich unter und 75 % über einem Wert von 9,35 an. Der Median liegt bei 11,18 Härtegraden. Das 3. Quartil liegt bei einem Wert von 16,67. Das bedeutet, dass 75 % der Fälle unter diesem Wert liegen. Nur 25 % der Fälle liegen über diesem Wert. Die Anzahl an Maximalwerten, bei denen es sich nicht um Ausreißer handelt, sinkt

[34] Die 69 Fälle setzen sich zusammen aus: 59 (urspr. 61 Fälle ohne Tateinheit, von denen aber noch ein Fall der Volksverhetzung und ein Fall der Verleumdung abgezogen werden musste) + 10 (Fälle der gleichartigen Tateinheit) = 69.

auf zwei. Die Gegenüberstellung der Histogramme in den Abbildungen 8.12 und 8.14 zeigt somit, dass die im Hinblick auf den Bagatellcharakter der Beleidigung hohen Strafhärtewerte mit der (ungleichartigen) tateinheitlichen Begehung weiterer Delikte zusammenhängt. Filtert man diese Fälle raus, so zeigt sich, dass die Strafhärte bei der einfachen Beleidigung gem. § 185 StGB eher gering ausfällt, was auch dem Bagatellcharakter der Beleidigung entspricht.

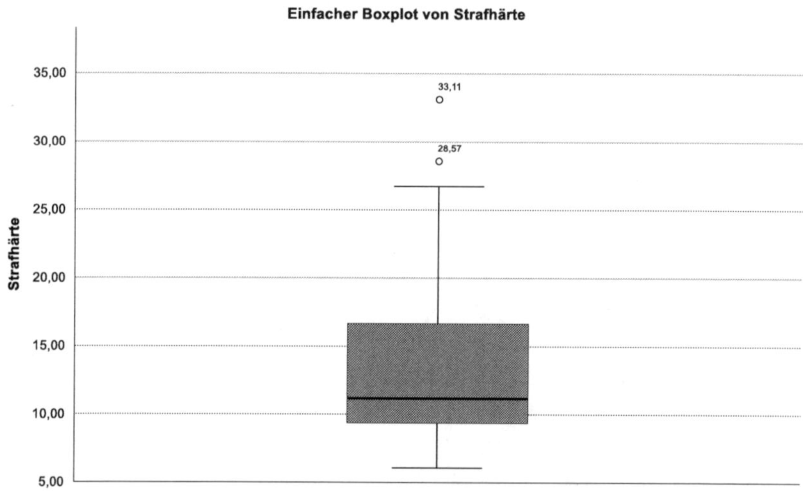

Abb. 8.15 Boxplot Strafhärte; § 185 StGB unter Ausschluss der ungleichartigen Idealkonkurrenz

8.1.5 Exkurs: Die Sonderstichprobe

Die Sonderstichprobe, die sich aus erstinstanzlichen Entscheidungen der Landgerichte zusammensetzt, wird aufgrund der sehr geringen Fallzahl (n = 4) nur deskriptiv dargestellt. Nur in einem Fall fand ein Verfahren vor einer Jugendkammer statt, während die restlichen drei Verfahren von einer Großen Strafkammer verhandelt wurden. In dem Verfahren vor der Jugendkammer handelte es sich um einen Heranwachsenden bei dem allgemeines Strafrecht angewandt wurde. In drei von vier Fällen lag ein abgekürztes Urteil i.S.d. § 267 Abs. 4 StPO vor. In nur einem Fall wurden Rechtsmittel gegen das Urteil eingelegt.

Dass die erstgerichtlich landgerichtlichen Verurteilungen von Beleidigungsdelikte sowohl in der Zufallsstichprobe als auch in der Gesamtpopulation nur einen kleinen Anteil ausmachen, ergibt sich bereits aus dem Gesetz und war folglich erwartbar. Grds. sind gem. § 24 Abs. 1 GVG die Amtsgerichte in Strafsachen zuständig, sofern nicht eine gesetzlich geregelte Ausnahme die Zuständigkeit des Landgerichts begründet. So sind die Landgerichte in den Fällen des §§ 24 Abs. 1 Nr. 1, 74 Abs. 2, 74a GVG zwingend zuständig. Die Beleidigungsdelikte und die Volksverhetzung sind allerdings nicht in § 74 Abs. 2 GVG aufgelistet. Die landgerichtlichen Entscheidungen von Beleidigungsdelikten in der ersten Instanz basieren somit gem. § 24 Abs. 1 Nr. 2 GVG überwiegend aus Fällen, in denen eine höhere Strafe als vier Jahre Freiheitsstrafe oder die Unterbringung eines Beschuldigten in einem psychiatrischen Krankenhaus (§ 63 StGB) erwartet wird.[35] Die Beleidigungsdelikte werden demnach in diesen Entscheidungen nur die Rolle des Bagatelldelikts einnehmen. Ein Vergleich der erstinstanzlich amtsgerichtlichen mit den landgerichtlichen Entscheidungen erschien trotzdem zur Untersuchung der Strafzumessung und Tat- und Täterstrukturen lohnenswert.

8.1.5.1 Die Täter

In allen vier Verfahren waren die Verurteilten männlich, hatten die deutsche Staatsangehörigkeit und wurden in Deutschland geboren. Dem errechneten Median zur Folge lag das Durchschnittsalter bei 35 Jahren, wobei der jüngste Verurteilte 23 und der Älteste 41 Jahre alt waren. Die Hälfte der Verurteilten waren zum Zeitpunkt der Verurteilung in einem psychiatrischen Krankenhaus wohnhaft. Auch in der Sonderstichprobe war die Mehrzahl der Verurteilten (n = 3) arbeitslos. Ebenso viele Verurteilte wiesen eine Drogenproblematik auf.

Bei allen vier Verurteilten konnte jeweils eine psychische Störung nachgewiesen werden. In drei Fällen lag eine psychische Störung vor, die dem Bereich „Schizophrenie, schizotype und wahnhafte Störungen" zugeordnet werden. Lediglich in einem Fall lag eine Persönlichkeits- und Verhaltensstörung vor. Die Informationen hierzu konnten dadurch eingeholt werden, dass in den Verfahren Gutachten bestellt wurden. In drei von vier Fällen wurde den Empfehlungen im Urteilsspruch gefolgt. Zur Vorstrafenbelastung lässt sich festhalten, dass auch in der Sonderstichprobe die Mehrzahl (n = 3) vorbestraft war. Zwei der Verurteilten standen zum Zeitpunkt der letzten Hauptverhandlung bereits unter Bewährung oder Führungsaufsicht.

[35] Weiterhin ist es gem. § 24 Abs. 1 Nr. 3 GVG möglich, dass die Geschädigten besonders schutzbedürftig sind oder der Fall einen besonderen Umfang oder eine besondere Bedeutung hat, wodurch die Zuständigkeit des Landgerichts begründet wird.

8.1.5.2 Die Geschädigten und die Straftat

Konkret zum Tatablauf und zu den Geschädigten ergibt sich Folgendes: Überwiegend waren die Geschädigten Einzelpersonen – lediglich in einem Fall war mehr als eine Person betroffen. Die Geschädigten waren zur Hälfte weiblich (n = 2) und hatten, wie die Täter, überwiegend die deutsche Staatsangehörigkeit und wurden in Deutschland geboren (n = 3). Die Hälfte der Geschädigten aus der Sonderstichproben waren Polizeibeamte (n = 2).

Das Bezugsdelikt war in zwei Verfahren die Beleidigung gem. § 185 Var. 1 StGB. In den anderen zwei Fällen lag eine tätliche Beleidigung gem. § 185 Var. 2 StGB vor. In drei Fällen wurde § 185 StGB in Tateinheit mit mindestens einem anderen Delikt verwirklicht, wobei maximal zwei weitere Delikte vorlagen. Hingegen wurden in allen vier Verfahren das Bezugsdelikt tatmehrheitlich verwirklicht, wobei im Durchschnitt sechs weitere Delikte verwirklicht wurden. In der Sonderstichprobe wurde die Höchstzahl mit acht weiteren Delikten in Tatmehrheit verwirklicht. Die Beleidigungen erfolgten alle analog und nicht digital. Nur in einem Fall erfolgte die Kommunikationshandlung öffentlich.

8.1.5.3 Die Strafe und die Strafzumessungsbegründung

In jedem Fall wurde eine Gesamtstrafe gebildet, wobei in einem Fall eine Gesamtfreiheitsstrafe verhängt wurde und in den anderen drei Fällen eine Unterbringung in einem psychiatrischen Krankenhaus gem. § 63 StGB angeordnet wurde. Die verhängte Freiheitsstrafe betrug für das tatmehrheitlich begangene Bezugsdelikt 30 Monate.

Die Strafzumessungsbegründungen waren im Durchschnitt 148 Zeilen lang.[36] Die kürzeste Begründung lag bei 54 Zeilen, die Längste bei 280. Nur in einem Fall enthielt das Urteil Strafzumessungserwägungen, die in Tabelle 8.9 zusammengefasst werden. Als explizit strafmildernd wurden von dem Gericht in dem einen Fall die bereits erlebten Haftbedingungen vor der Verurteilung, der drohende Bewährungswiderruf und die enthemmende Wirkung, die durch das Verlangen nach Drogen zum Zeitpunkt der Tatbegehung ausgelöst wurde, gewürdigt. Als strafschärfend wurden hingegen die einschlägige Vorstrafenbelastung, die Begehung der Straftat unter laufender Bewährung und die tateinheitliche Begehungsweise angeführt.

[36] Med. = 111; S.D. = 117,534.

Tab. 8.9 Geschriebene Strafzumessungstatsachen der Sonderstichprobe

Strafschärfend	Strafmildernd
Einschlägige Vorstrafenbelastung	Haftbedingungen
Bewährungsbrecher	Bewährungswiderruf
Tateinheitliche Begehungsweise	Enthemmung durch Verlangen nach Drogen

8.1.6 Vergleich zur Zufallsstichprobe

Aufgrund der geringen Anzahl an Fällen und dadurch, dass die Sonderstichprobe manuell und nicht nach dem Zufallsprinzip gebildet wurde, sind die Ergebnisse nicht auf die Gesamtpopulation übertragbar. Nichtsdestotrotz ist ein Vergleich der deskriptiven Befunde der Sonderstichprobe mit denen der Zufallsstichprobe möglich. Die Ergebnisse der Sonderstichprobe lassen sich wie folgt zusammenfassen: Hinsichtlich der einzelnen Merkmalsausprägungen besteht eine überwiegende Ähnlichkeit zwischen der Zufalls- und der Sonderstichprobe. Entsprechend des Medians sind die Täter der Zufalls- und der Sonderstichprobe gleich alt. Während in der Zufallsstichprobe mehr als die Hälfte der Verurteilten vorbestraft sind, ist der Anteil in der Sonderstichprobe mit 100 % sogar noch höher. Die Arbeitslosenquote war sowohl in der Zufalls- als auch in der Sonderstichprobe hoch. Ein vergleichbares Bild zeichnete sich hinsichtlich der Begehungsart ab: die Quote an tateinheitlich und tatmehrheitlich begangenen weiteren Delikten war auch in der Sonderstichprobe hoch.

Ein auffälliger Unterschied besteht vor allem in der psychischen Konstitution der Verurteilten, was sich schlussendlich auch in der gerichtlichen Entscheidung niederschlug. Während in der Zufallsstichprobe nur bei einem kleinen Anteil an Verurteilten eine psychische Krankheit entsprechend der ICD-Codes aus den Verfahrensakten entnommen werden konnte, wiesen hingegen alle Verurteilten aus der Sonderstichprobe eine psychische Störung auf. In der Sonderstichprobe wurden in drei Fällen eine Unterbringung in einem psychiatrischen Krankenhaus gem. § 63 StGB angeordnet, während Maßnahmen gem. §§ 63 ff. StGB in der Zufallsstichprobe überhaupt nicht vorkamen. Dieser Unterschied hat nicht zwingend etwas mit der Beleidigung zu tun. Wie bereits erläutert, spielen die Beleidigungen nur untergeordnete Rolle als Bagatelldelikt im Rahmen dieser landgerichtlichen Entscheidungen. Das Vorliegen der psychischen Erkrankungen lässt sich damit erklären, dass so überhaupt die Zuständigkeit der Landesgerichte gem. § 24 Abs. 1 Nr. 2 GVG begründet wurde.

8.2 Die geschriebenen Strafzumessungstatsachen

Von den 124 Verfahren, die ein Urteil zum Gegenstand hatten, waren in 51,3 % der Fälle Strafzumessungserwägungen in den Urteilsbegründungen enthalten.[37] Die Strafzumessungsentscheidungen bzgl. der Art und der Höhe der Sanktion waren im Durchschnitt 23,7 Zeilen lang.[38] Diese Begründungslänge deckt sich ungefähr mit anderen Forschungsergebnissen, in denen einfache Körperverletzungen gem. § 223 StGB die Bezugsdelikte waren.[39] Die Länge der Strafzumessungsentscheidung umfasst zusätzlich die Zeilenanzahl der Begründungen der Bewährungsentscheidungen. Die Anzahl der geschriebenen Erwägungen variiert zwischen einer und zehn Strafzumessungstatsachen. Im Durchschnitt bestand die Begründung bzgl. der Art und der Höhe der Strafe aus 2,50 Argumenten.[40] Im Folgenden wurde zwischen strafmildernden und strafschärfenden Strafzumessungserwägungen unterschieden. Die Argumente, die von den Gerichten in den Urteilsgründen angeführt wurden, wurden übersichtshalber gruppiert.

8.2.1 Geschriebene strafmildernde Strafzumessungstatsachen

Bei den geschriebenen strafmildernden Strafzumessungstatsachen bot es sich an die Argumente in sieben Kategorien zu unterteilen, die Tabelle 8.10 wiedergibt. Die meisten angeführten Strafzumessungstatsachen waren der Kategorie der Unrechtseinsicht zuzuordnen. Diese Kategorie macht 54,5 %, d. h. ungefähr die Hälfte, der absoluten Nennungen aus. Darunter fallen zunächst die tatsächliche Würdigung der Unrechtseinsicht (n = 2) oder eine erfolgte Schadenswiedergutmachung (n = 2), die jedoch nur einen kleinen Anteil ausmachen. Hinzu kommt in dieser Kategorie ebenfalls die Würdigung von Reue oder einer Entschuldigung (n = 27) oder das (Teil-)Geständnis (n = 54), die die größten Anteile innerhalb dieser Kategorie ausmachen.

---

[37] Die restlichen 34 Verfahren wurden gem. § 408a StPO im Strafbefehlsverfahren durchgeführt. In einem Strafbefehl werden keine Strafzumessungserwägungen aufgeführt.

[38] Med. = 14,50; S.D. = 25,733.

[39] Siehe *Kolsch,* Sozioökonomische Ungleichheit im Strafverfahren, S. 352, wonach die Strafzumessungsbegründungen im Durchschnitt 13,8 Zeilen lang waren. Es ist unklar, ob die Bewährungsbegründung in diese Zahl miteinfließt; anders hingegen bei schwerer Kriminalität wie Neonatiziden, siehe *Behnsen,* Strafzumessung bei Neonatizid, S. 146: die Durchschnittslänge betrug dort einschließlich der Bewährungsbegründung 69,1 Zeilen.

[40] Med. = 2; S.D. = 2,425.

19,9 % der geschriebenen strafmildernden Strafzumessungstatsachen machen enthemmende Faktoren aus. Den größten Anteil innerhalb der enthemmenden Faktoren macht die alkoholbedingte Enthemmung aus (n = 17). Enthemmungen durch Drogenkonsum oder dem Verlangen nach Drogen wurden nicht angeführt. Selten wurden Umstände herangezogen, die in der zwischenmenschlichen Beziehung angesiedelt sind: das Vorliegen einer wechselseitigen Streitigkeit (n = 1) oder ein schwieriger Beziehungshintergrund (n = 2). Ebenso verhält es sich mit der psychischen Belastung des Angeklagten (n = 1) oder einer Enthemmung durch einen maßgeblichen Einfluss durch Dritte (n = 1). Teilweise wurde es strafmildernd gewürdigt, wenn dem ehrverletzenden Verhalten eine außergewöhnliche Situation vorausgegangen ist (n = 9), wie z. B. bei einem Todesfall oder einer Kündigung.

Den drittgrößten Anteil der absoluten Nennungen machen die Vorstrafen aus. Am häufigsten wurde dabei strafmildernd darauf abgestellt, dass der Angeklagten noch nicht vorbestraft war (n = 7). Auf eine fehlende einschlägige Vorstrafenbelastung wurde seltener abgestellt (n = 3). Dass der Täter nur geringfügig vorbestraft war (n = 2), dass er seit der Tat keine neuen Tathandlungen mehr begangen hatte (n = 2) und dass es sich um die erste Verurteilung nach Erwachsenenstrafrecht handelte (n = 2) wurde gleich häufig berücksichtigt.

Die vierte Gruppe gibt die strafmildernden Strafzumessungstatsachen wieder, die mit dem Strafverfahren zusammenhängen. Sie machen knapp über 5 % der absoluten Nennungen aus. Diese Gruppe setzt sich daraus zusammen, dass die Tat(en) teilweise länger zurücklagen (n = 6), dass der Angeklagte bereits die Untersuchungshaft erlitten hatte (n = 3) und dass Verletzungen mit der Festnahme einhergingen (n = 1). Eine überlange Verfahrensdauer wurde in keinem der Fälle strafmildernd gewürdigt bzw. konnte auch sonst in keinem Verfahren festgestellt werden.

Eine weitere Gruppe umfasst die Faktoren, die als Stabilisierungsmaßnahmen bezeichnet werden können. Überwiegend wurde direkt darauf abgestellt, dass der Angeklagte aktuelle Bemühungen zeigte, seine Lebensprobleme lösen zu wollen (n = 5). In einem weiteren Fall wurde strafmildernd gewürdigt, dass sich der Angeklagte von der geschädigten Person distanzierte.

Die Kategorien, die tat- und täterbezogene Umstände zusammenfassen, machen nur geringe Anteile aus. Zu den tatbezogenen Merkmalen zählen: die geringe Schadenshöhe (n = 1), die nur geringe Tatfolgen (n = 1), das Vorliegen einer Situationstat (n = 3) und das Nichteintreten des Erfolgs einer Widerstandshandlung (n = 2). Daran anschließend fällt auf, dass keine tatbezogenen Merkmale, die mit der Ehrverletzung in Verbindung stehen (z. B. nur eine leichte Ehrverletzung) als strafmildernde Faktoren vorkamen. Bei den täterbezogenen

Merkmalen wurden lediglich in einem Fall die dienstlichen/beruflichen Folgen strafmildernd berücksichtigt. Auf eine geringe kriminelle Energie, die der Täter bei der Tatbegehung zeigte, wurde hingegen nicht explizit eingegangen.

Wie sich zeigt, sind die überwiegenden Faktoren, die strafmildernd von den Gerichten herangezogen werden, allgemeiner Natur. Es handelt sich nur selten um Umstände, die ihren Grund in dem Äußerungsdelikt selbst haben.

Tab. 8.10 Geschriebene, strafmildernde Strafzumessungsgründe. (gruppiert)

		Antworten		Prozent der Fälle
		n	%	
Strafmildernde Faktoren (max. 4)	Tatbezogen	7	4,5 %	9,7 %
	Vorstrafen	16	10,3 %	22,2 %
	Unrechtseinsicht	85	54,5 %	118,1 %
	Strafverfahren	10	6,4 %	13,9 %
	Stabilisierungsmaßnahmen	6	3,8 %	8,3 %
	Täterbezogen	1	0,6 %	1,4 %
	Enthemmung	31	19,9 %	43,1 %
Gesamt		156	100 %	216,7 %

8.2.2 Geschriebene strafschärfende Strafzumessungstatsachen

Die strafschärfenden Strafzumessungsfaktoren, die von den Gerichten in den Urteilsbegründungen angeführt wurden, konnten in vier Kategorien unterteilt werden, die Tabelle 8.11 wiedergibt. Den größten Anteil der absoluten Nennungen macht dabei mit 63,3 % die Kategorie der Vorstrafen aus. Im Rahmen dessen wurde strafschärfend berücksichtigt, dass einschlägige Vorstrafen (n = 26) und generelle Vorstrafen (n = 31) bestehen. Diese Faktoren machen den größten Anteil der Kategorie aus. Darunter fällt zusätzlich noch, dass eine zeitliche Nähe zur letzten Verurteilung besteht (n = 9) oder dass die Angeklagten zum Zeitpunkt der Tatbegehung unter Bewährung standen und erneut straffällig wurden (n = 13). Verhältnismäßig selten wurde darauf abgestellt, dass der Angeklagte bereits Haftstrafen verbüßt hatte (n = 4) oder dass bereits Freiheitsstrafen verhängt wurden (n = 3), was scheinbar keinen Einfluss auf den Angeklagten hatte und ihn nicht von der Begehung neuer Straftaten abhielt. Ebenfalls selten wurde explizit angeführt, dass der Angeklagte sich in einem kurzen Zeitraum vielfach strafbar gemacht hatte (n = 2). Verglichen zu den strafmildernden Faktoren fällt auf, dass die Vorstrafen im Rahmen der strafschärfenden Argumente häufiger herangezogen wurden.

Während die tatbezogenen Merkmale bei den geschriebenen strafmildernden Strafzumessungstatsachen nur selten vertreten waren, stellen sie bei den strafschärfenden Faktoren den zweitgrößten Anteil der absoluten Nennungen dar. Hier bietet es sich an zwischen allgemeinen und tatbestandsspezifischen Faktoren zu unterscheiden. Zu den allgemeinen Umständen zählen die folgenden Faktoren: die Taten wurde über einen langen Zeitraum begangen (n = 1), das Geschehen ist mehraktig (n = 1), es werden helfende Personen angegriffen (n = 1), die Tat erfolgt in Ausübung des Polizeivollzugsdienstes (n = 1), das Tatopfer wird physisch verletzt (n = 1) und einzelne Delikte werden mehrfach verwirklicht (n = 1). Am häufigsten wurde als allgemeiner Umstand strafschärfend angeführt, dass eine tateinheitliche Begehungsweise vorliegt (n = 9).

Zu den deliktsspezifischen Umständen zählen folgende Umstände: die psychische Schädigung des Opfers (n = 4), die große Reichweite bzw. die große Anzahl an Personen, die die Beleidigung erreicht hat (n = 1), das wiederholte Auftreten (n = 2), das Tätigen von mehreren beleidigenden Äußerungen (n = 3), die massive Ehrverletzung (n = 4), das Anspucken des Geschädigten (n = 3), die Verwendung eines besonders beleidigenden Begriffs (n = 1), dass mehrere Personen beleidigt wurden (n = 1) oder dass die Beleidigung grundlos erfolgte (n = 1). Es kam ebenfalls vor, dass die Gerichte es strafschärfend würdigten, dass der Täter durch seine Tat eine ablehnende Haltung ggü. der Polizei bzw. dem Rechtsstaat zum Ausdruck brachte (n = 2). Hierbei handelte es sich somit um Fälle, in denen der Täter die Tat gerade gegen die Angehörigen der Berufsgruppe Polizist richtete. In Einzelfällen wurde zu Lasten der Angeklagten gewürdigt, dass es sich bei den Geschädigten um Polizeibeamte handelt, die strafrechtlichen Schutz verdienen (n = 3). Dass dieser Umstand zu Lasten der Angeklagten berücksichtigt wurde, überrascht angesichts der bisherigen Ausführung zu den Strafzumessungstatsachen.[41] Dass lediglich darauf abgestellt wurde, dass es sich bei den Geschädigten um Polizeibeamte handelt, die als Repräsentanten des Staates schutzwürdig sein, ist unzulässig. Insgesamt lässt sich festhalten, dass einige deliktsspezifische Tatumstände, wenn auch nur vereinzelt, im Rahmen der Strafzumessung eine strafschärfende Berücksichtigung in den Urteilserwägungen finden.

[41] Siehe dazu Abschnitt 5.4.4.2.7.

Die täterbezogenen Merkmale machen bei den strafschärfenden Umständen verglichen zu den tatbezogenen Faktoren nur einen kleinen Anteil aus. Darunter fallen nur zwei Umstände: das hohe Aggressionspotential des Täters (n = 6) und menschenverachtende Inhalte bzw. Motivationen (n = 3). Vergleicht man diesen Befund mit den strafmildernden Erwägungen, so fällt auf, dass täterbezogene Faktoren in beiden Fällen selten genannt wurden.

Den geringsten Anteil machten Umstände bzgl. der Unrechtseinsicht aus: neben einem Fall, wo die fehlende Unrechtseinsicht selbst zu Lasten des Angeklagten bewertet wurde, wurde in einem Fall strafschärfend bewertet, dass sich der Angeklagte nicht entschuldigte. Dass derartige Umstände bei den strafschärfenden Merkmalen im Vergleich zu den strafmildernden Umständen nur einen kleinen Anteil ausmachen, ist damit zu begründen, dass zulässiges Verteidigungsverhalten, z. B. das Schweigen, nicht strafschärfend berücksichtigt werden darf.[42]

Insgesamt werden mit 156 absoluten Nennungen mehr Strafzumessungstatsachen zu Gunsten der Angeklagten als zu Lasten mit 139 Tatsachen in den Urteilsbegründungen angeführt. Deliktsspezifische Faktoren kommen hingegen fast ausschließlich bei Strafzumessungsgesichtspunkten zu Lasten der Angeklagten vor.

Tab. 8.11 Geschriebene, strafschärfende Strafzumessungsgründe. (gruppiert)

		Antworten		Prozent der Fälle
		n	%	
Strafschärfende Faktoren (max. 4)	Tatbezogen	40	28,8 %	54,8 %
	Vorstrafen	88	63,3 %	120,5 %
	Täterbezogen	9	6,5 %	12,3 %
	Keine Unrechtseinsicht	2	1,4 %	2,7 %
Gesamt		139	100 %	190,4 %

[42] Siehe dazu Abschnitt 5.4.4.2.5.

8.3 Die ungeschriebenen Strafzumessungsfaktoren

Die Stichprobe wurde ferner hinsichtlich ungeschriebener Strafzumessungsfaktoren untersucht. Hierbei handelt es sich um Merkmale, die nicht explizit in der Strafzumessungsbegründung von den Gerichten aufgeführt wurden, aber trotzdem einen Einfluss auf die Strafzumessung hatten. Dieser Abschnitt gliedert sich in drei Teile: zuerst wird untersucht, ob und wie sich gewisse Merkmale auf die Wahl der Strafart auswirken. Im Anschluss wird sich mit den Fragen beschäftigt, ob und wie sich ausgewählte Faktoren auf die Strafhöhe und die Strafhärte auswirken.

8.3.1 Die verhängte Strafart

Hinsichtlich der Ermittlung der Faktoren, die sich in signifikanter Weise auf die Strafart auswirken, wurde wie folgt vorgegangen: Als Erstes wurde untersucht, welche Faktoren sich signifikant auf die Verhängung einer Geld- anstelle einer Freiheitsstrafe auswirkten. Die abhängige Variable war somit „Geldstrafe ja/nein". Die Merkmalsausprägung „Geldstrafe nein" bedeutet vorliegend im Umkehrschluss, dass eine Freiheitsstrafe verhängt wurde. Im Anschluss wurde untersucht, welche Faktoren einen signifikanten Einfluss auf die abhängige Variable „Bewährungsstrafe ja/nein" haben. Dafür wurden bivariate Verfahren durchgeführt. Hierbei wurden somit die Korrelationen zwischen einer ausgewählten unabhängigen Variable (hier die erhobenen Fallumstände) und einer abhängigen Variable (hier die Strafart) berechnet. Die signifikanten Ergebnisse der bivariaten Analysen wurden sodann im Anschluss mittels multivariater Verfahren überprüft.

8.3.1.1 Bivariate Analyse

8.3.1.1.1 Determinanten der Verhängung einer Geld- anstelle einer Freiheitsstrafe

Das Ergebnis der bivariaten Analyse hinsichtlich der Frage, welche Faktoren signifikant mit der Verhängung einer Geldstrafe zusammenhingen, verdeutlicht Tabelle 8.12.

Es wird mit den tat- und täterbezogenen Umständen begonnen. Der stärkste Zusammenhang, der zugleich hochsignifikant war, ergibt sich im Hinblick auf eine bestehende Suchtproblematik. Sofern eine Suchtproblematik gegeben ist, wurde mit 70 % überwiegend eine Freiheitsstrafe verhängt. Mit einem Phi-Wert von −0,40 konnte eine mittelstarke Korrelation gemessen werden.[43] Demnach wirkt sich eine Suchtmittelabhängigkeit strafschärfend für den Angeklagten aus.

Eine ebenfalls hochsignifikante Korrelation von mittlerer Stärke besteht im Hinblick auf die allgemeine Vorstrafenbelastung. Sind die Angeklagten nicht vorbestraft, werden fast ausschließlich Geldstrafen verhängt. Freiheitsstrafen lagen lediglich in zwei Fällen vor, in denen keine Vorstrafen bestanden. Neben der generellen Vorstrafenbelastung sind die einschlägigen Vorstrafen zu nennen. Sofern der Angeklagte bereits einschlägig straffällig war, wurde in mehr als der Hälfte der Fälle (58,5 %) eine Freiheitsstrafe verhängt. Die Zusammenhangsstärke ist im Vergleich zu generellen Vorstrafenbelastung nur gering (Phi = −0,19). Es deutet darauf hin, dass sich die Vorstrafenbelastung strafschärfend für den Angeklagten auswirkt, wobei die Ergebnisse verdeutlichen, dass die generelle Vorstrafenbelastung einen stärkeren Einfluss auf die Wahl der Strafart hat.

Die Alkoholisierung des Täters zum Zeitpunkt der Tatbegehung hatte einen geringen Einfluss auf die Strafart, der jedoch signifikant war. Sofern die Täter unter Alkoholeinfluss standen, lag die Geldstrafenquote bei 60 %. Ebenfalls signifikant jedoch gering wirkte es sich aus, sofern eine Stabilisierung der Lebensverhältnisse eintrat.[44] In 75 % der Fälle wurden sodann Freiheitsstrafen verhängt. Überraschenderweise wirkte sich somit eine Verbesserung von prekären Lebensumständen negativ auf die Wahl der Strafart aus. Noch ungeklärt ist an dieser Stelle, ob sich dieser Umstand nicht aber positiv bei der Frage nach einer Aussetzung der Vollstreckung zur Bewährung auswirkte.[45]

Ein weiteres täterbezogenes Merkmal, das einen signifikanten Einfluss hat, ist die Berufstätigkeit des Angeklagten. Auch hier kann nur von einem geringen Einfluss gesprochen werden. In den Fällen, in denen die Angeklagten arbeitslos

[43] Es ist möglich, dass Phi, wie vorliegend, negative Werte annimmt. Die negativen Vorzeichen haben jedoch keine inhaltliche Bedeutung und sind deswegen nicht interpretationsfähig, siehe *Kuckartz et al.*,Statistik, S. 99.

[44] Ursprünglich wurde die Stabilisierung der Lebensverhältnisse als Mehrfachantwortenset codiert. Um die Rechnungen jedoch zu vereinfachen, wurde fortan nur mit den ersten Ausprägungen gerechnet. Des Weiteren wurden die Merkmalsausprägungen umcodiert, da die Aussagekraft der Ergebnisse vorher gering war. Mehrere Zellen wiesen eine erwartete Häufigkeit <5 auf. Aus diesem Grund wurde das Merkmal in eine dichotome Variable umcodiert. Ursprünglich wies das Merkmal folgende Ausprägungen auf: keine Stabilisierung, Stabilisierung im familiären/sozialen Umfeld, bzgl. der beruflichen Situation, der Wohnsituation, des Suchtverhaltens oder in Form eines Therapiebeginns. Durch die Umcodierung sind die Merkmalsausprägungen zwar nicht mehr so differenziert wie vorher, jedoch konnten so aussagekräftige Ergebnisse erzielt werden.

[45] Siehe S. 199.

waren, war in über der Hälfte der Fälle eine Freiheitsstrafe die verhängte Sanktion. Parallel dazu lag die Quote der Geldstrafen bei berufstätigen Angeklagten bei 70 %. Es erweist sich somit für die Angeklagten als vorteilhaft, sofern sie einen Beruf nachweisen können.

Überdies kann bei drei verfahrensbezogenen Merkmalen ein signifikanter Einfluss festgestellt werden. Als Erstes ist die Entscheidungsform mit einem mittel-starken Einfluss zu nennen. Sofern ein Strafbefehlsverfahren stattfinden, wurde in 85 % der Fälle eine Geldstrafe verhängt. Zwischen der nachträglichen Bildung einer Gesamtstrafe gem. § 55 StGB und dem Geständnis in Bezug zur Strafart bestehen geringe Korrelationen. In den wenigen Fällen, in denen es zu einer nachträglichen Gesamtstrafenbildung kommt, wurde in 75 % der Fälle eine Freiheitsstrafe verhängt. In den Fällen, in denen die Täter nicht geständig waren, wurde in mehr als der Hälfte der Fälle (66,1 %) eine Geldstrafe verhängt. Wie es zu diesem Ergebnis kommt, bleibt unklar. Es ist auf den ersten Blick erwartungswidrig, weil das Geständnis die Beweisaufnahme und somit den Strafprozess verkürzt, was sich üblicherweise strafmildernd auswirkt. Dass das Geständnis keine strafmildernde Wirkung hatte, könnte damit erklärt werden, dass die Täter trotz Geständnis den Normverstoß nicht anerkannten, da sie nicht zum Ausdruck brachten, dass sie die Tat bereuen.

Ein signifikanter Zusammenhang ergibt sich darüber hinaus mit einem weiteren Merkmal, das jedoch nicht mit in die Tabelle aufgenommen wurde. Hierbei handelt es sich um die Form der Unterkunft der Angeklagten zum Zeitpunkt der Hauptverhandlung ($n = 154$). Der Cramer-V-Wert liegt bei 0,32 und deutet somit auf einen mittleren Zusammenhang hin, der mit einem p-Wert von <,001 hochsignifikant ist. Sofern die Angeklagten einen festen Wohnsitz hatten, wurde in mehr als der Hälfte der Fälle eine Geldstrafe verhängt. Sofern sie in einer öffentlichen oder freien Einrichtung untergebracht waren, wurde zu fast 80 % eine Freiheitsstrafe verhängt. Das deutet darauf hin, dass ein fester Wohnsitz eine positive Auswirkung hat. Wenn die Angeklagten zum Zeitpunkt der letzten Hauptverhandlung jedoch ohnehin bereits inhaftiert waren oder sich in einer sonstigen Einrichtung befanden, wirkte sich dies negativ auf die Wahl der Sanktionsform aus. Diese Ergebnisse sind jedoch in ihrer Aussagekraft eingeschränkt, da zwei Zeilen eine erwartete Häufigkeit kleiner fünf aufwiesen, was zu Verzerrungen führen kann. Dieses Ergebnis kann folglich nur als Indiz gewertet werden.

Es überrascht, dass einige Tatumstände keinen signifikanten Einfluss auf die Verhängung einer Geld- anstelle einer Freiheitsstrafe haben.[46] Besonders hervorzuheben ist einerseits, dass sich das Geschlecht der Geschädigten und in dem Zusammenhang der sexuelle Inhalt der Äußerung nicht in einer signifikanten Weise auswirken. Dies überrascht angesichts der Tatsache, dass Frauen anders beleidigt werden als Männer. Frauen werden vielfach mit sexuellen Beleidigungen konfrontiert, in denen ihnen in ungewollter Weise die Sexualität der Täter aufgedrängt wird. Angesichts des Forschungsanliegens soll darüber hinaus hervorgehoben werden, dass die öffentliche Begehungsweise und menschenverachtende Äußerungsinhalte ebenfalls keine signifikanten Einflussvariablen darstellen.

Tab. 8.12 Statistisch relevante Determinanten zur Verhängung einer Geld- anstelle einer Freiheitsstrafe

		Freiheitsstrafe		Geldstrafe		Statistische Maße	
		n	%	n	%	p	Phi
Generelle Vorstrafen (n = 136)	Nein	2	**8,3 %**	22	**91,7 %**	<,001	−0,38
	Ja	65	**58,0 %**	47	**42,0 %**		
Einschlägige Vorstrafen (n = 109)	Nein	22	**39,3 %**	34	**60,7 %**	,045	−0,19
	Ja	31	**58,5 %**	22	**41,5 %**		
Alkoholeinfluss (n = 124)	Nein	22	**59,5 %**	15	**40,5 %**	,027	0,20
	Ja	33	**37,9 %**	54	**62,1 %**		
Stabilisierung der Lebensverhältnisse (n = 132)	Nein	44	**42,3 %**	60	**57,7 %**	,002	−0,27
	Ja	21	**75,0 %**	7	**25,0 %**		

(Fortsetzung)

[46] Kein Zusammenhang zur Wahl der Strafart (Geld-anstelle einer Freiheitsstrafe) konnte weiterhin bei folgenden tat-, täter- oder verfahrensbezogenen Merkmalen festgestellt werden (z. B. das Geschlecht des Verurteilten, die Tatsituation, die Beziehung unter den Beteiligten, das Verwenden von Bildmaterial, der Drogeneinfluss während der Tat, die Anzahl der geschädigten Personen, die brutale Tatausführung, die Anzahl der Delikte sowohl in Tateinheit als auch in Tatmehrheit, die Deliktsart, eine noch offene Bewährungsstrafe, die einschlägige Vorstrafenbelastung, das Geständnis, die Reue und Schuldeinsicht, die Schadenswiedergutmachung oder außertatbestandsmäßige Schäden und sonstige Auswirkungen der Straftat).

Tab. 8.12 (Fortsetzung)

		Freiheitsstrafe		Geldstrafe		Statistische Maße	
		n	%	n	%	p	Phi
Suchtproblematik (n = 109)	Nein	18	**31,6 %**	39	**68,4 %**	<,001	−0,40
	Ja	37	**71,2 %**	15	**28,8 %**		
Berufstätigkeit V. (n = 137)	Nein	49	**56,3 %**	38	**43,7 %**	,003	−0,25
	Ja	15	**30,0 %**	35	**70,0 %**		
Entscheidungsform (n = 158)	Urteil	64	**51,2 %**	61	**48,8 %**	<,001	0,30
	Strafbefehl	5	**15,2 %**	28	**84,8 %**		
Nachträgl. Gesamtstrafe (n = 158)	Nein	60	**41,1 %**	86	**58,9 %**	,023	−0,18
	Ja	9	**75,0 %**	3	**25,0 %**		
Geständnis	Nein	21	**33,9 %**	41	**66,1 %**	,040	−0,16
	Ja	48	**50,5 %**	47	**49,5 %**		

8.3.1.1.2 Determinanten zur Verhängung einer Bewährungsstrafe

Als Nächstes wurde sich mit der Frage befasst, welche Faktoren Einfluss darauf haben, ob eine Freiheitsstrafe zur Bewährung ausgesetzt wird. Einen Überblick über die Faktoren zeigt Tabelle 8.13.

Der stärkste und zugleich hochsignifikante Zusammenhang wurde mit der Form der Unterkunft der Angeklagten zum Zeitpunkt der letzten Hauptverhandlung gemessen. Sofern ein fester Wohnsitz vorlag, wurde in 80,4 % der Verfahren die Freiheitsstrafe zur Bewährung ausgesetzt. In den Fällen, in denen der Wohnsitz eine öffentliche oder freie Einrichtung war, wurde in mehr als der Hälfte der Verfahren eine unbedingte Freiheitsstrafe verhängt.[47] Es wirkt sich somit nach der bivariaten Analyse strafmildernd hinsichtlich der Sanktionsform aus, sofern die Angeklagten über einen festen Wohnsitz verfügen. Zwar ist die Aussagekraft an dieser Stelle wiederum eingeschränkt, da auch bei dieser Berechnung zwei Zellen eine erwartete Häufigkeit kleiner 5 aufwiesen. Zwar kann es dadurch zu Verzerrung kommen, jedoch überzeugt dieses Ergebnis bereits aus

[47] Die Merkmalsausprägung „öffentliche oder freie Einrichtung" setzt sich aus folgenden Merkmalen zusammen: Haft (n = 23), betreute Wohngruppe (n = 3), Entziehungsanstalt (n = 1), Flüchtlingsunterkunft (n = 1).

logischen Erwägungen. So ist es von den Tatgerichten unter Verhältnismäßigkeitsgesichtspunkten zu berücksichtigen, dass den Angeklagten bei einer unbedingten Freiheitsstrafe zusätzlich zum Freiheitsentzug ein Wohnungsverlust droht. Ein fester Wohnsitz dient als Indiz dafür, dass die Angeklagten außerdem grds. sozial konform leben; ein fester Wohnsitz spricht im Rahmen der durchzuführenden Prognose für die Angeklagten.

Ein weiterer Zusammenhang von mittlerem Schweregrad kann mit dem Geburtsland der Verurteilten gemessen werden.[48] Sofern die Verurteilten in Deutschland geboren sind, wurden in 80 % der Verfahren eine Bewährungsstrafe erteilt. War bei den Verurteilten ein anderes Geburtsland gegeben, wurde in mehr als der Hälfte der Verfahren die Freiheitsstrafe nicht zur Bewährung ausgesetzt. Zwar wird dadurch indiziert, dass es sich für Angeklagte positiv auswirkt, wenn sie in Deutschland geboren sind. Inwieweit an dieser Stelle aber von einer Diskriminierung gesprochen werden kann, bleibt ungeklärt, da die Merkmalsausprägung „anderes Land“ mehrere unterschiedliche Länder zusammenfasst.

Ferner hat das Merkmal der Suchtproblematik einen geringen, aber signifikanten Einfluss auf die Entscheidung. Sofern bei den Angeklagten keine Suchtmittelabhängigkeit bestand, wurden in fast 80 % der Fälle bedingte Freiheitsstrafen ausgesprochen. Bestand hingegen eine derartige Problematik, so wurde in weniger als der Hälfte der Fälle keine Bewährung erteilt. Suchtmittelproblematiken wirkten sich demnach nachteilig für die Angeklagten aus. Im Hinblick auf die untersuchten Delikte, die sich unter dem Begriff „verbale Gewalt“ zusammenfassen lassen, erscheint die Suchtmittelproblematik als ein Faktor, der enthemmend wirken kann und die Begehung von weiteren Straftaten begünstigt. Hierbei handelt es sich somit um einen Umstand, der im Rahmen der Sozialprognose typischerweise negativ durch die entscheidenden Gerichte bewertet wird.

Ein ebenfalls signifikanter Einfluss von mittlerer Zusammenhangsstärke kann mit dem Umstand, ob sich die Lebensverhältnisse der Angeklagten stabilisiert haben, ermittelt werden. In den Fällen, in denen die Gerichte eine Verbesserung feststellten, wurde der Vollzug der Freiheitsstrafe in 85 % der Fälle zur Bewährung ausgesetzt. Die Stabilisierung ist ein Faktor, der sich positiv auf die

---

[48] Die Merkmalsausprägung „anderes Land“ setzt sich aus osteuropäischen Ländern (n = 19), Ländern im Nahen und Mittleren Osten (n = 15), Nordamerika (n = 1), Südamerika (n = 1) und Afrika (n = 4) zusammen. Diese Umcodierung wurde durchgeführt, weil mit der ursprünglichen Merkmalsausprägung sieben Zellen eine erwartete Häufigkeit <5 hatten.

Sozialprognose auswirkt. Dieses Ergebnis ist logisch, da stabilisierte Lebensverhältnisse für eine günstige Sozialprognose sprechen, die im Rahmen der Entscheidung, ob eine Bewährungsstrafe erteilt wird, angestellt wird. Differenzierte Aussagen zu den Formen der Stabilisierung als Einflussfaktoren, d. h. ob der Beginn einer Anti-Aggressions-Therapie oder die Loslösung von problematischen Bekanntenkreisen einen signifikanten Einfluss haben, kann aufgrund geringer Fallzahlen nicht gemessen werden.

Ähnlich stark wie mit der Stabilisierung der Lebensverhältnisse fällt die Zusammenhangsstärke zwischen der Bewährungsstrafe mit der Strafrahmenmilderung aus. In ungefähr 75 % der Fälle wurde eine Bewährungsstrafe verhängt, sofern kein Fall einer Strafrahmenmilderung vorliegt. Wird der Strafrahmen gemildert, wurde in etwas über der Hälfte der Fälle keine Bewährung erteilt. Das spricht dafür, dass eine Strafrahmenmilderung sich negativ auf die Aussetzung des Vollzugs einer Freiheitsstrafe zur Bewährung auswirkt. Welche Milderungsgründe sich jedoch genau auf die Aussetzung einer Freiheitsstrafe zur Bewährung negativ auswirken, konnte hier nicht ermittelt werden, da die Fallzahlen bei den einzelnen Milderungsgründen zu gering ausfielen. Zwar führt die Strafrahmenmilderung dazu, dass der den Gerichten zur Verfügung stehende Strafrahmen abgesenkt wird. Jedoch kann daraus nicht geschlossen werden, welches Tatgeschehen dem konkreten Fall zugrunde liegt und wie der Unrechtsgehalt somit ausgestaltet ist. Für die Verhängung einer Bewährungsstrafe anstatt einer unbedingten Freiheitsstrafe sind darüber hinaus die für die Sozialprognose relevanten Merkmale entscheidend. Bei einer Gegenüberstellung der Variablen Suchtmittelproblematik mit der Strafrahmenmilderung, zeigt sich, dass ein signifikanter Zusammenhang mit geringer Stärke messbar ist. Aus Tabelle 8.14 wird sichtbar, dass von den Fällen der erfolgten Strafrahmenmilderung in 66,7 % eine Suchtmittelabhängigkeit besteht. Ein Interpretationsansatz ist somit, dass die Strafrahmenmilderung teilweise mit Umständen, wie hier der Suchtmittelproblematik, einhergeht, die sich wiederum im Rahmen der Sozialprognose negativ auswirken.

Tab. 8.13 Signifikante Determinanten bzgl. der Strafaussetzung zur Bewährung

		Freiheitsstrafe mit Bewährung		Freiheitsstrafe ohne Bewährung		Statistische Maße	
		n	%	n	%	p	Phi / Cramer-V
Suchtproblematik (n = 55)	Nein	14	**77,8 %**	4	**22,2 %**	,040	−0,28
	Ja	18	**48,6 %**	19	**51,4 %**		
Geburtsland des Verurteilten (n = 69)	Deutschland	37	**78,7 %**	10	**21,3 %**	,002	−0,37
	Anderes Land	9	**40,9 %**	13	**59,1 %**		
Unterkunft des Verurteilten (n = 69)	Fester Wohnsitz	37	**80,4 %**	7	**30,4 %**	<,001	0,511
	Kein fester Wohnsitz	2	**4,3 %**	1	**4,3 %**		
	Öff. oder freie Einrichtung	7	**15,2 %**	15	**65,2 %**		
Stabilisierung der Lebensverhältnisse (n = 65)	Nein	24	**54,5 %**	20	**45,5 %**	,014	0,31
	Ja	18	**85,7 %**	3	**14,3 %**		
Strafrahmenmilderung (n = 67)	Nein	39	**76,5 %**	12	**23,5 %**	,014	−0,30
	Ja	7	**43,8 %**	9	**56,3 %**		

Tab. 8.14 Kreuztabelle Suchtmittelproblematik und Strafrahmenmilderung

		Strafrahmenmilderung			
		Nein		Ja	
		n	%	n	%
Suchtmittelproblematik	Nein	48	61,5 %	9	33,3 %
	Ja	30	38,5 %	18	66,7 %
n		**105**			
p		**,011**			
Phi		**0,25**			

8.3.1.2 Zwischenergebnis

Die bivariate Analyse zeigt, dass bei der Verhängung einer Geld- anstelle einer Freiheitsstrafe vor allem eine bestehende Suchtproblematik und vorhandene Vorstrafen die stärksten Einflüsse haben. Die weiteren Merkmalseinflüsse, die sich als signifikant erweisen, sind von geringer Stärke und umfassen tat-, täter- und verfahrensbezogene Umstände. Hinsichtlich der signifikanten Zusammenhänge bzgl. der Aussetzung des Vollzugs einer Freiheitsstrafe zur Bewährung ergibt sich im Rahmen der bivariaten Untersuchung Folgendes: die Form der Unterkunft korreliert hochsignifikant und am stärksten mit der Verhängung einer Bewährungsstrafe. Weitere beeinflussende Umstände, die eine mittlere Zusammenhangsstärke aufweisen, sind das Geburtsland der Angeklagten, die Stabilisierung der Lebensverhältnisse und die Strafrahmenmilderung. Eine bestehende Suchtmittelproblematik hat ebenfalls einen signifikanten Einfluss auf die Verhängung einer Bewährungsstrafe, der jedoch von geringer Stärke ist. Beleidigungsspezifische Umstände, wie z. B. die öffentliche Begehungsweise, der menschenverachtende oder der sexuelle Äußerungsinhalt haben keinen signifikanten Einfluss auf die Strafart.

8.3.1.3 Multivariate Analyse

Im Rahmen der multivariaten Analyse wurde mittels hierarchischer binärer logistischer Regression ein Vorhersagemodell zur Frage, ob eine Geldstrafe anstelle einer Freiheitsstrafe verhängt wird, erstellt. Die logistische Regression eignet sich als Verfahren, wenn die abhängige Variable, hier die Verhängung einer Geld- anstelle einer Freiheitsstrafe, nominalskaliert ist.[49] Mit der logistischen

[49] Ist die abhängige Variable hingegen intervallskaliert, so ist die lineare Regression anwendbar, siehe *Janssen/Laatz,* Statistische Datenanalyse mit SPSS, S. 405.

Regression kann eine Aussage darüber getroffen werden, inwieweit einzelne unabhängige Variablen bei gleichzeitiger Betrachtung dazu geeignet sind, die unabhängige Variable vorherzusagen.[50]

Die Effektkoeffizienten Exp(B) geben in der Regressionsanalyse an, wie stark der Zusammenhang zwischen den einzelnen Regressionsgewichten und der vorhergesagten Wahrscheinlichkeit ist.[51] Exp(B) kann Werte zwischen 0 bis ∞ annehmen, wobei bei einem Wert unter 1 die Wahrscheinlichkeit des Ereigniseintritts unter 50 % und bei einem Wert über 1 über 50 % liegt.[52] Liegt der Wert bei 1, ist die Wahrscheinlichkeit, dass das Ereignis eintritt genauso groß, wie dass es nicht eintritt, sodass von keinem Zusammenhang auf die abhängige Variable auszugehen ist.[53] Um zu testen, welche der Prädiktoren einen signifikanten Einfluss haben, wurde der Wald-Test, der Signifikanztest bei der logistischen Regression, verwendet. Da der Wald-Test bei kleineren Stichproben in der Regel höhere p-Werte liefert[54], wurde das Signifikanzniveau auf $p<0{,}10$ festgelegt.[55] So sollte vermieden werden, dass potentiell relevante Einflussfaktoren fälschlicherweise als nicht signifikant eingeordnet werden. Damit die Effektkoeffizienten vergleichbar sind, wurde für Werte <1 der Kehrwert mit einem Minus in Klammern berechnet.[56] Das Model wurde darüber hinaus auf Multikollinearität getestet.

Die Vorhersagegüte des Models wird durch den Pseudo-R^2-Wert von Nagelkerke angegeben, der einen Wert von 0 bis 1 annehmen kann.[57] Der Modell-Fit wird bei der logistischen Regression durch einen Vergleich des „Null-Models", d. h. ein Model ohne Prädiktoren, und des Models, das alle ausgewählten unabhängigen Variablen gegenübergestellt, bemessen.[58] Der Pseudo-R^2-Wert gibt an, um welchen Prozentanteil sich die Vorhersage durch die Prädiktoren im Vergleich zum Null-Model verbessert. Ein Pseudo-R^2 von 0,2 gilt als akzeptabel und ab 0,4

---

50 *Kuckartz et al.,*Statistik, S. 273.

51 *Kuckartz et al.,*Statistik, S. 277.

52 *Kuckartz et al.,*Statistik, S. 276.

53 *Kuckartz et al.,*Statistik, S. 276.

54 *Backhaus et al.,*Multivariate Analysemethoden, S. 335, 377.

55 Entsprechend zu dieser Vorgehensweise auch *Kolsch,*Sozioökonomische Ungleichheit im Strafverfahren, S. 270.

56 Sonst besteht das Problem, dass negative (Werte zwischen 0 und 1) und positive Zusammenhänge (Werte zwischen 1 und ∞) nicht vergleichbar sind, siehe *Kuckartz et al.,*Statistik, S. 278.

57 *Backhaus et al.,*Multivariate Analysemethoden, S. 327.

58 Ausführlich zu der Verfahrensweise siehe vertiefend *Kuckartz et al.,*Statistik, S. 278.

wird von einem guten Modell-Fit gesprochen.[59] Die Pseudo-R^2-Werte sind bei der logistischen Regression grds. niedriger als bei der linearen Regression.[60]

Durch die hierarchische Vorgehensweise bei der Regressionsanalyse konnte ermittelt werden, wie sich die Vorhersagegüte des Models unter Einbeziehung der jeweiligen Prädiktoren verbesserte.[61] Das wird in den Tabellen durch den Anstieg von Pseudo-R^2 nach Nagelkerke angezeigt. Die unabhängigen Variablen wurden entsprechend des Anstiegs des Pseudo-R^2-Werts aufgelistet.

8.3.1.3.1 Determinanten zur Verhängung einer Geld- anstelle einer Freiheitsstrafe

Bei der Überprüfung der unabhängigen Variablen auf Multikollinearität zeigt sich, dass eine einschlägige Vorstrafenbelastung mit der Generellen korreliert, $r = 0{,}5$. Die Zusammenhangsstärke ist allerdings noch in einem Bereich, in dem beide Variablen in das Vorhersagemodel aufgenommen werden können.[62]

Tabelle 8.15 zeigt das endgültige Erklärungsmodel der hierarchischen, binären logistischen Regression zur Vorhersage der Verhängung einer Geld- anstelle einer Freiheitsstrafe unter Berücksichtigung der durch die bivariaten Analyse bestimmten Prädiktoren. In die Tabelle wurden nur die Variablen aufgenommen, die einen signifikanten Einfluss haben.

Zur Vorhersagegüte des Models lässt sich vorab Folgendes festhalten: der Modell-Fit ist mit einem Pseudo-R^2-Wert von 0,523 gut. Die Vorhersagegüte konnte im Vergleich zum Null-Model um 52,3 % verbessert werden. Die hierarchische Vorgehensweise ergibt, dass drei Merkmale einen signifikanten Einfluss auf die Verhängung einer Geld- anstelle einer Freiheitsstrafe haben: die Suchtmittelproblematik, der Alkoholeinfluss während der Tat und die generelle Vorstrafenbelastung. Diese drei Merkmale machen außerdem mit 78,20 % den größten Erklärungsanteil des endgültigen Pseudo-R^2-Wertes von Nagelkerke ($R^2 = 0{,}523$) aus. Wie Tabelle 8.15 zeigt, steigt der Pseudo-R^2-Wert bei Hinzuziehung dieser drei Faktoren am stärksten an.

---

[59] *Kuckartz et al.*,Statistik, S. 279.

[60] *Backhaus et al.*,Multivariate Analysemethoden, S. 327, 377.

[61] Zur hierarchischen Vorgehensweise bei Regressionsrechnungen siehe *Kuckartz et al.*,Statistik, S. 271 f.

[62] Eine derart hohe Zusammenhangsstärke liegt ab $r = 0{,}80$ vor, siehe *Field*,Discovering statistics using IBM SPSS statistics, S. 441.

Eine bestehende Suchtproblematik verringert die Wahrscheinlichkeit, dass eine Geldstrafe verhängt wird um das 11,2-fache mit Exp(B) = 11,236(-).[63] Wenn die Angeklagten bereits straffällig geworden sind, verringert sich die Wahrscheinlichkeit einer Geldstrafe um das 7,3-fache mit Exp(B) = 7,299(-).[64] Sofern die Angeklagten zum Zeitpunkt der Tatbegehung alkoholisiert sind, erhöht sich hingegen die Wahrscheinlichkeit einer Geldstrafe um das 7-fache mit einem odds ratio von 7,124. Es überrascht nicht, dass sich die Alkoholisierung zum Zeitpunkt der Tat für den Angeklagten positiv auswirkt. Es ist anerkannt, dass es i.R.d. Strafzumessung auch dann strafmildernd berücksichtigt werden kann, wenn die Alkoholisierung zu einer Verminderung der Schuld- und/oder Einsichtsfähigkeit führt, die unter der Erheblichkeitsschwelle des § 21 StGB liegt.[65] Anders ist es im Falle einer bestehenden Suchtproblematik, die nach den hiesigen Ergebnissen die Wahrscheinlichkeit einer Freiheitsstrafe erhöht. Dieses Ergebnis mag zunächst verwundern, zumal fragwürdige Lebensentscheidungen nicht strafschärfend berücksichtigt werden dürfen. Zudem wird nach der Rechtsprechung des BGH eine Strafrahmenverschiebung gem. § 21 StGB nur dann abgelehnt, wenn die erhebliche Verminderung der Schuldfähigkeit auf einer dem Täter uneingeschränkt vorwerfbaren Trunkenheit beruht. Dies sei grds. nicht der Fall, wenn der Täter alkoholkrank oder -überempfindlich sei.[66] Eine mögliche Erklärung dafür, dass sich die Suchtmittelproblematik entsprechend der vorliegenden Auswertung strafschärfend auswirkt, könnte somit die Folgende sein: Strafzumessungsrechtlich nachteilig ist es für den Angeklagten, wenn die erhebliche Verminderung der Schuldfähigkeit auf einer zu verantwortenden Trunkenheit beruht und sich das Risiko der Begehung von Straftaten infolge der Alkoholisierung vorhersehbar signifikant erhöht hat.[67] Dabei ist z. B. zu berücksichtigen, dass der Angeklagte wusste, dass er nach dem Konsum von Alkohol zu Gewaltdelikten neigt oder dass er in einer angespannten Konfliktsituation konsumierte.[68] So könnte es sich auch in den der Stichprobe zugrunde liegenden Verfahren verhalten haben, sodass keine strafmildernde Wirkung eintrat.

Die Durchführung eines Strafbefehls, die nachträgliche Bildung einer Gesamtstrafe gem. § 55 StGB, das Geständnis, die Berufstätigkeit des Angeklagten zum

---

[63] Der Effektkoeffizient war mit 0,114 < 1, sodass der Kehrwert berechnet wurde. 1/0,114 = 8,772(-).

[64] Der Kehrwert ergibt sich aus 1/0,137 = 7,299(-).

[65] *G. Schäfer/Sander/van Gemmeren,* Praxis der Strafzumessung, S. 218.

[66] *BGH*, NStZ 2008, 330; BeckRS 2016, 13517; BeckRS 2016, 20936.

[67] *BGH*, NStZ 2004, 678 ff.

[68] M.w.N. *G. Schäfer/Sander/van Gemmeren,* Praxis der Strafzumessung, S. 367.

Zeitpunkt der letzten Hauptverhandlung, die Verbesserung der Lebensverhältnisse und die einschlägige Vorstrafenbelastung haben keinen signifikanten Einfluss auf die Verhängung einer Geld- anstelle einer Freiheitsstrafe.

Tab. 8.15 Determinanten der Verhängung einer Geld- anstelle einer Freiheitsstrafe. (hierarchische, binäre logistische Regression)

Prädiktoren	Exp(B)	Anstieg von Pseudo-R^2
Suchtproblematik	11,236(-)**	0,226
Generelle Vorstrafen	7,299(-)☆	0,338
Alkoholeinfluss	7,124*	0,409
n	64	
Pseudo-R^2	0,523	

☆p<0,10; *p<0,05; **p<0,01; ***p<0,001

8.3.1.3.2 Determinanten zur Verhängung einer Bewährungsstrafe

Zur Beantwortung der Frage, welche unabhängigen Variablen einen Einfluss auf die Aussetzung des Vollzugs einer Freiheitsstrafe zur Bewährung haben, wurde als multivariates Verfahren ebenfalls eine hierarchische binäre logistische Regression gerechnet. Dies erscheint vor dem Hintergrund, dass die binäre logistische Regression grds. 25 Fälle pro Ausprägung der abhängigen Variable erfordert, nicht unproblematisch, da von den 69 Fällen in 23 Verfahren keine Bewährungsstrafen verhängt wurden. Da es sich jedoch um eine so geringfügige Abweichung handelt und die Anzahl der unabhängigen Variablen überschaubar ist, konnte darüber hinweggesehen werden. Zwar ergab die bivariate Analyse, dass auch die Unterkunft des Verurteilten mit der Verhängung einer Bewährungsstrafe signifikant korrelierte, jedoch konnte diese Variable nicht als Prädiktor in die logistische Regression aufgenommen werden. Die Variable wurde für die bivariate Analyse bereits so umcodiert, dass sie weniger Merkmalsausprägungen hat, damit die Fallzahlen pro Ausprägung nicht zu gering sind. Selbst in dieser umcodierten Form waren die Fallzahlen jedoch für die logistische Regression immer noch zu gering. Eine weitere Vereinfachung der Merkmalsausprägung in „fester Wohnsitz" und „Andere" kam ebenfalls nicht in Betracht, da damit einhergehende der Informationsverlust zu hoch war. Unter „Andere" würden einerseits „kein fester Wohnsitz" und andererseits Wohnformen in „öffentlichen oder freien Einrichtungen" fallen. Ein derartiger Informationsverlust ist jedoch nicht hinnehmbar, da die einzelnen Ausprägungen zu unterschiedlich sind, als dass man sie zusammenfügen könnte.

Tabelle 8.16 zeigt die Ergebnisse der hierarchischen binären logistischen Regression zur Vorhersage der Verhängung einer Bewährungsstrafe. Es wurden nur die signifikanten Merkmale in die Tabelle aufgenommen.

Der Model-Fit gilt mit einem Pseudo-R^2 von 0,401 als gut. Die Vorhersagegüte konnte somit im Vergleich zum Null-Model um 40,10 % verbessert werden. Aus dem endgültigen Erklärungsmodel geht hervor, dass das Geburtsland und die Stabilisierung der Lebensverhältnisse einen signifikanten Einfluss auf die Verhängung einer Bewährungsstrafe haben. Diese beiden Merkmale machen bereits 80 % des Erklärungsanteils des Pseudo-R^2-Wertes ($R^2 = 0{,}401$) aus.

Das erklärungsstärkste Merkmal mit einem Pseudo-R^2-Wert von 0,234 macht der Geburtsort des Angeklagten aus. Ist der Geburtsort in der Bundesrepublik Deutschland, erhöht sich die relative Wahrscheinlichkeit einer verhängten Bewährungsstrafe um das 5,2-fache. Daneben war nur das odds ratio der Einflussvariable „Stabilisierung der Lebensverhältnisse" signifikant. Dieser Prädiktor erhöht die Erklärungskraft des Models um einen Wert von 0,096. Eine Verbesserung der Lebensverhältnisse erhöht die relative Wahrscheinlichkeit einer Aussetzung des Vollzugs zur Bewährung um das 4,7-fache. Sowohl eine bestehende Suchtproblematik als auch die Einflussvariable der Strafrahmenmilderung machen nur noch einen geringfügigen Anteil der Erklärungskraft des Endmodels aus und erweisen sich darüber hinaus als nicht signifikant.

Tab. 8.16 Determinanten der Aussetzung des Vollzugs einer Freiheitsstrafe zur Bewährung. (hierarchische, binäre logistische Regression)

Prädiktoren	Exp(B)	Anstieg Pseudo-R^2
Geburtsort Deutschland	5,203*	0,234
Stabilisierung der Lebensverhältnisse	4,721☆	0,330
n	52	
Pseudo-R^2	0,401	

☆p<0,10; *p<0,05; **p<0,01; ***p<0,001

8.3.1.4 Zwischenergebnis

8.3.1.4.1 Geld- oder Freiheitsstrafe

Bei der Frage, ob eine Geld- anstelle einer Freiheitsstrafe verhängt wird, konnten mittels hierarchischer binärer logistischer Regression folgende Prädiktoren als signifikant herausgearbeitet werden: eine bestehende Suchtproblematik, die Tatbegehung unter Alkoholeinfluss und die generelle Vorstrafenbelastung. Nachteilig wirkt es sich für Angeklagte aus, wenn sie an einer Suchtmittelproblematik leiden, da sich so die Wahrscheinlichkeit verringert, dass eine Geldstrafe verhängt wird. Gleiches gilt bei bestehenden Vorstrafen. Sofern die Angeklagten bereits vorbestraft sind, erhöht sich die Wahrscheinlichkeit, dass eine Freiheits- anstelle einer Geldstrafe verhängt wird. Anders verhält es sich beim Alkoholeinfluss zum Zeitpunkt der Tatbegehung. Dies wiederum erhöht die Wahrscheinlichkeit, dass eine Geldstrafe verhängt wird. Beleidigungsspezifische Umstände haben keinen Einfluss auf die verhängte Strafart.

8.3.1.4.2 Bedingte oder unbedingte Freiheitsstrafe

Die Verhängung einer Bewährungsstrafe wird zunächst am stärksten vom Geburtsort der Angeklagten beeinflusst. Sofern der Geburtsort in der Bundesrepublik Deutschland liegt, erhöht sich die Wahrscheinlichkeit, dass eine Bewährung ausgesprochen wird. Inwieweit hier eine konkrete Diskriminierung vorliegt, kann nicht weiter beurteilt werden, da aufgrund zu geringer Fallzahlen nicht in die logistische Regression einfließen konnte, welche anderen Länder als Geburtsorte eventuell benachteiligt werden. Es erscheint außerdem möglich, dass die Verurteilten, die ihren Geburtsort in Deutschland haben, über ausgeprägtere familiäre und soziale Einbindungen verfügen, was sich bei der Prognoseentscheidung entscheidend auswirken kann.

Daneben konnte ein positiver Einfluss festgestellt werden, wenn sich die Lebensverhältnisse des Angeklagten verbessern. Sofern dies das Fall ist, erhöht sich die Wahrscheinlichkeit, dass der Vollzug einer Freiheitsstrafe zur Bewährung ausgesetzt wird. Unter die Verbesserung der Lebensverhältnisse fallen z. B. das Aufsuchen von Sucht- oder Aggressionstherapien oder das Bewältigen von finanziellen Problemen. Es überrascht nicht, dass derartige Wandlungen von den Gerichten positiv bewertet werden und sich im Rahmen der Sozialprognose niederschlagen.

Hingegen überrascht es, dass sich eine bestehende Suchtmittelproblematik nicht als signifikante Einflussvariable erwies, obwohl eine Suchtmittelabhängigkeit ebenfalls im Rahmen der Sozialprognose berücksichtigungsfähig ist. Der Wohnort konnte aus den oben genannten Gründen nicht im Rahmen der Untersuchung der Bewährungsstrafe im multivariaten Verfahren berücksichtigt werden.

Bzgl. der Forschungsfragen danach, ob bestimmte Tatbegehungsweisen (wie z. B. die öffentliche Beleidigung, die Äußerung mit menschenwürdeangreifendem Inhalt, die Beleidigung mit sexuellem Inhalt) von den Gerichten strafschärfend im Rahmen der Strafzumessung gewürdigt werden, konnte kein signifikanter Einfluss auf die Wahl der Strafart festgestellt werden.

8.3.2 Die Strafhöhe und die Strafhärte

Zur Bestimmung der Variablen, die die Strafhöhe und die Strafhärte beeinflussen, wurden zuerst univariate und im Anschluss multivariate Verfahren durchgeführt. Im Rahmen der univariaten Analyse wurden, entsprechend der Forschungspraxis zur empirischen Strafzumessungsforschung, Verfahren eingesetzt, die die Mittelwerte der abhängigen Variablen vergleichen, um zu prüfen, welche Merkmale einen signifikanten Einfluss haben.[69] Der Fokus liegt bei den univariaten Verfahren auf der Untersuchung einzelner Faktoren. Welcher statistische Test dabei zur Anwendung kommt, richtet sich nach den Anwendungsvoraussetzungen der jeweiligen Verfahren. Da es sich um eine unabhängige Stichprobe handelt, wurden t-Tests und einfaktorielle Varianzanalysen durchgeführt.

Der t-Test ist für einen Mittelwertvergleich geeignet, wenn geprüft wird, wie sich zwei Gruppen im Vergleich auf die abhängige Variable auswirken.[70] Mittelwerte können jedoch nur dann gebildet werden, wenn die abhängige Variable metrisch skaliert ist. Teilweise werden berechtigte Zweifel am metrischen Skalenniveau der Strafhöhen in Form von Tagessatzanzahlen und der Dauer der Freiheitsstrafen in Monaten geäußert. Wie bereits als Beispiel angeführt, sind die Abstände bei einer Freiheitsstrafe von sechs und drei Monaten nicht vergleichbar.[71] Da es jedoch der gängigen Forschungspraxis entspricht, die Strafhöhe als metrische Variable zu betrachten und um schlussendlich eine Vergleichbarkeit zu anderen empirischen Sanktionsuntersuchungen zu ermöglichen, wird die Strafhöhe hier ebenfalls trotz der Zweifel als metrische Variable behandelt. Im anschließenden Kapitel wird genauer auf die Strafhärte eingegangen, die ein metrisches Messniveau aufweist und eine Vergleichbarkeit der Ergebnisse zwischen den Strafarten ermöglicht.

Als weitere Anwendungsvoraussetzung sollte die abhängige Variable normalverteilt sein.[72] Die Normalverteilung der Variablen Tagessatzanzahl bei Geldstrafen, Dauer der Freiheitsstrafe in Monaten und Strafhärte wurden einerseits graphisch im Rahmen der deskriptiven Auswertung überprüft und andererseits

[69] Siehe *Schöch,* Strafzumessungspraxis und Verkehrsdelinquenz, S. 139ff; *Meier,* Die Bestrafung von Rückfalltätern in der Bundesrepublik Deutschland und in den USA, S. 184ff; *Hoppenworth,* Strafzumessung beim Raub, S. 222ff; *Garbe,* Die Strafzumessungspraxis niedersächsischer Strafgerichte, S. 62ff; *Behnsen,* Strafzumessung bei Neonatizid, S. 172ff; *Weiterer,* Strafzumessung bei Vollrausch, S. 206 ff.

[70] *Kuckartz et al.,* Statistik, S. 159 ff.

[71] Siehe dazu bereits die Ausführungen im Rahmen der Operationalisierung der Strafhärte, Abschnitt 7.1.3.4.

[72] *Bortz/Schuster,* Statistik für Human- und Sozialwissenschaftler, S. 122.

mittels Kolmogorov-Smirnov- und Shapiro-Wilk-Test getestet.[73] Die abhängigen Variablen sind nicht normalverteilt, sodass diese Anwendungsvoraussetzung nicht gegeben ist. Überdies muss eine Homogenität der Varianzen bestehen, was mit dem Levene-Test überprüft wurde.[74] Der t-Test ist ggü. Verletzungen seiner Anwendungsvoraussetzungen durchaus robust.[75] Das gilt vor allem, wenn die Gruppen annähernd gleich groß sind. Die getesteten Gruppen müssen jedoch nicht zwingend gleich groß sein, sofern die Homogenität der Varianzen besteht.[76] Sofern die Anwendungsvoraussetzungen des t-Tests nicht erfüllt waren, wurde zur Absicherung der Ergebnisse zusätzlich der Mann-Whitney-U-Test gerechnet. Hierbei handelt es sich um einen nicht-parametrischen Test, der beim Vergleich von zwei Gruppen zur Anwendung kommt.[77]

Die einfaktorielle Varianzanalyse kam dann als Verfahren in Betracht, wenn ein Mittelwertvergleich zwischen mehr als zwei Gruppen gebildet wurde. Die ANOVA hat ebenfalls zur Voraussetzung, dass die abhängige Variable metrisches Skalenniveau haben muss und Normalverteilung sowie Homogenität der Varianzen vorliegen müssen.[78] Die unabhängige Variable muss in Gruppen aufgeteilt werden können.[79] Das hat zur Folge, dass aus metrischen unabhängigen Variablen sog. Klassen gebildet werden, sodass sie wie kategoriale Variablen behandelt werden können. Wie auch der t-Test ist die ANOVA robust ggü. Verletzungen des Erfordernisses der Normalverteilung.[80] Sofern die Varianzen nicht homogen sind, wird die Welch-ANOVA gerechnet. Insbesondere bei sehr kleinen und ungleich-großen Gruppen wird zusätzlich mit dem Kruskal-Wallis-Test vorgegangen, um die Ergebnisse der ANOVA abzusichern. Dabei handelt es sich um ein nicht-parametrisches Verfahren, das zur Anwendung kommt, wenn mehr als zwei Gruppen geprüft werden.[81] Sofern signifikante Einflüsse festgestellt werden, wird die Zusammenhangsstärke mittels entsprechender Korrelationsmaße bestimmt.

---

[73] *Janssen/Laatz,*Statistische Datenanalyse mit SPSS, S. 248 ff.

[74] *Janssen/Laatz,*Statistische Datenanalyse mit SPSS, S. 243 f.

[75] *Bortz/Schuster,*Statistik für Human- und Sozialwissenschaftler, S. 122 f.

[76] *Kuckartz et al.,*Statistik, S. 168f; *Bortz/Schuster,*Statistik für Human- und Sozialwissenschaftler, S. 122 f.

[77] Ausführlicher zu diesem Verfahren siehe *Janssen/Laatz,*Statistische Datenanalyse mit SPSS, S. 652 ff.

[78] *Janssen/Laatz,*Statistische Datenanalyse mit SPSS, S. 345.

[79] *Janssen/Laatz,*Statistische Datenanalyse mit SPSS, S. 345.

[80] M.w.N. *Bortz/Schuster,*Statistik für Human- und Sozialwissenschaftler, S. 214.

[81] *Janssen/Laatz,*Statistische Datenanalyse mit SPSS, S. 666 ff.

Die Notwendigkeit von multivariaten Verfahren ergibt sich daraus, dass die Ergebnisse der univariaten Verfahren keinerlei Aussagen darüber treffen, wie sich die einzelnen Merkmale im Verhältnis zu anderen maßgebenden Merkmalen auf die abhängige Variable auswirken. Als multivariates Verfahren wurde die multiple lineare Regression gewählt, da so geprüft werden kann, ob und wie stark mehrere unabhängige Variablen[82] eine abhängige Variable, hier in Form der Strafhöhe und der Strafhärte, beeinflussen. Die Prädiktoren, die nicht intervallskaliert sind, werden zu sog. „Dummy-Variablen" umcodiert.[83]

Mit der linearen Regression wird versucht, eine lineare Funktion zu finden, die die Abhängigkeit einer Variablen (abhängige Variable) von einer (Einfachregression) oder mehreren unabhängigen Variablen (multiple Regression) quantifiziert und somit den Zusammenhang zwischen den Variablen beschreibt.[84]

Das Bestimmtheitsmaß R^2 gibt an, wie viel der Varianz der Strafhöhe durch die Regression korrekt vorhergesagt wird.[85] R^2 kann einen Wert zwischen 0 und 1 annehmen, wobei der Wert 1 aussagt, dass sich die Varianz zu 100 % aus der Varianz der Prädiktoren erklären lässt.[86] Da der R^2-Wert einerseits den Stichprobenumfang nicht berücksichtigt und sich andererseits bei einer steigenden Anzahl unabhängiger Variablen vergrößert, ohne dass damit zwingend eine Verbesserung der Vorhersagegüte einhergeht, wird zusätzlich der korrigierte R^2-Wert ausgegeben.[87] Das korrigierte R^2 berücksichtigt diese Aspekte. Ein weiterer Vorteil ist, dass ein Vergleich von Regressionsgleichungen mit unterschiedlicher Anzahl von unabhängigen Variablen hinsichtlich der Vorhersagegüte möglich ist.[88]

Die Regressionskoeffizienten, die mit der Methode der kleinsten Quadrate berechnet werden, treffen eine Aussage über den Zusammenhang zwischen den Prädiktoren und der abhängigen Variable.[89] Hierbei gilt, dass >0 ein positiver, <0 ein negativer und bei = 0 kein Zusammenhang besteht.[90] Um eine Vergleichbarkeit zwischen den Regressionskoeffizienten zu ermöglichen, werden diese

---

[82] Diese werden im Folgenden auch Regressoren oder Prädiktoren genannt.

[83] *Kuckartz et al.,*Statistik, S. 267 f.

[84] *Janssen/Laatz,*Statistische Datenanalyse mit SPSS, S. 405.

[85] *Kuckartz et al.,*Statistik, S. 263.

[86] Siehe zur Klassifikation der R^2-Werte *Kuckartz et al.,*Statistik, S. 263 f.

[87] *Janssen/Laatz,*Statistische Datenanalyse mit SPSS, S. 418; *Backhaus et al.,*Multivariate Analysemethoden, S. 95.

[88] *Janssen/Laatz,*Statistische Datenanalyse mit SPSS, S. 418.

[89] Ausführlich zur Methode der kleinsten Quadrate, siehe *Janssen/Laatz,*Statistische Datenanalyse mit SPSS, S. 406 f.

[90] *Kuckartz et al.,*Statistik, S. 262.

standardisiert (sog. Beta-Koeffizienten).[91] Darüber hinaus wird der Einfluss der Regressoren hinsichtlich ihres Signifikanzniveaus überprüft.

Welche unabhängigen Variablen als Prädiktoren in die Regressionsmodelle eingehen, bestimmt sich primär anhand der Ergebnisse der univariaten Analysen. Da die Auswahl der Prädiktoren jedoch ebenfalls auf logischen Erwägungen basiert, werden teilweise Prädiktoren nicht in die Modelle aufgenommen, wenn von vornherein davon ausgegangen werden kann, dass sie keinen Einfluss auf die abhängigen Variablen haben. Spiegelbildlich dazu werden Variablen aufgenommen, die zwar nach den univariaten Analysen keinen signifikanten Einfluss aufweisen, von denen aber aus logischen Erwägungen ein Zusammenhang vermutet wird.[92] Variablen mit Merkmalsausprägungen <10 werden ebenfalls nicht in das Regressionsmodell aufgenommen.[93]

Außerdem wurden alle Prädiktoren auf Multikollinearität überprüft. Dafür wird neben den Korrelationskoeffizienten noch die in der Kollinearitätsstatistik ausgegebenen Toleranz- und VIF-Werte herangezogen. Beim VIF-Wert handelt es sich um den Kehrwert der Toleranz. Kleine Toleranz-Werte (<0,20) und VIF-Werte (<10) zeigen Multikollinearität an.[94]

8.3.2.1 Univariate Analyse

8.3.2.1.1 Determinanten der Anzahl der Tagessätze bei der Geldstrafe

Die univariate Analyse ergibt, dass insgesamt 13 Merkmale in einem signifikanten Zusammenhang zur Strafhöhe bei Geldstrafen bzw. zur Tagessatzanzahl stehen. Die Merkmale wurden unterteilt in tat- und täterbezogene, opferbezogene und verfahrensbezogene Merkmale. Die nachfolgenden Tabellen zeigen die Merkmale samt ihren Ausprägungen, die Mittelwerte der Tagessatzanzahl, die Standardabweichung, die Differenz der Mittelwerte und die Signifikanz mit einem Signifikanzniveau von $p = 0{,}05$. In gesonderten Tabellen wird die Zusammenhangsstärke aufgelistet.

---

91 *Janssen/Laatz,* Statistische Datenanalyse mit SPSS, S. 416 f.

92 Zur Auswahl der Variablen im Rahmen der multiplen linearen Regression siehe *Backhaus et al.,* Multivariate Analysemethoden, S. 158 f.

93 *Backhaus et al.,* Multivariate Analysemethoden, S. 158.

94 *Kuckartz et al.,* Statistik, S. 270f; *Field,* Discovering statistics using IBM SPSS statistics, S. 441.

Tabelle 8.17 und 8.18 zeigen die tatbezogenen Merkmale und ihre Zusammenhangsstärke. Die größte Mittelwertdifferenz weist die Anzahl der weiteren Delikte in Tateinheit zum Bezugsdelikt (Nr. 2) mit 61,44 Tagessätzen auf. Die Zusammenhangsstärke ist mit einem r von 0,57 ebenfalls am höchsten. Mittels Post-hoc-Tests (Dunnett-T3 und Games-Howell) konnte ermittelt werden, dass zwischen keinem weiteren verwirklichten Delikt in Tateinheit und allen anderen Merkmalsausprägungen signifikante Unterschiede liegen. Ein signifikanter Unterschied konnte außerdem zwischen einem und zwei anderen Delikten in Tateinheit festgestellt werden. Zwischen einem und drei sowie zwischen zwei und drei weiteren Delikten in Tateinheit bestehen keine signifikanten Mittelwertunterschiede. Zusammenfassend lässt sich sagen, dass sich die Anzahl der verwirklichten Delikte in Tateinheit zum Bezugsdelikt strafschärfend auf die Anzahl der Tagessätze auswirken. Dieses Ergebnis steht im Einklang mit der gesetzgeberischen Wertung: § 52 Abs. 2 StGB normiert, dass sich die Strafe, sofern dieselbe Handlung mehrere Strafgesetze verletzt, nach dem Gesetz mit der schwersten Strafandrohung bestimmt. Gerade in Fällen der ungleichartigen Tateinheit steht den zuständigen Gerichten somit ein größerer Strafrahmen zur Verfügung, wenn schwerere Delikte verwirklicht werden.

Im Vergleich dazu wurde der Zusammenhang zwischen der Anzahl der weiteren Delikte in Tatmehrheit (Nr. 4) und der Anzahl der Tagessätze analysiert: nach Bonferroni bestehen signifikante Mittelwertunterschiede zwischen keinem und zwei sowie zwischen keinem und drei anderen Delikten in Tatmehrheit. Das arithmetische Mittel ist bei keinem weiteren Delikt mit 77,21 am höchsten. Die Mittelwertdifferenz liegt bei beiden signifikanten Fällen ungefähr bei 35 Tagessätzen, d. h. eine tatmehrheitliche Begehungsweise hatte ca. 35 Tagessätze mehr als bei Fällen, wo zwei oder drei Delikte verwirklicht wurden. Das Zusammenhangsmaß zeigt eine negative, schwache Korrelation ($r = -0{,}32$). Es zeichnet sich somit ab, dass bei einer steigenden Deliktszahl in Tatmehrheit, die Tagessatzanzahl für das Bezugsdelikt geringer wird. Als mögliche Erklärung könnte angeführt werden, dass in Fällen der Gesamtstrafenbildung, was das Vorliegen von Tatmehrheit zur Folge hat, für die Bezugsdelikte nur die Einzelstrafen erhoben wurden. Das darüber hinaus begangene Unrecht schlägt sich somit nicht in der Sanktionierung der Bezugsdelikte nieder, sondern wird bei der Verhängung der Einzelstrafen der jeweils anderen Delikte zum Ausdruck gebracht. Überdies könnte es dem Charakter der Beleidigungsdelikte als Bagatelldelikte entsprechen, dass diese in tatmehrheitlichen Begehungskomplexen nur geringes Gewicht aufweisen.

Ein weiterer signifikanter Zusammenhang konnte zwischen der Tagessatzanzahl und der Kommunikationsart (Nr. 5) festgestellt werden. Da sich die Gruppengrößen stark unterscheiden und eine Gruppe <10 Fälle aufweist, wurde der Mann-Whitney-U-Test angewandt. Dieser ergibt, dass ein signifikanter Mittelwertunterschied zwischen der digitalen und realweltlichen Begehungsweise vorliegt. Mit ungefähr 24 Tagessätzen mehr wurden realweltlich begangene Taten härter bestraft als digitale. Die Zusammenhangsstärke ist mit einem Eta von 0,19 gering. Dieses Ergebnis muss allerdings vorsichtig interpretiert werden und kann nur als Indiz gedeutet werden. Die Fallzahlen waren bei der digitalen Tatbegehung deutlich kleiner (n = 8) als bei der realweltlichen Vorgehensweise (n = 81), wodurch es sich um ein verzerrtes Ergebnis handeln könnte.

Höhere Tagessätze wurden ebenfalls verhängt, wenn sich die verurteilten und die geschädigten Personen zum Zeitpunkt der Tatbegehung nicht kannten (Nr. 6). Handelte es sich um Unbekannte, wurden ungefähr 25 Tagessätze mehr verhängt, als wenn bereits wechselseitiger Kontakt bestand. Das Eta liegt bei 0,31 und deutet auf einen mittelstarken Zusammenhang hin. Dieses Ergebnis belegte auch die Welch-ANOVA, durch die der Einfluss der verschiedene Beziehungsarten (Nr.7) auf die Tagessatzanzahl untersucht wurden. Dadurch, dass die Gruppengrößen sehr klein waren, wurde das Ergebnis mittels Kruskal-Wallis-Test überprüft. Post-hoc-Tests (Dunnett-T und Games-Howell) ergaben, dass ein signifikanter Unterschied zwischen „Unbekannten" und „sonstigen" Beziehungsformen vorlag. Dieses Ergebnis hat allerdings nur eingeschränkte Aussagekraft, da die Kategorie „sonstige" eine Auffangfunktion hatte und diverse Beziehungsformen (z. B. sonstige formelle Beziehungen in Organisationen, Institutionen und Gruppen oder neue Partner von Expartnern) umfasst. Das Eta liegt mit 0,30 an der Grenze zum mittleren Bereich.

Straferhöhend wirkte es sich darüber hinaus aus, wenn die verbal-aggressive Äußerung inhaltlich einen menschenverachtenden Inhalt (Nr.9) aufweist. Die Mittelwertdifferenz lag bei ungefähr 22 Tagessätzen und das Eta bei 0,23. Es liegt nur eine geringe Zusammenhangsstärke vor. Da ein menschenverachtender Bezug bei einem Äußerungsdelikt diskriminierende Beweggründe und Ziele i.S.d. § 46 Abs. 2 StGB indizieren kann, kann es folglich zu einer Strafschärfung führen. Darüber hinaus wurde innerhalb der theoretischen Ausführungen bereits geschildert, welche unrechtsgehaltserhöhenden Wirkungen derartige Äußerungen haben können.

Tab. 8.17 Tatbezogene Determinanten mit signifikantem Zusammenhang zur Strafhöhe bei Geldstrafen

Nr.	Merkmal	n	Ausprägungen	n	a.M.	S.D.	Diff.	Sign.
1	Tateinheit	89	Nein	39	37,31	19,09	38,39	<,001
			Ja	50	75,70	37,74		
2	Anzahl Delikte in Tateinheit	89	Keine	39	37,31	19,09	61,44	<,001
			1	26	55,58	26,39		
			2	16	98,75	35		
			≥3	8	95	41,40		
3	Tatmehrheit	89	Nein	34	77,21	40,23	29,66	<,001
			Ja	55	47,55	28,56		
4	Anzahl Delikte in Tatmehrheit	89	Keine	34	77,21	40,23	15	,003
			1	24	54,17	29,18		
			2	11	41,82	25,23		
			3	14	42,14	31,61		
			≥4	6	44,17	25,38		
5	Kommunikationsart	89	Digital	8	36,88	23,14	24,17	,072[95]
			Realweltlich	81	61,05	36,73		
6	Dualer Kontakt	88	Nein	67	64,48	38,49	24,95	<,005
			Ja	21	39,52	19,03		
7	Beziehungsart	88	(Ex) Ehe/ Partnerschaft	8	41,25	22,32	28,77	,015
			Freunde/ Bekannte	6	41,67	16,02		
			Unbekannte	67	64,48	38,49		
			Sonstige	7	35,71	19,67		
8	Gerichtlich verbotene Kontaktaufnahme	89	Nein	86	60,06	36,30	35,06	,100[96]
			Ja	3	25	13,23		
9	Menschenverachtender Inhalt	89	Nein	73	55	33,83	21,56	,031
			Ja	16	76,56	42,77		

[95] Mann-Whitney-U-Test: p = ,046.

[96] Mann-Whitney-U-Test: p = ,042.

Straferhöhend wirkt es sich des Weiteren aus, wenn kein gerichtliches Kontaktverbot zum Zeitpunkt der Tathandlung (Nr. 8) bestand. Ein signifikanter Mittelwertunterschied wurde durch den Mann-Whitney-U-Test festgestellt. Die Mittelwertdifferenz liegt bei ca. 35 Tagessätzen, wobei mit einem Eta von 0,18 nur ein geringer Zusammenhang vorliegt. Ein möglicher Erklärungsansatz könnte darin bestehen, dass der Verstoß gegen ein richterliches Kontaktverbot bereits einen eigenen Straftatbestand gem. § 4 GewSchG erfüllt. Sofern das Beleidigungsdelikt in Tatmehrheit dazu steht, könnte derselbe Effekt eintreten wie bei dem Merkmal „Anzahl der weiteren Delikte in Tatmehrheit", wo die Anzahl der Tagessätze im Durchschnitt ebenfalls geringer ist. Dieses Ergebnis wird allerdings vor dem Hintergrund, dass nur in drei Fällen ein gerichtliches Kontaktverbot bestand, nicht weiterverfolgt.

Tab. 8.18 Zusammenhangsstärke zwischen tatbezogenen Merkmalen und Strafhöhe bei Geldstrafen

Merkmale	n	Zusammenhangsmaße	
		Eta	Pearson-r
Tateinheit	89	0,53	–
Anzahl der Delikte in Tateinheit	89	–	0,57
Tatmehrheit	89	0,40	–
Anzahl der Delikte in Tatmehrheit	89	–	−0,32
Kommunikationsart	89	0,19	–
Dualer Kontakt	89	0,31	–
Beziehungsart	88	0,30	–
Gerichtlich verbotene Kontaktaufnahme	89	0,18	–
Menschenverachtender Inhalt	89	0,23	–

Bei zwei opferbezogenen Merkmalen konnte ein signifikanter Mittelwertunterschied festgestellt werden (Tabelle 8.19).

Als erstes Merkmal ist die Anzahl der diffamierten Personen (Nr. 10) zu nennen. Hierbei blieb unberücksichtigt, ob sämtliche geschädigte Adressaten einen Strafantrag gestellt haben. Nach der Durchführung von einem Post-Hoc-Verfahren, hier dem Bonferroni-Test, konnte ein signifikanter Mittelwertunterschied zwischen einem und vier oder mehr diffamierten Personen identifiziert werden. Sofern vier oder mehr Geschädigte vorhanden waren, war die Anzahl um ca. 44 Tagessätze höher, als wenn nur eine Person betroffen war. Mit einem r von 0,35 kann von einem mittleren Zusammenhang gesprochen werden (Tabelle 8.20). Es wirkt sich somit strafschärfend aus, wenn mehr als eine Person in aggressiver Weise verbal angegriffen wird.

Zuletzt wirkte es sich mit einer Mittelwertdifferenz von ungefähr 36 Tagessätzen strafschärfend aus, wenn Geschädigte nicht anwaltlich vertreten (Nr. 11) waren. Das Eta von 0,21 liegt jedoch in einem geringen Bereich. Wie sich dieses Ergebnis erklären lässt, ist unklar. Es muss beachtet werden, dass die anwaltliche Vertretung nur in vier Fällen vorlag. Es ist davon auszugehen, dass somit ein verzerrtes Ergebnis vorliegt, was in der Untersuchung nicht weiterverfolgt wird.

Tab. 8.19 Opferbezogene Determinanten mit signifikantem Zusammenhang zur Strafhöhe bei Geldstrafen

Nr.	Merkmal	n	Ausprägungen	n	a.M.	S.D.	Diff.	Sign.
10	Anzahl der Geschädigten	88	1	50	49,70	28,81	44,05	,006
			2	23	60,65	38,15		
			3	7	74,29	51,35		
			≥4	8	93,75	39,26		
11	Anwaltlich vertreten	86	Nein	82	60,18	36,26	36,43	,049
			Ja	4	23,75	7,50		

Tab. 8.20 Zusammenhangsstärke zwischen opferbezogenen Merkmalen und Strafhöhe bei Geldstrafen

Merkmal	n	Zusammenhangsmaße	
		Eta	Pearson-r
Anzahl der Tatopfer	88	–	0,35
Anwaltlich vertreten	86	0,21	–

Schlussendlich konnte bei zwei prozessualen Merkmalen ein signifikanter Mittelwertunterschied ermittelt werden (Tabelle 8.21).

Straferhöhend wirkte es sich mit einer Differenz von ungefähr 29 Tagessätzen aus, wenn der Gerichtsstandort (Nr.12) in Hessen war. Hier konnte mit einem Eta von 0,38 eine Zusammenhangsstärke im mittleren Bereich gemessen werden (Tabelle 8.22). Dieses Ergebnis steht mit den Erkenntnissen in Einklang, die andere empirische Untersuchungen zu regionalen Unterschieden in der Sanktionspraxis in der Bundesrepublik Deutschland bereits erbracht haben. Zwar wurden lediglich Verfahren in Niedersachsen und Hessen erhoben, jedoch indiziert das Ergebnis, dass es auch für Delikte der verbalen Gewalt regionale Unterschiede in der Sanktionspraxis gibt.[97] An dieser Stelle erscheint es zudem plausibel, dass die hessischen Strafverfolgungsbehörden hinsichtlich verbaler Gewalt sensibilisierter sind als niedersächsische Strafverfolgungsbehörden. In Hessen ist die Organisation HateAid seit dem Jahr 2018 aktiv, die sich mit dem Thema „Hass und Hetze im Netz" beschäftigen.[98] So kooperierte HateAid mit dem Hessischen Justizministerium und veröffentlichte die App „MeldeHelden", mit deren Hilfe sich Betroffene zu Fällen der digitalen Gewalt beraten lassen und über die App anzeigen können. Darüber hinaus wurde in Hessen bereits zu Beginn des Jahres 2010 eine eigene Schwerpunktstaatsanwaltschaft zur Verfolgung der Internetkriminalität (ZIT) gegründet. In Niedersachsen wurde die Zentralstelle zur Bekämpfung von Hasskriminalität im Internet in Göttingen hingegen im Juli 2020 gegründet.

Des Weiteren wirkte es sich strafschärfend aus, wenn eine Strafrahmenmilderung (Nr.13) vorgenommen wurde. Die Mittelwertdifferenz liegt bei ungefähr 23 Tagessätzen, wobei die Zusammenhangsstärke mit einem Eta von 0,26 als gering zu bewerten ist. Dieses Ergebnis erscheint vor dem Hintergrund einer Strafrahmenmilderung zunächst verwunderlich. Ein möglicher Erklärungsansatz dafür könnte aber Folgender sein: Tabelle 8.23 zeigt, dass in den Fällen einer Strafrahmenmilderung in 84,8 % der Fälle eine tateinheitliche Begehungsweise zugrunde lag. Hiervon lagen in 26 Fällen eine ungleichartige Tateinheit vor, was zur Folge hat, dass ein Kombinationsstrafrahmen gebildet wurde, der nach oben hin durch die Vorschrift mit der schwersten Strafe begrenzt wird.[99] Es ist somit möglich, dass in diesen Fällen schwere Delikte als das Bezugsdelikt verwirklicht wurden. Dadurch war der Strafrahmen, der dann gemildert wurde, bereits von Natur aus

[97] Ausführlich hierzu siehe *Grundies*, Regionale Unterschiede in der gerichtlichen Sanktionspraxis, 295.

[98] https://hateaid.org/ zuletzt zugegriffen: 17.07.2024.

[99] Zu den Rechtsfolgen der Tateinheit siehe die Ausführungen in Abschnitt 5.3.1.

größer. Die tateinheitliche Begehungsweise könnte sich dann wiederum als strafschärfender Faktor niedergeschlagen haben. Dieser Umstand könnte sich somit in Kombination mit der tateinheitlichen Begehungsweise auf die Anzahl der Tagessätze ausgewirkt haben. Dass sich die Strafrahmenmilderung nicht in signifikanter Weise strafschärfend auswirkt, wird darüber hinaus unter Berücksichtigung der weiteren unabhängigen Variablen im Rahmen der multiplen Regression bestätigt.

Tab. 8.21 Verfahrensbezogene Determinanten mit signifikantem Zusammenhang zur Strafhöhe bei Geldstrafen

Nr.	Merkmal	n	Ausprägung	n	a.M.	S.D.	Diff.	Sign.
12	Standort	89	Nds.	57	48,51	26,71	28,86	<,001
			Hessen	32	77,34	43,61		
13	Strafrahmenmilderung	85	Nein	68	55,59	34,55	23,26	,018
			Ja	17	78,82	38,55		

Tab. 8.22 Zusammenhangsstärke zwischen verfahrensbezogenen Merkmalen und Strafhöhe bei Geldstrafen

Merkmal	n	Eta
Standort	89	0,38
Strafrahmenmilderung	85	0,26

Tab. 8.23 Kreuztabelle Strafrahmenmilderung und tateinheitliche Begehungsweise

		Strafrahmenmilderung			
		Nein		Ja	
		n	%	n	%
Tateinheit	Nein	53	44,5 %	5	15,2 %
	Ja	66	55,5 %	28	84,8 %
n		152			
p		,002			
Phi		0,25			

Mit Blick auf das Forschungsvorhaben soll ebenfalls auf die Merkmale eingegangen werden, die zwar keinen signifikanten Einfluss hatten, jedoch für die Beantwortung der Forschungsfragen von Relevanz sind. Es handelt sich um tatbezogene Merkmale, die von zusätzlichem Interesse sind. Tabelle 8.24 zeigt die Ergebnisse mit der Anzahl der Tagessätze bei der Geldstrafe als abhängige Variable.

Betrachtet man die öffentliche Begehungsweise als unabhängige Variable, so konnte kein signifikanter Einfluss auf die Anzahl der Tagessätze bei der Geldstrafe festgestellt werden. Der Anteil an öffentlichen Äußerungen, die mittels Geldstrafe sanktioniert wurden, war höher. Bei Betrachtung der Mittelwertdifferenz fällt auf, dass die öffentliche Begehungsform mit einer niedrigeren Tagessatzanzahl verbunden war, die Differenz lag bei 9,1 Tagessätzen.

Hinsichtlich des Einflusses von Äußerungen, die einen sexuellen Inhalt aufwiesen, auf die Tagessatzanzahl konnte ebenfalls kein signifikanter Zusammenhang festgestellt werden. Die Ergebnisse zeigen, dass der Anteil von Äußerungen, bei denen eine Geldstrafe verhängt wurde, geringer war als bei solchen, die auf sexualisierte Weise diffamierten. Die Tagessatzanzahl erweist sich allerdings verglichen zu „regulären" Äußerungen als erhöht, sofern sie mit sexuellem Inhalt kundgegeben wurden (Differenz = 8,26 Tagessätze).

Für beide Merkmale gilt, dass die Ergebnisse aufgrund der fehlenden Signifikanz durch eine hohe Irrtumswahrscheinlichkeit belastet sein können. Aufgrund der geringfügigen Mittelwertdifferenzen sind nicht einmal Tendenzen erkennbar.

Tab. 8.24 Nicht-signifikante Determinanten zur Bestimmung der Anzahl der Tagessätze bei der Geldstrafe

Merkmal	n	Ausprägung	n	a.M.	S.D.	Diff.	Sign.
Öffentlich	87	Nein	32	64,69	41,95	9,1	,248
		Ja	55	55,27	32,85		
Sexualbezug	89	Nein	66	56,74	37,24	8,26	,35
		Ja	23	65,00	33,47		

8.3.2.1.2 Determinanten der Dauer der Freiheitsstrafe

Signifikante Einflüsse auf die Dauer der Freiheitsstrafe konnten im Rahmen der univariaten Analyse hingegen nur bei tat- und opferbezogenen Merkmalen gemessen werden. Ein Überblick über die Ergebnisse liefern die Tabellen 8.25 bis 8.28.

Bei den tatbezogenen Umständen konnte ebenfalls bei der Anzahl der weiteren Delikte in Tateinheit (Nr. 2) die größte Mittelwertdifferenz in Höhe von ungefähr fünf Monaten festgestellt werden. Da keine Varianzhomogenität gegeben war, kamen als Post-Hoc-Verfahren Dunnett-T3 und Games-Howell zum Einsatz. Als signifikant gelten demnach die Mittelwertunterschiede zwischen 0 und allen anderen Ausprägungen, d. h. 1, 2 und 3 oder mehr weiteren Delikten in Tateinheit. Selbes gilt für den Mittelwertunterschied zwischen 1 und 3 oder mehr tateinheitlich begangenen Delikten. Es liegt ein starker Zusammenhang vor ($r = 0{,}56$).

Ein ebenfalls signifikanter Mittelwertunterschied konnte bei der tatmehrheitlichen Begehungsweise, genauer gesagt bei der Anzahl der Delikte in Tatmehrheit (Nr. 4), festgestellt werden. Der signifikante Mittelwertunterschied liegt dabei zwischen keinem und zwei tatmehrheitlich verwirklichten Delikten. Sofern kein weiteres Delikt in Tatmehrheit begangen wurde, ist die Dauer der Freiheitsstrafe ca. 4 Monate höher als bei zwei weiteren Delikten in Tatmehrheit. Wie bereits bei der univariaten Analyse der Geldstrafe, kann dies damit erklärt werden, dass in den Fällen der Tatmehrheit lediglich die Einzelstrafen erhoben wurden. Das verwirklichte Unrecht der Delikte, die in Tatmehrheit zum erhobenen Bezugsdelikt stehen, schlägt sich somit nicht in der Einzelstrafe nieder.[100] Die Zusammenhangsstärke liegt mit einem r von $-0{,}06$ in einem so niedrigen Bereich, sodass von keinem Zusammenhang ausgegangen werden kann.

Strafschärfend wirkt es sich nach dem Mann-Whitney-U-Test ebenfalls auf die Dauer der Freiheitsstrafe aus, wenn das Opfer angespuckt (Nr. 5) wird. Die Zusammenhangsstärke ist jedoch gering ($Eta = 0{,}25$). Es kann nach der Durchführung von Post-Hoc-Tests keine Aussage darüber getroffen werden, zwischen welchen der Merkmalsausprägungen ein signifikanter Mittelwertunterschied besteht. Bedacht werden muss darüber hinaus, dass den Merkmalsausprägungen sehr kleine Fallzahlen zugrunde liegen, sodass das Ergebnis nur als Indiz gewertet werden kann (Tabelle 8.26).

[100] Siehe Abschnitt 8.3.2.1.1.

Tab. 8.25 Tatbezogene Determinanten mit signifikantem Zusammenhang zur Dauer der Freiheitsstrafe

Nr.	Merkmal	n	Ausprägung	n	a.M.	S.D.	Differenz	Sign.
1	Tateinheit	69	Nein	22	1,98	1,03	3,34	<,001
			Ja	47	5,32	3,45		
2	Anzahl der Delikte in Tateinheit	69	Keine	22	1,98	1,03	5,38	<,001
			1	23	4,04	2,53		
			2	13	5,85	4,24		
			≥ 3	11	7,36	3,23		
3	Tatmehrheit	69	Nein	18	6,28	3,23	2,74	,002
			Ja	51	3,54	3,03		
4	Anzahl der Delikte in Tatmehrheit	69	Keine	18	6,28	3,23	4,06	,020
			1	14	3,92	4,48		
			2	9	2,22	1,20		
			3	15	3,53	2,53		
			≥ 4	13	4,05	2,53		
5	Anspucken	69	Nein	57	3,99	3,39	3,4	,224[101]
			Ja, unmittelbar	4	6,25	2,5		
			Ja, mittelbar	3	3	1,73		
			Ja, aber trifft nicht	5	6,4	2,30		

[101] Kruskal-Wallis: p = ,041.

Tab. 8.26 Zusammenhangsstärke zwischen tatbezogenen Merkmalen und Dauer der Freiheitsstrafe

Merkmal	n	Zusammenhangsmaß	
		Eta	Pearson-r
Tateinheit	69	0,48	–
Anzahl der Delikte in Tateinheit	69	–	0,56
Tatmehrheit	69	0,37	–
Anzahl der Delikte in Tatmehrheit	69	–	−0,06
Anspucken	69	0,25	–

Bei den opferbezogenen Merkmalen kommen nur drei Umstände in Betracht, die diskutiert werden sollen.

Als erstes Merkmal fällt das Alter der Tatopfer (Nr.7) auf. Hier konnte nur anhand des nichtparametrischen Tests ein signifikanter Mittelwertunterschied ermittelt werden. Dadurch, dass die Fallzahlen pro Merkmalsausprägung teilweise klein sind und mittels Post-Hoc-Verfahren keine Erkenntnisse zum Mittelwertunterschied gewonnen werden konnten, wurde dieses Ergebnis nicht weiterverfolgt.

In Betracht kam außerdem der Beruf des Opfers (Nr. 8). Nach der ANOVA lag ein signifikanter Mittelwertunterschied vor. Es wurde deutlich, dass die Mittelwertdifferenz bei Polizisten am höchsten war. Daraus kann jedoch nicht geschlossen werden, dass Beleidigungen oder ähnliche Delikte ggü. Polizeibeamten härter bestraft werden. Tabelle 8.27 zeigt, dass die Fallzahlen der restlichen Merkmalsausprägungen extrem klein (<10) ausfielen, sodass dieses Ergebnis nicht aussagekräftig und möglicherweise verzerrt ist. Dieser Befund konnte mit dem nichtparametrischen Pendant bestätigt werden.

Ebenso verhält es sich mit dem dritten opferbezogenen Merkmal: Die ANOVA ergab, dass es sich auf signifikante Weise strafschärfend auswirkt, wenn die Geschädigten als Nebenkläger (Nr. 9) auftraten. Traten die Geschädigten als Nebenkläger auf ($n = 4$), so war die Freiheitsstrafe 4,8 Monate länger. Da die Fallzahlen sehr gering ausfallen, kann dieses Ergebnis nur als Indiz gewertet werden.[102] Aus demselben Grund kann es in den nachfolgenden Analysen nicht weiter berücksichtigt werden.

[102] Zu diesem Ergebnis kam auch *Barton*, StraFo 2011, 161, 164; in einer anderen Untersuchung wurde ebenfalls die Auswirkung der Nebenklage auf die Strafzumessung empirisch untersucht, siehe *Albrecht,*Strafzumessung bei schwerer Kriminalität, S. 372, wonach die Beteiligung als Nebenkläger von der Schwere der Tat beeinflusst wird. Die Beteiligung von Nebenklägern am Strafverfahren hatte jedoch unter gleichzeitiger Berücksichtigung der Tatschwere keinen signifikanten Einfluss auf die Strafmaßvariation.

Tab. 8.27 Opferbezogene Determinanten mit signifikantem Zusammenhang zur Dauer der Freiheitsstrafe

Nr.	Merkmal	n	Ausprägung	n	a.M.	S.D.	Differenz	Sign.
7	Alter der Opfer	62	10–20	1	2	–		,239[103]
			21–30	18	4,44	2,48		
			31–40	21	4,24	3,94		
			41–50	11	6,03	4,09		
			51–60	4	2,90	2,76		
			61–70	7	1,86	0,69		
8	Berufe	56	Polizist	33	4,76	2,38		<,001[104]
			Arzt	1	1,6			
			Krankenpflegepersonal	1	19	–		
			Politiker	1	2			
			Außendienst Ordnungsamt	1	1	–		
			Sonst. öffentliche Verwaltung	1	6	–		
			Sicherheitsdienst/ Türsteher	4	1,83	0,89		
			Verkaufspersonal	4	3,25	1,89		
			sonstige	10	3,10	2,42		
9	Nebenkläger	67	Nein	63	3,94	3,03	4,81	,004[105]
			Ja	4	8,75	5,06		

[103] Kruskal-Wallis-Test: p = ,043.

[104] Kruskal-Wallis-Test: p = ,030.

[105] Mann-Whitney-U-Test: p = ,027.

Tab. 8.28 Zusammenhangsstärke zwischen opferbezogenen Merkmalen und Dauer der Freiheitsstrafe

Merkmal	n	Zusammenhangsmaß	
		Eta	Pearson-r
Alter	62	–	−0,16
Beruf	56	0,74	–
Nebenkläger	67	0,34	–

Tabelle 8.29 zeigt die tatbezogenen Merkmale, die für das Forschungsvorhaben von Interesse sind, jedoch keinen signifikanten Einfluss auf die Dauer der Freiheitsstrafe hatten.

Von den Fällen, in denen eine Freiheitsstrafe verhängt wurde, lag häufiger eine öffentliche Tatbegehung vor. Es wird ersichtlich, dass die nicht-öffentliche Begehungsweise unter Betrachtung der Mittelwertdifferenz in Höhe von 0,38 Monaten geringfügig härter sanktioniert wurde. Da der Mittelwertunterschied derart gering ist, sind keine Tendenz erkennbar.

Äußerungen mit menschenfeindlichem Inhalt hatten, anders als bei der Geldstrafe, keinen signifikanten Einfluss auf die Dauer der Freiheitsstrafe. Tabelle 8.29 zeigt zunächst, dass der Anteil an menschenfeindlichen Äußerungen geringer ausfällt. Beim Vorliegen einer derartigen Äußerung war die Freiheitsstrafe im Durchschnitt allerdings 1,3 Monate höher als bei „regulären" Beleidigungen. Da dieser Unterschied mangels Signifikanz nicht statistisch nachgewiesen werden kann, kann allenfalls von einer Tendenz dahingehend gesprochen werden, dass sich der menschenfeindliche Inhalt auch auf die Dauer der Freiheitsstrafe strafschärfend auswirkt.

Bei Zugrundelegung der Äußerungen mit sexuellem Bezug als unabhängige Variable zeigt sich zudem, dass der Anteil an „regulären" Beleidigungen im Falle der Freiheitsstrafe ebenfalls höher war. Die Mittelwertdifferenz in Höhe von 0,65 Monaten zeigt außerdem, dass die Freiheitsstrafen ohne sexuellen Bezug geringfügig härter bestraft wurden. Auch dieses Ergebnis kann statistisch nicht nachgewiesen werden. Dadurch, dass die Mittelwertdifferenz so gering ist, kann keine Tendenz abgeleitet werden.

Tab. 8.29 Nicht-signifikante Determinanten zur Bestimmung der Dauer der Freiheitsstrafe in Monaten

Merkmal	n	Ausprägung	n	a.M.	S.D.	Differenz	Sign.
Öffentlich	68	Nein	29	4,43	3,98	0,38	,637
		Ja	39	4,05	2,73		
Menschenfeindlicher Inhalt	69	Nein	57	4,03	3,38	1,3	,214
		Ja	12	5,33	2,71		
Sexualbezug	69	Nein	53	4,10	3,48	0,65	,496
		Ja	16	4,75	2,59		

8.3.2.1.3 Determinanten der Strafhärte

Im Rahmen der univariaten Analyse konnten nach der Durchführung von Mittelwertvergleichen 13 tat- und täterbezogene und sechs verfahrensbezogene Merkmale ermittelt werden, die in einem signifikanten Zusammenhang zur Strafhärte stehen.

Tabelle 8.30 gibt einen Überblick über die Ergebnisse der univariaten Analyse der tat- und täterbezogenen Merkmale. Tabelle 8.31 zeigt die jeweilige Zusammenhangsstärke. Die größte Mittelwertdifferenz kann bei der Anzahl der Delikte in Tateinheit (Nr.2) mit einem Wert von 19,23 festgestellt werden. Da keine Varianzhomogenität besteht, werden die signifikanten Mittelwertunterschiede zwischen den einzelnen Ausprägungen mittels Dunnett-T3 und Games-Howell ermittelt. Zwischen 0 und 1, 0 und 2 und 0 und ≥ 3 Delikten in Tateinheiten liegen signifikante Unterschiede vor. Ebenfalls signifikant ist der Mittelwertunterschied zwischen 1 und ≥ 3 weiteren Delikten in tateinheitlicher Begehungsweise. Die tateinheitliche Verwirklichung von weiteren Delikten (Nr. 1) und die Anzahl dieser (Nr. 2) haben somit einen strafschärfenden Einfluss auf die Strafhärte. Die Zusammenhangsstärke liegt bei der Anzahl der Delikte in Tateinheit mit einem r von 0,48 im mittel-starken Bereich.

Signifikante Mittelwertdifferenzen konnten außerdem bei der tatmehrheitlichen Handlungsweise (Nr. 3) bzw. der Anzahl der weiteren Delikte in Tatmehrheit (Nr. 4) festgestellt werden. Mittels Post-hoc-Verfahren konnte kein signifikanter Mittelwertunterschied bei der Anzahl der weiteren Delikte festgestellt werden. Folgendes Bild zeichnet sich jedoch anhand der Tabelle 8.30 ab: Die Strafhärte ist bei 0 Delikten in Tatmehrheit höher als bei 1–3 tatmehrheitlich begangenen Delikten. Bei 2 Delikten ist die Strafhärte mit einem Wert von 15,48 sogar am geringsten. Erst ab 3 Delikten in Tatmehrheit beginnt die Strafhärte wieder zu steigen, sodass sie ab ≥ 4 Delikten ihren erfassten Höhepunkt mit einem Wert von 25,42 erreicht. Mit r = 0,29 liegt nur ein geringer Zusammenhang zwischen der Anzahl der tatmehrheitlichen Delikte und der Strafhärte vor.

Daran anschließend ist die nachträgliche Bildung einer Gesamtstrafe (Nr. 5) zu nennen. Sofern nachträglich eine Gesamtstrafe gebildet wurde, war die Strafe 7,23 Grade härter als in den Fällen ohne. Die Stärke des Zusammenhangs ist mit einem Eta von 0,16 jedoch als gering einzustufen. Dieses Ergebnis scheint angesichts der bisherigen Ergebnisse und dem Sinn und Zweck des § 55 StGB, der die nachträgliche Gesamtstrafenbildung normiert, überraschend. § 55 StGB bezweckt, dass ein Angeklagter, dessen mehrere Straftaten in verschiedenen Verfahren abgeurteilt werden, nicht schlechter – aber auch nicht bessergestellt werden soll, als wenn sämtliche Taten bereits im ersten durchgeführten Verfahren abgeurteilt worden wären.[106] Auch in diesen Fällen sollen die §§ 53 f. StGB zur Anwendung kommen und eine Gesamtstrafe gebildet werden. Die bisherigen Ergebnisse der univariaten Analyse zeigen, dass bei einer regulären Gesamtstrafenbildung gem. § 53 StGB die Strafhärte jedoch geringer ausfällt. Hiernach sind Angeklagte, sofern die Gesamtstrafe nachträglich gebildet wird, schlechter gestellt, als wenn die Taten bereits Gegenstand des ersten Verfahrens gewesen wären. Ob dieses Ergebnis jedoch wirklich darauf hindeutet, dass den Intentionen des Gesetzgebers widersprochen wird, erscheint fraglich. Zunächst ist auf die hohe Differenz zwischen den Fällen mit und ohne nachträglicher Gesamtstrafenbildung hinzuweisen, was zu Verzerrungen führen kann. Des Weiteren ist es möglich, dass in den Fällen der nachträglich gebildeten Gesamtstrafen in den bereits abgeurteilten derartigen Taten zugrunde lagen, die im Ergebnis zu einer hohen Strafhärte führen.

Ein signifikanter Strafhärteunterschied kann ebenfalls bei der Art der Unterkunft (Nr. 7) festgestellt werden. Anhand des Bonferroni-Tests kann ein signifikanter Mittelwertunterschied zwischen denjenigen, die zum Zeitpunkt der Verurteilung einen festen Wohnsitz hatten und denjenigen, die in einer öffentlichen oder freien Einrichtung untergebracht waren, festgestellt werden. Bei denjenigen, die sich in einer Einrichtung befanden (n = 28), ist der Strafhärtewert 10,11 Punkte höher, als bei denjenigen, die einen festen Wohnsitz (n = 120) hatten. Von diesen 28 Personen befanden sich 23 in Haft. Hierbei wird nicht unterschieden, ob es sich um Untersuchungshaft oder den Vollzug einer Freiheitsstrafe handelte. Das spricht somit dafür, dass eine Inhaftierung zum Zeitpunkt der Hauptverhandlung eine strafschärfende Wirkung hat. Mit einem Eta von 0,32 kann ein mittlerer Zusammenhang gemessen werden.

Vergleichbar dazu wird festgestellt, dass es sich strafschärfend auf die Strafhärte auswirkt, wenn die Tat aus der Haft (Nr. 10) heraus begangen wird.

---

[106] *BGH*, BeckRS 2003, 6922.

War der Täter zum Zeitpunkt der Tathandlung inhaftiert, so war die Strafe um 10,53 Grade härter. Da die Gruppe der Inhaftierten verglichen zu den Nicht-Inhaftierten sehr klein war (n = 4), wurde der Mann-Whitney-U-Test angewandt. Die Zusammenhangsstärke ist jedoch mit einem Eta von 0,14 gering.

Ein weiterer tatbezogener Faktor, der sich mit der Begehungsweise beschäftigt, ist das Anspucken (Nr. 6). Ein signifikanter Mittelwertunterschied kann mittels Bonferroni-Tests zwischen den Ausprägungen „kein Anspucken" und „Ja, aber trifft nicht" festgestellt werden. Die Strafe ist bei dem „erfolglosen Versuch", die geschädigte Person anzuspucken, um 7,42 Grade härter. Dieses Ergebnis ist aus strafzumessungsrechtlicher Sicht nachvollziehbar, auch wenn es auf den ersten Blick fraglich erscheint, wieso das unmittelbare Anspeien, d. h. mit Hautkontakt, eine geringere Strafhärte nach sich zieht, obwohl es in der Regel ein größeres Maß an Ekel verursacht. Das unmittelbare Anspucken führt in der Regel dazu, dass eine Qualifikation, nämlich die tätliche Beleidigung gem. § 185 Var. 2 StGB, erfüllt wird und somit ein höherer Strafrahmen zur Verfügung steht. Das im Strafzumessungsrecht geltende Doppelverwertungsverbot gem. § 46 Abs. 3 StGB führt dann dazu, dass ein Umstand, der bereits auf Tatbestandsebene gewürdigt wurde (hier erfüllt das Anspucken das Tatbestandsmerkmal der Tätlichkeit), nicht im Anschluss erneut strafschärfend auf der Strafzumessungsebene herangezogen werden darf. Anders verhält es sich bei den Fällen des mittelbaren Anspuckens, in denen bspw. „nur" die Kleidung getroffen wurde, und des „erfolglosen Versuchs", d. h. wenn die geschädigte Person überhaupt nicht getroffen wurde. Das Anspucken selber erfüllt nicht zwingend ein Tatbestandsmerkmal und kann somit auf Strafzumessungsebene strafschärfend herangezogen werden, wodurch die höheren Strafhärtewerte erklärt werden können. Die Zusammenhangsstärke liegt mit einem Eta von 0,27 wiederum nur in einem geringen Bereich.

Ein täterbezogenes Merkmal, das härtere Strafen zur Folge hatte, ist die Suchtproblematik (Nr. 8). Eine bestehende Suchtproblematik wirkt sich zu Lasten der Täter aus, die Strafhärtedifferenz liegt bei 5,71. Die Zusammenhangsstärke ist mit einem Eta von 0,22 ebenfalls gering.

Das Vorhandensein von Vorstrafen steht ebenfalls in einem signifikanten Zusammenhang mit der Strafhärte. Sind Vorstrafen vorhanden, so wird eine härtere Strafe verhängt. Die Differenz liegt bei 5,40 Punkten. Da die Gruppengrößen stark voneinander abweichen, wurde an dieser Stelle mit dem Mann-Whitney-U-Test vorgegangen, um einen signifikanten Zusammenhang aufzudecken. Das Eta liegt mit einem Wert von 0,17 in einem geringen Bereich.

Genauere Aussagen können mit der Anzahl der Vorstrafen gewonnen werden. Der Mittelwertunterschied zwischen 4 oder mehr und keiner Vorstrafe ist nach Bonferroni signifikant. Die Differenz zwischen diesen Ausprägungen liegt bei 10,90 Schweregraden. Somit wirkte es sich im Ergebnis zulasten der Täter aus, wenn sie mehrfach vorbestraft waren. Bei den einschlägigen Vorstrafen kam der Bonferroni-Test zu folgendem Ergebnis: Die Mittelwertunterschiede sind zwischen 0 und 2, zwischen 1 und 2 sowie zwischen 2 und 3 einschlägigen Vorstrafen signifikant. Bei 2 einschlägigen Vorstrafen liegt der Strafhärtemittelwert mit 39,56 am höchsten. Das Zusammenhangsmaß r zeigt für die allgemeinen und einschlägigen Vorstrafen einen geringen Zusammenhang.

Tab. 8.30 Tat- und täterbezogene Determinanten mit signifikantem Zusammenhang zur Strafhärte

Nr.	Merkmal	n	Ausprägung	n	a.M.	S.D.	Differenz	Sign.
1	Tateinheit	158	Nein	61	13,37	5,81	11,13	<,001
			Ja	97	24,50	12,98		
2	Anzahl der Delikte in Tateinheit	158	Keine	61	13,37	5,82	19,23	<,001
			1	49	20,43	11,48		
			2	29	26,06	11,06		
			≥3	19	32,60	15,52		
3	Tatmehrheit	158	Nein	52	22,61	12,27	3,59	,079[107]
			Ja	106	19,02	11,85		
4	Anzahl der Delikte in Tatmehrheit	158	Keine	52	22,61	12,27	9,94	,029
			1	38	17,51	9,89		
			2	20	15,48	8,46		
			3	29	19,24	12,36		
			≥4	19	25,42	15,60		
5	Nachträgliche Gesamtstrafe	158	Nein	146	19,65	11,86	7,23	,046
			Ja	12	26,88	13,17		
6	Anspucken	158	Nein	135	19	11,84	7,42	,008
			Ja, unmittelbar	9	23,45	14,28		
			Ja, mittelbar	4	25,16	9,43		
			Ja, aber erfolglos	10	31,52	16,85		

(Fortsetzung)

[107] Mann-Whitney-U: p = ,015.

Tab. 8.30 (Fortsetzung)

Nr.	Merkmal	n	Ausprägung	n	a.M.	S.D.	Differenz	Sign.
7	Unterkunft	154	Fester Wohnsitz	120	18,54	10,84	10,34	<,001
			Kein fester Wohnsitz	6	18,31	15,08		
			Öffentliche oder freie Einrichtung	28	28,65	13,86		
8	Suchtproblematik	109	Nein	57	19,23	11,71	5,71	,024
			Ja	52	24,94	14,28		
9	Allgm. Vorstrafen	136	Nein	24	16,89	11,17	5,40	,051[108]
			Ja	112	22,29	12,39		
10	Anzahl allgm. Vorstrafen	100	Keine	24	16,89	11,17	11,72	,014
			1	12	16,07	8,19		
			2	9	19,67	8,07		
			3	4	24,39	11,97		
			≥4	52	27,79	18,21		
11	Anzahl einschlägiger Vorstrafen	100	Keine	56	18,53	10,22	21,03	<,001
			1	17	20,29	10,88		
			2	13	39,56	15,18		
			≥3	14	20,79	9,78		
12	Haft z.Z. der Tat	158	Nein	154	19,93	12,10	10,53	,085[109]
			Ja	4	30,46	4,46		
13	Strafrahmenmilderung	152	Nein	119	19	11,27	4,98	,029
			Ja	33	23,98	12,12		

[108] Mann-Whitney-U: p = ,024.

[109] Mann-Whitney-U: p = ,027.

Zuletzt ist die Strafrahmenmilderung (Nr. 11) zu nennen. Sofern der Strafrahmen gemildert wurde, wurde eine härtere Strafe verhängt (Differenz: 4,98).[110] Das Zusammenhangsmaß Eta liegt mit einem Wert von 0,18 in einem niedrigen Bereich.

Tab. 8.31 Zusammenhangsstärke zwischen tat- und täterbezogenen Merkmalen und Strafhärte

Merkmal	N	Zusammenhangsmaß	
		Eta	Pearson-r
Tateinheit	158	0,45	–
Anzahl der Delikte in Tateinheit	158	–	0,48
Tatmehrheit	158	0,14	–
Anzahl der Delikte in Tatmehrheit	158	–	0,11
Nachträgliche Gesamtstrafe	158	0,16	–
Anspucken	158	0,27	–
Unterkunft	154	0,32	–
Suchtproblematik	109	0,22	–
Allgm. Vorstrafen	136	0,17	–
Anzahl allgm. Vorstrafen	100	–	0,13
Anzahl einschläg. Vorstrafen	100	–	0,20
Haft	158	0,14	–
Strafrahmenmilderung	152	0,18	–

Bei den verfahrensbezogenen Merkmalen (Tabellen 8.32–8.33) liegt die größte Mittelwertdifferenz bei den Rechtsmitteln (Nr. 14) vor. Der Mittelwertunterschied zwischen keinem eingelegten Rechtsmittel und einem zurückgenommenen ist signifikant. Wurde ein Rechtsmittel eingelegt und schlussendlich zurückgenommen, so war die Strafe um 14,39 Grade härter, als wenn keins eingelegt wurde. Das Zusammenhangsmaß Eta liegt mit 0,33 gerade so im mittel-starken Bereich.

110 Für einen möglichen Erklärungsansatz siehe Abschnitt 8.3.2.1.1.

Eine weitere signifikante Mittelwertdifferenz wurde in den Fällen festgestellt, in denen ein Sachverständigengutachten zur Frage der Schuldfähigkeit der Täter (Nr. 16) eingeholt wurde. Sofern dies der Fall war, war die Sanktion 8,73 Grade härter. Das Eta liegt bei 0,24 im niedrigen Bereich.

Annähernd gleich sind die Mittelwertdifferenzen bei der Entscheidungsform (Nr. 12) und beim Urteilsumfang (Nr. 13). Sofern die Verurteilung durch ein Urteil erfolgte, war die Strafe 7,51 Grade härter als bei solchen Verfahren, die mit einem Strafbefehl endeten. In den Fällen in denen ein abgekürztes Urteil vorlag, war die Sanktion 7,43 Grade milder, als wenn ein vollumfängliches Urteil verfasst wurde. Die Zusammenhangsstärke ist in beiden Fällen als gering einzustufen. Dass die Strafhärte geringer ausfällt, wenn Strafbefehle erlassen werden, liegt an der Natur des Strafbefehlsverfahrens. Die Verfahrensart dient zur Erledigung von tatsächlich und rechtlich einfach gelagerten Fällen. § 407 Abs. 1, 2 StPO regelt außerdem, dass das Strafbefehlsverfahren nur bei Vergehen zulässig ist und dass Freiheitsstrafen bis zu einem Jahr nur verhängt werden dürfen, wenn der Angeschuldigte einen Verteidiger hat und die Vollstreckung zur Bewährung ausgesetzt wird.

Strafschärfend wirkte es sich ebenfalls aus, wenn der Gerichtsort in Hessen war (Strafhärtedifferenz: 4,77). Das Eta liegt bei 0,19, was auf einen geringen Zusammenhang hindeutet. Das Erklärungsansatz bzgl. der regionalen Unterschiede bei der Strafzumessung gilt auch hier.

Des Weiteren fielen die Strafen härter aus, sofern ein Geständnis abgelegt wurde. Die Strafhärtedifferenz liegt bei 4,63 Punkten. Das Eta liegt mit einem Wert von 0,19 in einem niedrigen Bereich. Dieses Ergebnis ist erwartungswidrig, da sich durch das Geständnis in der Regel die Beweisaufnahme verkürzt und somit alle Parteien davon profitieren. Es kann nur vermutet werden, wie dieser Umstand zu erklären ist. Ein möglicher Interpretationsansatz ist, dass der Täter durch sein Geständnis zwar den Prozess verkürzt hat, jedoch dabei kein Zeichen von Reue oder einer Entschuldigung gezeigt hat und somit seinen Normverstoß nicht anerkannt hat. Es ist möglich, dass sie zwar geständig aber durchaus noch immer von dem Normverstoß überzeugt waren. Möglicherweise war die Beweislage aber auch so erdrückend, dass die Gerichte den Geständnissen nur wenig Bedeutung beigemessen haben.

Tab. 8.32 Verfahrensbezogene Determinanten mit signifikantem Zusammenhang zur Strafhärte

Nr.	Merkmal	n	Ausprägung	n	a.M.	S.D.	Differenz	Sign.
14	Entscheidungsform	158	Urteil	125	21,77	12,69	7,51	<,001
			Strafbefehl	33	14,26	6,74		
15	Abgekürztes Urteil	125	Nein	27	27,59	15,75	7,43	,007
			Ja	98	20,17	11,28		
16	Rechtsmittel	125	Nein	103	19,99	11,27	14,39	,003[111]
			Ja	7	26,75	10,48		
			Ja, aber zurückgenommen	9	34,38	16,99		
			Ja, beschränkt auf Rechtsfolgen	6	27,67	19,48		
17	Standort	158	Niedersachsen	107	18,66	10,89	4,77	,020
			Hessen	51	23,43	13,81		
18	Gutachten eingeholt	140	Nein	131	20,36	11,78	8,73	,041[112]
			Ja	9	29,90	18,40		
19	Geständnis	139	Nein	62	17,74	9,36	4,63	,028[113]
			Ja	77	22,37	14,04		

Tab. 8.33 Zusammenhangsstärke zwischen verfahrensbezogenen Merkmalen und Strafhärte

Merkmal	N	Eta
Entscheidungsform	158	0,25
Abgekürztes Urteil	125	0,24
Rechtsmittel	125	0,33
Standort	158	0,19
Gutachten eingeholt	158	0,24
Geständnis	158	0,19

[111] Kruskal-Wallis-Test: p = ,006.

[112] Mann-Whitney-U: p = ,043.

[113] Mann-Whitney-U: p = ,268.

Tabelle 8.34 zeigt die nicht-signifikanten Ergebnisse für die Strafhärte als abhängige Variable. Mangels Signifikanz der Ergebnisse scheitert die statistische Nachweisbarkeit der Erkenntnisse.

Die öffentliche Tatbegehung kam häufiger vor als die Nicht-öffentliche. Die Mittelwertdifferenz zeigt, dass die nicht-öffentlichen Äußerungen im Durchschnitt einen höheren Strafhärtegrad aufweisen. Dadurch, dass die Differenz in Höhe von 3,45 Schweregraden aber durchaus gering ist, ist keine Tendenz erkennbar.

Bei Äußerungen mit menschenfeindlichem Inhalt zeigt sich ein vergleichbares Bild. Zwar waren menschenfeindliche Äußerungen seltener vertreten, jedoch wurden sie im Durchschnitt härter bestraft. Allerdings ist auch hier die Differenz mit einem Wert von 3,6 als gering zu bewerten, wodurch keine Tendenzen sichtbar wurden.

Äußerungen mit sexuellem Inhalt kamen im Vergleich zu „regulären" Äußerungen seltener vor. Im Ergebnis wurden sie doch härter bestraft. Die Mittelwertdifferenz ist mit einem Wert von 2,76 gering, sodass auch bei diesem Merkmal keine Tendenzen abgeleitet werden konnten.

Tab. 8.34 Nicht-signifikante Determinanten zur Bestimmung der Strafhärte

Merkmal	n	Ausprägung	n	a.M.	S.D.	Differenz	Sign.
Öffentlich	155	Nein	61	22,27	14,62	3,45	,109
		Ja	94	18,82	10,02		
Menschenfeindlicher Inhalt	158	Nein	130	19,56	11,86	3,6	,154
		Ja	28	23,16	12,84		
Sexualbezug	158	Nein	119	19,52	12,12	2,76	,215
		Ja	39	22,28	11,84		

8.3.2.1.4 Vergleich der Determinanten der univariaten Analyse

Die univariate Analyse zeigt, dass bei tatbezogenen Merkmalen, die einen erhöhten Unrechtsgehalt begründen können und für die Qualifikationen gefordert werden, nur der menschenfeindliche Inhalt einen signifikanten Einfluss, wenn auch von geringer Stärke, auf die Anzahl der Tagessätze bei der Geldstrafe hat. Äußerungen, die in diffamierender Weise an ein Gruppenmerkmal anknüpfen, wirken sich bei der Geldstrafe strafschärfend aus. Diese Begehungsform wirkt sich nicht signifikant auf die Dauer der Freiheitsstrafen oder auf die Strafhärte aus. Auch die öffentliche Begehungsweise hat auf keine der drei abhängigen

Variablen einen signifikanten Einfluss. Des Weiteren indiziert die univariate Analyse, dass sich die realweltliche Begehungsweise ebenfalls mit geringem Einfluss strafschärfend auf die Tagessatzanzahl auswirkt.

Bei einem Vergleich der Ergebnisse zeigt sich dennoch, dass von den Merkmalen, die einen Bezug zum Tatgeschehen haben, die Anzahl von weiteren, tateinheitlich verwirklichten Delikten sowohl auf die Höhe der Geld- und der Freiheitsstrafen als auch bei der Strafhärte einen hochsignifikanten, strafschärfenden Einfluss hat. Der Zusammenhang zwischen der Anzahl der Delikte in Tateinheit und den abhängigen Variablen ist insgesamt als stark einzustufen. Eine tatmehrheitliche Begehungsweise wirkt sich darüber hinaus ebenfalls auf alle drei abhängigen Variablen mit geringer Stärke strafmildernd aus. Es zeigt sich die Tendenz, dass bei einer steigenden Anzahl von weiteren Delikten, die in Tatmehrheit zum Bezugsdelikt stehen, die Tagessatzanzahl, die Dauer der Freiheitsstrafe und die Strafhärte sinken. Insbesondere bei der Tagessatzanzahl und der Dauer der Freiheitsstrafe waren die Mittelwertedifferenzen zwischen keinem und zwei weiteren Delikten in Tatmehrheit signifikant.

Die univariaten Analysen bzgl. der Dauer der Freiheitsstrafen und der Strafhärte zeigen, dass es sich strafschärfend auswirkt, sofern das Tatopfer angespuckt wird. Die Zusammenhangsstärke erweist sich in beiden Konstellationen als gering. Während bei der Analyse der Dauer der Freiheitsstrafen nicht ermittelt werden konnte, zwischen welchen Merkmalsausprägungen ein signifikanter Mittelwertunterschied besteht, stellte sich mit der Strafhärte als abhängige Variable heraus, dass die Strafhärtegraddifferenz zwischen dem unterbleibenden Anspucken und dem erfolglosen Spuckversuch signifikant ist. Eine weitere Gemeinsamkeit besteht hinsichtlich der Strafrahmenmilderung sowie deren Auswirkung auf die Tagessatzanzahl und die Strafhärte. In beiden Fällen wirkt sich eine Strafrahmenmilderung erstaunlicherweise strafschärfend aus. Ansonsten gibt es keine Übereinstimmungen hinsichtlich tat- und täterbezogener Umstände. Prozessuale Umstände wirken sich lediglich auf die Höhe der Geldstrafe und auf den Strafhärtegrad in signifikanter Weise aus. In beiden Fällen wirkt es sich mit geringer Zusammenhangsstärke strafschärfend aus, wenn eine Verurteilung in Hessen anstatt in Niedersachsen erfolgt. Von den opferbezogenen Umständen wirkt sich lediglich die Anzahl der Geschädigten strafschärfend auf die Tagessatzanzahl aus.

8.3.2.1.5 Vergleich der Determinanten mit geschriebenen Strafzumessungsfaktoren

Der Vergleich der geschriebenen Strafzumessungsfaktoren mit den Resultaten der univariaten Analysen zeigt sowohl tendenzielle Parallelen als auch Unterschiede.

Das Ergebnis der Analyse der geschriebenen strafmildernden Strafzumessungsfaktoren zeigt ausdrücklich, dass Geständnisse (36,6 %) und Entschuldigungen (17,3 %) am häufigsten zu Gunsten der Angeklagten in den Urteilsbegründungen angebracht wurden. Dieses Ergebnis konnte in dieser Form durch die univariate Analyse der ungeschriebenen Faktoren nicht bestätigt werden. Reumütiges Verhalten wirkte sich statistisch in keiner Form strafmildernd aus. Geständnisse erwiesen sich paradoxerweise als geringfügig strafschärfender Faktor auf die Strafhärte. Die alkoholbedingte Enthemmung, die mit 10,9 % ebenfalls häufig strafmildernd explizit angeführt wurde, wirkte sich nach den univariaten Analysen in keiner Weise signifikant aus.

Ähnlich verhält es sich bei den strafschärfenden Faktoren. Hier wurde am häufigsten die generelle (22,3 %) und die einschlägige Vorstrafenbelastung (18,7 %) von den Gerichten angeführt. Dass die Vorstrafen eine strafschärfende Wirkung nach sich ziehen, bestätigte sich nur im Rahmen der Strafhärteuntersuchung. Die Zusammenhangsstärke war tatsächlich jeweils gering. Die tateinheitliche Begehungsweise bzw. die Anzahl der weiteren Delikte in Tateinheit, die sich sowohl bei der Tagessatzanzahl, bei der Dauer der Freiheitsstrafe als auch bei dem Strafhärtegrad als die stärkste Einflussvariable herausstellte, machte hingegen nur 6,5 % der genannten Gründe aus. Gleichermaßen häufig (9,4 %) wurde explizit angeführt, dass es strafschärfend gewürdigt wurde, wenn der Angeklagte zum Zeitpunkt der Tatbegehung unter Bewährung stand. Auch dieses Ergebnis konnte durch die univariate Analyse in keiner Form bekräftigt werden.

Anders verhält es sich hingegen beim Anspucken des Geschädigten: dieser Umstand wirkte sich sowohl auf die Dauer der Freiheitsstrafe als auch auf den Strafhärtegrad in geringer Stärke strafschärfend aus, was mit der seltenen, tatsächlichen Nennung in den Strafzumessungsbegründungen übereinstimmt ($n = <5$). Menschenfeindliche Inhalte wurden ebenfalls selten explizit erwähnt und wirkten sich nur auf die Anzahl der Tagessätze mit geringem Einfluss strafschärfend aus. In gleichem Maße selten wurden der Schutz von Polizeibeamten und der Umstand, dass mehrere Personen beleidigt wurden, genannt. Dass sich die Berufstätigkeit als Polizeibeamter strafschärfend auswirkt, konnte jedoch nicht festgestellt werden. Anders war es bei der Beleidigung von mehreren Personen, wo die Analyse der Tagessatzanzahl ergab, dass sich die Anzahl der Geschädigten mit mittlerer Zusammenhangsstärke nachteilig für den Angeklagten auswirkt.

Ein weiterer Unterschied bestand im Folgenden: Im Rahmen der Strafzumessungsbegründungen wurde nicht auf die Beziehungsformen zwischen den Beteiligten abgestellt und als strafschärfend oder -mildernd bewertet, während ein signifikanter Einfluss von geringem Niveau auf die Tagessatzanzahl vorlag. Weitere Gegensätze ergaben sich mit dem Strafhärtegrad als abhängiger Variable: Während sich eine Inhaftierung zum Zeitpunkt der Tatbegehung und einer Unterbringung in einer öffentlichen oder freien Einrichtung zum Zeitpunkt der Hauptverhandlung in geringer Form strafschärfend auswirkten, wurden diese Aspekte nicht explizit genannt. Umstände, wie die nachträgliche Gesamtstrafenbildung gem. § 55 StGB, die Strafrahmenmilderung oder der Verurteilungsort werden von den Gerichten schlichtweg vorgenommen und nicht in ihren Strafzumessungsbegründungen angeführt. Gleiches gilt für die Strafrahmenmilderung.

8.3.2.2 Multivariate Analyse

8.3.2.2.1 Determinanten der Anzahl der Tagessätze bei der Geldstrafe

Tabelle 8.35 zeigt die Ergebnisse der multiplen linearen Regression mit der Anzahl der Tagessätze als abhängige Variable. Mit dem Regressionsmodell können 45,2 % der Streuung der Tagessatzanzahl erklärt werden (korrigiertes $R^2 = 0{,}452$). Es handelt sich somit um einen guten Modellfit. Das Vorhersagemodel ist des Weiteren hochsignifikant ($p = <{,}001$).

Mit der multiplen linearen Regression konnten drei Faktoren als signifikant einflussreich identifiziert werden: die Anzahl der weiteren Delikte in Tateinheit, die Anzahl der weiteren Delikte in Tatmehrheit und der Gerichtsstandort. Anhand des standardisierten Regressionskoeffizienten Beta (β) konnte die Anzahl der weiteren Delikte in Tateinheit (Nr. 1) als das einflussreichste Merkmal ($\beta = 0{,}503$) identifiziert werden. Der Prädiktor hat einen hochsignifikanten, strafschärfenden Einfluss auf die Anzahl der Tagessatzanzahl. Bei einer steigenden Anzahl an weiteren verwirklichten Delikten, die in Tateinheit zum Bezugsdelikt stehen, steigt die Anzahl der Tagessätze. Der Gerichtsstandort (Nr. 7) hat den zweitstärksten ($\beta = 0{,}350$), hochsignifikanten ($p = <{,}001$) Einfluss. Bei einer Verurteilung in Hessen fällt eine Geldstrafe mit ca. 26 Tagessätzen härter aus als bei einer Verurteilung in Niedersachsen. Der dritte signifikante Prädiktor, der ermittelt werden konnte, ist die Anzahl der weiteren Delikte in Tatmehrheit. Bei einer steigenden Anzahl von weiteren, tatmehrheitlich verwirklichten Delikten sinkt die Anzahl der Tagessätze. Dieses Ergebnis stimmt mit dem Ergebnis der univariaten Analyse überein und ist auf die Prinzipien der Gesamtstrafenbildung zurückzuführen. Die anderen Merkmale, die in das Regressionsmodel aufgenommen wurde, hatten keinen signifikanten Einfluss auf die Anzahl der Tagessätze.

Tab. 8.35 Multiple lineare Regression; Anzahl der Tagessätze

Nr.	Merkmal	Beta β	Sign.	Regressionskoeffizient B	95,0 % Konfidenzintervalle für B	
					Untergrenze	Obergrenze
1	Anzahl Tateinheit	0,503	**<,001**	14,619	8,984	20,253
2	Anzahl Tatmehrheit	–,274	**,002**	–5,902	–9,622	–2,182
3	Anspucken	0,071	,418	7,609	–11,026	26,243
4	Polizist	–,051	,594	–3,735	–17,654	10,185
5	Geständnis	0,055	,536	4,040	–8,913	16,992
6	Mehrere Personen	0,061	,563	4,533	–11,013	20,078
7	Gerichtsort	0,350	**<,001**	26,746	12,112	41,380
8	Menschenf. Inhalt	–,056	,566	–5,376	–23,958	13,205
9	Öffentlich	0,031	,725	2,362	–10,974	15,697
10	Strafrahmenmilderung	,055	,577	4,982	–12,727	22,692
n = 81						
R^2 = 0,520						
Korrigiertes R^2 = 0,452						
Sign. = <,001						

8.3.2.2.2 Determinanten der Dauer der Freiheitsstrafe

Die Ergebnisse der multiplen linearen Regression zur Vorhersage der Dauer der Freiheitsstrafen in Monaten gibt Tabelle 8.36 wieder. Die Vorhersagegüte des Regressionsmodells ist mit einem korrigierten R^2-Wert von 0,474 gut. Es können 47,7 % der Streuung der Dauer der Freiheitsstrafen erklärt werden. Das Model liefert insgesamt einen Beitrag zur Erklärung der Varianz der Dauer der Freiheitsstrafe in Monaten ($p = <,001$).

Einen signifikanten Einfluss auf die Dauer der Freiheitsstrafe hatten vier Prädiktoren. Den stärksten Einfluss der vier Prädiktoren hatte die Anzahl der weiteren, tateinheitlich verwirklichten Delikte (Nr. 1) mit $\beta = 0{,}639$. Steigt die Anzahl der tateinheitlich verwirklichten Delikte, so steigt die Dauer der Freiheitsstrafe. Die Strafrahmenmilderung (Nr. 10) hatte den zweitstärksten signifikanten Einfluss. Sofern eine Strafrahmenmilderung vorgenommen wurde, verringerte sich die Dauer der Freiheitsstrafe um ca. 2,5 Monate im Vergleich zur Anwendung des regulären Strafrahmens. Es überrascht nicht, dass die Strafdauer abnimmt, wenn den Gerichten ein niedrigerer Strafrahmen zur Verfügung steht. Diese Erkenntnis entspricht der gesetzgeberischen Wertung. Darauf folgt die Anzahl der weiteren, tatmehrheitlich begangenen Delikte (Nr. 2). Wenn die Anzahl der weiteren Delikte in Tatmehrheit steigt, sinkt die Dauer der Freiheitsstrafe. Dieses Ergebnis deckt sich mit den Ausführungen bei der univariaten Analyse. Dass die Strafdauer bei einer Zunahme von weiteren Delikten in Tatmehrheit sinkt, entspricht der gesetzlichen Wertung zur Bildung von Gesamtstrafen. Darüber hinaus hatte der Gerichtsstandort einen strafschärfenden Einfluss auf die Strafdauer. Bei einer Verurteilung in Hessen ist die Freiheitsstrafe fast zwei Monate länger als bei einer Verurteilung in Niedersachsen. Weitere tatbezogene Merkmale erweisen sich nicht als signifikante Einflussvariablen. Dabei hat der menschenverachtende Inhalt das Signifikanzniveau nur knapp überschritten ($p = ,051$). Die öffentliche Tatbegehung wirkt sich ebenfalls nicht in einem signifikanten Niveau auf die Dauer der Freiheitsstrafe aus.

Tab. 8.36 Multiple lineare Regression; Dauer der Freiheitsstrafe in Monaten

Nr.	Merkmal	Beta β	Sign.	Regressionskoeffizient B	95,0 % Konfidenzintervall	
					Untergrenze	Obergrenze
1	Anzahl Tateinheit	0,639	**<,001**	1,828	1,210	2,446
2	Anzahl Tatmehrheit	–,311	**,002**	−0,484	−0,789	−0,179
3	Anspucken	0,048	,646	0,460	−1,536	2,455
4	Polizist	0,096	,382	0,640	−0,816	2,097
5	Geständnis	0,133	,171	0,966	−0,431	2,364
6	Mehrere Personen	–,040	,708	−0,282	−1,785	1,221
7	Gerichtsort	0,268	**,009**	1,984	0,527	3,440
8	Menschenf. Inhalt	0,194	,051	1,772	−0,007	3,551
9	Öffentlich	–,191	,070	−1,286	−2,678	0,106
10	Strafrahmenmilderung	–,346	**,003**	−2,659	−4,401	−0,917

n = 64

R^2 = 0,557

Korrigiertes R^2 = 0,474

Sign. = <,001

8.3.2.2.3 Determinanten der Strafhärte

Bevor auf die Ergebnisse der multivariaten Analyse eingegangen werden kann, erfolgt noch ein methodischer Einschub, um darzustellen, wie mit fehlenden Werten umgegangen wird. Bei der multiplen linearen Regression wurde eine multiple Imputation gerechnet, um den fehlenden Werten insbesondere bei den Merkmalen der Suchtproblematik und der Anzahl der generellen und der einschlägigen Vorstrafen entgegenzutreten. Tabelle 8.37 gibt einen Überblick über die fehlenden Werte bei diesen Variablen und zeigt, dass der Anteil an fehlenden Werten jeweils bei mindestens 30 % liegt.

Tab. 8.37 Fehlende Werte bei Suchtmittelproblematik, Anzahl der allgemeinen Vorstrafen und Anzahl einschlägiger Vorstrafen

Suchtproblematik (n = 158)				Anzahl allgm. Vorstrafen (n = 158)				Anzahl einschl. Vorstrafen (n = 158)			
Gültig		Fehlend		Gültig		Fehlend		Gültig		Fehlend	
n	%	n	%	n	%	n	%	n	%	n	%
109	**69 %**	49	**31 %**	100	**63,6 %**	58	**36,7 %**	100	**63,3 %**	58	**36,7 %**

Es gibt viele Möglichkeiten, wie man mit fehlenden Werten umgehen kann.[114] Die wohl gängigste Behandlungsoption ist der listenweise Fallausschluss, wobei alle Fälle exkludiert werden, die bei den untersuchten Merkmalen fehlende Werte aufweisen. Der Nachteil dieser Vorgehensweise ist jedoch evident: bei einer zu hohen Anzahl an fehlenden Werten, werden zu viele Fälle ausgeschlossen, was zu einem Informationsverlust führt. So verhält es sich auch vorliegend, da bei den Vorstrafen und der Suchtproblematik jeweils ungefähr 30 % fehlende Werte vorlagen, wodurch die Stichprobe insbesondere für die multiple lineare Regression zu klein geworden wäre.

Eine Alternative dazu ist die multiple Imputation.[115] Ob dieses Verfahren anwendbar ist, hängt von der Art der fehlenden Werte ab. Es lässt sich zur Bestimmung der Systematik der fehlenden Werte zwischen MCAR („Missing completely at random“), MAR („Missing at random”) und MNAR („Missing not at random”) unterscheiden. Im Falle von MCAR sind die fehlenden Werte absolut zufällig entstanden, d. h. die Gründe der fehlenden Werte liegen weder in der betroffenen

[114] Für einen Überblick zu anderen Vorgehensweisen siehe *Sinharay/Stern/Russell*, Psychological Methods 6 (2001), 317, 318ff; *van Ginkel et al.*, Journal of Personalitly Assessment 102 (2020), 297 ff.

[115] Die multiple Imputation geht zurück auf: *Rubin,*Multiple imputation for nonresponse in surveys.

Variable selbst noch in anderen gemessenen Variablen.[116] Sofern MCAR vorliegt, können die fehlenden Werte mit listenweisem Fallausschluss behandelt werden, ohne dass es zu Verzerrungen der Ergebnisse führt.[117] MNAR bedeutet, dass die fehlenden Werte systematisch mit der Variable zusammenhängen, die gemessen werden soll.[118] Als Beispiel: Befragungsteilnehmer einer Umfrage tätigen keine Angaben zu ihrem Gehalt, weil sie sich für ein niedriges Einkommen schämen. MAR bedeutet hingegen, dass die fehlenden Werte in einem Zusammenhang zu anderen erhobenen Variablen stehen können.[119] Da teilweise vertreten wird, dass multiple Imputationen nur bei MAR-Werten anwendbar sind, ist eine Abgrenzung zwischen den Typen erforderlich.[120] Der Little-Test liefert Aussagen dazu, ob der Zusammenhang zwischen den fehlenden und den gemessenen Werten aller erhobenen Variablen als absolut zufällig zu betrachten ist.[121] Die Nullhypothese lautet dabei, dass die fehlenden Werte eine MCAR-Eigenschaft vorweisen. Durch den Little-Test konnte festgestellt werden, dass vorliegend kein Fall von MCAR vorliegt, d. h. die fehlenden Werte nicht absolut zufällig entstanden sind.

Darüber hinaus gibt es allerdings keine statistischen Verfahren, um zwischen MAR und MNAR zu unterscheiden. Die Differenzierung kann nur anhand theoretischer Überlegungen erfolgen.[122] Zwar erscheint es möglich, dass sich die Angeklagten für eine etwaige Suchtmittelabhängigkeit und ihre Vorstrafen schämen, jedoch liegt keine derartige Befragungssituation vor. Insbesondere die (generellen und einschlägigen) Vorstrafen können von den Strafverfolgungsorganen einfach durch einen Auszug vom Bundeszentralregister (BZR) nachvollzogen werden. Ob es bei den Vorstrafen zu fehlenden Werten kam, lag nicht an der Vorstrafenbelastung selbst, sondern daran, ob der BZR-Auszug von den Strafverfolgungsorganen in die Strafakte aufgenommen wurde. Hier scheint es keine einheitliche Aktenführungspraxis zu geben, da kein einheitliches Muster erkennbar wurde, wann es Bestandteil der Akte wurde oder nicht. Es ist auch möglich, dass die BZR-Auszüge von manchen Staatsanwaltschaften vor dem Versand an

---

[116] *Urban/Mayerl/Wahl,*Regressionsanalyse bei fehlenden Variablenwerten, S. 9.

[117] *Urban/Mayerl/Wahl,*Regressionsanalyse bei fehlenden Variablenwerten, S. 18.

[118] *Sinharay/Stern/Russell*, Psychological Methods 6 (2001), 317, 318.

[119] *Sinharay/Stern/Russell*, Psychological Methods 6 (2001), 317, 318.

[120] *Sinharay/Stern/Russell*, Psychological Methods 6 (2001), 317, 321; anders hingegen *van Ginkel et al.*, Journal of Personalitly Assessment 102 (2020), 297, 301 f.

[121] *Urban/Mayerl/Wahl,*Regressionsanalyse bei fehlenden Variablenwerten, S. 12f; ausführlich zum Little-Test siehe *Little*, Journal of the American Statistical Association 83 (1988), 1198 ff.

[122] *Sinharay/Stern/Russell*, Psychological Methods 6 (2001), 317, 318; *Austin et al.*, Canadian Journal of Cardiology 37 (2021), 1322, 1323.

die Forschungseinrichtung (Leibniz Universität Hannover) aus Datenschutzgründen aus der Strafakte herausgenommen wurden. Ähnlich verhält es sich bei der Suchtmittelabhängigkeit. Auch hier ist der Sinn und Zweck des Erhebungsgegenstands, der Strafakte, zu bedenken. Die Strafakte liefert keinen umfassenden Bericht zur Person des Angeklagten, sondern konzentriert sich auf die Aspekte, die für das Strafverfahren von Relevanz sind. Ob ein Hinweis darauf auf eine etwaige Suchtmittelabhängigkeit in die Akten aufgenommen wurde und somit erhoben werden konnte, hing somit im Einzelfall von den aktenführenden Personen und dem zugrundeliegenden Sachverhalt ab und nicht von der Sucht selbst. Basierend auf diesen Überlegungen wird ein Fall von MAR angenommen, sodass multiple Imputationen anwendbar sind.

Die multiple Imputation gliedert sich in drei Schritte: die Imputationsphase, die Analysephase und die Poolingphase.[123] In der ersten Phase werden alle Variablen des Regressionsmodells, einschließlich der Variablen mit fehlenden Werten, eingesetzt.[124] Im Gegensatz zur einfachen Imputation, wo nur ein einzelner Datensatz mit imputierten Daten analysiert wird, werden bei der multiplen Imputation x-fache Datensätze mit imputierten Werten analysiert. Die imputierten Daten werden somit nicht wie tatsächlich erhobene Daten behandelt, vielmehr kann durch die Analyse mehrerer Datensätze die Unsicherheit berücksichtigt werden, die daraus resultiert, dass es sich um Schätzwerte handelt.[125] Wie viele Datensätze imputiert werden müssen, um aussagekräftige Ergebnisse zu erhalten, wird nicht einheitlich beurteilt.[126] Während ursprünglich noch 3 bis 5 Datensätze vertreten wurden, ist es mittlerweile gängige Forschungspraxis 20 bis 100 zu berechnen.[127] In der vorliegenden Untersuchung wurden für 100 Datensätze für jede Variable mit fehlenden Werten, die Teil des Imputationsmodels sind, die Ausprägungen geschätzt. Die imputierten Datensätze basieren auf Zufallsziehungen aus der Verteilung der Modellparameter. Als Methode wurde die „Fully Conditional Specification" („FCS") verwendet, die auch „Multiple Imputation by Chained Equations" („MICE") genannt wird.[128] Die fehlenden Werte werden

[123] *Urban/Mayerl/Wahl,*Regressionsanalyse bei fehlenden Variablenwerten, S. 30 f.

[124] *Urban/Mayerl/Wahl,*Regressionsanalyse bei fehlenden Variablenwerten, S. 31.

[125] *Austin et al.*, Canadian Journal of Cardiology 37 (2021), 1322, 1323f; *Urban/Mayerl/Wahl,*Regressionsanalyse bei fehlenden Variablenwerten, S. 31.

[126] *Graham/Olchowski/Gilreath*, Prevention Science 2007, 206 ff.

[127] *Graham/Olchowski/Gilreath*, Prevention Science 2007, 206ff; *Austin et al.*, Canadian Journal of Cardiology 37 (2021), 1322, 1325.

[128] Ausführlicher zu dieser Methode siehe *White/Royston/Wood*, Statistics in Medicine 30 (2011), 377, 378; *Austin et al.*, Canadian Journal of Cardiology 37 (2021), 1322, 1324.

nach dieser Methode abhängig vom Messniveau mittels linearer oder logistischer Regressionen berechnet.

Während sich die zweite Phase der Analyse der x-fachen Datensätze widmet, werden die Ergebnisse in der letzten Phase (sog. „Pooling") zu durchschnittlichen Schätzwerten zusammengeführt.[129] Folgende Kennwerte werden von SPSS zusammengeführt: der nicht standardisierte Regressionskoeffizient B, der Standardfehler, die t-Statistik und die Signifikanz.

Der technische Nachteil an der multiplen Imputation ist an dieser Stelle, dass das Programm SPSS bei der multiplen linearen Regression keine gepoolten Ergebnisse für die Kennwerte (korrigiertes) R^2 nach Nagelkerke und die standardisierten Regressionskoeffizienten (Beta) ausgibt.[130] Dabei handelt es sich um statistische Kennwerte, die zur Auswertung von Bedeutung sind. In der Tabelle, die die Ergebnisse der multiplen linearen Regression mit imputierten Daten anzeigt, wurde anhand der 100 imputierten Datensätze als Alternative der Mittelwert für R^2 nach Nagelkerke berechnet.[131] Für Beta wurde der Mittelwert angegeben, soweit ein signifikantes Ergebnis vorlag.

Im Folgenden werden sowohl die Ergebnisse der multiplen linearen Regression mit der Strafhärte als abhängigen Variable mit und ohne imputierte Daten dargestellt und verglichen. Sofern keine multiple Imputation durchgeführt wurde, wurde mit listenweisem Fallausschluss verfahren. Durch die Gegenüberstellung der Ergebnisse der beiden Verfahrensarten soll einerseits der Unsicherheit begegnet werden, die dadurch entsteht, dass die multiple Imputation ein Schätzverfahren ist und andererseits der Erkenntnisgewinn eben durch die multiple Imputation aufgezeigt werden.

Bei der Überprüfung der unabhängigen Variablen auf Multikollinearität ist aufgefallen, dass die einschlägige Vorstrafenbelastung stark mit der generellen Vorstrafenbelastung korreliert ($r = 0{,}70$). In das Regressionsmodell wurde nur die einschlägige Vorstrafenbelastung aufgenommen, da durch sie ein höherer Anteil der Strafhärtevarianz erklärt werden konnte.

Die Variable „Anspucken" wurde vorab dichotomisiert. Die Unterkunftsart wurde nicht in die Regression aufgenommen, da die Fallzahlen partiell zu gering waren. Ebenso verhält es sich bei den prozessualen Merkmalen „Rechtsmittel" und „Sachverständigengutachten". Die Entscheidungsform und der Urteilsumfang wurden aus logischen Erwägungen nicht mitaufgenommen, da zu erwarten ist,

---

129 *Urban/Mayerl/Wahl,* Regressionsanalyse bei fehlenden Variablenwerten, S. 30 f.

130 *Van Ginkel et al.*, Journal of Personalitly Assessment 102 (2020), 297, 306.

131 Siehe zu diesem Lösungsansatz auch *van Ginkel et al.*, Journal of Personalitly Assessment 102 (2020), 297, 307.

dass sie selber keinen Einfluss auf die Strafzumessung haben. Es ist vielmehr davon auszugehen, dass sie von den Faktoren bestimmt werden, die auch die Strafzumessung bestimmen.

Multiple lineare Regression mit imputierten Werten (Strafhärte)

Tabelle 8.38 zeigt die Ergebnisse der multiplen linearen Regression mit imputierten Werten zur Vorhersage der Strafhärte. Mit dem Regressionsmodell können 31,6 % der Strafhärtevarianz erklärt werden (korrigiertes $R^2 = 0{,}316$). Das Vorhersagegüte des Models liegt somit in einem akzeptablen Bereich. Das Model ist mit einem p-Wert <,001 hochsignifikant. Als signifikant erweisen sich vier Merkmale.

Die Anzahl der Delikte in Tateinheit (Nr. 2) hat einen hochsignifikanten Einfluss auf die Strafhärte. Sofern die Anzahl der Delikte in Tateinheit um eine Einheit steigt, wird die Strafhärte 4,861 Grade härter. Der standardisierte Regressionskoeffizient Beta zeigt bei einem Vergleich mit den drei anderen signifikanten Merkmalen, dass die Anzahl der tateinheitlich begangenen Delikte den stärksten Einfluss auf die Strafhärte hat ($\beta = 0{,}485$).

Den zweitstärksten signifikanten Einfluss hat der Gerichtsstandort (Nr. 6) mit $\beta = 0{,}213$. Sofern eine Verurteilung in Hessen stattfindet, fällt die Strafe 5,481 Grade härter aus als beim Gerichtsstandort in Niedersachsen. Darüber hinaus bestätigt die multiple lineare Regression, dass sich eine bestehende Suchtmittelproblematik (Nr.9) signifikant strafschärfend auswirkt. Eine bestehende Abhängigkeit führt dazu, dass die Strafhärte 5,050 Grade härter ausfällt. Verglichen mit den anderen signifikanten Merkmalen handelt es sich um das drittstärkste Merkmal. Die nachträgliche Bildung einer Gesamtstrafe gem. § 55 StGB (Nr. 4) hat ebenfalls einen signifikanten Einfluss auf die Strafhärte. Eine nachträgliche Gesamtstrafe wirkt sich strafschärfend aus. Sofern ein Fall des § 55 StGB vorliegt, fällt die Strafe 8,304 Grade härter aus.

Alle weiteren Merkmale, die insbesondere mit der Tatbegehungsart im Zusammenhang stehen, haben keinen signifikanten Einfluss auf die Strafhärte. Hierunter fallen z. B. die öffentliche Begehungsweise und der menschenfeindliche Inhalt. Überraschend fällt auf, dass die Strafrahmenmilderung nach der multiplen Regressionsanalyse ebenfalls nicht signifikant erscheint. Das steht im Widerspruch zu anderen Strafzumessungsuntersuchungen.[132]

[132] So z. B. beim Raub *Albrecht,*Strafzumessung bei schwerer Kriminalität, S. 339ff; und beim Neonatizid *Behnsen,*Strafzumessung bei Neonatizid, S. 251 f.

Tab. 8.38 Multiple lineare Regression mit imputierten Werten. (Strafhärte)

Nr.	Merkmal	Beta β	Sign.	Regressionskoeffizient B	95,0 % Konfidenzintervalle für B	
					Untergrenze	Obergrenze
1	Anzahl einschlägiger Vorstrafen	–	,093	0,955	–,0159	2,070
2	Anzahl Tateinheit	0,485	**<,001**	4,861	2,090	7,340
3	Anzahl Tatmehrheit	–	,777	0,117	−1,570	1,157
4	§ 55 StGB	0,177	**,011**	8,304	−2,311	19,747
5	Strafrahmenmilderung	–	,197	−3,272	−13,746	1,293
6	Gerichtsort	0,213	**,005**	5,481	2,110	14,064
7	Menschenf. Inhalt	–	,500	1,589	−11,507	2,985
8	Öffentlich	–	,451	−1,414	−11,049	0,986
9	Suchtproblematik	0,209	**,012**	5,050	−1,089	12,793
10	Polizist	–	,892	0,267	−12,990	2,817
11	Anspucken	–	,078	4,428	−6,759	9,912
12	Mehrere Personen	–	,704	−0,762	−3,613	12,792
13	Geständnis	–	,073	3,123	−1,449	11,521
14	Analog	–	,543	−1,966	−13,378	7,391
R^2 = 0,379						
Korrigiertes R^2 = 0,316						
Sign. = <,001						

Multiple lineare Regression mit listenweisem Fallausschluss

Die Ergebnisse der multiplen linearen Regression mit listenweisem Fallausschluss zeigt Tabelle 8.39. Auf die Auflistung sämtlicher Prädiktoren wurde verzichtet. Es wurden nur die signifikanten Merkmale in die Tabelle aufgenommen. Das Vorhersagemodel ist signifikant (p = ,003). Die Vorhersagegüte ist meinem korrigierten R^2-Wert nach Nagelkerke von 0,262 akzeptabel, d. h. es können 26,2 % der Streuung der Strafhärte erklärt werden.

Sofern mit listenweisem Fallausschluss gerechnet wurde, ergaben sich nur bei drei Prädiktoren signifikante Einflüsse auf die Strafhärte. Die Anzahl der Delikte in Tateinheit (Nr. 1) hatte den stärksten Einfluss, der außerdem auch hochsignifikant war. Je mehr Delikte im Verhältnis zum Bezugsdelikt tateinheitlich verwirklicht wurden, desto härter fiel die Strafe aus. Der zweitstärkste Einfluss wurde beim Gerichtsort verzeichnet. Die Strafhärte ist bei einer Verurteilung in

Hessen 8,087 Härtegrade höher als in Niedersachsen. Die Anzahl der einschlägigen Vorstrafen wirkt sich ebenfalls strafschärfend aus. Je größer die einschlägige Vorstrafenbelastung ausfällt, desto höher ist der Strafhärtegrad.

Bei den restlichen Merkmalen konnte kein signifikanter Einfluss festgestellt werden.

Tab. 8.39 Multiple lineare Regression mit listenweisen Fallausschluss. (Strafhärte)

Nr.	Merkmal	Beta β	Sign.	Regressionskoeffizient B	95,0 % Konfidenzintervalle für B	
					Untergrenze	Obergrenze
1	Anzahl einschlägiger Vorstrafen	0,295	**,041**	3,191	0,142	6,241
2	Anzahl Tateinheit	0,449	**<,001**	4,715	2,090	7,340
3	Gerichtsort	0,304	**,009**	8,087	2,110	14,064
n = 71						
R^2 = 0,410						
Korrigiertes R^2 = 0,262						
Sign. = ,003						

Vergleich: Modelle mit imputierten Daten und listenweisem Fallausschluss

Bei einem Vergleich der Regressionsmodelle lässt sich vorab festhalten, dass sowohl durch das Model mit imputierten Daten als auch durch das Model mit listenweisem Fallausschluss ein Erklärungsbeitrag geleistet wird, da beide signifikant sind. Hinsichtlich der Vorhersagegüte der Regressionsmodelle bestehen zunächst nur geringe Unterschiede. Die Vorhersagegüte ist bei beiden akzeptabel, wobei durch das Multiple-Imputationen-Modell (MI-Modell) die Varianz der Strafhärte um 5,4 % besser erklärt werden konnte.

Die Modelle unterscheiden sich jedoch teilweise hinsichtlich der signifikanten Prädiktoren. Während nach dem MI-Modell vier Prädiktoren einen signifikanten Einfluss hatten, waren es nach dem mit listenweisem Fallausschluss drei. Übereinstimmungen bestehen hinsichtlich der Anzahl der Delikte in Tateinheit und des Verurteilungsorts. Nach beiden Modellen ist die Anzahl der tateinheitlich begangenen Delikte, verglichen mit den anderen unabhängigen Variablen, das Merkmal mit dem stärksten strafschärfenden Einfluss. Der zweitstärkste Prädiktor ist nach beiden Modellen der Verurteilungsort. Eine Verurteilung in Hessen führt nach beiden Modellen zu einer härteren Strafe, als eine Verurteilung in Niedersachsen. Das MI-Modell kam zu dem Ergebnis, dass sowohl die nachträgliche Gesamtstrafenbildung gem. § 55 StGB und eine bestehende Suchtmittelproblematik einen signifikanten Einfluss auf die Strafhärte hatten. Das Model mit listenweisem Fallausschluss kam zu einem anderen Ergebnis: lediglich die Anzahl der einschlägigen Vorstrafenbelastung wirkte sich noch in einem signifikanten Niveau strafschärfend auf die Strafhärte aus.

Das Vorhersagemodel, das mit dem imputierten Datensatz erstellt wurde, hat den offensichtlichen Vorteil, dass die Stichprobe größer war und somit aussagekräftigere Erkenntnisse gewonnen werden können. Der Regression, die die fehlenden Werte mit listenweisem Fallausschluss behandelt hat, lagen im Vergleich nur 71 Fälle zugrunde. Die multiple Imputation führte vorliegend somit zu einem Erkenntnisgewinn dahingehend, dass die Vorhersagegüte verbessert wurde und Prädiktoren als signifikant ermittelt wurden, die bei listenweisem Fallausschluss das Signifikanzniveau überschritten hätten. Das Ergebnis, dass sich die einschlägige Vorstrafenbelastung nach dem Model mit listenweisem Fallausschluss in einem signifikanten Niveau strafschärfend auswirkt, konnte durch das MI-Model nicht bestätigt werden und wird somit nicht weiterverfolgt.

8.3.2.2.4 Vergleich der Determinanten der multivariaten Analysen

Aus der Perspektive des Forschungsgegenstands fällt zunächst auf, dass tatbezogene Umstände, die einen erhöhten Unrechtsgehalt begründen, in keinerlei Form signifikante Einflüsse auf die Strafhöhe oder die Strafhärte haben. Das Ergebnis, dass sich Äußerungen mit menschenfeindlichem Inhalt, die basierend auf der univariaten Analyse der Tagessatzanzahl noch als signifikante Einflussvariable galten, strafschärfend auswirken, konnte unter Einbeziehung der restlichen Prädiktoren nicht bestätigt werden. Auch die öffentliche Begehungsweise erwies sich als nicht signifikant. Bei einem Vergleich der Determinanten der multivariaten Analysen fällt zunächst auf, dass die Anzahl der weiteren Delikte in Tateinheit den stärksten Einfluss sowohl auf die Anzahl der Tagessätze, die Dauer der Freiheitsstrafe als auch auf den Strafhärtegrad hat. Bei allen drei abhängigen Variablen konnte darüber hinaus ein signifikanter, strafschärfender Einfluss der Verurteilungen in Hessen im Vergleich zur Verurteilung in Niedersachsen nachgewiesen werden.

Die dritte Übereinstimmung bestand hinsichtlich der Anzahl der weiteren Delikte in Tatmehrheit: die steigende Anzahl von Delikten in Tatmehrheit wirkt sich sowohl auf die Anzahl der Tagessätze als auch auf die Dauer der Freiheitsstrafen in signifikanter Weise strafmildernd aus. Auf die Höhe der Freiheitsstrafe wirkte sich daneben noch eine Strafrahmenmilderung signifikant strafmildernd aus. Bei der Sanktionshärte waren neben der Anzahl der weiteren Delikte und dem Verurteilungsort noch zwei weitere Prädiktoren in signifikanter Weise bestimmend: das Bestehen einer Suchtproblematik und die nachträgliche Bildung einer Gesamtstrafe gem. § 55 StGB wirkten sich strafschärfend aus. Dass sich eine bestehende Suchtmittelproblematik auf den Strafhärtegrad auswirkt, kann damit erklärt werden, dass die Strafhärte sowohl die Fälle der Geld- als auch der Freiheitsstrafen berücksichtigt. Bzgl. der Einflussfaktoren hinsichtlich der verhängten Strafart konnte bereits festgestellt werden, dass die Suchtmittelabhängigkeit die Wahrscheinlichkeit einer Freiheitsstrafe erhöht. Angesichts der Berechnung der Strafhärtewerte erzielen Freiheitsstrafen höhere Werte als Geldstrafen. Es überzeugt somit, dass sich die Suchtmittelproblematik strafschärfend auf die Strafhärte auswirkt.

8.3.2.2.5 Vergleich der Determinanten mit geschriebenen Strafzumessungsfaktoren

An dieser Stelle kann bereits die Forschungsfrage 8 beantwortet werden. In dieser Forschungsfrage ging es um den Vergleich der geschriebenen mit den ungeschriebenen Strafzumessungsfaktoren. Bei einer Gegenüberstellung der Ergebnisse der Determinanten der multivariaten Analysen mit den geschriebenen Strafzumessungsfaktoren fallen wiederum Unterschiede auf. Ausweislich der Ergebnisse der multivariaten Analysen war die Anzahl der weiteren Delikte in Tateinheit die Determinante mit dem stärksten Einfluss auf die Höhe der Geld-, Freiheitsstrafen und die Strafhärte. Die Analyse der geschriebenen Strafzumessungsfaktoren zeigt hingegen, dass die tateinheitliche Verwirklichung von weiteren Delikten nur 6,5 % der genannten Faktoren ausmacht, die strafschärfend herangezogen wurden. Die generelle und einschlägige Vorstrafenbelastung machte bei den geschriebenen Faktoren die größten Anteile aus. Dieses Ergebnis spiegelte sich bei der multivariaten Analyse nicht wider. Dass sich die Suchtproblematiken strafschärfend auswirken, wurde durch die Analyse der geschriebenen Strafzumessungsfaktoren nicht ersichtlich.

Es ist selbstverständlich, dass die Strafrahmenmilderung, die nachträgliche Bildung einer Gesamtstrafe gem. § 55 StGB und der Verurteilungsort nicht als Strafzumessungsgrund explizit von den Gerichten erwähnt werden. Hierbei handelt es sich um Umstände, die von den Gerichten einfach durchgeführt werden. Ebenso verhält es sich bei der tatmehrheitlichen Begehungsweise weiterer Delikte, die in den Urteilsbegründungen ebenfalls keinen Anklang fand. Aufgrund dessen, dass die tatmehrheitliche Verwirklichung weiterer Delikte die Bildung einer Gesamtstrafe zur Konsequenz hat, handelt es sich ebenfalls um einen Umstand, der von den Gerichten einfach vollzogen wird.

Gesamtzusammenfassung und Diskussion

9

9.1 Forschungsanliegen

Verletzende, aggressive Kommunikationsakte stehen seit geraumer Zeit vermehrt im Rampenlicht wissenschaftlicher und journalistischer Beiträge. Es wird dabei vielfach über das Ausmaß von „Hass und Hetze" im Internet, die Folgen für die demokratische Meinungsbildung sowie die mutmaßliche Verrohung der Sprache und des Diskurses berichtet. Über einzelne Phänomene, wie z. B. Cybermobbing und Hate Speech, wird ebenfalls viel diskutiert. In Verbindung dazu stehen häufig Forderungen nach härteren Strafen.

Bei einem Vergleich der Forschungsliteratur fällt zunächst auf, dass es keine einheitliche Begriffsverwendung für schädigendes Kommunikationsverhalten gibt. Das alleine erschwert eine Vergleichbarkeit von Forschungsergebnissen. Ein erstes Anliegen der Untersuchung war somit eine begriffliche Einordnung und kritische Würdigung der im wissenschaftlichen Diskurs verwendeten Begriffe vorzunehmen.

Das zweite Forschungsanliegen bestand in der Darstellung des Meinungsstands rund um Strafverschärfungen der Beleidigungsdelikte gem. § 185 StGB. Dabei wurde sich damit beschäftigt, ob ein erhöhter Unrechtsgehalt bei bestimmten Verhaltensweisen derart vorliegt, dass eine Strafverschärfung gerechtfertigt wäre. Explizit ging es z. B. um die öffentliche Beleidigung, die Beleidigung von Kommunalpolitikern, Cybermobbing, Beleidigungen mit Sexualbezug und solche, die einen Angriff auf die Menschenwürde darstellen.

Schließlich fiel auf, dass es noch keine empirischen Erkenntnisse zur Strafzumessungspraxis bei Äußerungsdelikten, wie den Beleidigungsdelikten gem. §§ 185 ff. StGB, gibt. Die vorliegende Arbeit hat einen Beitrag zur Schließung dieser Forschungslücke geleistet. Zentrales Anliegen war es, den Reformbedarf

M. Schreinert, *Strafzumessung bei verbaler Gewalt*,
https://doi.org/10.1007/978-3-658-49491-9_9

aus empirischer Perspektive zu betrachten: wie gehen die Strafgerichte bisher mit verbaler Aggression bzw. verbaler Gewalt im Rahmen der Strafzumessung um? Schwerpunkt der vorliegenden Untersuchung war ebenfalls zu ermitteln, welche Umstände bei Äußerungsdelikten strafschärfend und -mildernd berücksichtigt werden. Nicht nur die Sanktionspraxis, sondern auch die Tat-, Täter- und Geschädigtenstrukturen wurden genauer betrachtet.

In diesem Kapitel werden die wesentlichen Ergebnisse der Untersuchung unter Bezugnahme auf die Forschungsfragen und -hypothesen zusammengefasst und im Anschluss diskutiert.

9.2 Methodische Grenzen der Untersuchung

Bevor die Ergebnisse der Untersuchung zusammengefasst und diskutiert werden, soll ausdrücklich auf die methodischen Grenzen dieser Untersuchung hingewiesen werden. Die Ergebnisse dieser Untersuchung sind nur mit Einschränkungen auf die Grundgesamtheit übertragbar. Wie bereits gezeigt werden konnte, ist die Stichprobe nur in Teilen repräsentativ. An dieser Stelle soll insbesondere erneut darauf aufmerksam gemacht werden, wie genau sich die Grundgesamtheit zusammensetzt. Die Grundgesamtheit verkörpert nicht alle abgeurteilten Beleidigungs- und Volksverhetzungsdelikte aus dem Jahr 2020. Einschränkungen ergeben sich zunächst dadurch, dass keine jugendstrafrechtlichen Entscheidungen miteinbezogen wurden. Die Ergebnisse gelten somit nur für Erwachsenenstrafrecht. Eine weitere Einschränkung besteht dahingehend, dass sämtliche Verfahren, die von Anfang an im Strafbefehlsverfahren durchgeführt wurden, nicht in die Stichprobe aufgenommen wurden. Dadurch, dass Beleidigungsdelikte zu den Bagatelldelikten zählen, ist davon auszugehen, dass ein Großteil im Strafbefehlsverfahren behandelt wird. Die Verfahren wurden ausgeschlossen, weil der Erkenntnisgewinn zur Strafzumessungspraxis erwartbar gering war im Vergleich zu Verfahren, die eine Hauptverhandlung durchliefen und die mit einem Urteil endeten. Das Hauptverhandlungsprotokoll und die Urteilsbegründungen waren neben dem restlichen Akteninhalt für die Erhebung bedeutsam. Die Ergebnisse dieser Untersuchung sind folglich nicht auf die Strafzumessungspraxis bei Beleidigungsdelikten generell übertragbar. Die Untersuchung liefert folglich nur in Teilen übertragbare Aussagen zu solchen Beleidigungsdelikten, die Gegenstand einer Hauptverhandlung werden. Durch die Stichprobelbildung ergibt sich auf der weitere Forschungsbedarf im Bereich der Strafzumessung bei verbaler Gewalt. Durch die Stichprobenverzerrung stellt sich die Frage, ob die vorliegend für signifikant befundenen unabhängigen Variablen auch im Strafbefehlsverfahren signifikante Einflussvariablen darstellen. Durch die Stichprobenverzerrung entsteht der weitere Forschungsbedarf bzgl. der Strafzumessung bei verbaler Gewalt.

Weitere Einschränkungen ergeben sich aus der Aktenanalyse als gewählte Forschungsmethode. So waren die Informationen, die als Einflussfaktoren auf die Strafzumessung erhoben werden konnten, abhängig davon, was von den aktenführenden Personen zum Bestandteil der Akte gemacht wurde. Daraus lässt sich schlussfolgern, dass es weitere, einflussreiche Faktoren gibt, die nicht Aktenbestandteil wurden. Da eine Beiwohnung und Beobachtung von Strafverhandlungen und deren Auswertung jedoch für ein Dissertationsprojekt mit unverhältnismäßigem Aufwand verbunden wären, blieb die Aktenanalyse die am besten geeignete Methode.

9.3 Begriffliche Einordnung

Die begriffliche Einordnung von verletzenden Kommunikationsverhaltensweisen hat gezeigt, dass sowohl die Bezeichnungen als verbale Gewalt und verbale Aggression geeignet sind, um die in Rede stehenden Verhaltensweisen zu beschreiben. Der Begriff des „Hasses“, der sowohl in wissenschaftlichen als auch in journalistischen Beiträgen weit verbreitet ist, wenn es um die Umschreibung von schädigender Kommunikationsaggression (insbesondere im Internet) geht, ist hingegen ungeeignet und kann nicht befürwortet werden. Parallel dazu findet eine fast identische Diskussion im Bereich der sog. „Hasskriminalität“ statt. Wie auch dort bereits die Zeit gezeigt hat, haben derartige konzeptionelle Kritiken, mögen sie noch so berechtigt sein, keine faktischen Konsequenzen. Es wird auch nicht abgestritten, dass bei dem Begriff des „Hasses“ zur Beschreibung von schädigendem Kommunikationsverhalten viele der Handlungsweisen und Phänomene umfasst werden, die durch ihre disruptiven Eigenschaften im Diskurs auffallen. So verhält es sich zumindest bei dem Phänomen „Hasskriminalität“. Dennoch ergeben sich diesbezüglich zwei größere Probleme: Speziell bei Äußerungsformen, durch die Dritte geschädigt werden sollen, ist unklar, welche Verhaltensweisen überhaupt gemeint sein sollen. Denkt man bspw. an das vom Wortsinn naheliegenden Konzept „Hate Speech“ und somit an die Hasskriminalität, könnte man vermuten, dass unter „Hass im Netz“ nur solche Sprechakte gemeint sind, die (marginalisierte) Gruppen angreifen wollen. Dass darunter aber auch reguläre, individuelle Beleidigungen fallen sollen, haben die vorherigen Ausführungen gezeigt. Der Begriff des „Hasses“ erscheint somit zu eng, als dass sämtliche

Phänomene hiervon erfasst werden können. Durch diese Terminologie wird vielmehr der Diskurs über Prävalenzen und Folgen von Kommunikationsphänomenen erschwert und teilweise dramatisiert.

Als zweites Problem ist ein Kritikpunkt hervorzuheben, der auch bereits im Rahmen der konzeptionellen Bestimmung der Hasskriminalität vorgebracht wurde: „Hass" ist eine menschliche und alltägliche Emotion, die fälschlicherweise in den Fokus gerückt wird. Dabei wird verkannt, dass der Mensch sowohl lieben als auch hassen darf. In der Emotion selbst liegt nicht das Problem. Gerade im Bereich des kommunikativen Phänomens „Hate Speech" zeigt sich, dass nicht der Hass, sondern die Vorurteile, die ggü. unterrepräsentierten Gruppen vorhanden sind, das Problem sind. Insbesondere für die Erarbeitung von Präventionsmaßnahmen ist entscheidend, dass Vorurteile abgebaut werden und nicht der Hass als Emotion unterdrückt wird.

Es erscheint somit sinnvoller, die Begriffe der verbalen Gewalt oder verbalen Aggression zu verwenden. Gerade der Begriff der Aggression kennzeichnet sich dadurch, dass er sehr ausdifferenziert ist, wodurch eine Verortung von verschiedenen schädigenden Kommunikationsformen möglich wird. Der Begriff der Aggression ist darüber hinaus sehr weit, was den Vorteil hat, dass die facettenreichen Phänomene unproblematisch erfasst werden und jeweils für sich betrachtet werden können. Dadurch, dass der Begriff der Gewalt und der Aggression nicht nur im alltäglichen, sondern des Öfteren auch im wissenschaftlichen Diskurs synonym verwendet werden, sind beide im Sinne dieser Untersuchung geeignet.

9.4 Deskriptive Befunde

9.4.1 Die Täter-, Tat- und Geschädigtenstrukturen

Im Folgenden wird die Forschungsfrage Nr. 13 beantwortet. Im Rahmen dieser Forschungsfrage wurde nach den Täter- und Geschädigtenstrukturen gefragt. Ein Fokus lag auf der Ermittlung von Gemeinsamkeiten und Unterschieden verglichen mit körperlichen Gewaltfällen. Zudem sollte ermittelt werden, inwieweit verbale und körperliche Gewaltformen miteinander kombiniert wurden.

Zu den Täterstrukturen lässt sich zusammenfassend festhalten, dass der überwiegende Anteil an Verurteilten männlich und im Median 35 Jahre alt ist. Hinsichtlich des Alters gibt es bei den verurteilten Frauen und Männern keine Unterschiede. Der größte Anteil der Verurteilten wies die deutsche Staatsangehörigkeit auf. Bei ungefähr einem Drittel lag eine osteuropäische oder eine solche Staatsangehörigkeit aus einem Land vor, das zum Nahen und Mittleren

Osten gezählt wurde. Gleiches gilt für die Geburtsorte der Täter. Der Anteil nichtdeutscher Täter war in der Untersuchung im Vergleich zum Bundesschnitt überrepräsentiert.

Die wegen Äußerungsdelikten verurteilten Personen wiesen in mehr als der Hälfte der Fälle zum Zeitpunkt der Verurteilung keine soziale Einbindung in Form von festen Beziehungen vor und waren ledig. Der Anteil der Personen, die zum Zeitpunkt der Hauptverhandlung keine Berufstätigkeit vorweisen konnten, war ebenfalls hoch. Von den Personen, die an einer Suchtmittelabhängigkeit litten, waren die meisten von einer Alkoholabhängigkeit betroffen. Die Mehrzahl der Verurteilten war darüber hinaus bereits vorbestraft. Die Übereinstimmungen mit Täterstrukturen bei Gewaltdelikten, die hinsichtlich mancher Merkmale festgestellt wurde, können zum Teil damit erklärt werden, dass neben den Beleidigungsdelikten auch Körperverletzungsdelikte sowohl in Tateinheit und Tatmehrheit verwirklicht wurden. Schlussendlich lässt sich aus den Ergebnissen ableiten, dass bestimmte Risikofaktoren, wie z. B. fehlende soziale Einbindungen, keine Alltagsstruktur durch Arbeitslosigkeit und Suchtmittelabhängigkeiten regelmäßig in Verbindung mit verbal aggressivem Verhalten beobachtet werden können.

Zu den Geschädigten zählen nur natürliche Personen, es waren keine Personengemeinschaften betroffen. In mehr als der Hälfte der Fälle wurde nur eine Person verbal angegriffen. In den restlichen Fällen wurden in der Regel zwei bis drei weitere Personen beleidigt. Es wurde beobachtet, dass mehr Männer als Frauen von verbaler Gewalt betroffen waren. Der Großteil der Geschädigten hatte ebenfalls die deutsche Staatsangehörigkeit und wurde in Deutschland geboren.

Der überwiegende Anteil war berufstätig, wobei der Schwerpunkt bei den Geschädigten im Polizeidienst liegt. Fast die Hälfte der betroffenen Personen waren Polizisten, während die übrigen Berufsgruppen sowohl aus dem öffentlichen als auch aus dem privaten Sektor heterogen zusammengesetzt waren. Bei genauerer Betrachtung der Berufsgruppen fällt auf, dass alle Berufsausübungen mit einem starken Aufkommen an Kontakt mit Mitmenschen verbunden sind. Dass die Polizisten verglichen mit den anderen Berufen verhältnismäßig oft vertreten waren, lässt sich damit erklären, dass sie einerseits anfälliger für verbal aggressives Verhalten seitens der Bevölkerung sind und andererseits die Strafanzeige mit weniger Hürden verbunden sind als bei der restlichen Bevölkerung. Es ist davon auszugehen, dass dieses Ergebnis nicht von der Stichprobenverzerrung beeinflusst wurde. Andere Studien zeigten bereits, dass Beleidigungen und Beschimpfungen zum Berufsalltag der Polizeibeamten zählen. Dieses Ergebnis fügt sich somit in die Ergebnisse anderer Studien ein. Die Analyse der Tatsituation zeigte, dass in fast der Hälfte der Verfahren die Beleidigung während eines Polizeieinsatzes stattfand. Hier können viele Faktoren für die beleidigende Äußerung mitbestimmend sein, wie z. B. eine Enthemmung durch vorherigen Alkoholkonsum oder hinzutretende Frustration wegen einer durchgeführten Polizeimaßnahme. Das Anzeigeverhalten ist bei Polizeibeamten deswegen ein anderes, da sie zum einen mit dem Ablauf einer Strafanzeige vertraut sind und lediglich auf der Dienststelle über den Vorfall berichten müssen. Sie müssen sich nicht extra zur Polizeidienststelle begeben, sondern können die Strafanzeige während des Dienstes erstatten. Auch sind in den Fällen von Polizisten als Tatopfer bei Einsätzen stets Kollegen anwesend, die sowohl im Ermittlungsverfahren als auch im Hauptverfahren als Zeugen dienen können.

Bei weiterer Betrachtung der Tatsituationen verwundert es, dass immerhin 15 % der Fälle als Beziehungsstreitigkeit bzw. Streit unter Familienmitgliedern oder Freunden ausmachten. Denn grds. ist in diesen Konstellationen damit zu rechnen, dass man auf den Privatklageweg gem. §§ 374 ff. StPO verwiesen wird (vgl. Nr. 229 RiStBV). Das Fallaufkommen wird damit begründet, dass entweder eine wesentliche Ehrverletzung vorlag oder aber ein Fall von häuslicher Gewalt vorlag, in dem die verbale mit physischer Gewalt verbunden war.

Zu den verbal-aggressiven Straftaten lässt sich konstatieren, dass die Beleidigungen gem. § 185 StGB mit einzelnen Ausnahmen den gesamten Fallanteil der Bezugsdelikte ausgemacht haben. Die Bezugsdelikte werden häufig entweder in Tateinheit oder in Tatmehrheit mit weiteren Delikten verwirklicht. Für diesen Umstand gibt es drei Interpretationsmöglichkeiten. Die erste setzt beim Anzeigeverhalten der Geschädigten an. Es ist möglich, dass eine einfache Beleidigung von Betroffenen als nicht derart gravierend betrachtet wird und deswegen nicht zur Anzeige gebracht wird. Anders verhält es sich, wenn physische Gewalt mit verbalen Angriffen kombiniert wird. Der zweite Ansatz besteht darin, dass bei einfachen Beleidigungen die Geschädigten auf den Privatklageweg verwiesen werden, der mit einem hohen Kostenrisiko verbunden ist (vgl. § 471 Abs. 2 StPO), wodurch die Geschädigten von der Fortführung des Verfahrens absehen. Die dritte und letzte Interpretationsmöglichkeit findet ihre Grundlage in der gewählten Stichprobe bzw. der zugrunde liegenden Grundgesamtheit. Viele der einfachen Beleidigungen werden im Strafbefehlsverfahren behandelt. Das Strafbefehlsverfahren wurde jedoch bei der Bestimmung der Grundgesamtheit ausgeschlossen. Die Fälle, die ein Hauptverfahren durchlaufen, werden somit solche sein, in denen mehr Unrecht begangen wurde, was sich durch die tateinheitliche oder tatmehrheitliche Begehungsweise äußert.

Bei den weiteren, tateinheitlich begangenen Delikten fiel somit auf, dass die Taten, die zur Hauptverhandlung gebracht werden, häufig weitere Formen der verbalen und körperlichen Gewalt aufweisen. Den größten Anteil machen dabei

Taten gem. §§ 113 ff. StGB aus, d. h. solche, die sich gegen die Staatsgewalt richten. Dieses Ergebnis spiegelt die Erkenntnisse zu den Geschädigten wider, wonach ein Großteil der Taten ggü. Polizisten während des Dienstes begangen wurde. Die Anzahl der tateinheitlich verwirklichten Körperverletzungsdelikte gem. §§ 223 f. StGB zeigt, dass verbale und körperliche Gewalt Hand in Hand gehen können. Nötigungen und Bedrohungen gem. §§ 240, 241 StGB waren als Formen weiterer verbaler Aggression in der Stichprobe vertreten.

Bei den weiteren tatmehrheitlich begangenen Delikten zeigte sich ein vergleichbares Bild. Am häufigsten waren Körperverletzungsdelikte und Nötigungen oder Bedrohungen vertreten. Weitere Beleidigungsdelikte oder solche gegen die Staatsgewalt wurden gleich häufig in Tatmehrheit zu den Bezugsdelikten begangen. Lediglich der Anteil der Vermögensdelikte einen stellte einen Ausreißer dar, wobei zwischen den Vermögensdelikten und verbaler Gewalt kein Zusammenhang vermutet wird. Hierbei handelte es sich vielmehr um der Bezugstat vorgelagerte Taten, die schlussendlich zusammen abgeurteilt wurden.

Hinsichtlich des Äußerungsinhalts konnte festgestellt werden, dass ungefähr ein Viertel der Beleidigungen einen Sexualbezog aufwies. An dieser Stelle konnte kein signifikanter Zusammenhang zum Geschlecht der Geschädigten festgestellt werden. Die Untersuchung ergab, dass Männer häufiger betroffen waren als Frauen. Betrachtet man die Verteilung von Äußerungen mit sexuellem Inhalt innerhalb der gegebenen Geschlechter, so fällt allerdings auf, dass keine großen Unterschiede zwischen Männern und Frauen bestehen. Nicht außer Acht zu lassen ist allerdings, dass nur wenige digitale Taten Teil der Stichprobe waren, sodass sich unter Einbeziehung dessen andere Muster hinsichtlich der Geschlechterverteilung auftun könnten. Im Vergleich zu Äußerungen mit sexuellem Inhalt waren solche mit menschenfeindlichen Inhalten seltener vertreten. Sofern dies der Fall war, wurde am häufigsten basierend auf der Hautfarbe, der Sprache oder der Herkunft der Geschädigten beleidigt. Auf die angebliche sexuelle Orientierung der Geschädigten wurde sich ebenfalls inhaltlich bezogen.

Die Forschungsfrage 1 kann an dieser Stelle ebenfalls beantwortet werden. Die Beleidigungen erfolgten entsprechend der Operationalisierung in mehr als der Hälfte der Fälle öffentlich, d. h. ggü. mehr als einer Person. Die Nullhypothese unter Forschungsfrage Nr. 1 kann somit verworfen werden. Weiterführende Aussagen, die die genaue Personenanzahl oder die Beziehungskonstellationen untereinander betreffen, können nicht getroffen werden. An dieser Stelle muss berücksichtigt werden, dass mögliche Verzerrungen durch die weite Definition im Rahmen der Operationalisierung entstehen können. Daran anschließend kann die Alternativhypothese (H1) unter der Forschungsfrage Nr. 2 verworfen werden, die postulierte, dass der Großteil der Äußerungen im Internet begangen wurde.

Der Großteil der Äußerungen fand jedoch realweltlich statt. Zudem wurde nur ein kleiner Anteil der digitalen Taten in internet-öffentlicher Weise begangen, sodass die zweite Alternativhypothese (H2) unter der Forschungsfrage Nr. 2 verworfen wurde.

9.4.2 Die verhängten Sanktionen

Im Folgenden wird die Forschungsfrage Nr. 12 zur Verteilung der Strafarten beantwortet. Bei der Gesamtbetrachtung der verhängten Sanktionen bei den Beleidigungsdelikten muss zunächst konstatiert werden, dass in mehr als der Hälfte der Fälle eine Gesamtstrafe gem. §§ 53, 54 StGB gebildet wurde. Die Ausführungen zur Höhe der Tagessatzanzahlen und der Dauer der Freiheitsstrafen beziehen sich allerdings nur auf die erfassten Einzelstrafen. Die Gesamtstrafen wurden nicht erhoben. Der Anteil der Geldstrafen ist höher als der Anteil der Freiheitsstrafen, wodurch die Nullhypothese verworfen werden kann. In mehr als der Hälfte der Fälle wird eine Geld- anstatt einer Freiheitsstrafe als Einzelstrafe verhängt.

Die Anzahl der Tagessätze liegt nach dem Median bei 50 Tagessätzen. Angesichts dessen, dass es sich bei der Beleidigung um ein Bagatelldelikt handelt, erscheint dieser Wert hoch. Dies wird in den tateinheitlichen Begehungsweisen begründet sein, in denen auf nur eine Strafe erkannt wird. So zumindest sind die Ausreißer zu erklären, die in der vorliegenden Untersuchung 90 Tagessätze und aufwärts darstellen. Die Tagessatzhöhe beträgt im Durchschnitt ungefähr 20,00 Euro, wobei 10 und 15 Euro am häufigsten festgesetzt wurden.

Fast ein Drittel der Fälle machte somit Freiheitsstrafen aus. Die Freiheitsstrafen sind im Durchschnitt ungefähr 5 Monate lang, wobei 4 Monate in der Stichprobe am häufigsten verhängt wurden. Sofern eine Bewährungsstrafe verhängt wurde, betrug die Bewährungszeit ungefähr 36 Monate. Bei einem Vergleich der Argumente, die in den Urteilsbegründungen für oder gegen die Aussetzung der Freiheitsstrafen zur Bewährung angebracht wurden, mit den Ergebnissen der Analyse der Determinanten, die tatsächlich einen signifikanten Einfluss auf die Entscheidung haben, zeigt sich folgendes Bild: Übereinstimmungen bestehen dahingehend, dass es von den Gerichten explizit positiv gewürdigt wurde, wenn die Verurteilten glaubhaft darlegen konnten, dass sie sich bemühen, ihre Lebensprobleme zu lösen. Die statistische Analyse bestätigt diesen deskriptiven Befund. Es wirkt sich für die Verurteilten positiv aus, wenn sie Bemühungen unternehmen, die zur Verbesserung der Lebensverhältnisse dienen (z. B. in Form von Sucht- oder Anti-Aggressionstherapien). Weiterhin würdigten die Gerichte es für die Täter vorteilhaft, wenn sie sozial oder familiär eingebunden waren. Dieses

Ergebnis konnte empirisch in der Form bestätigt werden, dass vermutet wurde, dass die Täter, die ihren Geburtsort in Deutschland hatten, mit höherer Wahrscheinlichkeit eine Bewährungsstrafe erhielten. Es besteht die Vermutung, dass dieser Umstand so ausgelegt wurde, dass die Angeklagten familiäre Anbindungen vorweisen. Andere Umstände, wie z. B. unterhaltsberechtigte Kinder, hatten keinen Einfluss auf die Entscheidung. In den Urteilen wurde darüber hinaus angeführt, dass sich die beruflichen Tätigkeiten und erstmalige Freiheitsstrafen für den Verurteilten strafmildernd auswirkten. In der statistischen Analyse hatte die berufliche Tätigkeit allerdings keinen signifikanten Einfluss auf die Verhängung einer Bewährungsstrafe.

Im Hinblick auf die Suchtmittelproblematiken ergab die deskriptive Auswertung, dass diese zum Nachteil bewertet wurden und dazu führten, dass Bewährungen versagt wurden. Zwar konnte dieses Ergebnis im Rahmen der bivariaten Analyse bestätigt werden. Bei Berücksichtigung der weiteren Faktoren zeigte sich im Rahmen der multivariaten Analyse hingegen, dass es sich dabei um kein Merkmal mit signifikantem Einfluss handelt. Bei den weiteren Umständen, die in den Urteilen zu Lasten der Verurteilten aufgeführt wurden, wie z. B. die einschlägige Vorstrafenbelastung und des Bewährungsversagens, konnten keine statistisch signifikanten Einflüsse festgestellt werden.

9.5 Reformen und Reformvorschläge

9.5.1 Die öffentliche Beleidigung gem. § 185 StGB n.F

9.5.1.1 Zusammenfassung zur materiell-rechtlichen Perspektive

Die Einführung der Qualifikation, die die öffentliche Begehungsweise bei der einfachen Beleidigung gem. § 185 StGB fortan mit einer Freiheitsstrafe bis zu zwei Jahren oder mit Geldstrafe sanktioniert, erscheint bereits aus materiell-rechtlicher Sicht unangebracht. Voraussetzung wäre nämlich, dass ein im Vergleich zum Normalfall des § 185 StGB derart erhöhter Unrechtsgehalt notwendig wäre, der eine Strafschärfung rechtfertigen würde.

Bei der Analyse der Strafrechtsliteratur und der Gesetzesbegründung konnten schlussendlich zwei Faktoren standhalten, die den Unrechtsgehalt erhöhen. Gerade bei der internet-öffentlichen Äußerung von ehrverletzenden Werturteilen besteht aufgrund des Konsumverhaltens im Internet die Vermutung, dass Inhalte nicht richtig hinterfragt werden und unreflektiert für wahr gehalten werden. Des Weiteren besteht bei internet-öffentlichen Begehungsweisen die

Gefahr, dass unbekannt bleibt, in welchem Ausmaß der Inhalt weiterverbreitet wird. Die Kontrolle der Weiterverbreitung kann im Einzelfall schwierig bis unmöglich sein. Dieses Argument wird allerdings dadurch relativiert, dass das Abstellen auf potentiell strafbare Handlungen Dritter zu Lasten des Täters gegen das Schuldprinzip verstößt. Kommt es tatsächlich zu einer Weiterverbreitung durch das „Liken" und „Teilen" im Internet oder sogar zu selbstständigen Anschlussbeleidigungen durch Dritte, so sind diese Handlungen dem Täter nicht zurechenbar.

Zu bedenken ist weiterhin, dass unter die neue Qualifikation ihrem Wortlaut nach nicht nur internet-öffentliche Begehungsweisen, sondern auch realweltliche Äußerungen fallen. Den erhöhten Unrechtsgehalt nur mit Umständen zu begründen, die grds. eine Tatbegehung im Internet voraussetzen, überzeugt nicht. Überdies ist der Unrechtsgehalt durch die Faktoren nicht in einer Regelmäßigkeit erhöht, die für eine Einführung einer Strafschärfung notwendig wäre. Allein die abstrakte Gefahr der Weiterverbreitung ist nicht mit der tatsächlichen Weiterverbreitung gleichzusetzen. Im Zusammenhang mit der Tatbegehung wird ebenfalls häufig angeführt, dass die vermeintliche Anonymität für das Tatopfer belastend wirkt. Während es sich dabei bei anderen Äußerungsdelikten, wie z. B. bei der Bedrohung gem. § 241 StGB, um einen Umstand handelt, der in einer gewissen Regelmäßigkeit Angstgefühle der Betroffenen erhöht, ist dies bei Beleidigungen nicht der Fall. Teilweise wird sogar davon ausgegangen, dass die Anonymität bei Beleidigungen gem. § 185 StGB dafür sorgen kann, dass sie weniger ernst genommen wird. Dadurch, dass die Auswirkungen der Anonymität bei Beleidigungen noch nicht hinlänglich erforscht sind und es theoretische Zweifel gibt, kann nicht davon ausgegangen werden, dass die anonyme Tatbegehung regelmäßig den Unrechtsgehalt erhöht.

Kritik ist ebenfalls an der Gesetzesbegründung angebracht. Sofern mit der Strafschärfung von öffentlichen Beleidigungen vom Gesetzgeber bezweckt wird, dass das Diskursklima, die Meinungsvielfalt und damit die Meinungsbildung als demokratische Grundprinzipien geschützt werden sollen, verkennt der Gesetzgeber, dass § 185 StGB mit dem Ehrschutz ein Individualrechtsgut schützt und nicht dem Schutz kollektiver Interessen dient. Darüber hinaus ist die einzelne öffentliche Beleidigung nicht in der Lage, den Diskurs als solchen zu beeinträchtigen.

9.5.1.2 Empirische Erkenntnisse zur öffentlichen Tatbegehung

Die empirische Untersuchung der ungeschriebenen Strafzumessungstatsachen zeigte hinsichtlich der öffentliche Tatbegehung entsprechend der Operationalisierung, dass derzeit kein signifikanter Einfluss auf die Strafzumessung vorliegt. Weder bei der Wahl der Strafart, noch bei der Verhängung der konkreten Strafhöhe konnte ein signifikanter Einfluss festgestellt werden. Die Alternativhypothese unter der Forschungsfrage Nr. 4, wonach die öffentliche Tatbegehung einen strafschärfenden Einfluss im Rahmen der Strafzumessung habe, kann somit nicht angenommen werden. Dieses Ergebnis lässt sich durch die weite Operationalisierungsdefinition erklären, die im Rahmen der Erhebung festgelegt wurde. Die öffentliche Tatbegehung wurde, verglichen zur strafrechtlichen Definition, sehr weit ausgelegt. Das hatte den Grund, dass in den Verfahrensakten erwartungsgemäß nur selten Angaben zur Anzahl der Personen und dem Beziehungsstand untereinander vorhanden waren. Es wurde somit von vornherein nicht erwartet, dass die Ergebnisse hinsichtlich der öffentlichen Beleidigungen gem. § 185 StGB 1:1 übertragbar wären. Trotzdem war es ein Anliegen dieser Untersuchung Tendenzen hinsichtlich der Strafzumessungspraxis im Umgang mit öffentlichen Beleidigungen aufzudecken. Die Untersuchung der ungeschriebenen Faktoren zeigte, dass zumindest eine Tendenz dahingehend zu beobachten war, dass bei einer Kundgabe ggü. mehr als einer Person ein Unterschied in der Strafhöhe bestand. Zwar handelt es sich hierbei um keinen signifikanten Einfluss, sodass nicht auszuschließen ist, dass das Ergebnis auf einem Zufall basiert, jedoch kann darin eine gewisse Tendenz zur strafschärfenden Berücksichtigung abgeleitet werden.

Durch die Analyse der explizit in den Strafzumessungsbegründungen angeführten Argumente war ebenfalls kein großer Erkenntnisgewinn möglich. Lediglich in einem Fall wurde die große Reichweite strafschärfend herangezogen. In dem Verfahren ging es um einen männlichen Angeklagten, der während eines Fußballspiels zwei Polizeibeamten den Mittelfinger zeigte und sie als „Hurensöhne" bezeichnete. Das Gericht zog strafschärfend heran, dass diese Beleidigung „öffentlichkeitswirksam" erfolgte. Zusammen mit den Ergebnissen der Ausführung zu den grundlegenden strafzumessungserheblichen Tatsachen bei Äußerungsdelikten kann jedoch die gewonnene Tendenz unterstrichen werden, dass die Gerichte die öffentliche Tatbegehung im Rahmen der Strafzumessung strafschärfend würdigen. Dass kein signifikanter Einfluss festgestellt werden konnte, heißt im Ergebnis auch nicht, dass die Gerichte bei der Strafbemessung die öffentliche Begehungsweise nicht bereits ausreichend strafschärfend würdigten. An dieser Stelle kann aufgrund des geringen Erkenntnisgewinns aus den

Strafverfahrensakten kein empirisches Argument für die Strafschärfung gewonnen werden.

9.5.1.3 Schlussfolgerung zur öffentlichen Beleidigung

Es besteht kein Erfordernis für die Einführung der Strafverschärfung für die öffentliche Begehungsweise bei der Beleidigung gem. § 185 StGB. Es sind Tendenzen erkennbar, die darauf hindeuten, dass die öffentliche Tatbegehung bereits strafschärfend von den Gerichten im Rahmen der Strafzumessung berücksichtigt wird. Die materiell-rechtlichen Ausführungen haben zudem gezeigt, dass der Unrechtsgehalt nicht in jedem Fall derart erhöht war, dass eine Strafschärfung gerechtfertigt gewesen wäre.

9.5.2 Der Menschenwürdeangriff

9.5.2.1 Zusammenfassung zur materiell-rechtlichen Perspektive

Während es sich bei der Frage nach einem erhöhten Unrechtsgehalt bei einer öffentlichen Beleidigung durch die erfolgten Gesetzesreformen bereits um einen Untersuchungsgegenstand mit Praxisbezug handelt, ist die Frage nach einer Strafschärfung bei solchen Beleidigungen, die die Menschenwürde der Geschädigten angreifen, noch überwiegend theoretischer Natur. Es konnte festgestellt werden, dass in den Fällen, in denen ein Angriff auf die Menschenwürde vorliegt, der Unrechtsgehalt erhöht ist. Dies lässt sich mit der entindividualisierenden Wirkung begründen. Die Betroffenen werden, insbesondere bei gruppenbezogenen Beleidigungen, auf die Gruppenzugehörigkeit reduziert und die sonstigen identitätsstiftenden Charakterzüge abgesprochen. Dabei wird den Geschädigten signalisiert, dass sie kein ebenbürtiges, vollwertiges Mitglied der Gesellschaft seien, sondern zu einer minderwertigen Gruppe der „Anderen" gehören. Zugleich wird bei Beleidigungen, die an ein Gruppenmerkmal anknüpfen, von einem Botschaftscharakter gesprochen, wodurch den anderen Zugehörigen vermittelt wird, dass sie einerseits ebenfalls ausgegrenzt werden und andererseits auch jederzeit Opfer derartiger Taten werden können. Es wird ein Angstgefühl erzeugt und aufrechterhalten. Diese Faktoren können den Unrechtsgehalt erhöhen.

Ungeachtet dessen kann die Einführung einer Strafschärfung in Form einer Qualifikation der Beleidigungsdelikte nicht befürwortet werden. Die Ausführungen haben gezeigt, dass die Abgrenzung zwischen einer regulären Ehrverletzung und einem Menschenwürdeangriff im Einzelfall mit erheblichen Schwierigkeiten verbunden sein kann. So haben Beleidigungen mit Gruppenbezug nicht per se einen erhöhten Unrechtsgehalt. Des Weiteren sind Beleidigungen denkbar, die nicht auf die Zugehörigkeit zu einer Gruppe abstellen, aber basierend auf dem Äußerungsinhalt trotzdem einen Angriff auf die Menschenwürde der Adressaten darstellen. Die gesetzliche Ausgestaltung eines derartigen Qualifikationstatbestands ist somit mit der Schwierigkeit verbunden, bestimmt genug zu sein und nur die Fälle zu erfassen, die tatsächlich einer härteren Sanktion bedürfen. Alles andere stellt eine Einschränkung der Meinungsäußerungsfreiheit dar, vor allem wenn Äußerungen fälschlicherweise mit zu hohen Strafen sanktioniert werden. Angesichts dessen wird als Ergebnis dieser Untersuchung eine strafschärfende Berücksichtigung auf Strafzumessungsebene bevorzugt. Gegenüber einem starren Tatbestand, hat eine Lösung auf Strafzumessungsebene den Vorteil, dass eine flexiblere Handhabung möglich ist und im Einzelfall vorliegende Menschenwürdeangriffe entsprechend gewürdigt werden können.

9.5.2.2 Empirische Erkenntnisse zu Menschenwürdeangriffen

Die statistische Analyse der ungeschriebenen Strafzumessungstatsachen zeigte, dass Menschenwürdeangriffe keine signifikanten Einflüsse auf die Strafzumessung hatten. Die Alternativhypothese unter der Forschungsfrage Nr. 5, wonach sich die menschenwürdeangreifende Beleidigung strafschärfend auswirkt, musste somit verworfen werden. Lediglich bei der Geldstrafe ergab sich die Tendenz, dass sich derartige Inhalte strafschärfend auswirken. Dieses Ergebnis kann unter zusätzlicher Berücksichtigung der anderen Einflussfaktoren jedoch nicht bestätigt werden.

Auch hier muss bei der Interpretation der Ergebnisse die Operationalisierung des Angriffs auf die Menschenwürde berücksichtigt werden. Vorliegend wurde ein inhaltsbezogener Ansatz gewählt, d. h. ein Menschenwürdeangriff wurde dann angenommen, wenn sich die beleidigende Äußerung inhaltlich auf eine vermeintliche Gruppenzugehörigkeit bezog. Daraus lässt sich schlussfolgern, dass die Anzahl an Angriffen auf die Menschenwürde im Ergebnis größer oder sogar kleiner als erfasst sein kann, da wie bereits ausgeführt, nur die inhaltliche Diskriminierung einer Gruppe nicht per se einen Menschenwürdeangriff bedeutet. Die deskriptive Analyse der geschriebenen Strafzumessungsfaktoren zeigte, dass der Inhalt oder eine menschenverachtende Motivation nur in drei Fällen explizit strafschärfend herangezogen wurde. Davon wurden in zwei Fällen P.o.C. rassistisch beleidigt. In einem Fall wurde der Geschädigte von einem Polizeibeamten als „Neger“ und „Tier“ betitelt. In dem anderen Fall wurde eine Geschädigte auf der Straße von einem Fahrradfahrer als „Negerschwein“ bezeichnet. In dem dritten Fall lag eine homophobe Beleidigung vor. Ein Polizeibeamter wurde während eines Einsatzes als „Schwuchtel“ beleidigt. In der Urteilsbegründung wurde der „homophobe Inhalt“ strafschärfend berücksichtigt. Basierend auf diesen Ergebnissen und denen der Analyse der geschriebenen Strafzumessungstatsachen ist nur eine Tendenz erkennbar, dass Angriffe auf die Menschenwürde bereits strafschärfend gewürdigt werden.

9.5.2.3 Schlussfolgerung Menschenwürdeangriff

Beleidigendes Verhalten, das einen Angriff auf die Menschenwürde darstellt, sollte nicht mithilfe einer Strafverschärfung in Form einer Qualifikation begegnet werden. Eine Lösung auf Strafzumessungsebene erscheint sinnvoller, um flexibler mit Fallkonstellationen, die unterschiedliche Unrechtsgehalte aufweisen, umgehen zu können. Die Ergebnisse der vorliegenden Untersuchung lassen allerdings nur eine Tendenz erkennen, wonach Menschenwürdeangriffe bereits durch die Strafgerichte strafschärfend berücksichtigt werden. Das wirft die Frage auf, ob eine Änderung im Bereich des Strafzumessungsrechts angebracht ist.[1] Der Vorteil einer Lösung auf Strafzumessungsebene ist, dass an die Bestimmtheit auf der Rechtsfolgenebene geringere Anforderungen gestellt werden als auf der Tatbestandsebene.[2] So könnte im Einzelfall auf einen erhöhten Unrechtsgehalt reagiert werden. Eine Reform des § 46 Abs. 2 S. 2 StGB dahingehend, dass menschenwürdenangreifende Inhalte einer Äußerung bei der Strafzumessung explizit Berücksichtigung finden sollten, erscheint verfehlt. Dagegen sprechen zwei Gründe: Erstens handelt es sich bei § 46 StGB um eine Vorschrift des Allgemeinen Teils des Strafgesetzbuchs. Eine Nennung von Äußerungsinhalten wäre zu sehr auf Äußerungsdelikte zugeschnitten und somit systemwidrig, da § 46 StGB eine Orientierung für die Strafzumessung aller Strafnormen des Strafgesetzbuchs bietet und somit deliktsübergreifend ausgestaltet ist. Zweitens ist in § 46 Abs. 2 S. 2 StGB bereits die Art der Tatausführung explizit genannt, worunter konkrete Äußerungsinhalte fallen können. Außerdem werden derartige Inhalte bereits dazu dienen, bestimmte Beweggründe oder Motive des Täters zu identifizieren.

Eine Änderung auf Strafzumessungsebene konnte in den letzten Jahren bereits dort, nämlich bei den Beweggründen und Zielen beobachtet werden: so wurde der Tatsachenkatalog des § 46 Abs. 2 S. 2 StGB zuerst um antisemitische Beweggründe und später um gegen die sexuelle Orientierung gerichtete und

[1] Eine Lösung auf Strafzumessungsebene würde darüber hinaus „die Verantwortung des Tatrichters betonen, derartige Besonderheiten des Einzelfalls angemessen zu würdigen“, siehe *Valerius*, KriPoZ 2023, 242, 247 f.

[2] *Valerius*, KriPoZ 2023, 242, 247.

geschlechtsspezifische Motive erweitert.[3] Diese Änderungen haben nicht nur Zuspruch erfahren. Die Kritik besteht darin, dass es sich hierbei lediglich um symbolische Regelungen handele. Die Hervorhebung einzelner Motive als besonders strafwürdig laufe außerdem der Systematik der Strafzumessungsnorm zuwider, da bei der Strafzumessung alle Umstände, die für und auch gegen den Täter sprechen, gewürdigt werden müssen. Die Hervorhebung würde den Fokus zu sehr in eine Richtung rücken.[4]

Grds. sprechen die besseren Argumente gegen eine Erweiterung des Tatsachenkatalogs des § 46 Abs 2 StGB, da es die Aufzählung bereits zulässt, dass auch Umstände außerhalb der explizit genannten Faktoren berücksichtigt werden konnten. Losgelöst von der Frage nach einer Erweiterung des Tatsachenkatalogs wird sich, alternativ zur Einführung eines Qualifikationstatbestands, für eine generelle Würdigung der Umstände auf der Strafzumessungsebene ausgesprochen. Es erscheint sinnvoller, den bereits bestehenden Strafrahmen überhaupt auszuschöpfen, als ihn durch eine Strafverschärfung abstrakt zu erhöhen.[5] Angriffe auf die Menschenwürde, vor allem solche, die dem Phänomenbereich der Hasskriminalität zuzuordnen sind, finden außerdem nicht nur im Beleidigungsstrafrecht statt. Es wäre unangebracht, wenn für jede Deliktsart eine eigene Qualifikation für Angriffe auf die Menschenwürde geschaffen würde. Eine Berücksichtigung durch das allgemeine Strafzumessungsrecht ist effizienter.

Änderungen auf verfahrensrechtlicher Ebene werden ebenfalls vorgeschlagen. Ein Problem im Bereich der Beleidigungsdelikte wird darin gesehen, dass der Großteil der Verfahren auf den Privatklageweg verwiesen wird und aufgrund des hohen Prozesskostenrisikos für die Geschädigten nicht weiterverfolgt wird. *Valerius* sieht eine Änderung der Nr. 229 Abs. 1 S. 2 RiStBV vor, wonach das öffentliche Interesse an der Strafverfolgung auch in den Fällen vorliegt, wenn Taten menschenverachtende Beweggründe oder Ziele aufweisen.[6] § 194 Abs. 1 StGB soll dahingehend geändert werden, dass die Beleidigungsdelikte gem. §§ 185 ff. StGB in relative Strafantragsdelikte umgestaltet werden.[7] Dieser Ansatz

---

[3] BGBl. 2015 I Nr. 23 mit Wirkung vom 01.08.2015 und BGBl. 2023 I Nr. 203 mit Wirkung ab 01.10.2023.

[4] *Fischer,*StGB, § 46 Rn. 26c; zu weiterer Kritik siehe *Allgayer,*Stellungnahme zu BT-Drs. 20/5913, S. 7 f.; siehe auch die Kritik zur Erweiterung des Katalogs um antisemitische Motive durch das Gesetz vom 30.03.2021 mit Wirkung vom 01.07.2021 (BGBl. I 441) *Gerson*, KriPoZ 2020, 22 ff.

[5] So auch *Valerius*, KriPoZ 2023, 242, 248.

[6] *Valerius*, KriPoZ 2023, 242, 248.

[7] *Valerius*, KriPoZ 2023, 242, 248.

ist zu befürworten. Zwar bedeuten diese verfahrensrechtlichen Vorgehensweisen, dass mehr Personal innerhalb der Strafverfolgungsbehörden benötigt werden würde. Jedoch gilt es als erwiesen, dass gerade eine effektive und zeitige Strafverfolgung die Begehung weiterer Straftaten verhindert, wodurch ein präventiver Beitrag geleistet werden würde.

Es erscheint außerdem sinnvoll, sowohl die Strafverfolgungsorgane als auch die Justiz regelmäßig zu schulen, um Angriffe auf die Menschenwürde insbesondere im Bereich der Äußerungsdelikte, insbesondere wenn Individualrechtsgüter tangiert werden, zu identifizieren, damit sie dementsprechend im Rahmen der Strafzumessung gewürdigt werden können. Eine Sensibilisierung dahingehend hat zum Vorteil, dass die Strafgerichte unter Berücksichtigung des Einzelfalls angemessen mit einer entsprechenden Strafhöhe agieren können, wodurch der geschädigten Person einerseits gezeigt wird, dass schwerwiegendere Äußerungsdelikte seitens der Justiz als solche gesehen und gewürdigt werden und dem Täter vermittelt wird, dass verbale Angriffe auf die Menschenwürde nicht akzeptiert werden.

9.5.3 Personen des politischen Lebens

Ein empirischer Beitrag zu der Forschungsfrage Nr. 7, die sich mit der Ausweitung des Qualifikationstatbestandes gem. § 188 StGB auf Kommunalpolitiker auseinandersetzt und danach fragt, ob diese gerechtfertigt ist, kann nicht erbracht werden. In der Zufallsstichprobe wurde nur eine Person aus dem politischen Sektor im Zusammenhang mit ihrer Stellung im öffentlichen Leben beleidigt. Dabei handelte es sich jedoch um keine kommunalpolitisch-aktive Person, sondern um eine Person mit politischer Tätigkeit auf Bundesebene.

Nichtdestotrotz wird die Ausweitung des Tatbestandes aus theoretischer Sicht befürwortet, da Kommunalpolitiker ebenso schutzbedürftig sind, wie Politiker auf Landes- oder Bundesebene. Sie sind durch verbale Angriffe, unter anderem in Form von Beleidigungsdelikten, umso gefährdeter, da sie qua ihres politischen Engagements ein engeres Näheverhältnis zu den Bürgern aufweisen als Landes- oder Bundespolitiker. Die Auswertung der Befragungsstudien von Opfern verbaler Gewalt hat außerdem gezeigt, dass verbal-aggressives Verhalten Auswirkungen auf die Amtsausführung haben können. Kommunalpolitiker verdienen somit bei der Ausübung ihrer demokratischen Pflichten strafrechtlichen Schutz.

9.5.4 Die Beleidigung mit sexuellem Inhalt

Die Forschungsfrage Nr. 6 befasste sich mit Beleidigungen, durch die den Geschädigten in ungewollter Weise die Sexualität des Täters aufgedrängt wird. Nach Durchführung der statistischen Analyse wurde die Alternativhypothese verworfen und die Nullhypothese beibehalten. Beleidigungen, die einen sexuellen Inhalt aufwiesen, haben sich nicht in signifikanter Weise strafschärfend im Rahmen der Strafzumessung ausgewirkt. Aus strafrechtsdogmatischer Sicht ist dieser Befund nachvollziehbar, da im Rahmen dessen bereits die Vermutung aufgestellt wurde, dass der Unrechtsgehalt in diesen Konstellationen nur im Einzelfall erhöht ist. Der Unrechtsgehalt ist nicht in einer Regelmäßigkeit erhöht, die eine Strafverschärfung in einer Qualifikation rechtfertigen könnte. Den Stimmen in der Strafrechtsliteratur, die vereinzelt die Einführung einer Qualifikation erwägen, wurde somit widersprochen. Eine Würdigung von Extremfällen ist auf Ebene der Strafzumessung möglich.

9.5.5 Weitere Phänomene

Bei den Phänomenen Cybermobbing und Hate Storms werden in der Strafrechtsliteratur teilweise ebenfalls Strafschärfungen für die Beleidigungsdelikte gefordert. Aus der vorliegenden Untersuchung kann kein Argument für diese Forderungen gewonnen werden, denn beide Phänomene kamen in der Stichprobe nicht vor (Forschungsfrage Nr. 3). Insofern besteht bei diesen Phänomenen der verbalen Aggression weiterer Forschungsbedarf. Da Cybermobbing häufiger unter Jugendlichen auftritt, erscheint die Untersuchung von jugendstrafrechtlichen Entscheidungen besonders relevant.

Dass die Phänomene nicht in der Stichprobe vertreten waren, kann folgende Gründe haben: Einerseits kann die Ursache in der Stichprobenbildung liegen, denn bei der Bestimmung der Grundgesamtheit wurden die Verfahren ausgeschlossen, die von vornherein ein Strafbefehlsverfahren zum Gegenstand hatten. Das hatte den Zweck, dass im Strafbefehl keine Strafzumessungserwägungen genannt werden, sodass der Erkenntnisgewinn als gering eingestuft wurde. Es besteht somit die Möglichkeit, dass Cybermobbing und Hate Storm Fälle im Strafbefehlsverfahren sanktioniert werden, die nicht Gegenstand der Stichprobe waren. Zudem ist es möglich, dass beim Cybermobbing neben oder aber anstelle der Beleidigung andere Delikte einschlägig sind, sodass die Fälle nicht in der Stichprobe vorhanden waren. Des Weiteren handelt es sich um Phänomene, die eine digitale Tatbegehung voraussetzen. Der überwiegende Anteil an Verurteilungen hatte allerdings realweltliche Taten zum Gegenstand. Das kann ebenfalls ein Grund dafür sein, dass die Phänomene nicht Teil der Stichprobe waren.

Die Stichprobe bestand zudem nur aus Verurteilungen nach Erwachsenenstrafrecht. In der Regel waren auch die geschädigten Personen im Erwachsenenalter. Gerade bei Cybermobbing handelt es sich um ein Phänomen, wovon überwiegend Kinder und Jugendliche betroffen sind. Daraus soll jedoch nicht geschlussfolgert werden, dass Erwachsene von diesem Phänomen nicht betroffen seien. So haben Studien belegt, dass Cybermobbing auch im Erwachsenenalter, dort insbesondere in beruflichen Settings, stattfindet. Jedoch besteht die Möglichkeit, dass der überwiegende Anteil an betroffenen Erwachsenen das Verhalten nicht ggü. den Strafverfolgungsorganen zur Anzeige bringt. Das kann an Schamgefühlen oder an Angst vor weiteren beruflichen Nachteilen liegen, die eine Strafanzeige und ein darauf resultierendes Strafverfahren mit sich bringen können. Hate Storms könnten Einzelfälle sein und deswegen nicht in der Stichprobe vorkommen. So zeigte eine Befragungsstudie, dass überwiegend Personen, die im öffentlichen Leben stehen, von diesem Phänomen berichten. In der vorliegenden Untersuchung war lediglich eine Person auf bundespolitischer Ebene aktiv, sodass dahingehend keine aussagekräftigen Erkenntnisse gewonnen werden konnten.

Im Bereich des Cybermobbings wird ebenfalls eine Lösung auf Strafzumessungsebene befürwortet. Faktoren, die für einen erhöhten Unrechtsgehalt sprechen, wie die wiederholte und dynamische Angriffsweise der Täter sowie die psychischen Kurz- und Langzeitfolgen, können ausreichend im Rahmen der Strafzumessung berücksichtigt werden. Hierbei handelt es sich um Faktoren, die zur Tatausführung und zu den außertatbestandlichen Folgen zählen, die strafzumessungserhebliche Tatsachen sind. Es bedarf weder eines eigenen Cybermobbing Tatbestandes, noch einer Strafschärfung der Beleidigungsdelikte.

9.6 Determinanten der Strafzumessung und Strafhärte

Dieser Abschnitt fasst die wesentlichen Ergebnisse zu den ungeschriebenen Strafzumessungsfaktoren zusammen. Bei Gesamtbetrachtung der Ergebnisse der multivariaten Analysen bzgl. der Anzahl der Tagessätze bei den Geldstrafen, der Dauer der Freiheitsstrafe und der Strafhärte fällt zunächst die Vorhersagegüte der Regressionsmodelle ins Auge. Zwar kann die Vorhersagegüte sowohl bei der Geld- als auch bei der Freiheitsstrafe noch als gut bewertet werden, jedoch zeigte sich, dass in beiden Fällen nur unter 50 % der Strafhöhevarianz mit den geprüften Faktoren erklärt werden konnte. Bei der multiplen linearen Regression kann durch die multiple Imputation die Vorhersagegüte des Models, im Vergleich zu dem Modell mit listenweisem Fallausschluss erhöht werden. Nichtsdestotrotz kann schlussendlich nur von einer noch akzeptablen Vorhersagegüte gesprochen werden, wenn nur 31,6 % der Strafhärtevarianz erklärt werden können. Es besteht ein hoher Anteil an Varianz, der durch die Modelle nicht erklärt werden kann.

Der Grund dafür könnte darin liegen, dass Strafzumessungsfaktoren relevant waren, die nicht Bestandteil der Akten wurden und sich lediglich im Rahmen der Hauptverhandlung abspielten. Ein zweiter Erklärungsansatz könnte der Umstand sein, dass es bei den Beleidigungsdelikten keine einheitlichen Strafzumessungstatsachen gibt. Das würde auch erklären, wieso tatbezogene Umstände, außer der tateinheitlichen Begehungsweise weiterer Delikte, keine signifikanten Einflussfaktoren darstellen. Kein Faktor, der die Art und Weise der Tatbegehung umschreibt, wirkt sich in signifikanter Weise auf die Strafzumessung aus. Das kann dadurch erklärt werden, dass die Verletzungskraft einer Äußerung basierend auf den Einzelfallumständen variiert, die in der Kommunikationssituation begründet sind. So verhält es sich auch bei den Verhaltensweisen, bei denen Strafschärfungen gefordert werden. Hier liegt nur im Einzelfall, in Abhängigkeit von der konkreten Tat- und Äußerungssituation, ein erhöhter Unrechtsgehalt vor. In Beantwortung der Forschungsfrage Nr. 9 kann zusammenfassend festgehalten werden, dass es keine tatbezogenen Faktoren gibt, die aus theoretischer Sicht die Verletzungskraft einer Äußerung graduieren können, die in einer Regelmäßigkeit Einfluss auf die Strafhöhe oder -härte nehmen. Die Nullhypothese wird somit beibehalten.

Um einen Teil der Forschungsfrage Nr. 10 zu beantworten, wird explizit hervorgehoben, dass es sich nicht auf die Strafzumessung auswirkte, dass die Geschädigten Polizeibeamte im Einsatz waren. Die Alternativhypothese dieser Forschungsfrage wurde somit verworfen. Ein weiterer tatbezogener Umstand, der keinen signifikanten Einfluss hatte, waren Beleidigungen mit sexuellem Inhalt, d. h. solche, in denen der Täter den Geschädigten in ungewollter Weise seine Sexualität aufdrängt (Forschungsfrage Nr. 6). Da es sich wiederum um einen tatbezogenen Faktor handelt, kann die Erklärung auch hier darin liegen, dass nicht in jedem Fall ein erhöhter Unrechtsgehalt vorliegt. Unterschiede bzgl. der Strafzumessung zwischen analoger und digitaler Tatbegehung konnten nicht festgestellt werden. Ob sich Umstände, wie z. B. die vermeintliche Anonymität, der gerade bei einer digitalen Tatbegehung vielfach ein erhöhter Unrechtsgehalt zugesprochen wird, signifikant auf die verhängte Strafe auswirken, konnte nicht ermittelt werden. Das kann daran liegen, dass nur einem geringen Anteil an Verfahren eine digitale Tatbegehung zugrunde lag. Auch das kann mit der Zusammensetzung der Stichprobe zusammenhängen. Es ist denkbar, dass die Beleidigungen, die nur digital begangen werden, vielfach auf den Privatklageweg verwiesen werden und somit keine Hauptverhandlung durchlaufen, weil von der weiteren Strafverfolgung abgesehen wird.

Die statistische Untersuchung der ungeschriebenen Strafzumessungsfaktoren zeigt hingegen deutlich, dass sich bei der Beleidigung vor allem die tateinheitliche Begehungsweise als strafschärfender Faktor auf die Anzahl der Tagessätze bei der Geldstrafe, auf die Dauer der Freiheitsstrafe und die Strafhärte auswirkt. Bei steigender Anzahl der weiteren, tateinheitlich verwirklichten Delikte steigen die Strafhöhe und die Strafhärte.

Der Verurteilungsort erweist sich ebenfalls als signifikante Einflussvariable bzgl. der Strafhöhe der Geld- und der Freiheitsstrafe als auch der Strafhärte. Sofern eine Verurteilung in Hessen erfolgt, fallen die Strafhöhen härter aus bzw. erhöht sich der Strafhärtegrad. Die Anzahl von weiteren, in Tatmehrheit verwirklichten Delikten wirkte sich hingegen strafmildernd auf die Höhe der Freiheits- und der Geldstrafe aus.

Bei isolierter Betrachtung der Dauer der Freiheitsstrafe konnte noch ein weiteres Merkmal mit signifikantem Einfluss festgestellt werden: die Strafrahmenmilderung. Bei erfolgter Strafrahmenmilderung verringert sich die Dauer der Freiheitsstrafe. Die Strafhärte wird von zwei weiteren Merkmalen in signifikanter Weise beeinflusst. Es ist zu beobachten, dass eine bestehende Suchtproblematik und die nachträgliche Bildung einer Gesamtstrafe gem. § 55 StGB zu einem höheren Strafhärtegrad führen.

10 Ausblick

Die Beleidigung gem. § 185 StGB gilt als Bagatelldelikt. Angesichts des betroffenen Rechtsguts der Ehre, die durch die Kundgabe einer Missachtung verletzt wird, erscheint diese Einordnung im Vergleich zu anderen Delikten im Strafgesetzbuch zwar nach wie vor passend. In den letzten Jahren hat sich allerdings ein positiver Wandel dahingehend vollzogen, dass eine Sensibilisierung eingetreten ist: psychische und physische Verletzungen sind als ebenbürtig zu betrachten. Die Verlagerung eines Großteils der menschlichen Kommunikation ins Internet und das Aufkommen von Beleidigungen und diskriminierenden Äußerungen, insbesondere in den sozialen Medien, wurden vermehrt zum Anlass genommen, um Reformvorschläge vorzubringen, die Strafverschärfungen im Bereich der Beleidigungsdelikte vorsehen. Bei zukünftigen Änderungen des Beleidigungsstrafrechts muss der Gesetzgeber die Systematik der Beleidigungsdelikte beachten, denn es hat sich gezeigt, dass die tatbezogenen Umstände, wie die Beleidigung, die die Menschenwürde angreift oder eine solche mit sexuellem Bezug, nur im Einzelfall unrechtsgehaltserhöhend wirken. Die Ermittlung von Faktoren, die in der erforderlichen Regelmäßigkeit einen erhöhten Unrechtsgehalt aufweisen, ist bei den Beleidigungsdelikten gem. §§ 185 ff. StGB schwierig, da wie auch bei der tatbestandlichen Frage danach, ob überhaupt eine Kundgabe einer Missachtung vorliegt, auch auf der Ebene der Strafzumessung die gesamte Kommunikationssituation berücksichtigt werden muss. Schädigende Kommunikation ist facettenreich, wodurch eine Würdigung auf Strafzumessungsebene angebracht ist. Insbesondere für den Bereich der Hasskriminalität sollten verfahrensrechtliche Änderungen vom Gesetzgeber angestrebt werden, anstatt mit Strafverschärfungen zu reagieren. Des Weiteren darf das Spannungsfeld zwischen dem stetigen Wandel des Kommunikationsverhaltens, das auch durch technologische Fortschritte bedingt ist, und den Strafnormen des Strafgesetzbuches nicht außer Acht gelassen werden. Es ist damit zu rechnen, dass zukünftig weitere

M. Schreinert, *Strafzumessung bei verbaler Gewalt*,
https://doi.org/10.1007/978-3-658-49491-9_10

schädigende Kommunikationsphänomene entstehen. Es kann nicht die Lösung sein, dass das Strafgesetzbuch nach jeder Innovation angepasst wird. Das widerspräche auch dem fragmentarischen Charakter des deutschen Strafrechts. Die Schaffung neuer Strafnormen und Strafverschärfungen für bestimmte Verhaltensweise oder Phänomene haben oftmals nur symbolischen Charakter, durch die politische Handlungsfähigkeit demonstriert werden soll, die aber für potentielle Täter nicht abschreckend wirken. Das bisherige Beleidigungsstrafrecht bedarf somit keiner Reformen, da das Strafzumessungsrecht durchaus in der Lage ist angemessen auf die Phänomene zu reagieren.

Literaturverzeichnis

Achenbach, Hans, Historische und dogmatische Grundlagen der strafrechtssystematischen Schuldlehre, Berlin 1974 (zit. als *Achenbach*, Historische und dogmatische Grundlagen der strafrechtssystematischen Schuldlehre).

Albahar, Marwan/Almalki, Jameel, Deepfakes: Threats and Countermeasures, Systematic Review, Journal of Theoretical and Applied Information Technology 97 (2019), 3242–3250 (zit. als *Albahar/Almalki*, Journal of Theoretical and Applied Information Technology 97 2019).

Albrecht, Hans-Jörg, Strafzumessung bei schwerer Kriminalität, Berlin 1994 (zit. als *Albrecht*, Strafzumessung bei schwerer Kriminalität).

Allgayer, Angelika, Stellungnahme zu dem Entwurf eines Gesetzes zur Überarbeitung des Sanktionenrechts – Ersatzfreiheitsstrafe, Strafzumessung, Auflagen und Weisungen sowie Unterbringung in einer Entziehungsanstalt, (BT-Drs. 20/5913), Karlsruhe 14.04.2023, https://www.bundestag.de/resource/blob/942936/5fe624ac1ca41b5af567a3f5907e4671/Stellungnahme-Allgayer.pdf (zugegriffen am 18.7.2024).

Aretz, Wera, Ein Bild sagt mehr als tausend Worte: Die Nutzung und Wirkung von Emojis in der privaten Kommunikation unter Berücksichtigung von Geschlechtsunterschieden, Journal of Business and Media Psychology 9 (2018), 1–13 (zit. als *Aretz*, Journal of Business and Media Psychology 9 2018).

Aronson, Elliot/Wilson, Timothy/Akert, Robin, Sozialpsychologie, 8. Aufl., Hallbergmoos 2014 (zit. als *Aronson/Wilson/Akert*, Sozialpsychologie).

Aumer, Katherine V./Erickson, Michael A., The use of love and hate in extremist groups, in: Katherine V. Aumer (Hrsg.), The psychology of extremism, Berlin 2020, S. 83–102 (zit. als *Aumer/Erickson*, The use of love and hate in extremist groups).

Austin, Peter C./White, Ian R./Lee, Douglas S./van Buuren, Stef, Missing data in clinical research: a tutorial on multiple imputation, Canadian Journal of Cardiology 37 (2021), 1322–1331 (zit. als *Austin et al.*, Canadian Journal of Cardiology 37 2021).

Backhaus, Klaus/Erichson, Bernd/Gensler, Sonja/Weiber, Rolf/Weiber, Thomas, Multivariate Analysemethoden, Eine anwendungsorientierte Einführung, 17. Aufl., Wiesbaden 2023 (zit. als *Backhaus* et al., Multivariate Analysemethoden).

M. Schreinert, *Strafzumessung bei verbaler Gewalt*,
https://doi.org/10.1007/978-3-658-49491-9

Bannenberg, Britta/Pfeiffer, Tim/Erb, Dominik, Gewalt gegen Bürgermeisterinnen und Bürgermeister in Hessen, Justus-Liebig-Universität Gießen, 2021, https://www.uni-giessen.de/fbz/fb01/professuren-forschung/professuren/bannenberg/forschung/Amtstraeger/BannenbergPfeifferErbGewaltgegenBrgermeisterinnenundBrgermeisterinHessen.pdf (zugegriffen am 18.7.2024).

Barton, Stephan, Nebenklagevertretung im Strafverfahren, Empirische Fakten und praktische Konsequenzen, StraFo 2011, 161–168 (zit. als *Barton*, StraFo 2011).

Bates, Samantha, Revenge Porn and Mental Health: A qualitative analysis of the mental health effects of revenge porn on female survivors, Feminist Criminology 12 (2017), 22–42 (zit. als *Bates*, Feminist Criminology 12 2017).

Bauer, Jenny-Kerstin, Digitale geschlechtsspezifische Gewalt in der Beratung, djbZ 24 (2021), 153–156 (zit. als *J.-K. Bauer*, djbZ 24 2021).

Bauer, Matthias Johannes/Müßle, Tim, Psychologie der digitalen Kommunikation, München 2020 (zit. als *M. Johannes Bauer/Müßle*, Psychologie der digitalen Kommunikation).

Bayerisches Staatsministerium der Justiz, Diskussionsentwurf für ein Gesetz zur nachdrücklichen strafrechtlichen Bekämpfung der Hassrede und anderer besonders verwerflicher Formen der Beleidigung, 04.11.2019.

Beck, Simon Markus, Lehrermobbing durch Videos im Internet – ein Fall für die Staatsanwaltschaft?, MMR 11 (2008), 77–82 (zit. als *S. Markus Beck*, MMR 11 2008).

Beck, Susanne, Internetbeleidigung de lege lata und de lege ferenda Strafrechtliche Aspekte des „spickmich“-Urt.s, MMR 12 (2009), 736–740 (zit. als *S. Beck*, MMR 12 2009).

Beck, Susanne/Nussbaum, Maximilian, Gruppenbezogene Herabsetzung als Herausforderung für das Strafrecht unter besonderer Berücksichtigung inhaltlich nicht individualisierter Äußerungen, KriPoZ 2023, 218–229 (zit. als *S. Beck/Nussbaum*, KriPoZ 2023).

Beck'sche Online-Kommentare Grundgesetz, 57. Aufl., hrsg. von Volker Epping, Christian Hillgruber, München 2024 (zit. als BeckOK-GG-*Bearbeiter*).

Beck'sche Online-Kommentare StGB, 60. Aufl., hrsg. von Bernd von Heintschel-Heinegg, München 2024 (zit. als BeckOK-StGB-*Bearbeiter*).

Behnsen, Mira, Strafhärteskalierung, Ein empirischer Lösungsansatz im Bereich hoher Freiheits- und Jugendstrafen, MschrKrim 103 (2020), 45–57 (zit. als *Behnsen*, MschrKrim 103 2020).

Behnsen, Mira, Strafzumessung bei Neonatizid, Eine Empirische Untersuchung anhand von Strafverfahrensakten, Wiesbaden 2023 (zit. als *Behnsen*, Strafzumessung bei Neonatizid).

Beitzinger, Franz/Leest, Uwe, Mobbing und Cybermobbing bei Erwachsenen, Eine empirische Bestandsaufnahme in Deutschland, Österreich und der deutschsprachigen Schweiz, Bündnis gegen Cybermobbing, 2021, https://www.buendnis-gegen-cybermobbing.de/wp-content/uploads/2022/03/Mobbingstudie_Erwachsene_end_2021_fin.pdf (zugegriffen am 18.7.2024).

Beitzinger, Franz/Leest, Uwe/Süss, Daniel, Cyberlife IV, Spannungsfeld zwischen Faszination und Gefahr Cybermobbing bei Schülerinnen und Schülern Vierte empirische Bestandsaufnahme bei Eltern, Lehrkräften und Schüler/-Innen in Deutschland, Bündnis gegen Cybermobbing, 2022, https://www.buendnis-gegen-cybermobbing.de/wp-content/uploads/2022/10/Cyberlife_Studie_2022_endfassung.pdf (zugegriffen am 18.7.2024).

Bemmann, Günter, Ehrverletzungen und Strafbedürftigkeit, in: Rainer Zaczyk, Michael Köhler, Michael Kahlo (Hrsg.), Festschrift für E.A. Wolff, zum 70. Geburtstag am 1.10.1998, Berlin 1998, S. 33–40 (zit. als *Bemmann*, Ehrverletzungen und Strafbedürftigkeit).

Berghäuser, Gloria, Upskirting und ähnliche Verhaltensweisen, Unbefugte fotografische oder filmische Aufnahmen unter der Oberbekleidung, ZIS 2019, 463–475 (zit. als *Berghäuser*, ZIS 2019).

Beuermann, Eva, Die kurze Freiheitsstrafe, Zielsetzung, Anwendung und Effektivität kurzer Freiheitsstrafen gemäß § 47 StGB, Berlin 2022 (zit. als *Beuermann*, Die kurze Freiheitsstrafe).

Beulke, Werner, Kurze Freiheitsstrafen bei Bagatelldelikten? Ein Plädoyer zugunsten einer restriktiven Auslegung von § 47 StGB, in: Eric Hilgendorf, Rudolf Rengier (Hrsg.), Festschrift für Wolfgang Heinz, Zum 70. Geburtstag, Baden-Baden 2012, S. 594–609 (zit. als *Beulke*, Kurze Freiheitsstrafen bei Bagatelldelikten).

Birkel, Christoph/Church, Daniel/Erdmann, Anke/Hager, Alisa/Leitgöb-Guzy, Nathalie, Sicherheit und Kriminalität in Deutschland – SKiD 2020, Bundesweite Kernbefunde des Viktimisierungssurvey des Bundeskriminalamts und der Polizei der Länder, Bundeskriminalamt (BKA), 2020, https://www.bka.de/DE/UnsereAufgaben/Forschung/ForschungsprojekteUndErgebnisse/Dunkelfeldforschung/SKiD/skid_node.html (zugegriffen am 18.7.2024).

BKA/Deutscher Städtetag/Deutscher Landkreistag/Deutscher Städte- und Gemeindebund, Kommunales Monitoring, Hass, Hetze und Gewalt gegenüber Amtsträgerinnen und Amtsträgern (KoMo), 2022, https://www.staedtetag.de/files/dst/docs/Presse/2022/KoMo-Bericht-Motra-2022.pdf (zugegriffen am 18.7.2024).

BKA/Deutscher Städtetag/Deutscher Landkreistag/Deutscher Städte- und Gemeindebund, Kommunales Monitoring, Hass, Hetze und Gewalt gegenüber Amtsträgerinnen und Amtsträgern (KoMo), 2023, https://www.motra.info/wp-content/uploads/2022/11/KoMo-Herbstbefragung-2022.pdf (zugegriffen am 18.7.2024).

BKA/Deutscher Städtetag/Deutscher Landkreistag/Deutscher Städte- und Gemeindebund, Kommunales Monitoring, Hass, Hetze und Gewalt gegenüber Amtsträgerinnen und Amtsträgern (KoMo), 2024, https://www.motra.info/wp-content/uploads/2024/05/KoMo-Herbstbefragung-2023-1.pdf (zugegriffen am 18.7.2024).

BMI/BMJ, Dritter Periodischer Sicherheitsbericht, https://www.bka.de/DE/AktuelleInformationen/StatistikenLagebilder/PeriodischerSicherheitsbericht/periodischersicherheitsbericht_node.html (zugegriffen am 18.7.2024).

BMI/BMJ, Zweiter Periodischer Sicherheitsbericht, https://www.bka.de/DE/AktuelleInformationen/StatistikenLagebilder/PeriodischerSicherheitsbericht/periodischersicherheitsbericht_node.html (zugegriffen am 18.7.2024).

Bortz, Jürgen/Schuster, Christof, Statistik für Human- und Sozialwissenschaftler, 7. Aufl., Springer-Lehrbuch, Berlin, Heidelberg 2010 (zit. als *Bortz/Schuster*, Statistik für Human- und Sozialwissenschaftler).

Brettel, Hauke, Gewaltkriminalität, in: Michael Bock, Hans Göppinger (Hrsg.), Kriminologie, 6. Aufl., München 2008, S. 474–502 (zit. als *Brettel*, Gewaltkriminalität).

Brings-Wiesen, Tobias, Staatliche Reaktionsmöglichkeiten auf jugendlichen jugendgefährdenden Hass im Netz, Ein Überblick über ausgewählte praxisrelevante Vorschriften des (Jugend-)Straf- und Medienregulierungsrechts, ZJJ 2020, 127–140 (zit. als *Brings-Wiesen*, ZJJ 2020).

Brown, Alexander, What is hate speech? Part 1: The Myth of Hate, Law and Philos 36 (2017), 419–468 (zit. als *Brown*, Law and Philos 36 2017).

Bruns, Hans-Jürgen/Güntge, Georg-Friedrich, Das Recht der Strafzumessung, 3. Aufl., Köln 2019 (zit. als *Bruns/Güntge*, Das Recht der Strafzumessung).

Brunst, Phillip W., Anonymität im Internet – rechtliche und tatsächliche Rahmenbedingungen, Zum Spannungsfeld zwischen einem Recht auf Anonymität bei der elektronischen Kommunikation und den Möglichkeiten zur Identifizierung und Strafverfolgung, Berlin 2009 (zit. als *Brunst*, Anonymität im Internet).

Bundesverband Frauenberatungsstellen und Frauennotrufe, bff: aktiv gegen digitale Gewalt 2019, https://www.frauen-gegen-gewalt.de/de/aktionen-themen/bff-aktiv-gegen-digitale-gewalt.html (zugegriffen am 18.7.2024).

Burghardt, Boris/Schmidt, Anja/Steinl, Leonie, Der strafrechtliche Schutz der sexuellen Selbstbestimmung vor nicht-körperlichen Beeinträchtigungen, JZ 77 (2022), 502–511 (zit. als *Burghardt/Schmidt/Steinl*, JZ 77 2022).

Buss, Arnold H., The psychology of aggression, New Jersey 1961 (zit. als *Buss*, The psychology of aggression).

Ceffinato, Tobias, Zur Regulierung des Internets durch Strafrecht bei Hass und Hetze auf Onlineplattformen, ZStW 132 (2020), 544–563 (zit. als *Ceffinato*, ZStW 132 2020).

Citron, Danielle Keats/Franks, Mary Anne, Criminalizing Revenge Porn, Wake Forest Law Review 49 (2014), 345–392 (zit. als *Citron/Franks*, Wake Forest Law Review 49 2014).

Cornelius, Kai, Plädoyer für einen Cybermobbing-Straftatbestand, ZRP 47 (2014), 164–167 (zit. als *Cornelius*, ZRP 47 2014).

Destatis, Bevölkerung nach dem Gebietsstand und Durchschnittsalter 1990 bis 2022, https://www.destatis.de/DE/Themen/Gesellschaft-Umwelt/Bevoelkerung/Bevoelkerungsstand/Tabellen/bevoelkerungsstand-gebietsstand-werte.html (zugegriffen am 18.7.2024).

Destatis, Bevölkerung nach Familienstand 2011 bis 2022 Deutschland, https://www.destatis.de/DE/Themen/Gesellschaft-Umwelt/Bevoelkerung/Bevoelkerungsstand/Tabellen/familienstand-jahre-5.html (zugegriffen am 18.7.2024).

Detter, Klaus, Zum Strafzumessungs- und Maßregelrecht, NStZ 20 (2000), 184–191 (zit. als *Detter*, NStZ 20 2000).

Deutscher Juristinnenbund e.V., Policy Paper: „Catcalling", Rechtliche Regulierung verbaler sexueller Belästigung und anderer nicht körperlicher Formen von aufgedrängter Sexualität, Berlin 14.04.2021, https://www.djb.de/fileadmin/user_upload/presse/stellungnahmen/st21-09_policy_paper_catcalling.pdf.

Deutsches Institut für Medizinische Dokumentation und Information, Psychische und Verhaltensstörungen 22.09.2017, https://www.dimdi.de/static/de/klassifikationen/icd/icd-10-gm/kode-suche/htmlgm2018/chapter-v.htm (zugegriffen am 18.7.2024).

Doerbeck, Caprice, Cybermobbing, Phänomenologische Betrachtung und strafrechtliche Analyse, Berlin 2019 (zit. als *Doerbeck*, Cybermobbing).

Doerbeck, Caprice, Zum Erfordernis der Anhebung der Höchststrafdrohung öffentlicher Beleidigungen, JR 2021, 54–59 (zit. als *Doerbeck*, JR 2021).

Dölling, Dieter, Probleme der Aktenanalyse in der Kriminologie, in: Helmut Kury (Hrsg.), Methodologische Probleme in der kriminologischen Forschungspraxis Bd. 5, Köln 1984, S. 265–286 (zit. als *Dölling*, Probleme der Aktenanalyse).

Dölling, Dieter, Zur Bedeutung des Nachtatverhaltens des Täters für die Strafzumessung, in: Georg Freund, Uwe Murmann, René Bloy et al. (Hrsg.), Grundlagen und Dogmatik des gesamten Strafrechtssystems, Festschrift für Wolfgang Frisch zum 70. Geburtstag, Schriften zum Strafrecht, Berlin 2013, S. 1181–1188 (zit. als *Dölling*, Zur Bedeutung des Nachtatverhaltens für die Strafzumessung).

Döring, Nicola, Forschungsmethoden und Evaluation in den Sozial- und Humanwissenschaften, 6. Aufl., Berlin, Heidelberg 2023 (zit. als *N. Döring*, Forschungsmethoden und Evaluation in den Sozial- und Humanwissenschaften).

Döring, Nicola, Social Identity Model of Deindividuation Effects (SIDE), in: Nicole Krämer, Stephan Schwan, Dagmar Unz et al. (Hrsg.), Medienpsychologie: Schlüsselbegriffe und Konzepte, 2. Aufl., Stuttgart 2016, S. 348–356 (zit. als *N. Döring*, Social Identity Model of Deindividuation Effects).

Döring, Nicole, Sozialpsychologie des Internet, Die Bedeutung des Internet für Kommunikationsprozesse, Identitäten, soziale Beziehungen und Gruppen, 2. Aufl., Göttingen 2003 (zit. als *N. Döring*, Sozialpsychologie des Internet).

Dreher, Eduard, Die Behandlung der Bagatellkriminalität, in: Gerd Geilen, Hans J. Hirsch, Günther Jakobs et al. (Hrsg.), Festschrift für Hans Welzel zum 70. Geburtstag am 25. März 1974, 1974. Aufl., Berlin 1974, S. 917–940 (zit. als *Dreher*, Bagatellkriminalität).

Eckel, Philipp/Rottmeier, Christian, „Liken als Haten“: Strafverfolgung von Hatespeech in Sozialen Netzwerken, NStZ 41 (2021), 1–11 (zit. als *Eckel/Rottmeier*, NStZ 41 2021).

Eifert, Martin/Wienfort, Nina, Hassrede als Gefährdung der verfassungsrechtlich geschützten offenen Kommunikation unter Freien und Gleichen, JZ 78 (2023), 270–277 (zit. als *Eifert/Wienfort*, JZ 78 2023).

Eisele, Jörg, Strafbarkeit sexualbezogener Äußerungen, KriPoZ 2023, 230–234 (zit. als *Eisele*, KriPoZ 2023).

Eisenberg, Ulrich/Kölbel, Ralf, Kriminologie, 8. Aufl., Tübingen 2024 (zit. als *Eisenberg/Kölbel*, Kriminologie).

Ellrich, Karoline/Baier, Dirk/Pfeiffer, Christian, Polizeibeamte als Opfer von Gewalt, Ergebnisse einer Befragung von Polizeibeamten in zehn Bundesländern, Interdisziplinäre Beiträge zur kriminologischen Forschung 41, Baden-Baden 2012 (zit. als *Ellrich/Baier/C. Pfeiffer*, Polizeibeamte als Opfer von Gewalt).

Endres, Johann/Breuer, Maike M., Gewaltdelikte, in: Thomas Bliesener, Friedrich Lösel, Klaus-Peter Dahle (Hrsg.), Lehrbuch Rechtspsychologie, 2. Aufl., Bern 2023, S. 93–110 (zit. als *Endres/Breuer*, Gewaltdelikte).

Endres, Johann/Breuer, Maike M., Gewaltdelinquenz und Affekttaten, in: Guenter Koehnken, Friedrich Lösel, Thomas Bliesener (Hrsg.), Lehrbuch Rechtspsychologie, Psychologie-Lehrbuch, Göttingen 2014, S. 87–105 (zit. als *Endres/Breuer*, Gewaltdelinquenz und Affekttaten).

Engländer, Armin/Volk, Klaus, Grundkurs StPO, 10. Aufl., München 2021 (zit. als *Engländer/Volk*, Grundkurs StPO).

Epping, Volker/Lenz, Sebastian/Leydecker, Philipp, Grundrechte, 10. Aufl., Springer-Lehrbuch, Berlin, Heidelberg 2024 (zit. als *Epping/Lenz/Leydecker*, Grundrechte).

Fähnders, Till, Aktivist muss wegen Majestätsbeleidigung 50 Jahre in Haft, FAZ vom 19.01.2024, https://www.faz.net/aktuell/politik/ausland/thailand-aktivist-muss-wegen-majestaetsbeleidigung-50-jahre-in-haft-19459540.html (zugegriffen am 18.7.2024).

Feltes, Thomas, Gewalt gegen Einsatzkräfte der Feuerwehren und Rettungsdienste in Nordrhein-Westfalen, Bochum 2018, https://www.unfallkasse-nrw.de/fileadmin/server/download/PDF_2018/Abschlussbericht_Gewalt_gegen_Einsatzkraefte.pdf.

Festl, Ruth, Täter im Internet, Eine Analyse individueller und struktureller Erklärungsfaktoren von Cybermobbing im Schulkontext, Wiesbaden 2015 (zit. als *Festl*, Täter im Internet).

Fichman, Pnina, Online Trolling and Its Perpetrators, Under the Cyberbridge, Lanham 2016 (zit. als *Fichman*, Online Trolling).

Field, Andy, Discovering statistics using IBM SPSS statistics, 6. Aufl., Los Angeles 2024 (zit. als *Field*, Discovering statistics using IBM SPSS statistics).

Finger, Jasmin Daniela, Homophobie und Strafrecht, Dissertation, Berliner Juristische Universitätsschriften / Humboldt-Universität zu Berlin Strafrecht 45, Berlin 2015 (zit. als *Finger*, Homophobie und Strafrecht).

Fischer, Thomas, Strafgesetzbuch, mit Nebengesetzen, 69. Aufl., München 2022 (zit. als *Fischer*, StGB).

Fischer, Thomas, Strafgesetzbuch, mit Nebengesetzen, 71. Aufl., München 2024 (zit. als *Fischer*, StGB).

Fleischhack, Julia, Der „Hass" der vielen Formen, in: Kai Kaspar, Lars Gräßer, Aycha Riffi (Hrsg.), Online Hate Speech, Perspektiven auf eine neue Form des Hasses, Schriftenreihe zur digitalen Gesellschaft NRW Band 4, Düsseldorf, München 2017, S. 23–28 (zit. als *Fleischhack*, Der „Hass" der vielen Formen).

Forschungszentrum Menschenrechte der Universität Wien/Weißer Ring, Gewalt im Netz gegen Frauen & Mädchen in Österreich, 2018, https://gmr.lbg.ac.at/wp-content/uploads/sites/12/2021/10/bestandsaufnahme_gewalt_im_netz_gegen_frauen_und_maedchen_in_oesterreich_2018.pdf (zugegriffen am 18.7.2024).

Frank, Ulrich, Zur Überschreitung des Nettoeinkommens bei der Tagessatzhöhe, MDR 1979, 99–103 (zit. als *Frank*, MDR 1979).

Freedman, Gili/Powell, Darcey N./Le, Benjamin/Williams, Kipling D., Ghosting and destiny: Implicit theories of relationships predict beliefs about ghosting, Journal of Social and Personal Relationships 36 (2019), 905–924 (zit. als *Freedman et al.*, Journal of Social and Personal Relationships 36 2019).

Frisch, Wolfgang, Gegenwärtiger Stand und Zukunftsperspektiven der Strafzumessungsdogmatik, Das Recht der Strafzumessung im Lichte der systematischen Darstellungen von Hans-Jürgen Bruns und Franz Pallin (Teil I), ZStW 99 (1987), 349–388 (zit. als *Frisch*, ZStW 99 1987).

Frisch, Wolfgang, Gegenwärtiger Stand und Zukunftsperspektiven der Strafzumessungsdogmatik, Das Recht der Strafzumessung im Lichte der systematischen Darstellungen von Hans-Jürgen Bruns und Franz Pallin (Teil II), ZStW 99 (1987), 751–806 (zit. als *Frisch*, ZStW 99 1987).

Frisch, Wolfgang, Strafe, Straftat und Straftatsystem im Wandel, GA 2015, 65–85 (zit. als *Frisch*, GA 2015).

Frisch, Wolfgang, Unrecht und Schuld im Verbrechensbegriff und in der Strafzumessung, in: Guido Britz, Heike Jung, Heinz Koriath et al. (Hrsg.), Grundlagen staatlichen Strafens, Festschrift für Heinz Müller-Dietz zum 70. Geburtstag, München 2001, S. 237–259 (zit. als *Frisch*, Frisch 2001).

Frisch, Wolfgang, Zur Bedeutung von Schuld, Gefährlichkeit und Prävention im Rahmen der Strafzumessung, in: Wolfgang Frisch (Hrsg.), Grundfragen des Strafzumessungsrechts aus deutscher und japanischer Sicht, Tübingen 2011, S. 3–26 (zit. als *Frisch*, Zur Bedeutung von Schuld, Gefährlichkeit und Prävention im Rahmen der Strafzumessung).

Frommel, Monika, Das Rechtsgut der Volksverhetzung – oder ein „Ablaßhandel" in drei Akten, KJ 28 (1995), 402–411 (zit. als *Frommel*, KJ 28 1995).

Gaderer, Rupert, Shitstorm. Das eigentliche Übel der vernetzten Gesellschaft, ZMK 9 (2018), 27–42 (zit. als *Gaderer*, ZMK 9 2018).

Gámez-Guadix, Manuel/Mateos-Pérez, Estibaliz/Wachs, Sebastian/Wright, Michelle/Martínez, Jone/Íncera, Daniel, Assessing image-based sexual abuse: Measurement, prevalence, and temporal stability of sextortion and nonconsensual sexting ("revenge porn") among adolescents, Journal of Adolescence 94 (2022), 789–799 (zit. als *Gámez-Guadix et al.*, Journal of Adolescence 94 2022).

Garbe, Jürgen, Die Strafzumessungspraxis niedersächsischer Strafgerichte und ihre Beeinflussung durch Verfahrensexperimente zum Tatinterlokut, Göttingen 1997 (zit. als *Garbe*, Die Strafzumessungspraxis niedersächsischer Strafgerichte).

Gazeas, Nikolas, Stalking als Straftatbestand – effektiver Schutz oder strafrechtlicher Aktionismus?, Eine kritische Betrachtung des Gesetzesentwurfes unter besonderer Berücksichtigung des Bestimmtheitsgrundsatzes des Art. 103 Abs. 2 GG, KJ 39 (2006), 247–268 (zit. als *Gazeas*, KJ 39 2006).

Geppert, Klaus, Straftaten gegen die Ehre (§§ 185 ff. StGB), Jura 1983, 580–591 (zit. als *Geppert*, Jura 1983).

Gerdemann, Simon/Spindler, Gerald, Das Gesetz über digitale Dienste (Digital Services Act) (Teil 2), Die Regelungen für Online-Plattformen sowie sehr große Online-Plattformen und -Suchmaschinen, GRUR 125 (2023), 115–125 (zit. als *Gerdemann/Spindler*, GRUR 125 2023).

Gerdemann, Simon/Spindler, Gerald, Das Gesetz über digitale Dienste (Digital Services Acts) (Teil 1), Grundlegende Strukturen und Regelungen für Vermittlungsdienste und Host-Provider, GRUR 125 (2023), 3–11 (zit. als *Gerdemann/Spindler*, GRUR 125 2023).

Gerson, Oliver Harry, Fauler (Wort-)Zauber im Strafzumessungsrecht, Plädoyer gegen die ausdrückliche Einfügung „antisemitischer Beweggründe“ als Strafzumessungstatsache in § 46 Abs. 2 S. 2 (1. Gruppe) StGB, KriPoZ 2020, 22–37 (zit. als *Gerson*, KriPoZ 2020).

Gesamtes Strafrecht, Handkommentar, 5. Aufl., hrsg. von Dieter Dölling, Gunnar Duttge, Stefan König u.a., Baden-Baden 2022 (zit. als HK-GS-*Bearbeiter*).

Geschke, Daniel/Klaßen, Anja/Quent, Matthias/Richter, Christoph, Hass im Netz, Der schleichende Angriff auf unsere Demokratie. Eine bundesweite repräsentative Untersuchung, Institut für Demokratie und Zivilgesellschaft (IDZ), Jena 2019, https://www.idz-jena.de/fileadmin/user_upload/_Hass_im_Netz_-_Der_schleichende_Angriff.pdf (zugegriffen am 18.7.2024).

Gessinger, Katrin, Weitere Vorgaben im Kampf gegen den digitalen Hass – Zur Novellierung des NetzDG im Jahr 2021, KriPoZ 2021, 364–371 (zit. als *Gessinger*, KriPoZ 2021).

Giannoulis, Georgios, Studien zur Strafzumessung, Ein Beitrag zur Dogmatik, Rechtstheorie und Rechtsinformatik mit Vertiefung in den Eigentums- und Vermögensdelikten, Tübingen 2014 (zit. als *Giannoulis*, Studien zur Strafzumessung).

Gössel, Karl Heinz/Dölling, Dieter, Strafrecht Besonderer Teil 1, Straftaten gegen Persönlichkeits- und Gemeinschaftswerte, 2. Aufl., Heidelberg 2004 (zit. als *Gössel/Dölling*, Strafrecht BT I).

Graham, John W./Olchowski, Allison E./Gilreath, Tamika D., How many imputations are really needed? Some practical clarifications of multiple imputation theory, Prevention Science 2007, 206–213 (zit. als *Graham/Olchowski/Gilreath*, Prevention Science 2007).

Großmann, Sven, Der Beleidigungstatbestand und die Bekämpfung von digitalem Hass – Rechtsgüter und Abwägungskriterien bei internet-öffentlichen Beleidigungen, StV 2022, 408–412 (zit. als *Großmann*, StV 2022).

Großmann, Sven, Der Beleidigungstatbestand: Partielle Reform oder grundlegende Revision?, GA 167 (2020), 546–563 (zit. als *Großmann*, GA 167 2020).

Großmann, Sven/Kubiciel, Michael, Formulierungsvorschlag zur Neufassung von § 185 StGB, KriPoZ 2023, 186–189 (zit. als *Großmann/Kubiciel*, KriPoZ 2023).

Grundgesetz, Kommentar, 9. Aufl., hrsg. von Michael Sachs, München 2021 (zit. als Sachs-GG-*Bearbeiter*).

Grundies, Volker, Regionale Unterschiede in der gerichtlichen Sanktionspraxis in den Bundesrepublik Deutschland, Eine empirische Analyse, in: Dieter Hermann, Andreas Pöge (Hrsg.), Kriminalsoziologie, Handbuch für Wissenschaft und Praxis, Baden-Baden 2018, S. 295–315 (zit. als *Grundies*, Regionale Unterschiede in der gerichtlichen Sanktionspraxis).

Güzel-Freudenstein, Gamze/Christiansen, Margit, Ergebnisbericht GINA, Gewalt in der Notaufnahme, Hochschule Fulda, 2019, https://fuldok.hs-fulda.de/opus4/frontdoor/deliver/index/docId/962/file/Ergebnisbericht+GINA.pdf (zugegriffen am 18.7.2024).

Häder, Michael, Empirische Sozialforschung, Eine Einführung, 4. Aufl., Wiesbaden 2019 (zit. als *Häder*, Empirische Sozialforschung).

Haider, Isabel, Aktion statt Reaktion – Die Strategie der britischen Polizei im Kampf gegen Hass im Netz, in: Elisabeth Greif, Silvia Ulrich (Hrsg.), Hass im Netz – Grenzen digitaler Freiheit, Linz 2019, S. 151–170 (zit. als *Haider*, Hass im Netz).

Hassemer, Winfried, Das Symbolische am symbolischen Strafrecht, in: Bernd Schünemann, Hans Achenbach, Wilfried Bottke et al. (Hrsg.), Festschrift für Claus Roxin zum 70. Geburtstag am 15. Mai 2001, Berlin 2001, S. 1001–1019 (zit. als *Hassemer*, Hassemer 2001).

Hefendehl, Roland, Die Materialisierung von Rechtsgut und Deliktsstruktur, GA 149 (2002), 21–28 (zit. als *Hefendehl*, GA 149 2002).

Herrmann, Steffen K., Beleidigung, in: Christian Gudehus, Michaela Christ (Hrsg.), Gewalt, Ein interdisziplinäres Handbuch, Stuttgart, Weimar 2013, S. 110–115 (zit. als *Herrmann*, Beleidigung).

Herzberg, Rolf Dietrich, Überlegungen zum ethischen und strafrechtlichen Schuldbegriff, in: Uwe Hellmann, Christian Schröder (Hrsg.), Festschrift für Hans Achenbach, Heidelberg 2011, S. 157–187 (zit. als *Herzberg*, Überlegungen zum ethischen und strafrechtlichen Schuldbegriff).

Hessisches Informations- und Kompetenzzentrum gegen Extremismus, Polizeiliche Alltagserfahrungen – Herausforderungen und Erfordernisse einer lernenden Organisation, Forschungsbericht 2020, 2020, https://hke.hessen.de/sites/hke.hessen.de/files/2022-06/bericht_polizeistudie_hessen_final_1.pdf (zugegriffen am 18.7.2024).

Hestermann, Thomas/Hoven, Elisa/Autenrieth, Michael, „Eine Bombe, und alles ist wieder in Ordnung“, Eine Analyse von Hasskommentaren auf den Facebook-Seiten reichweitenstarker deutscher Medien, KriPoZ 2021, 204–214 (zit. als *Hestermann/Hoven/Autenrieth*, KriPoZ 2021).

Heuser, Hannah/Witting, Alexandra, Digitaler Hass – eine Interviewstudie mit Adressat:innen und Verfasser:innen, in: Elisa Hoven (Hrsg.), Das Phänomen „Digitaler Hass“ : ein interdisziplinärer Blick auf Ursachen, Erscheinungsformen und Auswirkungen, Beiträge zum Strafrecht Bd. 14, Baden-Baden 2023, S. 37–87 (zit. als *Heuser/Witting*, Digitaler Hass).

Hilgendorf, Eric, Ehrenkränkungen („flaming") im Web 2.0, Ein Problemaufriss de lege lata und de lege ferenda, ZIS 2010, 208–215 (zit. als *Hilgendorf*, ZIS 2010).

Hilgendorf, Eric, Identitätspolitik als Herausforderung für die liberale Rechtsordnung, Versuch einer Orientierung, JZ 76 (2021), 853–912 (zit. als *Hilgendorf*, JZ 76 2021).

Hilgendorf, Eric/Valerius, Brian, Computer- und Internetstrafrecht, Ein Grundriss, 2. Aufl., Heidelberg 2012 (zit. als *Hilgendorf/Valerius*, Computer- und Internetstrafrecht).

Hinduja, Sameer/Patchin, Justin W., Offline consequences of online victimization: School violence and delinquency, Journal of School Violence 6 (2007), 89–112 (zit. als *Hinduja/Patchin*, Journal of School Violence 6 2007).

Hoerster, Norbert, Zur Bedeutung des Prinzips der Menschenwürde, JuS 23 (1983), 93–96 (zit. als *Hoerster*, JuS 23 1983).

Hoffmann, Jens, Stalking, Heidelberg 2006 (zit. als *Hoffmann*, Stalking).

Hoppenworth, Elke, Strafzumessung beim Raub, Eine empirische Untersuchung der Rechtsfolgenzumessung bei Verurteilungen wegen Raubes nach allgemeinem Strafrecht und nach Jugendstrafrecht, München 1991 (zit. als *Hoppenworth*, Strafzumessung beim Raub).

Hörnle, Tatjana, Grob anstössiges Verhalten, Strafrechtlicher Schutz von Moral, Gefühlen und Tabus, Juristische Abhandlungen 46, Frankfurt am Main 2005 (zit. als *Hörnle*, Grob anstössiges Verhalten).

Hörnle, Tatjana, Menschenwürde als Freiheit von Demütigungen, ZRph 2008, 41–61 (zit. als *Hörnle*, ZRph 2008).

Hörnle, Tatjana, Tatproportionale Strafzumessung, Strafrechtliche Abhandlungen. Neue Folge, Berlin 1999 (zit. als *Hörnle*, Tatproportionale Strafzumessung).

Hörnle, Tatjana/Kremnitzer, Mordechai, Human dignity as a protected interest in criminal law, Israel Law Review 44 (2011), 143–167 (zit. als *Hörnle/Kremnitzer*, Israel Law Review 44 2011).

Horten, Barbara/Gräber, Marleen, „Hatespeech" – Der Hass im Netz, Forens Psychiatr Psychol Kriminol 15 (2021), 91–94 (zit. als *Horten/Gräber*, Forens Psychiatr Psychol Kriminol 15 2021).

Hoven, Elisa, Bagatelldelikte, Zum Umgang mit „geringfügigen Straftaten" im materiellen und prozessualen Recht, JuS 54 (2014), 975–979 (zit. als *Hoven*, JuS 54 2014).

Hoven, Elisa, Einleitung zum Sonderheft „Digitaler Hass", KriPoZ 2023, 184–185 (zit. als *Hoven*, KriPoZ 2023).

Hoven, Elisa, Hass im Netz, Ergebnisse einer Studie von Prof. Dr Elisa Hoven, Universität Leipzig und der Forschungsgruppe g/d/p, 25. August 2022, https://www.gdp-group.com/fileadmin/user_upload/news/ms/hate_speech_22.pdf (zugegriffen am 18.7.2024).

Hoven, Elisa, Hate Speech, Ergebnisse einer repräsentativen Bevölkerungsumfrage, 09. Juli 2020, https://www.jura.uni-leipzig.de/fileadmin/Fakult%C3%A4t_Juristen/Professuren/Hoven/gdp_Ergebnisse_HateSpeech_Kurzbericht.pdf (zugegriffen am 18.7.2024).

Hoven, Elisa/Rubitzsch, Anja/Wiedmer, Barbara, Catcalling – Eine phänomenologische und strafrechtliche Betrachtung, KriPoZ 2022, 175–185 (zit. als *Hoven/Rubitzsch/Wiedmer*, KriPoZ 2022).

Hoven, Elisa/Strobl, Hans/Kinzig, Jörg, „Null Toleranz – Bagatellen bestrafen?", KriPoZ 2019, 206–213 (zit. als *Hoven/Strobl/Kinzig*, KriPoZ 2019).

Hoven, Elisa/Weigend, Thomas, Sollen verbale sexuelle Belästigungen im öffentlichen Raum strafbar sein? – Ein Streitgespräch, in: Beatrice Brunhöber, Christoph Burchard, Klaus Günther et al. (Hrsg.), Strafrecht als Risiko, Festschrift für Cornelius Prittwitz zum 70. Geburtstag, Baden-Baden 2023, S. 653–674 (zit. als *Hoven/Weigend*, Sexuelle Belästigungen).

Hoven, Elisa/Witting, Alexandra, Das Beleidigungsunrecht im digitalen Zeitalter, NJW 74 (2021), 2397–2401 (zit. als *Hoven/Witting*, NJW 74 2021).

Hoven, Elisa/Witting, Alexandra, Die verhetzende Beleidigung in § 192a StGB – Zum strafrechtlichen Umgang mit gruppenbezogenen Beleidigungen, NStZ 42 (2022), 589–595 (zit. als *Hoven/Witting*, NStZ 42 2022).

Imbusch, Peter, Der Gewaltbegriff, in: Wilhelm Heitmeyer (Hrsg.), Internationales Handbuch der Gewaltforschung, Wiesbaden 2002, S. 26–57 (zit. als *Imbusch*, Der Gewaltbegriff).

Isfen, Osman, Der „Repräsentant des Staates“ als Opfer der Straftat – Strafschärfend, strafmildernd oder unrechts- und schuldneutral?, Zugleich Anmerkung zu BGH HRRS 2014 Nr. 28, HRRS 15 (2014), 88–92 (zit. als *Isfen*, HRRS 15 2014).

Jansen, Scarlett, Verhetzende Beleidigung – gelungene Erweiterung der Ehrdelikte?, GA 169 (2022), 94–107 (zit. als *Jansen*, GA 169 2022).

Janssen, Jürgen/Laatz, Wilfried, Statistische Datenanalyse mit SPSS, Eine anwendungsorientierte Einführung in das Basissystem und das Modul Exakte Tests, 9. Aufl., Berlin 2017 (zit. als *Janssen/Laatz*, Statistische Datenanalyse mit SPSS).

Jescheck, Hans-Heinrich/Weigend, Thomas, Lehrbuch des Strafrechts, Allgemeiner Teil, 5. Aufl., Berlin 1996 (zit. als *Jescheck/Weigend*, Lehrbuch des Strafrechts).

Kargl, Walter, Beleidigung und Retorsion, in: Rainer Zaczyk, Michael Köhler, Michael Kahlo (Hrsg.), Festschrift für E.A. Wolff, zum 70. Geburtstag am 1.10.1998, Berlin 1998, S. 189–224 (zit. als *Kargl*, Beleidigung und Retorsion).

Kaspar, Johannes, Verhältnismäßigkeit und Grundrechtsschutz im Präventionsstrafrecht, Baden-Baden 2014 (zit. als *J. Kaspar*, Verhältnismäßigkeit und Grundrechtsschutz im Präventionsstrafrecht).

Katzer, Catarina, Cybermobbing, Wenn das Internet zur W@ffe wird, Berlin 2014 (zit. als *Katzer*, Cybermobbing).

Kayany, Joseph M., Contexts of uninhibited online behavior: Flaming in social newsgrounds on usenet, Journal of the American Society for Information Science 49 (1998), 1135–1141 (zit. als *Kayany*, Journal of the American Society for Information Science 49 1998).

Kelker, Brigitte, Grundfragen eines Zusammenhangs zwischen Menschenwürde und Strafrecht, in: Hans-Ulrich Paeffgen, Martin Böse, Urs Kindhäuser et al. (Hrsg.), Strafrechtswissenschaft als Analyse und Konstruktion, Festschrift für Ingeborg Puppe zum 70. Geburtstag, Berlin 2011, S. 1673–1690 (zit. als *Kelker*, Menschenwürde und Strafrecht).

Kerbein, Björn/Pröbsting, Philipp, Stalking, ZRP 35 (2002), 76–78 (zit. als *Kerbein/Pröbsting*, ZRP 35 2002).

Kerner, Hans-Jürgen, Kriminologie, in: Wolfgang Melzer, Dieter Hermann, Mechthild Schäfer et al. (Hrsg.), Handbuch Aggression, Gewalt und Kriminalität bei Kindern und Jugendlichen, Stuttgart, Bad Heilbrunn 2015, S. 122–128 (zit. als *Kerner*, Kriminologie).

Kett-Straub, Gabriele, Hat Porsche eine Ehre? – Die passive Beleidigungsfähigkeit von Personengemeinschaften, ZStW 120 (2008), 759–784 (zit. als *Kett-Straub*, ZStW 120 2008).

Kett-Straub, Gabriele, Praxiskommentar zu BGH Beschl. v. 20.06.2017 – 4 StR 575/16 (LG Kaierslautern), NStZ 37 (2017), 577–579 (zit. als *Kett-Straub*, NStZ 37 2017).

Kett-Straub, Gabriele/Kudlich, Hans, Sanktionenrecht, 2. Aufl., München 2021 (zit. als *Kett-Straub/Kudlich*, Sanktionenrecht).

Klewes, Joachim/Rauh, Christina/Wazinski, Constantin/Bäcker, Nina-Kristin, Präventive Strategien zum Schutz von kommunalen Amts- und Mandatspersonen vor Einschüchterung, Hetze und Gewalt, Ministerium des Inneren und für Kommunales des Landes Brandenburg, Potsdam März 2022, https://mik.brandenburg.de/sixcms/media.php/9/Kommunalstudie%20BB_finale_Fassung_Auflage1.pdf (zugegriffen am 18.7.2024).

Klewin, Gabriele/Tillmann, Klaus-Jürgen/Weingart, Gail, Gewalt in der Schule, in: Wilhelm Heitmeyer (Hrsg.), Internationales Handbuch der Gewaltforschung, Wiesbaden 2002, S. 1078–1105 (zit. als *Klewin/Tillmann/Weingart*, Gewalt in der Schule).

Kolsch, Jana, Sozioökonomische Ungleichheit im Strafverfahren, Kriminalwissenschaftliche Schriften Band 59, Berlin 2020 (zit. als *Kolsch*, Sozioökonomische Ungleichheit im Strafverfahren).

König, Ekkehard/Stathi, Katerina, Gewalt durch Sprache: Grundlagen und Manifestationen, in: Sybille Krämer, Elke Koch (Hrsg.), Gewalt in der Sprache, Rhetoriken verletzenden Sprechens, München, Paderborn 2010, S. 45–59 (zit. als *E. König/Stathi*, Sprachliche Gewalt).

Krahé, Barbara, Aggression, in: Johannes Ullrich, Wolfgang Stroebe, Miles Hewstone (Hrsg.), Sozialpsychologie, 7. Aufl., Berlin, Heidelberg 2023, S. 311–347 (zit. als *Krahé*, Aggression).

Krämer, Sybille, „Humane Dimension" sprachlicher Gewalt oder: Warum symbolische und körperliche Gewalt wohl zu unterscheiden sind, in: Sybille Krämer, Elke Koch (Hrsg.), Gewalt in der Sprache, Rhetoriken verletzenden Sprechens, München, Paderborn 2010, S. 21–42 (zit. als *S. Krämer*, Sprachliche Gewalt).

Krause, Benjamin, Hate Speech, Strafbarkeit und Strafverfolgung von Hasspostings, München 2022 (zit. als *Krause*, Hate Speech).

Krey, Volker/Neidhardt, Friedhelm, Was ist Gewalt?, Auseinandersetzung mit einem Begriff 1, Wiesbaden 1986 (zit. als *Krey/Neidhardt*, Was ist Gewalt?).

Krischker, Sven, „Gefällt mir", „Geteilt", „Beleidigt"? – Die Internetbeleidigung in sozialen Netzwerken, 1, JA 2013, 488–492 (zit. als *Krischker*, JA 2013).

Kropp, Christian, Grundsätze der Strafzumessung, JA 32 (2000), 700–705 (zit. als *Kropp*, JA 32 2000).

Krumm, Carsten, Verfassungsrechtliches Übermaßverbot und kurze Freiheitsstrafe, NJW 57 (2004), 328–330 (zit. als *Krumm*, NJW 57 2004).

Krupna, Karsten, Das Konzept der „Hate Crimes" in Deutschland, Eine systematische Untersuchung der Kriminalitätsform, der strafrechtlichen Erfassungsmöglichkeiten de lege lata und der Verarbeitung in der Strafrechtspraxis, Frankfurt am Main 2010 (zit. als *Krupna*, Das Konzept der „Hate Crimes" in Deutschland).

Kruße, Holger, Argument und Aggression – mit Beispielen aus dem Ukraine-Konflikt, in: Fabian Klinker, Joachim Scharloth, Joanna Szczek (Hrsg.), Sprachliche Gewalt, Formen und Effekte von Pejorisierung, verbaler Aggression und Hassrede, Stuttgart 2018, S. 41–66 (zit. als *Kruße*, Argument und Aggression).

Kubiciel, Michael/Winter, Thomas, Globalisierungsfluten und Strafbarkeitsinseln – Ein Plädoyer für die Abschaffung des strafrechtlichen Ehrschutzes, ZStW 113 (2001), 305–333 (zit. als *Kubiciel/Winter*, ZStW 113 2001).

Kuch, Hannes/Herrmann, Steffen K., Symbolische Verletzbarkeit und sprachliche Gewalt, in: Steffen K. Herrmann, Sybille Krämer, Hannes Kuch (Hrsg.), Verletzende Worte, Bielefeld 2007, S. 179–210 (zit. als *Kuch/Herrmann*, Sprachliche Gewalt).

Kuckartz, Udo/Rädiker, Stefan/Ebert, Thomas/Schehl, Julia, Statistik, Eine verständliche Einführung, 2. Aufl., Wiesbaden 2013 (zit. als *Kuckartz* et al., Statistik).

Kuhlen, Lothar, Der Handlungserfolg der strafbaren Gewässerverunreinigung (§ 324 StGB), GA 133 (1986), 389–408 (zit. als *Kuhlen*, GA 133 1986).

Kuhlen, Lothar, Umweltstrafrecht – auf der Suche nach einer neuen Dogmatik, ZStW 105 (1993), 697–726 (zit. als *Kuhlen*, ZStW 105 1993).

Kunz, Karl-Ludwig, Vorleben und Nachtatverhalten als Strafzumessungstatsachen, in: Wolfgang Frisch (Hrsg.), Grundfragen des Strafzumessungsrechts aus deutscher und japanischer Sicht, Tübingen 2011 (zit. als *Kunz*, Vorleben und Nachtatverhalten).

Kusche, Carsten, Gruppenbezogene Herabwürdigungen und der Hybridtatbestand des § 192a StGB, KriPoZ 2023, 211–217 (zit. als *Kusche*, KriPoZ 2023).

Lackner, Karl/Kühl, Kristian/Heger, Martin, Strafgesetzbuch, Kommentar, 30. Aufl., hrsg. von Karl Lackner, Kristian Kühl, Martin Heger, München 2023 (zit. als Lackner/Kühl/Heger-*Bearbeiter*).

Landeskommission Berlin gegen Gewalt (Hrsg.), Berliner Forum Gewaltprävention 2006, https://digital.zlb.de/viewer/metadata/15330876_2007_00/ (zugegriffen am 18.7.2024).

Lang, Kati, Vorurteilskriminalität, Eine Untersuchung vorurteilsmotivierter Taten im Strafrecht und deren Verfolgung durch Polizei, Staatsanwaltschaft und Gericht, Baden-Baden 2014 (zit. als *K. Lang*, Vorurteilskriminalität).

Langer, Wolfgang, Staatsanwälte und Richter, Justitielles Entscheidungsverhalten zwischen Sachzwang und lokaler Justizkultur, Interdisziplinäre Beiträge zur kriminologischen Forschung N.F., 5, Stuttgart 1994 (zit. als *Langer*, Staatsanwälte und Richter).

Leuschner, Fredericke/Herr, Anne T./Balaneskovic, Kristina/Lorei, Clemens, Angriffsprävalenten in Arbeitsbereichen mit normdurchsetzenden und helfenden Aufgaben, KrimOJ 5 (2023), 52–78 (zit. als *Leuschner et al.*, KrimOJ 5 2023).

Leuschner, Fredericke/Hüneke, Arnd, Möglichkeiten und Grenzen der Aktenanalyse als zentrale Methode der empirisch-kriminologischen Forschung, MschrKrim 99 (2016), 464–480 (zit. als *Leuschner/Hüneke*, MschrKrim 99 2016).

Lilienfeld, Scott O., Microaggressions: Strong claims, inadequate evidence, Perspective on Psychological Science 12 (2017), 138–169 (zit. als *Lilienfeld*, Perspective on Psychological Science 12 2017).

Lin, Kai/Liu, Lin, Friendly teasing or traumatic bullying? Examining the conditioning effect of social distance on the negative psychological outcomes of homophobic name-calling, Journal of School Violence 22 (2023), 429–441 (zit. als *Lin/Liu*, Journal of School Violence 22 2023).

Lindner, T./Joachim, R./Bieberstein, S./Schiffer, H./Möckel, M./Searle, J., Aggressives und herausforderndes Verhalten gegenüber Klinikpersonal, Ergebnisse einer Mitarbeiterbefragung in den Notfallbereichen der Charité – Universitätsmedizin Berlin, Notfall + Rettungsmedizin 18 (2015), 195–200 (zit. als *Lindner et al.*, Notfall + Rettungsmedizin 18 2015).

Lingiardi, Vittorio/Carone, Nicola/Semeraro, Giovanni/Musto, Cataldo/D'Amico, Marilisa/Brena, Silvia, Mapping Twitter hate speech towards social and sexual minorities: a lexicon-based approach to semantic content analysis, Behavior & Information Technology 39 (2020), 711–721 (zit. als *Lingiardi et al.*, Behavior & Information Technology 39 2020).

Little, Roderick J. A., A test of missing completely at random for multivariate data with missing values, Journal of the American Statistical Association 83 (1988), 1198–1202 (zit. als *Little*, Journal of the American Statistical Association 83 1988).

Mandl, Sabine/Nachbaur, Dina/Hosner, Roland/Müller-Funk, Anna, Gewalt gegen Frauen und Mädchen im Netz, in: Elisabeth Greif, Silvia Ulrich (Hrsg.), Hass im Netz – Grenzen digitaler Freiheit, Linz 2019, S. 44–91 (zit. als *Mandl* et al., Gewalt gegen Frauen und Mädchen im Netz).

Maurach, Reinhart/Gössel, Karl Heinz/Zipf, Heinz/Dölling, Dieter/Laue, Christian/Renzikowski, Joachim, Strafrecht Allgemeiner Teil, Teilband 2 – Erscheinungsformen des Verbrechens und Rechtsfolgen der Tat, 8. Aufl., Heidelberg 2014 (zit. als *Maurach* et al., Strafrecht AT II).

Maurach, Reinhart/Schroeder, Friendrich-Christian/Maiwald, Manfred/Hoyer, Andreas/Momsen, Carsten, Strafrecht Besonderer Teil, Straftaten gegen Persönlichkeits- und Vermögenswerte, 11. Aufl., Heidelberg 2019 (zit. als *Maurach* et al., Strafrecht Besonderer Teil).

McDevitt, Jack/Williamson, Jennifer, Hate Crimes: Gewalt gegen Schwule, Lesben, bisexuelle und transsexuelle Opfer, in: Wilhelm Heitmeyer (Hrsg.), Internationales Handbuch der Gewaltforschung, Wiesbaden 2002, S. 1000–1019 (zit. als *McDevitt/Williamson*, Hate Crimes: Gewalt gegen Schwule, Lesben, bisexuelle und transsexuelle Opfer).

McGlynn, Clare/Johnson, Kelly, Criminalising Cyberflashing: Options for Law Reform, The Journal of Criminal Law 85 (2021), 171–188 (zit. als *McGlynn/Johnson*, The Journal of Criminal Law 85 2021).

Meier, Bernd-Dieter, Anmerkung zu BGH Beschl. v. 04.07.2002 – 3 StR 190/02 (LG Düsseldorf), StV 23 (2003), 442–444 (zit. als *Meier*, StV 23 2003).

Meier, Bernd-Dieter, Die Bestrafung von Rückfalltätern in der Bundesrepublik Deutschland und in den USA, Eine rechtstatsächliche und rechtsvergleichende Untersuchung zu § 48 StGB, Göttingen 1982.

Meier, Bernd-Dieter, Kriminologie, 6. Aufl., München 2021 (zit. als *Meier*, Kriminologie).

Meier, Bernd-Dieter, Kriminologie und Internet: ein ungeklärtes Verhältnis, in: Susanne Beck, Bernd-Dieter Meier, Carsten Momsen (Hrsg.), Cybercrime und Cyberinvestigations: neue Herausforderungen der Digitalisierung für Strafrecht, Strafprozessrecht und Kriminologie, Baden-Baden 2015, S. 93–118 (zit. als *Meier*, Kriminologie und Internet).

Meier, Bernd-Dieter, Nachtatverhalten und Strafzumessung, GA 162 (2015), 443–452 (zit. als *Meier*, GA 162 2015).

Meier, Bernd-Dieter, Normal und ubiquitär? Digitale Gewalt unter Studierenden, in: Horst Beisel, Torsten Verrel, Christian Laue et al. (Hrsg.), Die Kriminalwissenschaften als Teil der Humanwissenschaften, Festschrift für Dieter Dölling zum 70. Geburtstag, Baden-Baden 2023, S. 847–858 (zit. als *Meier*, Digitale Gewalt unter Studierenden).

Meier, Bernd-Dieter, Strafrechtliche Sanktionen, 5. Aufl., Springer-Lehrbuch, Berlin, Heidelberg 2019 (zit. als *Meier*, Strafrechtliche Sanktionen).

Mikkeleitis, Ronald, Ergebnisdarstellung einer anonymen Umfrage unter den Mitarbeitern/innen der Berliner Ordnungsämter vom März/April 2016 zu Gewalterfahrungen im Außendienst, inkl. Schlussfolgerungen und Handlungsempfehlungen, Berlin 2016, https://www.google.com/url?sa=t&rct=j&q=&esrc=s&source=web&cd=&ved=2ahUKEwjcga3k6dj-AhVTSfEDHfNpDIgQFnoECAkQAQ&url=https://www.berlin.de/lb/lkbgg/_assets/studie-ordnungsaemter.pdf&usg=AOvVaw2RP2-Cz_xtc3dxg30SnD0G (zugegriffen am 18.7.2024).

Misoch, Sabina, Online-Kommunikation, Konstanz 2006 (zit. als *Misoch*, Online-Kommunikation).

Mitsch, Wolfgang, Der unmögliche Zustand des § 130 StGB, KriPoZ 2018, 198–203 (zit. als *Mitsch*, KriPoZ 2018).

Mitsch, Wolfgang, Die Erweiterung des § 130 StGB, KriPoZ 2023, 17–22 (zit. als *Mitsch*, KriPoZ 2023).

Mitsch, Wolfgang, Volksverhetzung gegen Deutsche, JR 2011, 380–382 (zit. als *Mitsch*, JR 2011).

Mullen, Paul E./Pathé, Michele/Purcell, Rosemary/Stuart, Geoffrey W., Study of stalkers, The American Journal of Psychiatry 156 (1999), 1244–1249 (zit. als *Mullen et al.*, The American Journal of Psychiatry 156 1999).

Müller, Karsten/Schwarz, Carlo, Fanning the flames of hate: Social media and hate crime, Journal of the European Economic Association 19 (2021), 2131–2167 (zit. als *K. Müller/Schwarz*, Journal of the European Economic Association 19 2021).

Münchener Kommentar zum StGB, 4. Aufl., hrsg. von Volker Erb, Jürgen Schäfer, München 2021 (zit. als MüKo-*Bearbeiter*).

Münchener Kommentar zur StPO, hrsg. von Christoph Knauer, Hans Kudlich, Hartmut Schneider, München 2019 (zit. als MüKo-StPO-*Bearbeiter*).

Nolting, Hans-Peter, Lernfall Aggression, Wie sie entsteht – wie sie zu vermindern ist, 3. Aufl., Hamburg 2008 (zit. als *Nolting*, Aggression).

Nolting, Hans-Peter, Psychologie der Aggression, Warum Ursachen und Auswege so vielfältig sind, Reinbek bei Hamburg 2015 (zit. als *Nolting*, Psychologie der Aggression).

Nussbaum, Maximilian, Die Beleidigung innerhalb sozialer Netzwerke – Zum Verhältnis von Äußerung und Weiterverbreitung ehrverletzender Werturteile de lege lata und lege ferenda, KriPoZ 2021, 215–222 (zit. als *Nussbaum*, KriPoZ 2021).

Nussbaum, Maximilian, Jenseits der Beleidigung unter Kollektivbezeichnung? – Überlegungen zur Verhetzenden Beleidigung gem. § 192a StGB, KriPoZ 2021, 335–342 (zit. als *Nussbaum*, KriPoZ 2021).

Obermaier, Magdalena/Hofbauer, Michaela/Reinemann, Carsten, Journalisten as targets of hate speech, How german journalists perceive the consequences for themselves and how they cope with it, Studies in Communication and Media 7 (2018), 499–524 (zit. als *Obermaier/Hofbauer/Reinemann*, Studies in Communication and Media 7 2018).

Oğlakcıoğlu, Mustafa Temmuz, "Haters gonna hate … (and lawmakers hopefully gonna make something else)" – Einige Anmerkungen zum Regierungsentwurf zur Bekämpfung der Hasskriminalität, ZStW 132 (2020), 521–543 (zit. als *Oğlakcıoğlu*, ZStW 132 2020).

Oğlakcıoğlu, Mustafa Temmuz, Strafbare Sprechakte, Dogmatik und Legitimation von Äußerungsdelikten, Jus Poenale 23, Tübingen 2023 (zit. als *Oğlakcıoğlu*, Strafbare Sprechakte).

O'Sullivan, Patrick B./Flanagin, Andrew J., Reconceptualizing "flaming" and other problematic messages, New Media & Society 5 (2003), 69–94 (zit. als *O'Sullivan/Flanagin*, New Media & Society 5 2003).

Oswald, Margit E., Psychologie des richterlichen Strafens, 32 Tabellen, Interdisziplinäre Beiträge zur kriminologischen Forschung, Stuttgart 1994 (zit. als *Oswald*, Psychologie des richterlichen Strafens).

Papendick, Michael/Rees, Yann/Wäschle, Franziska/Zick, Andreas, Hass und Angriffe auf Medienschaffende, Eine Studie zur Wahrnehmung von Erfahrungen mit Angriffen auf Journalist*innen, Institut für interdisziplinäre Konflikt- und Gewaltforschung, Universität Bielefeld, Mai 2020, https://mediendienst-integration.de/fileadmin/Dateien/Studie_Hass_und_Angriffe_auf_Medienschaffende.pdf (zugegriffen am 18.7.2024).

Patz, Janine/Quent, Matthias/Salheiser, Axel, #KEIN NETZ FÜR HASS, Staatliche Maßnahmen gegen Hate Speech im Internet. Die Bundesländer im Vergleich, Institut für Demokratie und Zivilgesellschaft (IDZ), https://www.amadeu-antonio-stiftung.de/wp-content/uploads/2021/03/Studie_Kein_Netz_f%C3%BCr_Hass_Bundesl%C3%A4nder vergleich_Hate_Speech_Ma%C3%9Fnahmen___Campact-_Institut_f%C3%BCr_Dem okratie_und_Zivilgesellschaft.pdf (zugegriffen am 18.7.2024).

Peters, Kristina, Symbolisches Strafrecht?, JR 2020, 414–420 (zit. als *Peters*, JR 2020).

Pfeffer, Jürgen/Zorbach, Thomas/Carley, Kathleen M., Understanding online firestorms: Negative word-of-mouth dynamics in social media networks, Journal of Marketing Communications 20 (2014), 117–128 (zit. als *Pfeffer/Zorbach/Carley*, Journal of Marketing Communications 20 2014).

Prasad, Nivedita, Digitalisierung geschlechtsspezifischer Gewalt, in: bff Bundesverband Frauenberatungsstellen und Frauennotrufe (Hrsg.), Geschlechtsspezifische Gewalt in Zeiten der Digitalisierung, Formen und Interventionsstrategien, Gender Studies, Bielefeld 2021, S. 17–47 (zit. als *Prasad*, Digitalisierung geschlechtsspezifischer Gewalt).

Preuß, Tamina, Erforderlichkeit der Kriminalisierung des Cybermobbings – Sinnvolle Schließung einer Gesetzeslücke oder bloßes Symbolstrafrecht?, KriPoZ 2019, 97–104 (zit. als *Preuß*, KriPoZ 2019).

Reichenbach, Peter, Die Kriterien der Revisionsgerichte für die Bildung der Gesamtstrafe, Anmerkungen aus tatrichterlicher Perspektive, JR 2012, 9–14 (zit. als *Reichenbach*, JR 2012).

Reinbacher, Tobias, Die „Weiterverbreitung" von Hate Speech in sozialen Medien – Fragen der Beteiligung an einer gemäß § 185 StGB strafbaren Beleidigung, JZ 75 (2020), 558–563 (zit. als *Reinbacher*, JZ 75 2020).

Reinbacher, Tobias, Die Beleidigung im Internet – Der Regierungsentwurf eines Gesetzes zur Bekämpfung des Rechtsextremismus und der Hasskriminalität, NK 32 (2020), 186–198 (zit. als *Reinbacher*, NK 32 2020).

Rengier, Rudolf, Strafrecht Allgemeiner Teil, 15. Aufl., München 2023 (zit. als *Rengier*, Strafrecht AT).

Rengier, Rudolf, Strafrecht Besonderer Teil I, Vermögensdelikte, 26. Aufl., München 2024 (zit. als *Rengier*, Strafrecht BT I).

Rengier, Rudolf, Strafrecht Besonderer Teil II, Delikte gegen die Person und die Allgemeinheit, 25. Aufl., München 2024 (zit. als *Rengier*, Strafrecht BT II).

Reum, Anika, Cybermobbing, Zur strafrechtlichen Relevanz der Schikane in den neuen Medien, Schriftenreihe Strafrecht in Forschung und Praxis 300, Hamburg 2014 (zit. als *Reum*, Cybermobbing).

Richter, Christoph/Geschke, Daniel/Klaßen, Anja, Hass im Internet, Wie Hate Speech die Meinungsbildung junger Menschen bedroht, ZJJ 29 (2020), 148–157 (zit. als *Richter/Geschke/Klaßen*, ZJJ 29 2020).

RND/dpa, Erdogan mit Ochsen verglichen? Haftstrafe für türkische Journalistin wegen Präsidentenbeleidigung, RND vom 12.03.2022, https://www.rnd.de/politik/tuerkei-erdogan-haftstrafe-fuer-journalistin-wegen-praesidentenbeleidigung-4N5GHPAUDNZ4H4RDEQR4GXIFU4.html (zugegriffen am 18.7.2024).

Röhner, Jessica/Schütz, Astrid, Psychologie der Kommunikation, 3. Aufl., Wiesbaden 2020 (zit. als *Röhner/Schütz*, Psychologie der Kommunikation).

Rösner, Leonie/Krämer, Nicole, Verbal venting in the social web: effects of anonymity and group norms on aggressive language use in online comments, Social Media + Society 2 (2016), 1–13 (zit. als *Rösner/N. Krämer*, Social Media + Society 2 2016).

Rost, Katja/Stahel, Lea/Frey, Bruno S., Digital social norm enforcement: online firestorms in social media, PLOS ONE 11 (2016), 1–26 (zit. als *Rost/Stahel/Frey*, PLOS ONE 11 2016).

Rostalski, Frauke/Weiss, Erik, Strafrechtlicher Umgang mit gruppenbezogenen Herabwürdigungen unter besonderer Berücksichtigung des § 192a StGB, KriPoZ 2023, 199–210 (zit. als *Rostalski/Weiss*, KriPoZ 2023).

Roxin, Claus, Strafzumessung im Lichte der Strafzwecke, in: Hans Walder (Hrsg.), Lebendiges Strafrecht, Festgabe zum 65.Geburtstag von Hans Schultz, Schweizerische Zeitschrift für Strafrecht Bd. 94, Bern 1977, S. 463–481 (zit. als *Roxin*, Roxin 1977).

Roxin, Claus, Täterschaft und Tatherrschaft, 11. Aufl., Berlin 2022 (zit. als *Roxin*, Täterschaft und Tatherrschaft).

Roxin, Claus, Täterschaft und Teilnahme bei strafbaren persönlichen Erklärungen, in: Bernd Hecker, Bettina Weißer, Christian Brand (Hrsg.), Festschrift für Rudolf Rengier zum 70. Geburtstag, München 2018, S. 93–101 (zit. als *Roxin*, Täterschaft und Teilnahme).

Roxin, Claus/Greco, Luís, Strafrecht Allgemeiner Teil, Grundlagen. Der Aufbau der Verbrechenslehre, 5. Aufl., München 2020 (zit. als *Roxin/Greco*, Strafrecht AT I).

Rubin, Donald B., Multiple imputation for nonresponse in surveys, New Jersey 2004 (zit. als *Rubin*, Multiple imputation for nonresponse in surveys).

Sahl, Christian/Bielzer, Nils, NetzDG 2.0 – Ein Update für weniger Hass im Netz, ZRP 53 (2020), 2–5 (zit. als *Sahl/Bielzer*, ZRP 53 2020).

Schad, Ute, Verbale Gewalt bei Jugendlichen, Weinheim, München 1996 (zit. als *Schad*, Verbale Gewalt bei Jugendlichen).

Schäfer, Gerhard/Sander, Günther M./van Gemmeren, Gerhard, Praxis der Strafzumessung, 6. Aufl., München 2017 (zit. als *G. Schäfer/Sander/van Gemmeren*, Praxis der Strafzumessung).

Schäfer, Mechthild, Aggression, in: Wolfgang Melzer, Dieter Hermann, Mechthild Schäfer et al. (Hrsg.), Handbuch Aggression, Gewalt und Kriminalität bei Kindern und Jugendlichen, Stuttgart, Bad Heilbrunn 2015, S. 16–23 (zit. als *M. Schäfer*, Aggression).

Scheithauer, Herbert/Heyer, Tobias/Petermann, Franz, Bullying unter Schülern, Erscheinungsformen, Risikobedingungen und Interventionskonzepte, Göttingen 2003 (zit. als *Scheithauer/Heyer/Petermann*, Bullying unter Schülern).

Schmidt, Anja/Witting, Alexandra, Vorschlag für ein Gesetz zur Reform der Beleidigungsdelikte zur besseren Verfolgung von Hassrede und „Hate Storms", KriPoZ 2023, 190–198 (zit. als *Schmidt/Witting*, KriPoZ 2023).

Schmitt, Josephine, Online Hate Speech: Definition und Verbreitungsmotivationen aus psychologischer Perspektive, in: Kai Kaspar, Lars Gräßer, Aycha Riffi (Hrsg.), Online Hate Speech, Perspektiven auf eine neue Form des Hasses, Schriftenreihe zur digitalen Gesellschaft NRW Band 4, Düsseldorf, München 2017, S. 51–55 (zit. als *Schmitt*, Online Hate Speech).

Schnell, Rainer/Hill, Paul B./Esser, Elke, Methoden der empirischen Sozialforschung, 12. Aufl., De Gruyter Studium, Berlin, Boston 2023 (zit. als *Schnell/Hill/Esser*, Methoden der empirischen Sozialforschung).

Schöch, Heinz, Strafzumessungspraxis und Verkehrsdelinquenz, Kriminologische Aspekte der Strafzumessung am Beispiel einer empirischen Untersuchung zur Trunkenheit im Verkehr, Stuttgart 1973 (zit. als *Schöch*, Strafzumessungspraxis und Verkehrsdelinquenz).

Schönke, Adolf/Schröder, Horst, Strafgesetzbuch, Kommentar, 30. Aufl., München 2019 (zit. als Schönke/H. Schröder-*Bearbeiter*).

Schumacher, W., Gruppendynamik und strafrechtliche Schuldfähigkeit, StV 13 (1993), 549–552 (zit. als *Schumacher*, StV 13 1993).

Schwind, Hans-Dieter/Schwind, Jan-Volker, Kriminologie und Kriminalpolitik, Eine praxisorientierte Einführung mit Beispielen, 24. Aufl., Heidelberg 2021 (zit. als *H.-D. Schwind/J.-V. Schwind*, Kriminologie und Kriminalpolitik).

Selg, Herbert, Menschliche Aggressivität, Theorien, Diagnostik, Therapiemöglichkeiten, 3. Aufl., Göttingen 1974 (zit. als *Selg*, Menschliche Aggressivität).

Simon, Eric, Das Gesetz zur Bekämpfung von Rechtsextremismus und Hasskriminalität, JR 2020, 599–607 (zit. als *Simon*, JR 2020).

Sinharay, Sandip/Stern, Hal S./Russell, Daniel, The use of multiple imputation for the analysis of missing data, Psychological Methods 6 (2001), 317–329 (zit. als *Sinharay/Stern/Russell*, Psychological Methods 6 2001).

Sitzer, Peter, Verbale und nonverbale Gewalt, in: Wolfgang Melzer, Dieter Hermann, Mechthild Schäfer et al. (Hrsg.), Handbuch Aggression, Gewalt und Kriminalität bei Kindern und Jugendlichen, Stuttgart, Bad Heilbrunn 2015, S. 168–170 (zit. als *Sitzer*, Verbale und nonverbale Gewalt).

Six, Ulrike/Gleich, Uli/Gimmler, Roland, Kommunikationspsychologie – Medienpsychologie, Weinheim 2007 (zit. als *Six/Gleich/Gimmler*, Kommunikationspsychologie).

Soine, Stefanie/Zinn, Alexander, Lesben und Schwule – auf unterschiedliche Weise Opfer von Übergriffen, Fachwissenschaftliche Analyse, in: Wilhelm Heitmeyer, Monika Schröttle (Hrsg.), Gewalt, Beschreibungen, Analysen, Prävention, Bonn 2006, S. 344–364 (zit. als *Soine/Zinn*, Gewalt gegen Lesben und Schwule).

Sozialdemokratische Partei Deutschlands/Bündnis 90/Die Grünen/Freie Demokratische Partei, Koalitionsvertrag 2021–2025, Mehr Fortschritt wagen, 2021, https://www.spd.de/fileadmin/Dokumente/Koalitionsvertrag/Koalitionsvertrag_2021-2025.pdf.

Sponholz, Liriam, Der Begriff „Hate Speech" in der deutschsprachigen Forschung: eine empirische Begriffsanalyse, SWS-Rundschau 60 (2020), 43–65 (zit. als *Sponholz*, SWS-Rundschau 60 2020).

Sponholz, Liriam, Hass mit Likes: Hate Speech als Kommunikationsform in den Social Media, in: Sebastian Wachs, Barbara Koch-Priewe, Andreas Zick (Hrsg.), Hate Speech – Multidisziplinäre Analysen und Handlungsoptionen, Theoretische und empirische Annäherungen an ein interdisziplinäres Phänomen, Research, Wiesbaden, Heidelberg 2021, S. 15–37 (zit. als *Sponholz*, Hass mit Likes: Hate Speech als Kommunikationsform in den Social Media).

Sponholz, Liriam, Hate Speech in den Massenmedien, Theoretische Grundlagen und empirische Umsetzung, Wiesbaden 2017 (zit. als *Sponholz*, Hate Speech in den Massenmedien).

Steffgen, Georges/Böhmer, Matthias, Cybermobbing und die gesundheitlichen Folgen für Kinder und Jugendliche, in: Andreas Heinen, Robin Samuel, Claus Vögele et al. (Hrsg.), Wohlbefinden und Gesundheit im Jugendalter, Theoretische Perspektiven, empirische Befunde und Praxisansätze, Wiesbaden 2022, S. 453–467 (zit. als *Steffgen/Böhmer*, Cybermobbing und die gesundheitlichen Folgen für Kinder und Jugendliche).

Steinl, Leonie/Schemmel, Jakob, Der strafrechtliche Schutz vor Hassrede im Internet, Jüngste Reformen im Lichte des Verfassungsrechts, GA 168 (2021), 86–100 (zit. als *Steinl/Schemmel*, GA 168 2021).

Stelkens, Anke, Hate Speech: ein vielfältiges Phänomen, das vielfältige rechtliche Antworten braucht, djbZ 22 (2019), 204–205 (zit. als *Stelkens*, djbZ 22 2019).

Sternberg, Robert J./Sternberg, Karin, The Nature of Hate, Cambridge 2008 (zit. als *R. J. Sternberg/K. Sternberg*, The nature of hate).

Sticca, Fabio/Perren, Sonja, Is cyberbullying worse than traditional bullying? Examining the differential roles of medium, publicity, and anonymity for the perceived severity of bullying, Journal of Youth and Adolescence 42 (2013), 739–750 (zit. als *Sticca/Perren*, Journal of Youth and Adolescence 42 2013).

Stiller, Anja/Regler, Claudia/Rabe, Silke C., Aktuelle empirische Forschung im Bereich „Stalking“, in: Deborah F. Hellmann (Hrsg.), Stalking in Deutschland, Interdisziplinäre Beiträge zur kriminologischen Forschung Bd. 47, Baden-Baden 2016, S. 33–62 (zit. als *Stiller/Regler/Rabe*, Aktuelle empirische Forschung im Bereich „Stalking“).

Strafgesetzbuch, Leipziger Kommentar, 12. Aufl., hrsg. von Heinrich Wilhelm Laufhütte, Ruth Rissing-van Saan, Klaus Tiedemann, Berlin 2010 (zit. als LK-StGB-*Bearbeiter*).

Strafgesetzbuch, 5. Aufl., hrsg. von Urs Kindhäuser, Ulfrid Neumann, Hans-Ulrich Paeffgen, Baden-Baden 2017 (zit. als NK-StGB-*Bearbeiter*).

Strafgesetzbuch, 6. Aufl., hrsg. von Urs Kindhäuser, Ulfrid Neumann, Hans-Ulrich Paeffgen u.a., Baden-Baden 2023 (zit. als NK-StGB-*Bearbeiter*).

Streng, Franz, Schuld ohne Freiheit?, Der funktionale Schuldbegriff auf dem Prüfstand, ZStW 101 (1989), 273–334 (zit. als *Streng*, ZStW 101 1989).

Streng, Franz, Strafrechtliche Sanktionen, Die Strafzumessung und ihre Grundlagen, 3. Aufl., Studienbücher Rechtswissenschaften und Verwaltung, Stuttgart 2012 (zit. als *Streng*, Strafrechtliche Sanktionen).

Struck, Jens, Digitale Vorwärtspanik, MschrKrim 102 (2019), 54–64 (zit. als *Struck*, MschrKrim 102 2019).

Sumner, Erin M./Ruge-Jones, Luisa/Alcorn, Davis, A functional approach to the Facebook Like button: An exploration of meaning, interpersonal functionality, and potential alternative response buttons, New Media & Society 20 (2018), 1451–1469 (zit. als *Sumner/Ruge-Jones/Alcorn*, New Media & Society 20 2018).

Systematischer Kommentar zum Strafgesetzbuch, 10. Aufl., hrsg. von Jürgen Wolter, Köln 2024 (zit. als SK-StGB-*Bearbeiter*).

Tassis, Melina, Die Kommentierung von Statusmeldungen in sozialen Netzwerken aus strafrechtlicher Perspektive, Baden-Baden 2020 (zit. als *Tassis*, Die Kommentierung von Statusmeldungen).

Tenckhoff, Jörg, Grundfälle zum Beleidigungsrecht, JuS 1989, 35–40 (zit. als *Tenckhoff*, JuS 1989).

Theune, Werner, Zum Strafzumessungsrecht, NStZ 6 (1986), 153–161 (zit. als *Theune*, NStZ 6 1986).

Tjaden, Patricia/Thoennes, Nancy, Stalking in america: Findings from the national violence against women survey, U.S. Department of Justice, 1998.

Tröndle, Herbert, Die Geldstrafe in der Praxis und Probleme ihrer Durchsetzung unter besonderer Berücksichtigung des Tagessatzsystems, ZStW 86 (1974), 545–594 (zit. als *Tröndle*, ZStW 86 1974).

Urban, Dieter/Mayerl, Jochen/Wahl, Andreas, Regressionsanalyse bei fehlenden Variablenwerten (missing values): Imputation oder Nicht-Imputation? : eine Anleitung für die Regressionspraxis mit SPSS, 2. Aufl., https://elib.uni-stuttgart.de/bitstream/11682/9055/1/2016.SISS.44.pdf (zugegriffen am 18.7.2024).

Valentiner, Dana-Sophia, Das Grundrecht auf sexuelle Selbstbestimmung, Zugleich eine gewährleistungsdogmatische Rekonstruktion des Rechts auf die freie Entfaltung der Persönlichkeit, Baden-Baden 2021 (zit. als *Valentiner*, Das Grundrecht auf sexuelle Selbstbestimmung).

Valerius, Brian, Digitaler Hass. Anlass für eine Reform des Beleidigungsstrafrechts?, KriPoZ 2023, 242–248 (zit. als *Valerius*, KriPoZ 2023).

van Ginkel, Joost R./Linting, Marielle/Rippe, Ralph C. A./van der Voort, Anja, Rebutting existing misconceptions about multiple imputation as a method for handling missing data, Journal of Personalitly Assessment 102 (2020), 297–308 (zit. als *van Ginkel et al.*, Journal of Personalitly Assessment 102 2020).

Verrel, Torsten, Schuldfähigkeitsbegutachtung und Strafzumessung bei Tötungsdelikten, München 1995 (zit. als *Verrel*, Schuldfähigkeitsbegutachtung).

Völzmann, Berit, Freiheit und Grenzen digitaler Kommunikation, Digitale Gewalt als Herausforderung der bisherigen Meinungsfreiheitsdogmatik, MMR 24 (2021), 619–624 (zit. als *Völzmann*, MMR 24 2021).

Wachs, Sebastian/Schubarth, Wilfried/Bilz, Ludwig, Hate Speech als Schulproblem? Erziehungswissenschaftliche Perspektiven auf ein aktuelles Phänomen, in: Isabell van Ackeren, Helmut Bremer, Fabian Kessl et al. (Hrsg.), Bewegungen, Beiträge zum 26. Kongress der Deutschen Gesellschaft für Erziehungswissenschaft, Schriften der Deutschen Gesellschaft für Erziehungswissenschaft (DGfE) Bd. 26, Opladen, Berlin, Toronto 2020, 223–236 (zit. als *Wachs/Schubarth/Bilz*, Hate Speech).

Weber, Juliane, Cybermobbing – wenn neue Medien fertigmachen, Dissertation, Kriminalwissenschaftliche Schriften Band 58, Berlin 2018 (zit. als *Weber*, Cybermobbing).

Weiterer, Anna Katharina, Die Strafzumessung bei Vollrausch (§ 323a StGB), Eine rechtsdogmatische und empirische Untersuchung, Berlin 2024 (zit. als *Weiterer*, Strafzumessung bei Vollrausch).

Wessels, Johannes/Hettinger, Michael/Engländer, Armin, Strafrecht Besonderer Teil 1, Straftaten gegen Persönlichkeits- und Gemeinschaftswerte, 47. Aufl., Heidelberg 2023 (zit. als *Wessels/Hettinger/Engländer*, Strafrecht BT I).

Wettstein, Alexander, Hate Speech. Aggressionstheoretische und sozialpsychologische Erklärungsansätze, in: Sebastian Wachs, Barbara Koch-Priewe, Andreas Zick (Hrsg.), Hate Speech – Multidisziplinäre Analysen und Handlungsoptionen, Theoretische und empirische Annäherungen an ein interdisziplinäres Phänomen, Research, Wiesbaden, Heidelberg 2021, S. 227–253 (zit. als *Wettstein*, Hate Speech).

White, Ian R./Royston, Patrick/Wood, Angela M., Multiple imputation using chained equations: issues and guidance for practice, Statistics in Medicine 30 (2011), 377–399 (zit. als *White/Royston/Wood*, Statistics in Medicine 30 2011).

Williams, Monnica T., Microaggressions are a form of aggression, Behavior Therapy 52 (2021), 709–719 (zit. als *M. T. Williams*, Behavior Therapy 52 2021).

Zielinski, Diethart, Handlungs- und Erfolgsunwert im Unrechtsbegriff, Untersuchung zur Struktur von Unrechtsbegründung und Unrechtsausschluß, Berlin 1973 (zit. als *Zielinski*, Handlungs- und Erfolgsunwert im Unrechtsbegriff).

Zimmermann, Adam G./Ybarra, Gabriel J., Online aggression: the influences of anonymity and social modeling, Psychology of Popular Media Culture 5 (2016), 181–193 (zit. als *Zimmermann/Ybarra*, Psychology of Popular Media Culture 5 2016).

FSC
www.fsc.org
MIX
Papier | Fördert
gute Waldnutzung
FSC® C083411

Zeitfracht Medien GmbH
Ferdinand-Jühlke-Straße 7
99095 Erfurt, Deutschland
produktsicherheit@kolibri360.de